Beltz Taschenbuch 181

Über dieses Buch:
Das Bedürfnis junger Menschen nach Aufmerksamkeit und Verständnis seitens ihrer Eltern und Lehrer sowie das Bedürfnis nach Ausprobieren und Konfrontation – also Verfügbarkeit und Zugänglichkeit der Erwachsenen – ist groß. Wenn wir nicht Gefahr laufen wollen, dass sich unsere Jugendlichen von uns lossagen oder nicht mehr in der Lage sind, Verbundenheit als Grundlage für individuelles und gemeinschaftliches Wohlbefinden zu erkennen, müssen wir als Gesprächspartner, der versteht, konfrontiert und zugleich Sicherheit vermittelt, die Verbindung zu den Jugendlichen gestalten. Der »rote Faden« dafür heißt Kontakt und Kommunikation.
In diesem Buch beschreibt Martine Delfos, wie eine partnerschaftliche Kommunikation zwischen Heranwachsenden und Erwachsenen aufgebaut werden kann.
Einleitend wird dargestellt, warum Kommunikation die Basis einer guten Erziehung gerade in der Phase der Pubertät bildet. Es folgt ein ausführliches Kapitel über die Merkmale der Pubertät, das die Grundlage für das Verstehen von Jugendlichen schafft. Im folgenden Kapitel wird die pädagogische Problematik dieser Entwicklungsphase beleuchtet. Im Zentrum des Buches stehen die Kapitel, die ausführlich und anhand vieler Beispiele Grundhaltungen und Methoden der Gesprächsführung darstellen.
Der ausführliche Anhang umfasst die Kernaussagen der einzelnen Kapitel sowie Frage- und Übungsbögen, die für die Gesprächsführung mit Jugendlichen hilfreich sind.
Ein fachlich fundiertes, praxisnahes Buch für alle, die mit Jugendlichen arbeiten und für Eltern, die einen besseren Zugang zu ihren Kindern suchen.

Die Autorin:
Martine Delfos arbeitet seit 1975 als Psychologin und Therapeutin mit mehrfach traumatisierten Kindern, Jugendlichen und jungen Erwachsenen. Seit mehreren Jahren forscht sie über das Thema »Gesprächsführung mit Kindern«. Darüber hinaus ist sie in der Ausbildung von Psychologen, Schulpsychologen, Ärzten und Sozialarbeitern tätig. In den Niederlanden ist sie bekannt als Autorin eines Standardwerkes zur Entwicklungspsychologie und eines Buches über Autismus. Das vorliegende Buch gehört zu den meistverkauften Büchern zur Kinder- und Jugendarbeit in den Niederlanden. Bei Beltz bereits erschienen ist ihr Buch »Sag mir mal …« Gesprächsführung mit Kindern (4–12 Jahre).

Martine F. Delfos

»Wie meinst du das?«

Gesprächsführung mit Jugendlichen

Aus dem Niederländischen von Verena Kiefer

BELTZ

Titel der niederländischen Originalausgabe: »Ik heb ook wat te vertellen!«

Beltz Taschenbuch 181
5. Auflage 2012

www.beltz.de

Lektorat: Sigrid Weber, Freiburg
Umschlaggestaltung: Federico Luci, Odenthal
Umschlagfoto: Mauritius, Mittenwald
Satz: WMTP GmbH, Birkenau
Druck und Bindung: Beltz Druckpartner, Hemsbach
Printed in Germany

ISBN 978 3 407 22181 0

INHALT

6. DIE SOKRATISCHE METHODE

7. GESPRÄCHSFÜHRUNG NACH ALTER

Jugendliche möchten ihr Gehirn benutzen,
Erwachsene befürchten, dass sie es nicht tun.

Für Janneke

VORWORT

Fragt man Schüler weiterführender Schulen, was sie von ihren Lehrern erwarten, dann lautet die Antwort: Verfügbarkeit und Zugänglichkeit. Und man muss sich auf sie verlassen können. Ein Lehrer ist vor allem zum Zuhören da und vielleicht auch, um einem zu helfen, wenn man das möchte. Was Lehrer aneinander schätzen, nämlich didaktische Qualifikation, Ordnung halten können und viel Fachwissen, interessiert ihre Schüler weniger. Das fällt ihnen erst auf, wenn eine gute Beziehung zu einem Lehrer entstanden ist. Schüler sehen ihren Lehrer also zunächst als Menschen, der für sie wichtig ist, und erst dann in seiner Funktion als Lehrer.

Liest man dieses Buch von Martine Delfos, überkommt einen das Bedürfnis, die Geschichte des Monologs zu erforschen, der so kennzeichnend für unseren Unterricht ist und auch so typisch für das Verhalten vieler Erzieher außerhalb der Schule. Selbst wenn sich unser Monologisieren in Grenzen hält, fällt es uns dennoch unglaublich schwer, unseren Kindern, Schülern und Studenten die richtigen Fragen zu stellen und konzentriert zuzuhören. Wie ist sie entstanden, diese Monologkultur – oder gibt es sie schon immer? Wie dem auch sei: Das Bedürfnis junger Menschen nach Aufmerksamkeit und Verständnis seitens ihrer Eltern und Lehrer sowie das Bedürfnis nach Ausprobieren und Konfrontation sind nicht geringer geworden.

Eine gute Antwort ist dennoch notwendig, wenn wir nicht Gefahr laufen wollen, dass sich unsere Jugendlichen lossagen oder nicht mehr in der Lage sind, Verbundenheit als Grundlage für individuelles und gemeinschaftliches Wohlbefinden zu erkennen. Jugendliche stellen einen mehr oder weniger eigenständigen gesellschaftlichen Faktor dar, sie verfügen über großzügige finanzielle Mittel, ein ausgeprägtes Kommunikationsnetzwerk und haben in der Regel Zugang zu allen Wissensquellen. Sie treffen selbstständig ihre Entscheidungen und können diese auch durchsetzen. Die Kunst liegt für Erzieher darin, die Verbindung nicht abreißen zu lassen und sie so zu gestalten, dass Jugendliche individuell und kollektiv bereit bleiben, ihr Potenzial für andere Menschen und für gesellschaftliche Interessen einzusetzen. Hier sind Können und Kunst der Kommunikation gefragt: aktive Verfügbarkeit und Zugänglichkeit des Erwachsenen als Gesprächspartner, der versteht und konfrontiert und zugleich Sicherheit vermittelt.

Martine Delfos verfügt über dieses Können und diese Kunst als Therapeutin, als Ratgeberin für Erzieher, als Verfechterin der Rechte des Kindes, als Autorin und als Wissenschaftlerin. Ihr Text ist praktisch, fundiert und vor allem engagiert. Letzteres spürt der Leser von der ersten bis zur letzten Zeile.

Ich wünsche diesem Buch mit seiner Perspektive auf menschliche Verbundenheit viel Erfolg.

Luc Stevens
Professor em. der Orthopädagogik, Direktor des *Nederlands Instituut voor Onderwijs en Opvoedingszaken* (NIVOZ, Niederländisches Institut für Unterricht und Erziehung)

GELEITWORT

Schon so oft hat man mich gefragt: Wann schreibst du endlich ein Buch über die Kommunikation mit Jugendlichen? Lange Zeit wollte ich dieses Projekt nicht angehen, doch die Nachfrage stieg. Als ich mein Buch über die Unterschiede und Übereinstimmungen zwischen Männern und Frauen abgeschlossen hatte (*Waarom mannen en vrouwen verschillend zijn én hetzelfde*), war Raum für das neue Thema entstanden. Ich nutzte die Gelegenheit, es in ein Gesamtwerk zur Kommunikation mit Kindern und Jugendlichen einzubetten. Der erste Teil (*Luister je wel naar mij? Gespreksvoering met kinderen tussen vier en twaalf jaar*, auf

Deutsch »*Sag mir mal ...*« *Gesprächsführung mit Kindern [4–12 Jahre]*, Weinheim: Beltz 2004) liegt in den Niederlanden bereits in zehnter Auflage vor und wird vielfach in der Ausbildung genutzt.

Ich danke meinem Forschungsassistenten Floris Hartmann für seine Materialsuche im Internet und in den Bibliotheken. Nicolien van der Keur danke ich für die Gestaltung und Ron Heijer für die Redaktion. Verena Kiefer danke ich für ihre Übersetzung ins Deutsche. Josie (Pseudonym) danke ich dafür, dass sie ihre Tagebuchfragmente zur Verfügung stellte. Ich danke den Jugendlichen, die mir mit ihren Geschichten geholfen haben, Heranwachsende zu verstehen. Und ich danke meinen eigenen Exjugendlichen, meinen Kindern, die schon Erwachsene und noch immer die Freude meines Lebens sind.

Martine F. Delfos, 2005, Melbourne/Utrecht

1 EINLEITUNG – »Gehirn einschalten!«

»Das ist doch kein Hotel hier! Du kommst ja nur noch zum Essen und Schlafen nach Hause!« Aus dieser zeitlosen Rede zahlloser Eltern überall auf der Welt spricht die gebündelte Gekränktheit über die veränderte Position, die sie im Leben ihres Kindes einnehmen. Während der ersten Jahre stehen im Leben des Kindes uneingeschränkt die Eltern im Mittelpunkt; doch schon mit dem Besuch des Kindergartens wird die erste Bresche in diese bevorrechtigte Stellung geschlagen. Grundschulkinder beginnen ihre Sätze gern mit einem *»Aber der Lehrer sagt …«*. Damit zeigen sie, dass ihre Eltern nicht mehr die Einzigen sind, deren Urteil wichtig ist. Gegen Ende der Grundschulzeit und zu Anfang der weiterführenden Schule richten Kinder ihre Aufmerksamkeit auf Gleichaltrige. Sie wollen Freunde und Freundinnen haben und eine günstige Position unter ihnen erlangen. Mit der weiterführenden Schule rückt auch die Pubertät heran, und Kinder schieben ihre Eltern bewusst in den Hintergrund; die Welt der Heranwachsenden dreht sich um ihre Altersgenossen (Übung 1.1, Anlage 1).

Zwar bleiben Eltern die Grundlage für die Existenz ihres Kindes, auch ihres erwachsenen Kindes. Doch es ist eine gewaltige Aufgabe, sich gegenüber den heranwachsenden Kindern als Eltern zu behaupten und mit ihren Entwicklungen Schritt zu halten. Der rote Faden heißt Kontakt. Dieser rote Faden darf nicht reißen und tut es auch selten, obwohl viele Eltern große Angst davor haben. Selbst wenn in einer Familie die täglichen Streitigkeiten zunehmen, verschlechtert sich die Beziehung zwischen Eltern und Heranwachsenden in Wirklichkeit nicht ernsthaft (Paikoff, Brooks-Gun und Warren, 1991) und bleibt auch während der Pubertät recht positiv (Stattin und Magnusson, 1990). Wenn die Kinder aus dem Haus gehen, sehen sich Eltern und

Kinder in 51,5 % aller Fälle noch ein oder mehrere Male pro Woche (Kalmijn und Dykstra, 2004). Dieser Prozentsatz liegt bei Kindern mit Hochschulreife etwas niedriger, weil sie meist weiter entfernt wohnen, aber für die meisten Eltern und Kinder gilt, dass der Kontakt untereinander lebenslang und häufig bestehen bleibt. Nach der Pubertät ist das Verhältnis von Eltern und Kindern – oft zu jedermanns Überraschung – meist besser und tiefer denn je, aber auch gleichwertiger.

Kommunikation ist ein grundlegendes Element für eine gute Erziehung und wesentlich, um die Pubertät gut zu durchleben. Sprachliche Kommunikation kennzeichnet uns Menschen. Findet sie nicht mit Worten statt, sondern in *Gebärden*sprache, wird es schon recht schwierig. In ernsthafte Verlegenheit geraten wir, wenn sprachliche Kommunikation nicht möglich ist. Das ist bei einem Baby der Fall, das die Sprache noch nicht beherrscht, bei Ausländern oder im Fall einer abweichenden Entwicklung, etwa bei Menschen mit einer weitreichenden geistigen Behinderung. Wir neigen sogar dazu, bei Ausländern, die unsere Sprache nicht beherrschen, in die Art und Weise der Kommunikation mit Babys (hoher Klang der Stimme) oder Menschen mit geistiger Behinderung (alles schlicht und konkret erklären und wiederholen) zurückzufallen (Übungen 1.2 und 1.3, Anlage 1).

Kommunizieren heißt Kontakt einzugehen, eines der wesentlichsten Dinge menschlicher Existenz. Aber so grundlegend dies auch ist, für den Menschen ist es weder leicht, zu kommunizieren noch Kontakt einzugehen. Hat man ein Problem mit sozialer Interaktion, wie etwa bei Autismus, ist es sehr schwierig, Kontakt herzustellen und zu pflegen (Delfos, 2004a–2007).

Das Bedürfnis nach Kontakt war immer vorhanden und wird es immer geben. Nonverbaler Kontakt ist schnell hergestellt, zielgerichtet und fühlt sich recht sicher an. Aber es gelingt den Menschen nicht so gut, darauf zu vertrauen; sie klammern sich ›ängstlich‹ an Worte und diese können zu vielen Missverständnissen führen (Übung 1.4, Anlage 1).

Ein schönes Beispiel für den Unterschied zwischen verbaler und nonverbaler Kommunikation ist der Ausdruck: Verstehst du? Diese Frage wird meist dann gestellt, wenn man eigentlich ziemlich sicher – auf Grundlage nonverbaler Signale – weiß, dass der andere es nicht versteht. Diese Sicherheit hilft dem Menschen wenig, denn er oder sie traut sich oft nicht zu widersprechen, wenn jemand sagt: Ja. Meist setzen wir mit leicht unbehaglichem Gefühl fort, was wir sagen wollten, während wir insgeheim wissen, dass es der andere nicht verstanden hat. So unauffällig wie möglich bauen wir dann doch noch eine Erläuterung ein.

RICHTIGE KOMMUNIKATION

Kommunizieren ist schwierig, dennoch wissen die meisten Menschen erst, dass sie damit Mühe haben, wenn sie mit Jugendlichen reden. Wenn man lernen möchte, wie man gut kommuniziert, sollte man sich mit Jugendlichen unterhalten – das ist die beste Schule. Sie lassen einen merken, ob man echt kommuniziert oder nicht, vor allem im Alter zwischen dreizehn und sechzehn Jahren. Jugendliche sind in ihrer Akzeptanz oder Ablehnung der Kommunikation mit Erwachsenen oft sehr ehrlich Mit Jugendlichen muss man richtig kommunizieren, sonst lassen sie einen stehen, wörtlich oder im übertragenen Sinn. Kommunikation mit Jugendlichen ist möglicherweise die lehrreichste, ehrlichste und dynamischste Kommunikation, die es gibt. Wer richtig mit Jugendlichen kommuniziert, ist beeindruckt von dem, was sie zu bieten haben. Während der Pubertät passen sich Kinder in groben Zügen den Erwachsenen an, so dass diese nicht wirklich durchschauen, was das Kind tatsächlich denkt und fühlt. Daher ist es nicht immer klar, wie wir wirken, ob das Kind versteht, was gemeint ist, und vor allem, ob das Kind in ausreichendem Maße erzählen kann, was in ihm vorgeht. Nach der Pubertät sind die Leute meist zu höflich, um eine Kommunikation schroff abzubrechen und aufrichtig ihre Meinung zu sagen. Während der Pubertät kommt es darauf an, dass man richtig kommuniziert, sonst klinkt sich der oder die Jugendliche aus. Er oder sie verdreht ›genervt‹ die Augen, und sein oder ihr

Gesicht drückt aus: ›*Bist du fertig?*‹, ›*Kann ich zu meinen Freunden?*‹, ›*Jahaa*‹, ›*Hast du zu Ende gepredigt?*‹. Dann steht man als Eltern da und ist sprachlos. Ein Jugendlicher lässt es deutlich spüren, wenn ein Erwachsener nicht wirklich kommuniziert und keinen Kontakt herstellt. Der Erwachsene redet oft, ohne sich auf den anderen richtig einzustellen, und eher, um eine eigene Geschichte loszuwerden, als tatsächlich mit dem Jugendlichen zu kommunizieren.

Einer der Verzweiflungsschreie, die Eltern ihren pubertierenden Kindern gegenüber am häufigsten ausstoßen, ist der Eröffnungssatz dieses Buches: »Das ist doch kein Hotel hier! Du kommst ja nur noch zum Essen und Schlafen nach Hause!«
Der Jugendliche geht vollkommen im Umgang mit Gleichaltrigen, in der Entdeckung der Welt und sich selbst auf. Er oder sie scheint wenig auf die Eltern ausgerichtet. Nun gilt jedoch das Umgekehrte mindestens ebenso häufig, nämlich dass sich Eltern auf sich selbst und ihre Tätigkeiten konzentrieren, aber das ist ihnen oft nicht klar.

Erwachsene neigen dazu, in der Kommunikation mit Kindern und Jugendlichen ihr Gehirn auszuschalten, und zwar, indem sie erzählen und nicht einladend zuhören und fragen. Meist sagen Erwachsene, wie sie etwas finden, und hören den Erzählungen der Kinder und Jugendlichen selbst nicht gut zu (Übung 1.5, Anlage 1).

Die Methode richtiger Kommunikation ist das sokratische Gespräch. Der griechische Philosoph Sokrates ging von der Sachkenntnis seines Gegenübers aus. Er stellte Fragen und fragte nach, anstatt selbst zu erzählen.

Wichtig ist, das Gehirn des anderen ›einzuschalten‹. Jugendliche lassen sich nur zu gern darauf ein, und dann kann man einen engen Kontakt herstellen. Aber als Erwachsene sind wir viel zu sehr damit beschäftigt, unser eigenes Anliegen loszuwerden. Jugendliche haben häufig das Gefühl, wie kleine Kinder behandelt zu werden, die nicht denken können. Sie sind der Meinung, dass Erwachsene oft ›predigen‹. Dennoch finden wir – zu Recht –, dass wir einem Jugendlichen etwas zu erzählen haben, und machen uns Sorgen, halten es für nötig, den Heranwachsenden vor Gefahren zu schützen, die er oder sie aufgrund mangelnden

Wissens und Erfahrung nicht erkennt oder übersieht. Die Frage ist also, wie wir kommunizieren und dafür sorgen können, dass der oder die Jugendliche über die notwendigen Informationen verfügt. Dazu darf der Erwachsene sein Wissen nicht einfach ablassen, sondern muss den Denkprozess des Jugendlichen mittels Fragen begleiten. Und nichts erweitert auch das eigene Denken mehr, als es an einem oder einer Jugendlichen oder Heranwachsenden zu schärfen.

GEHIRN »EINSCHALTEN«!

Bislang ist noch wenig über die Kommunikation mit Kindern und Jugendlichen erforscht. Am Ende des zwanzigsten Jahrhunderts sind Kinder gerade mal ›entdeckt‹ (Delfos, 2001), und die Forschung nach dem, was sie bewegt, steckt noch in den Kinderschuhen – trotz eineinhalb Jahrhunderten Entwicklungspsychologie und vieler Denker, die sich mit Kindern beschäftigt haben. Im Mittelpunkt des Interesses stehen mittlerweile die Voraussetzungen, unter denen Gesprächsführung mit Kindern stattfindet, und erste Ergebnisse werden sichtbar.

Bei jungen Kindern ist Kommunikation oft schwierig, weil ihre verbalen Fertigkeiten noch nicht vollständig entwickelt sind. Wenn Kinder sprechen können, heißt das noch nicht, dass sie ihre Gefühle erkennen, ihre Gedanken in Worte fassen können oder wissen, wie sie Fragen formulieren müssen. Sie wiederholen ihre Fragen, weil sie nicht wissen, welche andere Frage sie stellen müssen, um die gewünschte Antwort zu erhalten (Delfos, 2004a–2007).

Die Erforschung der Kommunikation mit Jugendlichen steht auch zu Beginn des einundzwanzigsten Jahrhunderts noch am Anfang. Allerdings wird schon seit Jahr und Tag über Jugendliche nachgedacht und geschrieben. 1966 gerieten wissenschaftliche Kreise in Aufruhr, weil der Amsterdamer Bürgermeister van Hall Sokrates eine Behauptung zuschrieb, die nicht mehr auffindbar zu sein schien, außer in einem Buch aus dem Jahre 1953 (Patty und Johnson). Es ist daher fraglich, ob sie wirklich von Sokrates stammt, doch der Textinhalt (Beine übereinanderschlagen, aufstehen, wenn Ältere den Raum betreten) macht deutlich, dass er alt ist. Van Hall verwendete den Ausspruch zur Charakterisierung des zeitlosen Rebellentums der Jugend während der Studentenunruhen von 1966, und im Kern wird dies in jeder Generation wiederholt:

> Kinder von heute lieben den Luxus, sie haben schlechte Gewohnheiten, Geringschätzung von Autorität, zeigen einen Mangel an Respekt vor Älteren und schwatzen lieber, als dass sie lernen. Kinder sind heutzutage die Tyrannen, nicht die Diener des Haushalts. Sie stehen nicht mehr auf, wenn Ältere den Raum betreten. Sie widersprechen ihren Eltern, fallen anderen ins Wort, essen Leckereien am Tisch, schlagen die Beine übereinander und tyrannisieren ihre Lehrer.
> *(Nach Patty und Johnson, 1953, von Sokrates [470 bis 399 v.Chr.] über Plato, S. 277)*

Damit Kommunikation zu einem wechselseitigen Austausch und zu einem echten Dialog wird, müssen beide Gesprächspartner ihr Gehirn einschalten, am Gespräch teilnehmen und sich denkend und sprechend gemeinsam eine Meinung bilden. Es wurde bereits erwähnt, dass Erwachsene dazu neigen, das Gehirn von Kindern und Jugendlichen in der Kommunikation auszuschalten. Sie erzählen ihnen, wie sie etwas finden, laden aber selten den Gesprächspartner oder die Gesprächspartnerin wirklich dazu ein, nachzudenken und mitzuteilen, was in ihm oder ihr geschieht. Jugendliche verlieren dadurch das Interesse an dem, was Erwachsene zu sagen haben. Das liegt nicht in deren Absicht, denn die ist häufig gut, sondern an der Art und Weise, wie Erwachsene mit Kindern und Jugendlichen kommunizieren. Auch die Haltung, die dabei eingenommen wird, ist von großer Bedeutung. Im folgenden Absatz geht es um Jugendliche, aber genauso gut könnte man ›Kinder‹ oder ›Menschen‹ dafür einsetzen.

> Gute Kommunikation mit Jugendlichen beginnt mit der Haltung, die man einnimmt. Diese Haltung muss Respekt und Bescheidenheit beinhalten. Man muss davon überzeugt sein, dass Jugendliche etwas zu erzählen haben und dass sie es erzählen wollen. Die Frage ist nicht, ob Jugendliche eine Meinung haben oder über Informatio-

nen verfügen, sondern wie wir mit ihnen kommunizieren können, um diese Meinung zu erfahren oder die Informationen zu erhalten.

Als Beispiel für die Notwendigkeit einer respektvollen und bescheidenen Haltung gegenüber dem Gesprächspartner verwende ich gern das Beispiel des *›Jungen mit dem Salz‹*. Es macht deutlich, dass die Weisheit des Körpers manchmal einen anderen Kurs angibt, als es Eltern und Pflegern sinnvoll erscheint, mit allen Konsequenzen.

Ein kleiner Junge hatte ein großes Bedürfnis nach Salz und setzte alles in Bewegung, um es sich zu beschaffen. Das Kind leckte das Salz von den Crackern. Wo auch immer die Eltern das Salz versteckten, das Kind kletterte, suchte und aß jedes Salzkörnchen, das es fand. Als der Junge dreieinhalb war, wurde er ins Krankenhaus eingeliefert und bekam eine Standarddiät mit normalem Salzkonsum. Seinem Wunsch, Salz zu essen, kam man nicht nach. Nach sieben Tagen starb er. Die pathologische Untersuchung ergab, dass der Junge an einer Anomalie gelitten hatte (Anomalie der Nebenniere, Addison-Krankheit), wodurch er von außen Salz zuführen musste, um nicht zu sterben, was dann letztlich die Todesursache war. Bis zu seinem Krankenhausaufenthalt war es dem Jungen gelungen, sich am Leben zu halten, indem er zusätzlich Salz aufnahm, entgegen der so genannten Weisheit der Menschen in seiner Umgebung. Die innere Weisheit seines Körpers gab ihm das notwendige Verhalten ein. (Wilkins, Fleischmann und Howard 1940; Gray, 1999)

Ein jüngeres Beispiel aus dem Jahre 2004 ist die Geschichte eines 22-Jährigen.

Ein junger Mann von 22 Jahren entdeckt einen kleinen Knubbel unter seiner Achsel, eine geschwollene Drüse. Er traut der Sache nicht und geht zum Arzt, der nicht sofort alarmiert ist. Der junge Mann kennt die Geschichte des Jungen mit dem Salz und will dem Unruhesignal, das er verspürt, Gehör schenken. Er besteht auf weiteren Untersuchungen. Zur Überraschung des Arztes, nicht jedoch des jungen Mannes, ist der Knubbel bösartig: ein Non-Hodgkin-Lymphom, eine aggressive Krebsform mit schlechter Prognose. Es bedeutet Krebs der Lymphdrüsen infolge einer Streuung. Nähere Untersuchungen ergeben, dass in dem Geschwür Hautzellen zu finden sind. Der Heranwachsende hatte zweieinhalb Jahre vor der Untersuchung ein seltsames Muttermal bemerkt. Obwohl er eigentlich ein sorgloser Jugendlicher ist, wird er misstrauisch und geht zum Hausarzt. Dieser brennt den Fleck weg. Der junge Mann fragt, ob es im Krankenhaus noch weitere Untersuchungen geben werde, aber der Arzt hält dies nicht für notwendig und sagt, er hätte es nicht weggebrannt, wenn er ein Krebsrisiko vermutete. Dennoch hatte der junge Mann Recht, es war bösartig. Hätte man auf ihn gehört, als er dem Muttermal nicht traute, hätte er dieses Drama nicht erleben müssen. Seine Hartnäckigkeit bei dem kleinen Knubbel rettete ihm letzten Endes das Leben.

DER KLUGE JUGENDLICHE

Die Pubertät ist eine interessante und spannende Phase. Die intellektuellen Fähigkeiten Jugendlicher nehmen stark zu. Sie erleben einen Sprung im Denken, ihr Gehirn kann mehr fassen als zuvor (Giedd, Blumenthal, Jeffries, Castellanos, Liu, Zijdenbos, Paus, Evans und Rapoport, 1999).

Die wichtigste Veränderung im Gehirn ist, dass zwischen den Hirnzellen mehr Verbindungen hergestellt werden. Dadurch können die Informationen der verschiedenen Zellen in größere Zusammenhänge gebracht und damit die Fähigkeit zur Übersicht über ein Ganzes erhöht werden.

Egal, ob das Kind nun minder-, normal- oder hochbegabt ist – beim Eintritt in die Pubertät erlebt es einen Sprung im Denken, wodurch es die Erfahrung macht, ›plötzlich‹ alles zu verstehen. Das ist der Nährboden für die häufig ›rechthaberisch‹ anmutende Haltung von Jugendlichen, aber auch Grundlage für ihre Fähigkeit, sich Lösungen für die großen Probleme der Welt auszudenken.

Es kommt häufig vor, dass Menschen während der Adoleszenz zu wichtigen Einsichten gelangen, die Grundlage ihres späteren Lebens werden. Große Denker haben den Kern ihrer Ideen oft schon während der Adoleszenz entwickelt. Ihr weiteres Leben steht dann eher unter dem Zeichen der Vertiefung und Verfeinerung als unter dem der Erneuerung. Darwin (1809–1882) entwarf seine Evolutionstheorie (*The Origin of Species. On Natural Selection*, Darwin, 1859/1979) während der Expeditionsreise auf der Beagle (Darwin, 1839/1993), als er zwanzig Jahre alt war. Er hatte Angst vor der eigenen Entdeckung und publizierte sie erst zwanzig Jahre später, als jemand anderes (Alfred Russell Wallace) mit einer ähnlichen Theorie an die Öffentlichkeit wollte. Der Mathematiker Andrew Wilis war schon als Achtjähriger fasziniert vom 4. Theorem des Großen Fermat'schen Satzes; als Einundvierzigjähriger bewies er diese Behauptung, mit der sich Mathematiker mehrerer Jahrhunderte herumgeschlagen hatten.

So tief wie während der Adoleszenz denken wir wahrscheinlich nie wieder nach. Jeder von uns hat diese Erfahrung in mehr oder weniger großem Maße gemacht. Dem Denken Heranwachsender sollte mehr Anerkennung zuteil werden.

Ich selbst schrieb ein Buch über Männer und Frauen (Delfos, 2004–2007). Auffallend an den Geschlechtern sind nicht nur ihre Unterschiede, sondern gerade auch ihre Übereinstimmungen. In diesem Buch wird ein neuer Schritt in der Emanzipation gesetzt. Es plädiert ›für eine Emanzipation, die mit dem biologischen Strom fließt, statt gegen ihn‹. Obwohl ich dieses Buch erst schrieb, als ich die Fünfzig längst überschritten hatte, wurde der Keim bereits gelegt, als ich fünfzehn war. An meiner Schule gab es eine Schülerzeitung, auf deren Rückseite Witze und Sprüche standen. Ich kann mich nur an einen einzigen Spruch erinnern, in dem es hieß: *Emanzipation = statt des Mannes Position.* Den Gedanken, den ich damals hatte, weiß ich auch noch: *Und deswegen wird es nicht gelingen!* Tatsächlich überlegte ich mir damals schon, dass eine Emanzipation auf Grundlage der totalen Gleichheit zwischen Frau und Mann nicht gelingen kann, weil das Ziel Gleichwertigkeit heißen muss und nicht Gleichheit.

Da Jugendliche ziemlich plötzlich zu diesem großen intellektuellen Sprung ansetzen, sind sie oft noch ungeschickt im Umgang mit ihren neuen Möglichkeiten. Es ist wichtig, die erworbenen intellektuellen Fähigkeiten zu trainieren. Indem sie sich äußern, fühlen sich Jugendliche buchstäblich und im übertragenen Sinne ›angehört‹. Vor allem Erwachsenen gegenüber müssen Jugendliche ihre Meinung äußern können, ohne dass man ihnen das Wort abschneidet oder sie erniedrigt. Letzteres dürfen insbesondere Eltern nicht tun. Auch wenn Jugendliche es nicht zeigen: Bei aller Kritik, die sie an ihren Eltern üben, ist ihnen deren Meinung doch enorm wichtig und sie sind diesbezüglich tief verletzbar. Für das junge Kind ist es von großer Bedeutung, die Meinung der Eltern zu hören. Bei Heranwachsenden hat das Zuhören*müssen* genau die gegenteilige Wirkung. Die Meinung eines anderen anhören zu *müssen* stoppt ihren eigenen Denkprozess (Übung 1.6, Anlage 1). Durch die sokratische Methode des Fragens nach näherer Erklärung (Kapitel 6) wird der Denkprozess Jugendlicher stimuliert. Im Verlauf des Gesprächs werden sie oft selbst die Argumente nennen, die Erwachsene ihnen hatten vorhalten wollen. Diese Argumente äußern sie nun allerdings aus ihrer eigenen Sicht, weshalb sie bedeutend effektiver sind.

Die Jugend stellt die Werte von Eltern und Gesellschaft zur Diskussion. Auch wenn das nicht immer ganz differenziert ist, leistet sie damit einen wichtigen Beitrag zur Gesellschaft. Kommunikation mit Jugendlichen ist daher bereichernd.

AUFBAU DES BUCHES

Der Einleitung folgt ein Kapitel über die Merkmale der Pubertät (Kapitel 2 Vorpubertät und Pubertät: *Wachstum und Entwicklung*), in dem die psychologische und biologische Bedeutung dieser Phase beleuchtet werden. Damit entsteht hoffentlich eine Grundlage des Verstehens von Jugendlichen, um die Kommunikation zwischen ihnen und Erwachsenen zu ermöglichen. Kapitel 3 (Jugendliche erziehen: *Fallen und Aufstehen*) beschäftigt sich mit der pädagogischen Problematik, die diesem Zeitraum eigen ist. In Kapitel 4 (Gespräch führen: *Interesse und Respekt*) werden die Haltung und die Gesprächsführung besprochen, die für Kommunikation im Allgemeinen und für die mit Jugendlichen im Besonderen wichtig sind. In Kapitel 5 (Den Jugendlichen befragen: *Die Anhörung beider Parteien*) stehen die verschiedenen Fragetechniken und ihr Wert während der Adoleszenz im Mittelpunkt.

Die Informationen über Gesprächs- und Fragetechniken wurden bereits im ersten Band, »*Sag mir mal …*« *Gesprächsführung mit Kindern*, wiedergegeben. Hier werden sie nun Heranwachsenden angepasst. Zum Teil greife ich dabei auf die Zusammenfassung von Fiet van Beek (1997) von WESP zurück (**W**issenschaftliche, **E**rzieherische und **S**ozialkulturelle **P**rojekte), die ihrerseits aus dem Werk von Yarrow (1960), Rich (1968) und Emans (1990) schöpfte. Im Anschluss wird in Kapitel 6 (Die Sokratische Methode: *Entdecken lassen*) die Kernmethodik besprochen, die sokratische Kommunikationsform. Diese Methode ist im Allgemeinen wirksam und in der Pubertät unentbehrlich. In Kapitel 7 wird die Art der Gesprächsführung nach Lebensalter eingeordnet. Der Epilog (Kapitel 8) dient als Abrundung des Buches und betrachtet die Pubertät unter dem Aspekt ihrer gesellschaftlichen Bedeutung.

In Anlage 1 finden sich Fragen und Übungen, die für die Praxis der Kommunikation mit Heranwachsenden nützlich sind und sich insbesondere auch für pädagogische Ausbildungen eignen. Am Ende jedes Kapitels sind die jeweiligen Grundgedanken in Form von Kernaussagen aufgelistet, die außerdem auch in Anlage 2 zusammengestellt wurden. In Anlage 3 befindet sich ein Schema mit den Merkmalen der Kommunikation mit Jugendlichen in verschiedenen Lebensphasen ab der Vorpubertät.

Die im Buch genannten Beispiele dienen der Veranschaulichung des Textes und kommen aus der Praxis der Autorin. Wo notwendig, wurden die Beiträge anonymisiert und Namen verändert. Damit diese Beispiele leicht auffindbar sind, wurden sie im Anhang des Buches neben den Anlagen 1–3, dem Literaturverzeichnis, dem Namens- und Sachregister und einer Liste der Übersichten und Abbildungen in einer gesonderten Übersicht aufgeführt.

Der Veranschaulichung dienen auch einige Beispiele aus dem Tagebuch der dreizehnjährigen Josie, die so freundlich war, uns Fragmente ihrer Aufzeichnungen zur Verfügung zu stellen. Sie illustrieren viele der behandelten Themen, vom ›sich nicht mit der eigenen Mutter sehen lassen wollen‹ bis zum ›Drang nach Selbsttötung‹. Zu finden sind sie zwischen den Kapiteln 4 und 5.

KERNAUSSAGEN

- Jugendliche können ihre Eltern tief verletzen.
- Eltern büßen schon ab dem Kindergartenalter an Bedeutung ein.
- Gleichaltrige sind für Jugendliche am wichtigsten.
- Der rote Faden zwischen Eltern und Kind heißt Kontakt.
- Nach der Pubertät ist die Beziehung meist besser denn je.
- Kommunikation mit Jugendlichen ist oft deutlich und schnörkellos.
- Gute Kommunikation ist wesentlich.
- Erwachsene schalten das Gehirn von Jugendlichen oft auf ›aus‹, indem sie einfach ›weiterpredigen‹.
- Richtig kommunizieren bedeutet: Gehirn einschalten.
- Gute Kommunikation braucht eine Haltung des Respekts und der Bescheidenheit.
- Die eigene Sachkenntnis des Heranwachsenden muss respektiert werden.
- Jugendliche erleben einen großen Sprung im Denken, wodurch sie plötzlich ›alles‹ verstehen.
- Heranwachsende sind echte Denker.

2 VORPUBERTÄT UND PUBERTÄT – Wachstum und Entwicklung*

Die Lebensphase zwischen dem zwölften Lebensjahr bis etwa Mitte zwanzig wird *Adoleszenz* genannt. Die alten Griechen sprachen von Adoleszenz (abstammend vom lateinischen Begriff *adolescere*) und siedelten das Ende dieser Phase bei fünfundzwanzig Jahren an. Angesichts der Tatsache, dass die Reifung des zentralen Nervensystems so lange braucht, um sich voll zu entwickeln, ist das gut getroffen. Das *Corpus callosum*, einfach ausgedrückt der Balken, der alle Teile des Gehirns miteinander verbindet und für Informationsaustausch und Koordination zuständig ist, nimmt im ersten Jahr nach der Geburt um 42 % zu und dann noch einmal um 110 % zwischen dem ersten und dem achtundzwanzigsten Lebensjahr (Ramackers und Njiokiktjiien, 1991).

Der Begriff *Adoleszenz* wird meist nur für den letzten Teil dieses Zeitraums verwendet, also für die Jahre zwischen achtzehn und fünfundzwanzig. Die Zeit zwischen dem zwölften und achtzehnten Lebensjahr bezeichnet man meist als *Pubertät*. Adoleszenz ist ein Überbegriff für Pubertät und Jugend. Während dieser Phase entwickelt sich das Kind äußerlich und im Verhalten von einem Heranwachsenden zu einem Erwachsenen. Der Eintritt ins Erwachsenenleben beginnt mit dem Erfüllen gesellschaftlicher Funktionen. Die Gesellschaft erwartet von Erwachsenen, dass sie durch Arbeit für ihren Lebensunterhalt sorgen, die Verantwortung für Partnerschaft und/oder Familie

* Die Informationen dieses Kapitels stützen sich zu einem erheblichen Teil auf das Buch *Ontwikkeling in vogelvlucht. De ontwikkeling van kinderen en adolescenten* (Entwicklung aus der Vogelperspektive. Die Entwicklung von Kindern und Heranwachsenden; Delfos, 1999–2006).

übernehmen und selbstständig weltanschauliche Standpunkte vertreten.

Die Adoleszenz ist charakterisiert durch Wachstum (körperliche Veränderungen) und *Entwicklung* (Zunahme psychischer Möglichkeiten). Das zierliche Schulkind wird zum kräftigen Erwachsenen mit reichlich Muskel- und Fettgewebe. Dieses Wachstum zeigt sich häufig in einem fast explosionsartigen *Wachstumsschub.* In den eigenen Augen und denen seiner Umgebung vollzieht sich im Kind innerhalb von ein oder zwei Jahren eine starke körperliche Veränderung. Aufgrund des plötzlichen Wachstums wirkt der Körper nicht mehr wie der ›eigene‹, der oder die (Vor-)Pubertierende fühlt sich oft schlaksig und ungeschickt und hat Mühe, den eigenen Körper zu akzeptieren.

Jugendliche haben, ausgehend von diesen Veränderungen auf körperlichem und psychischem Gebiet, ein großes Bedürfnis nach Privatsphäre. Plötzlich darf man sie nicht mehr nackt sehen, egal, wie frei sie zuvor waren. Sie versehen ihr Zimmer mit Warnschildern wie *Zutritt verboten,* andererseits haben sie noch kein Gefühl für die Privatsphäre ihrer Eltern. Es ist ein gegenseitiger Lernprozess von Eltern und Jugendlichen.

Der Pubertät geht die Vorpubertät voraus. Diese Phase setzt mit hormonellen Veränderungen ein. Bei Mädchen beginnt der Prozess meist früher, ungefähr mit zehn bis elf Jahren gegenüber zwölf bis dreizehn Jahren bei Jungen. Im Vergleich zu den vorigen Jahrhunderten setzt diese Phase immer früher ein (Abbassi, 1998; Wattigney, Srinivasan, Chen, Greenlund und Berenson, 1999; Kaplowitz, Slora, Wasserman, Pedlow und Herman-Giddens, 2001).

Die *Vorpubertät* ist der Zeitraum, in dem Kinder den Übergang von der Grundschule zur weiterführenden Schule erleben. Während dieser Phase stehen vor allem zwei Themen im Mittelpunkt: eine erfolgreiche *Schullaufbahn* und die Entwicklung einer *sozialen Identität.* Die Vorpubertät ist die körperliche Ankündigung des *biologischen Erwachsenseins,* die *Pubertät* die Phase des *psychischen Erwachsenwerdens.*

Während der Pubertät gibt es drei zentrale Themen: zum einen die Entwicklung von *Selbstständigkeit* mit einer Neudefinition der Eltern-Kind-Beziehung und der Herausbildung einer eigenen Identität, zum anderen die Übernahme *gesellschaftlicher Aufgaben* und außerdem die Gestaltung der *Sexualität*. Für Eltern ist die Pubertät häufig eine schwierige Phase, für die meisten Jugendlichen ein spannender und turbulenter Zeitraum. Sie gehen völlig im Umgang mit Gleichaltrigen, der Welt und sich selbst auf. Dadurch scheinen sie wenig auf die Eltern orientiert zu sein.

DIE PUBERTÄT ALS KONSTRUKTION

Die Altersspanne, innerhalb derer der Eintritt ins Erwachsenenalter stattfindet, ist groß. Dies hat mit kulturellen und ökonomischen Faktoren zu tun. In der westlichen Kultur gibt es keinen deutlich markierten Übergang vom Kind zum Erwachsenen, keine Rituale, die den Übergang zur Geschlechtsreife markieren (*Übergangsriten*). Sogar in der Kleidung verschwindet der Unterschied zwischen Kindern, Jugendlichen und Erwachsenen immer mehr.

Trotz der Volljährigkeitsgrenze, die im Allgemeinen bei achtzehn Jahren liegt, werden die meisten Achtzehnjährigen nicht wie Erwachsene behandelt. In unserer westlichen Gesellschaft erfüllen sie häufig auch noch keine Aufgaben von Erwachsenen. In vielen Kulturen vollzieht sich der Prozess des Erwachsenwerdens allmählich, indem die Heranwachsenden immer mehr ihnen angemessene Erwachsenenaufgaben erhalten. Auf diese Weise erfolgt der Übergang vom Kind zum Erwachsenen in kleinen Schritten. Das Phänomen Pubertät existiert überall auf der Welt. Auf marokkanisch zum Beispiel heißt es ›morahek‹, auf kreolisch ›okrieting‹, was aufwühlende Zeit bedeutet (Akkerman, Blokland, Hagens und Kleverlaan, 2004).

Manche Theoretiker sehen die Pubertät als nicht notwendige Phase, die nur durch die lange Ausbildungszeit entsteht, so dass die Jugendlichen relativ lange von ihren Eltern abhängig bleiben. Daher sei die Pubertät eine Konstruktion und keine selbstverständliche Lebensphase. Die Adoleszenz hat jedoch auch in

Bezug auf Gehirn und Denken einige Merkmale, die sie von anderen Phasen unterscheiden und die nur wenig mit Kultur oder Epoche zu tun haben.

Elkind und Weiner (1978) nennen *Kennzeichen*, die den Übergang vom Kind zum Erwachsenen charakterisieren. Beispiele hierfür sind der Abschluss der Ausbildung, der Eintritt in die Arbeitswelt und die Aufnahme von sexuellem Kontakt. Letzterer findet jedoch immer früher statt (Unfpa, 2003; de Graaf, Meijer, Poelman und Vanwesenbeeck, 2005). Ursache hierfür sind u. a. die Verfrühung der Pubertät durch Übergewicht und den Einfluss der Medien. Weltweit ist es üblicher geworden, schon recht jung sexuellen Kontakt zu haben (Blanc und Way, 1998). Vor allem bei Jungen geschieht dies manchmal sehr früh, wie Untersuchungen in Ghana, Mali, Tansania, Jamaika und den Vereinigten Staaten gezeigt haben (Singh, Wulf, Samara und Cuca, 2000). Auch Medienberichte verweisen auf dieses Phänomen.

> Ein Mädchen ›bumsen‹ ist das Normalste von der Welt. Jungen finden Sex mit einem jungen Mädchen nicht falsch, sagen sie vor Gericht. Drei Jungen aus Spangen (Rotterdam) mussten sich gestern wegen der Vergewaltigung einer Elfjährigen vor Gericht verantworten. »So etwas scheint es in jedem Viertel zu geben«, sagt der Staatsanwalt (Kamerman, NRC, 26. Juli 2005).

Im Allgemeinen berücksichtigt die Forschung sexuelles Verhalten erst ab einem Alter von fünfzehn Jahren, wodurch eine mögliche Verschiebung ins jüngere Alter weniger sichtbar ist. Und wenn es um dieses Alter geht, wird dies oft nur mit ›jünger als fünfzehn Jahre‹ angegeben, so dass nicht deutlich wird, wie jung. Das Durchschnittsalter, in dem Jugendliche zum ersten Mal Geschlechtsverkehr haben, sinkt weltweit. Sie gehen durchschnittlich etwas früher miteinander ins Bett. Darüber hinaus ist aber auch die Bandbreite sexueller Aktivitäten größer geworden, wobei auch neue Medien wie Internet und Mobiltelefone eine Rolle spielen. Eine der neu entstandenen Formen sexueller Aktivitäten ist, sich selbst und andere mit Hilfe von Handys in sexuellen Situationen digital zu fotografieren oder zu filmen und die Bilder sogar ins Internet zu stellen.

Zum ersten Mal in der Geschichte findet Sexualität in einem Rahmen statt, bevor von biologischer Reifung die Rede ist (Delfos, 2003). Sexueller Kontakt kann daher auch kaum mehr als Kennzeichen für Erwachsensein gehandhabt werden. Im Abschnitt über Sexualität werden wir hierauf näher eingehen.

Die Pubertät steht im Ruf, eine turbulente Phase mit großen Problemen zu sein. Untersuchungen zeigen jedoch, dass in Wirklichkeit keine ernsthafteren Konflikte auftreten als in anderen Phasen (Rutter und Rutter, 1993). Costello und Angold (1995) geben an, dass der Anteil Jugendlicher, mit denen es Probleme gibt, ebenso wie in anderen Phasen bei 20 % liegt. Allerdings nehmen Jugendliche in dieser Phase ihre Eltern gründlich unter die Lupe, und dabei kommen sie eine Zeit lang gar nicht gut weg. Das elterliche Selbstbild gerät unter Beschuss. Dies ist einer der Gründe, weswegen Eltern diese Phase als schwierig erleben; von ihnen wird eine wesentliche Veränderung verlangt. Um selbstständig werden zu können, müssen sich Jugendliche von ihren Eltern lösen und beide Parteien müssen gleichwertiger miteinander umgehen. Das funktioniert nur, wenn Eltern dies akzeptieren und sich auch selbst von den Jugendlichen lösen. Oft wollen sie ihren Kindern Dinge verbieten oder auferlegen. Aufgrund des Bedürfnisses nach Gleichwertigkeit führt dies leicht zu Widerstand: Verbote vergrößern die Möglichkeit, dass das unerwünschte Verhalten erst recht gezeigt wird.

Akkerman und Kollegen (2004) haben die Kennzeichen für das Erwachsenwerden (Elkind 1978) für Eltern in Ziele übertragen, die das Kind erreichen muss. Das Kind

1 kann selbst Entscheidungen treffen und Verantwortung tragen;
2 kann auf sinnvolle Weise mit seiner freien Zeit umgehen;
3 wählt eine Stelle oder Ausbildung, die zu ihm passt;
4 achtet selbst auf seine Gesundheit und sein Äußeres;
5 kann Freundschaften pflegen und auf andere Rücksicht nehmen;
6 ist sich der Regeln bewusst, an die es sich zu halten hat;
7 kann eine Beziehung mit Intimität und Sexualität gestalten;
8 kann selbstständig wohnen, unabhängig von den Eltern.

GESCHLECHTSREIFUNG

Pubertät beginnt im Gehirn. Der Hypothalamus steuert den Prozess und stimuliert die Abgabe von Stoffen, welche die Hormonbildung durch die Hypophyse regeln (Giedd u. a., 1999). Die Adoleszenz geht mit großen Veränderungen auf körperlichem, kognitivem und psychosexuellem Gebiet einher: Das Erwachsenwerden wird sichtbar. Vor allem die körperlichen Veränderungen fallen auf. Während in der ersten Phase der Adoleszenz die körperlichen Veränderungen im Mittelpunkt stehen, ist es im zweiten Teil das *Erleben* des Körpers. Erwachsenwerden vollzieht sich nicht nur von innen nach außen, sondern wird auch von der Umgebung beeinflusst. Man spricht von einer Wechselwirkung. Das Umfeld stellt Ansprüche an den Jugendlichen.

Eine der tiefgreifendsten Veränderungen während der Pubertät ist die eintretende Geschlechtsreife. Marshall und Tanner (1974) nennen fünf Phänomene, die dabei eine Rolle spielen:

- Der Wachstumsschub führt zu einem starken Anstieg von Größe und Gewicht.
- Die Geschlechtsdrüsen (die Hoden bei Jungen und Eierstöcke bei Mädchen) erreichen ihre ausgewachsene Form und Funktion.
- Die sekundären Geschlechtsmerkmale (wie Haarwuchs) entwickeln sich.
- Die Verteilung von Fett- und Muskelgewebe über den Körper verändert sich drastisch.
- Physiologische Veränderungen lassen Muskelkraft und Durchhaltevermögen stark zunehmen.

Dieser Reifungsprozess hat mit der Empfängnis begonnen und wird erst zum Ende der Adoleszenz abgeschlossen. Nach dem hinsichtlich der Reifung ausgesprochen aktiven ersten Jahr setzt im Alter von etwa sieben Jahren erneut eine intensive Phase mit verstärkter Hormonproduktion ein. Diese betrifft unter anderem das Wachstumshormon, die speziellen Hormone für die

Wachstumsregelung der Geschlechtsdrüsen und die Produktion der Androgene: das ›männliche‹ Geschlechtshormon Testosteron und das ›weibliche‹ Östrogen. Es dauert noch ungefähr fünf Jahre, bevor die Auswirkungen dieses Prozesses in der Pubertät deutlich sichtbar werden. Für Mädchen ist die Adrenarche wichtig, die Reifung der Nebenniere, wodurch u. a. die Produktion von Adrenalin gefördert wird. Diese Reifung findet ungefähr um das zehnte Lebensjahr herum statt und spielt eine wichtige Rolle bei Emotionen (Friedman, Charney und Deutsch, 1995).

Nach de Wit, van der Veer und Slot (1995) sind (niederländische) Jungen mit sechzehn Jahren biologisch erwachsen, Mädchen mit fünfzehn. Verschiebungen dieses Alters haben mit kulturellen Faktoren zu tun, vor allem mit der Nahrung. Die Zunahme des *BMI (Body Mass Index: Gewicht geteilt durch Körpergröße zum Quadrat)* hängt mit der Verfrühung der Menarche, der ersten Menstruation, zusammen, obwohl manche Ergebnisse suggerieren, dass diese beiden Prozesse größtenteils voneinander unabhängig sind (Demerath, Towne, Chumlea, Sun, Czerwinski, Remsberg und Siervogel, 2004). Bei Übergewicht (ein ›gesunder‹ BMI liegt zwischen 18,5 und 24,9) besteht ein höheres Risiko auf verfrühte Menarche (Kaplowitz, Slora, Wasserman, Pedlow und Herman-Giddens, 2001). In wohlhabenden Gesellschaften findet die erste Menstruation, die Menarche, relativ früh statt (Malik und Hauspie, 1986; Graham, Larsen und Xu, 1999). Vermutlich hängt dies auch mit dem Gesundheitszustand und Hygienebedingungen zusammen. Es scheint allerdings so zu sein, dass die erste Menstruation immer noch früher stattfindet, als man aufgrund bisheriger Beobachtungen – alle zehn Jahre um drei Monate – erwarten konnte (Tanner, 1990; Rees, 1993). Der Anstieg sexuellen Kontakts in jüngerem Alter verweist auf eine möglicherweise verfrühte biologische Reifung, stimuliert diese aber auch gleichzeitig. Die sexuellen Reize durch Medien können unter anderem zu früheren Experimenten führen, was dann wiederum eine vorzeitige Hormonproduktion zur Folge hat. Hierauf wird im Abschnitt über Sexualität näher eingegangen.

Die Reihenfolge der Entwicklung von Geschlechtsmerkmalen bei Jungen ist ziemlich konstant. Erst wachsen die Hoden (ein Testikel, Hoden, von 4 ml oder mehr ist das Zeichen beginnender Pubertät, Mul, 2004) und das Scrotum (Hodensack). Danach kommt das Schamhaar. Wachstum, Wachstumsschub und Peniswachstum erfolgen meist ein Jahr später. Bart- und Achselbehaarung setzen in der Regel spät in der Pubertät ein. Die zeitliche Situierung der ersten *Ejakulation* (Samenerguss) ist nicht eindeutig. Manche sprechen von einem Alter um das vierzehnte Lebensjahr herum, ein Jahr nach Beginn des Peniswachstums, andere von einem Durchschnittsalter von zwölf Jahren. Ein Erguss ohne Samen – *Emission* – kann schon viel früher stattfinden, in Ausnahmefällen ist er bereits ab acht Jahren möglich.

Bei Mädchen kann man weniger von einer festen Reihenfolge der Entwicklung sprechen. Meist kommt es erst zum Brustwachstum, bevor der Wachstumsschub einsetzt. Die erste Menstruation findet später in der Pubertät statt, in den Niederlanden zwischen dreizehn und fünfzehn Jahren (Mul, Frederiks, van Buuren, Oostdijk, Verloove-Vanhorick und Wit, 2001; Frederiks, Buuren, Burgmeijer, Meulmeester, Beuker, Brugman, Roede, Verloove-Vanhorick und Wit, 2000). 1965 lag die durchschnittliche Menarche in den Niederlanden bei 13,4; 1997 bei 13,15 Jahren (Oostdijk, 2000). Nach der Menstruation dauert es meist noch ein bis zwei Jahre, bevor das Mädchen geschlechtsreif ist.

Die Geschlechtsreife wird durch verschiedene Hormone stimuliert. Die Geschlechtshormone (*Androgene*) sind sowohl bei Männern als auch bei Frauen vorhanden. Die wichtigsten Androgene sind Testosteron, Östrogen und Progesteron. Das Hormon Testosteron wird ›männlich‹ genannt, weil es bei Männern in höherer Konzentration vorkommt. Männer haben durchschnittlich neunmal mehr Testosteron im Blut als Frauen (Bernards und Bouman, 1993). Bei Männern sind außerdem 98 % des Testosterons in gebundener Form vorhanden (an Proteine im Blut) und daher bei Bedarf ›als Vorrat‹ verfügbar (Hill, 1997). Östrogen dagegen wird als ›weibliches‹ Hormon bezeichnet, weil es in höherer Konzentration bei Frauen vorkommt. Östrogen wird aus Progesteron gebildet. Progesteron kann auch

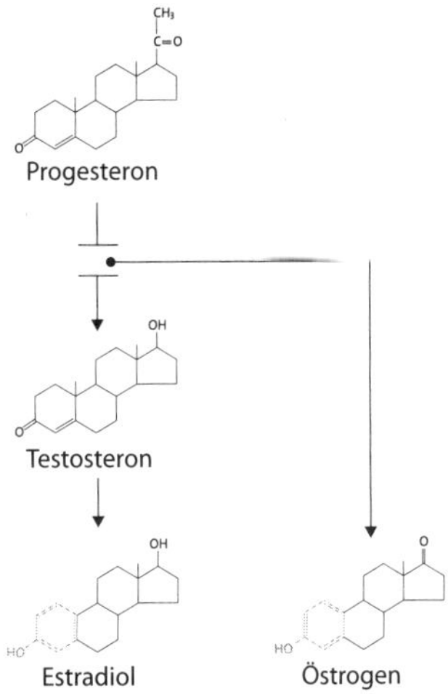

Abbildung 1: *Umwandlung von Progesteron zu Testosteron und Östrogen*

in Testosteron umgesetzt werden, was bei Männern häufiger geschieht als bei Frauen. Solange Östrogene für den Menstruationszyklus benötigt werden, verfügen Frauen über weniger Testosteron. Erst wenn Frauen keinen intensiven Bedarf mehr haben, Progesteron in Östrogen umzusetzen, wandeln sie mehr Progesteron in Testosteron um. Das geschieht in der *Menopause*, wenn der Menstruationszyklus mit dem Eisprung (Ovulation) nicht mehr geregelt werden muss. Siehe Abbildung 1 für eine schematische Wiedergabe dieses chemischen Prozesses.

Die Geschlechtshormone haben unterschiedliche Funktionen. Testosteron beeinflusst unter anderem das Muskelwachstum (das bei Jungen während der Pubertät spektakulär zunimmt); Östrogen regelt unter anderem die Menstruation, die Fettentwicklung und das Knochenwachstum. Nach einer Untersuchung von Higham (1980) hängt ein Anstieg von Testosteron mit der Zunahme von sexuellen und romantischen Fantasien zusammen sowie Verhaltensweisen wie Verliebtheit, ›feuchten Träumen‹ und Masturbation. Außerdem spielen Hormone wie Oxytozine und Vasopressine eine wichtige Rolle.

Die Beziehung zwischen dem Testosteronspiegel und Aggression ist ausführlich erforscht worden sowohl bei Tieren als auch bei Menschen (van der Dennen, 1992; Delfos, 2004b/1997–2007). Bei allen Arten, einschließlich dem Menschen, gibt es einen Zusammenhang zwischen Testosteronmenge und Aggression (Taylor, Klein, Lewis, Gruenewald, Gurung und Updegraff, 2000; Coe, Hayashi und Levine, 1988). Der Zusammenhang gilt mehr für Jungen als für Mädchen, bei denen das Hormon auch in geringerer Menge vorkommt. Während der Pubertät ist diese Beziehung weniger deutlich, weil dann Konflikte mit der sozialen Umgebung, von der sich der Jugendliche zu lösen versucht, ebenfalls eine Quelle der Aggression darstellen. Dennoch hängen sowohl Aggression als auch dominantes Verhalten bei Jungen während der Pubertät mit dem Anstieg von Testosteron zusammen (Alsaker, 1996).

Wenn wir von Aggression sprechen, denken wir meist an physische Aggression, die eher männliche Aggression. Die Aggression bei Mädchen und Frauen ist weniger physischer als vielmehr verbaler und manipulativer Natur. Den Zusammenhang zwischen physischer Aggression und Testosteron gibt es allerdings auch bei Frauen. Frauen, die aufgrund von Gewaltdelikten im Gefängnis sitzen, haben einen durchschnittlich höheren Testosteronspiegel als Frauen, die wegen anderer Delikte im Gefängnis sind (Dabbs und Hargrove, 1997). Jungen sind im Allgemeinen aggressiver als Mädchen und gehen größere Risiken ein. Auch bei der Kriminalität an sich sehen wir geschlechtsspezifische Unterschiede. Kriminalität ist vor allem eine männliche Angelegenheit (Raine, 1997; Delfos, 2004b/1997–2007). Jungen werden viermal häufiger verhaftet als Mädchen. Bei schweren Verbrechen sind es achtmal so viele Jungen wie Mädchen. Jungen neigen mehr zu Gewaltdelikten, Mädchen eher zu Betrug und Weglaufen (Siegel, 2004).

Eine weitere Folge des ›männlichen‹ Hormons ist das Tieferwerden der Stimme. Dies geschieht sowohl bei Jungen als auch bei Mädchen. Studien (Henley, 1977; Sachs, Lieberman und Erickson, 1973) zeigen, dass die Senkung der Stimme bei Mädchen geringer ist, dass sie aber unter Einfluss der sozialen Umgebung, die eine höhere Stimme bei Mädchen positiv verstärkt, diese auch höher halten, als für sie angenehm oder notwendig ist.

DER WACHSTUMSSCHUB

Während der Pubertät verändert sich der Kinderkörper zu einem Körper mit erwachsenen Proportionen. Zwischen dem zehnten und dem sechzehnten Lebensjahr nimmt der Kinderkörper im Durchschnitt um 22 Kilo an Gewicht und 30 cm an Länge zu. Diese Veränderung braucht relativ wenig Zeit und verlangt vom Kind und seiner Umgebung eine schnelle Anpassung an die veränderte Situation.

Das Kind hat das Bedürfnis, mit seiner Unabhängigkeit von Erwachsenen zu experimentieren, und orientiert sich noch stärker an Gleichaltrigen als schon zuvor. Dieser Prozess beginnt bereits beim Kleinkind und ist während der Pubertät am ausgeprägtesten, wenn der Erwachsene durch den Jugendlichen sogar (vorübergehend) abgewiesen wird. Während der Vorpubertät verändert sich das Kind äußerlich *und* innerlich fundamental. Dabei geht es jedoch weniger um eine Veränderung der Persönlichkeit als vielmehr darum, diese mit der Erwachsenenrolle zu verbinden. Ebenso wie die physischen finden sich die psychischen Züge des Kindes im Erwachsenen häufig noch deutlich wieder. Der Widerstand gegen die Umgebung oder die Überangepasstheit, die in Kindheit und Pubertät auftreten können, sind im Prinzip im Erwachsenenalter verschwunden oder verblasst. So kann es sein, dass Jugendliche, die ihren Eltern viel Kopfzerbrechen bereiteten, als Erwachsene ganz angepasste Mitglieder der Gesellschaft sind.

Weil sich das Kind in den beiden ersten Jahren der weiterführenden Schule nicht mehr klein fühlt und klein fühlen will, sucht es den Erwachsenen nicht mehr als Beschützer auf und wird ihn sogar eher noch mehr von sich fernhalten. Aber das Kind fühlt sich auch noch nicht groß. Dadurch wird die Regulation von Intimität schwierig. Mit Erwachsenen ist Intimität nicht mehr so einfach und mit Gleichaltrigen noch nicht möglich (Delfos, 1994a).

Das – oft plötzlich einsetzende – körperliche Wachstum sorgt für eine abruptes Ende der Kindheit und markiert den Übergang vom Kind zum Erwachsenen. Heranwachsende sind stark mit ihrem Äußeren beschäftigt (Williams und Currie, 2000), was nicht verwunderlich ist, da es sich in so kurzer Zeit so auffällig verändert. Heranwachsende sind in der Regel mit ihrem Äußeren zufrieden, Jungen etwas mehr als Mädchen (Clifford, 1971; Rodriguez-Tomé, Bariaud, Cohen Zardi, Delmas, Jeanvoine und Szylagyi, 1993). Unzufriedenheit mit dem Äußeren hängt bei Jungen meist mit der Größe zusammen, bei Mädchen mit dem Gewicht (Alsaker, 1996). Alsaker (1996) formuliert die Probleme, die Mädchen mit ihrem Gewicht haben, sehr treffend: ... *Es ist dennoch bestürzend, dass Untersuchungen immer wieder zeigen, dass ein Aspekt normaler Entwicklung solch negative Gefühle hervorrufen kann ...* (zitiert nach M. Delfos).

Körpergröße wird beim Menschen, wie bei anderen Arten auch, als sehr wichtig erfahren. Wir halten sie bewusst zwar nicht für wichtig und in Beziehungen scheint sie keine Rolle zu spielen. Es geht aber um einen biologisch begründeten Effekt, der besonders beim ersten Eindruck von Bedeutung ist. Je kleiner, desto schwächer, scheinen wir zu denken, und je größer, desto stärker. Selbstverständlich wissen wir, dass andere Faktoren bestimmen, inwiefern sich ein Mensch behaupten kann. Aber beim ersten Eindruck lassen wir uns doch stark von der unmittelbar sichtbaren Körpergröße beeinflussen.

Bei der Kommunikation spielt der Größenunterschied eine wichtige Rolle (Übung 2.1, Anlage 1). Unbewusst wird dem körperlich Größten die Verantwortung für ein Gespräch übertragen, und dieser übernimmt und behält sie auch gern. Wir versuchen, dem entgegenzuwirken, indem wir uns setzen, wodurch die Größenunterschiede bedeutend kleiner werden.

Interessanterweise können bei einem erheblichen Größenunterschied der Gesprächspartner unwillkürlich Muster entstehen, die die Kommunikation beherrschen, völlig unabhängig vom Inhalt und von der Beziehung der Betreffenden. Meist fühlt sich der körperlich Größte für die Kommunikation verantwortlich. Er oder sie stellt die Fragen, erzählt oder lenkt das Gespräch. Der Kleinere wird häufiger die Rolle des Zuhörers übernehmen und dazu neigen, dem Anspruch des anderen zu entsprechen.

Im Eltern-Kind-Verhältnis wird dieses Rollenmuster selbstverständlich durch den Größenunterschied zwischen Eltern und Kind unterstützt. Während der Pubertät gibt es jedoch durch das Wachstum oder den Wachstumsschub eine radikale Veränderung. Häufig wird das Kind sogar größer als seine Eltern. Diese Umkehrung schlägt sich auch in der Kommunikation nieder. Der Jugendliche ergreift die Initiative und übernimmt die Verantwortung in einem Gespräch. Das kann von Eltern leicht als respektlos erfahren werden, obwohl es nicht beabsichtigt ist.

Der Wachstumsschub wirkt sich darauf aus, wie Gleichaltrige und Erwachsene den Jugendlichen ansprechen. Am besten zeigen dies die Begleiterscheinungen eines frühen und eines späten Wachstumsschubs, weil dann der Unterschied zu Gleichaltrigen am deutlichsten ist. Jungen, die frühreif sind, also einen frühen Wachstumsschub haben, erleben dies im Allgemeinen als Vorteil (Weichold, Silbereisen und Schmitt-Rodermund, 2003); spätreife Jungen sind häufiger unzufrieden mit sich selbst (Alsaker, 1992). Jungen mit einem frühen Wachstumsschub werden von Gleichaltrigen und Erwachsenen für erwachsener gehalten, als sie sind. Die Zunahme an (Muskel-)Kraft gibt ihnen einen Vorsprung in der Konkurrenz untereinander, die in dieser Phase eine wichtige Rolle spielt. Das kann zu Schwierigkeiten führen, weil das körperlich große Kind längst nicht alle Erwartungen erfüllen kann, die seine Körpergröße weckt. Ist der Unterschied zwischen Kalenderalter und mentalem Alter sehr groß, kann sich dies hemmend auf den Jugendlichen auswirken, weil es keine gleichaltrige Gruppe mehr gibt, zu der er oder sie gehört. Frühreife Mädchen haben meist ältere Freundinnen, spätreife Mädchen bevorzugen jüngere Freundinnen (Stattin und Magnusson, 1990).

Frühreife Jungen sind bei ihren Altersgenossen im Allgemeinen angesehener als andere Jungen. Sie sind durchgängig selbstbewusster und werden in der Schule und anderswo häufiger auf wichtige Posten gewählt (Ge, Conger und Elder, 2001; Graber u. a., 2004; O'Sullivan, Meyer-Bahlburg und Watkins, 2000; Weichold, Silbereisen und Schmitt-Rodermund, 2003). Für spätreife Jungen gilt das Umgekehrte (Conger, 1991; Weichold u. a., 2003).

Bei Mädchen scheint späte Reife ein Vorteil zu sein (Conger, 1991; Weichold u. a., 2003). Sie werden öfter auf wichtige Posten gewählt als frühreife Mädchen und von Lehrern und anderen Erwachsenen als anziehender beurteilt. Mädchen, die früh reifen, internalisieren ihre Probleme öfter oder zeigen eine externalisierte Problematik (Ge, Kim, Brody, Conger, Simons, Gibbons und Cutrona, 2003; Katiala-Heino, Marttunen, Rantanen und Rimpelä, 2003; Wiesner und Ittel, 2002). Obwohl diese Probleme häufig vorübergehender Art sind, finden sie in einem Zeitraum statt, in dem wichtige Entscheidungen fürs Leben getroffen werden (Alsaker, 1996). Frühreife Mädchen kämpfen damit, dass der Vergleich mit zierlichen Altersgenossinnen in puncto Schönheitsideal nachteilig auszufallen scheint. Mädchen entwickeln beim Wachstumsschub Fettgewebe unter der Haut und bekommen dadurch ein runderes Äußeres als das eckigere Grundschulkind. Jungen kommen mit einer Gewichtszunahme durch Muskelgewebe aus der Pubertät, Mädchen mit einer Zunahme des Gewichts durch Fettgewebe (Slap, 1986).

Das ist ein dankbarer Nährboden für Essstörungen. Der Wachstumsschub verlangt ein neues Essmuster vom Kind, denn um all diese Veränderungen zu ermöglichen, wird mehr Nahrung gebraucht. Für Kinder, die eine Anlage zur Magersucht, *Anorexia nervosa*, haben, ist dies eine schwierige Phase (Delfos, 2002a). Dass Frauen häufiger unter dieser Essstörung leiden als Männer, wurde lange Zeit als Umfeldproblem erklärt, z. B. aufgrund des herrschenden Schönheitsideals, aber diese Erklärung scheint unzureichend (van den Heuvel, 1998). Inzwischen geht man auch bei der Anorexia von einem Problem in der Veranlagung (Aguti-Gen) und dessen Wechselwirkung mit dem Umfeld aus. Möglicherweise wird Anorexia durch eine schlechtere Abstimmung des Stoffwechselsystems auf den Energiehaushalt verursacht – das Verhältnis zwischen Nahrungsaufnahme und Energieverbrauch wird falsch reguliert, d. h., die Balance zwischen Nahrungsmenge und Energieverbrauch soll zu ›scharf‹ eingestellt sein. Das Risiko einer Anorexia ist daher für Mädchen in der (Vor-)Pubertät aufgrund der notwendigen Veränderung des Essmusters viel größer als in anderen Altersphasen

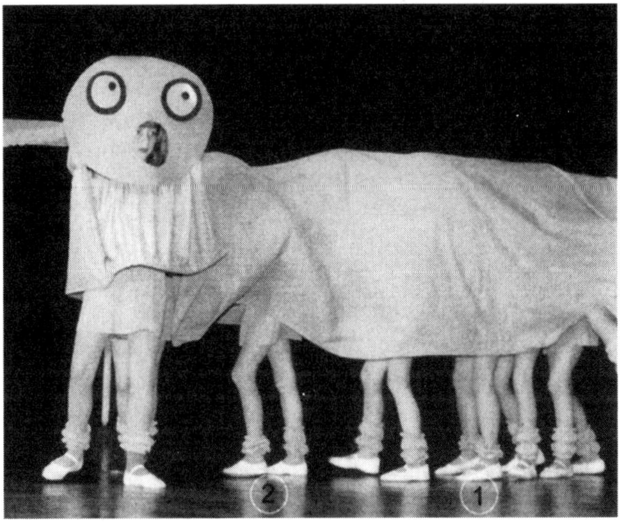

Abbildung 2: *Schulaufführung: Das später magersüchtige Kind auf Position 1 wollte als kleines Mädchen lieber die Beine mit den Höckerknien des Kindes auf Position 2 und schämte sich zutiefst für dieses Foto*

(Delfos, 2002a). Signale in den ersten Jahren sind nur selten gravierende Magerkeit, wohl aber – zunächst leicht – abweichende Essmuster. Frühzeitige Erkennung ist ausgesprochen wichtig, weil Anorexia nervosa eine sehr schwere Krankheit ist mit einer höheren Sterblichkeitsrate (10 %) als z. B. Leukämie. Die Magerkeit wird allerdings meist erst im Alter von fünfzehn, sechzehn Jahren sichtbar.

Dass Magersucht Veranlagung sein kann und lange eine Rolle spielt, bevor sie sichtbar wird, sogar lange, bevor das betreffende Kind bewusst mit der Angst vor zu hoher Nahrungsaufnahme beschäftigt ist, zeigen die Abbildungen 2–4. Auf dem Foto in Abbildung 2 handelt es sich um eine Schulaufführung von sieben- bis achtjährigen Mädchen. Das Mädchen mit den – wohlproportionierten – Beinen auf Position 1 entwickelte erst viel später eine schwere Anorexia. Sie erinnert sich noch deutlich, dass sie sich sehr für ihre Beine schämte und gern die dünneren und höckerigen Beine des Mädchens auf Position 2 gehabt hätte.

Abbildung 3: *Zeichnung eines fünfjährigen Mädchens, das als Jugendliche Anorexia entwickelte. Kennzeichnend sind die ungewöhnlich langen Körper der Weihnachtsengel*

Abbildung 4: *Zeichnung einer Heranwachsenden mit Anorexia*

Ein Zettel von einem kleinen Mädchen, das erst Jahre später Essprobleme entwickelte, ist ebenfalls kennzeichnend: *»Ich mache bald ein Fest bei mir zu Hause, weil Brummbär abgenommen hat.«*

Abbildung 3 zeigt die Zeichnung eines fünfjährigen Mädchens, das später Anorexia entwickelte. In den ungewöhnlich langen Körpern der Weihnachtsengel sind die anorektischen Zeichen bereits sichtbar, bevor dieses Mädchen fünfzehn Jahre später eine nachweisliche Essstörung aufwies. Daneben, Abbildung 4, die Zeichnung einer Heranwachsenden mit Anorexia.

HORMONE

Während der Vorpubertät kommt es zu einem Anstieg des Geschlechts- und Wachstumshormonspiegels, aber auch bereits in den Jahren davor, um die bald einsetzende Pubertät zu ermögli-

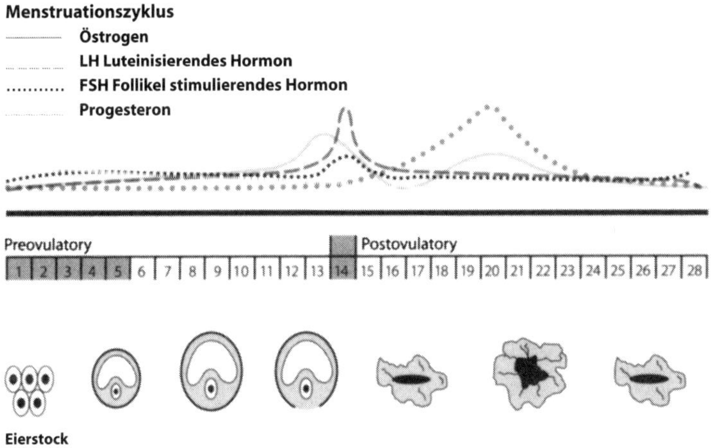

Abbildung 5: *Vier der wichtigsten Hormone, die beim Menstruationszyklus eine Rolle spielen: Östrogen, LH – Luteinisierendes Hormon, FSH – Follikel stimulierendes Hormon, Progesteron (Santoro, Crawford, Allsworth, Gold, Greendale, Korenman, Lasley, McConnell, McGaffigan, Midgely, Schocken, Sowers und Weiss, 2003)*

chen. Die Hormonproduktion unterliegt großen Schwankungen, wodurch Stimmungswechsel entstehen können. Dieses Phänomen tritt bei Mädchen nicht nur während der Pubertät auf; es ist ein strukturelles Merkmal beim Menstruationszyklus (van Moffaert und Finoulst, 2001). Die vier wichtigsten dabei eine Rolle spielenden Hormone und ihre wechselnden Produktionsschemata sind in Abbildung 5 wiedergegeben. Auf der Grundlinie ist der Menstruationszyklus in Tagen angegeben. Ausgegangen wird von einer durchschnittlichen Zyklusdauer von achtundzwanzig Tagen. Es gibt zwei Spitzen, die sofort danach absinken, die erste zur Zeit des Eisprungs mit Östrogen, die zweite kurz vor der Menstruation mit Progesteron.

Der Menstruationszyklus hat nicht bei jeder Frau die gleichen Auswirkungen und wird von Lebensalter, Veranlagung und Lebensereignissen beeinflusst. Es ist auch nicht so, dass die Stimmungswechsel akut sind oder sich mehrfach am Tag über den gesamten Zyklus hinweg ändern. Manche Frauen stellen kaum

Stimmungsunterschiede fest. Die Einnahme der Antibabypille beeinflusst und gleicht den Hormonfluss aus und damit auch die Stimmungsschwankungen.

Den Stimmungswechsel der Frau spürt der Partner häufig besser als die Frau selbst: »Kriegst du deine Tage?« Diese Frage deutet auf das Sinken der Stimmung kurz vor der Menstruation hin. Frauen nehmen diese Bemerkung oft nicht gerade begeistert zur Kenntnis. Im Gegenteil: Sie gibt ihnen das Gefühl, man könne ihnen ihre Gefühle ›wegnehmen‹.

Anhand des ›Hochbetriebs‹ beim Menstruationszyklus lässt sich die Turbulenz von Hormonen, Emotionen und Verhalten bei Jugendlichen sehr gut illustrieren. Gleichwohl kennen alle Jugendlichen die Wechselhaftigkeit von Laune und Verhalten, die mit der stark wechselnden Hormonproduktion während der Pubertät zusammenhängt. Bereits Vorpubertierende machen diese Erfahrung (Alsaker, 1996). Auch für Jugendliche gilt, dass sie das Gefühl haben, man nehme ihnen die Emotionen weg, wenn man ihnen sagt, sie hätten wohl Probleme mit ihren Hormonen oder der Pubertät. Die Heftigkeit der Emotion kann dann zwar hormongesteuert sein, der Anlass ist jedoch real und das spüren sie.

Ereignisse werden als Folge dieses emotionalen Zykluss auf der Grundlage von Hormonschwankungen aufgenommen. Die

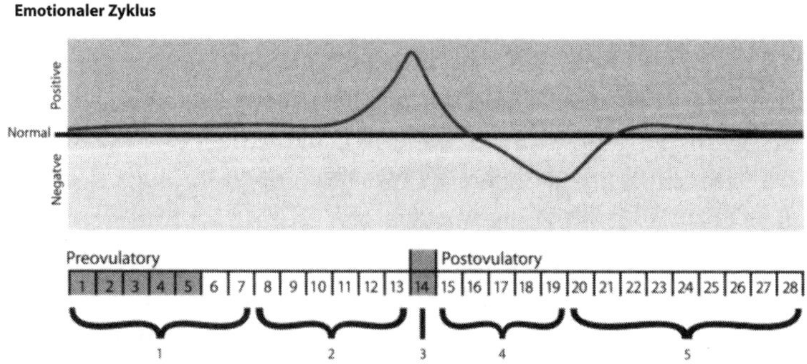

Abbildung 6: *Der emotionale Zyklus, basierend auf der Hormonausschüttung beim Menstruationszyklus (Delfos, 1993)*

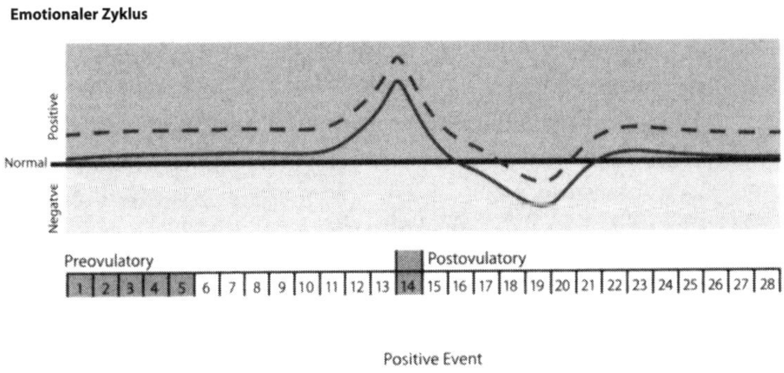

Abbildung 7: *Die Verschiebung des emotionalen Zyklus infolge eines positiven Ereignisses* (Delfos, 1993)

Wirkung der Hormone ist mit einer Lupe vergleichbar, die die Emotion vergrößert. In Abbildung 7 ist die Verschiebung des emotionalen Zyklus nach oben erkennbar – positiver, weniger negativ – aufgrund eines angenehmen Ereignisses, etwa einer netten E-Mail. Während der Phasen 2 und vor allem 3 bekommt diese E-Mail einen zusätzlich positiven Inhalt aufgrund des positiven Grundtons: *So eine nette E-Mail …*; während Phase 4 ist der Glanz der E-Mail schnell verblasst: *Immerhin eine nette E-Mail …*, bis hin zur Gleichgültigkeit in Phase 5, wodurch die E-Mail kaum Vergnügen bereitet und hauptsächlich dazu dient, eine noch negativere Stimmung zu verhindern, die eigentlich zu dieser Phase gehört. Ein negatives Ereignis – zum Beispiel eine unfreundliche E-Mail – landet ebenfalls auf einem Hormonboden, siehe Abbildung 8. Erhält man diese E-Mail während Phase 3, macht sie nicht so viel Eindruck (*Er ist wohl mit dem verkehrten Fuß zuerst aufgestanden …*), aber während Phase 5 kann dieselbe E-Mail tieferen Eindruck hinterlassen (*So eine gemeine E-Mail …*).

Der hormonale Zustrom schwankt während der Pubertät so stark, dass Forscher kaum in der Lage sind, eine präzise Einordnung vorzunehmen. Hormone üben ihren Einfluss zusammenwirkend aus, zu verschiedenen Momenten und in unterschiedlichen Konzentrationen. Im Vergleich zu Erwachsenen fällt bei Heranwachsenden eine größere Empfindlichkeit auf (Buchanan,

Emotionaler Zyklus

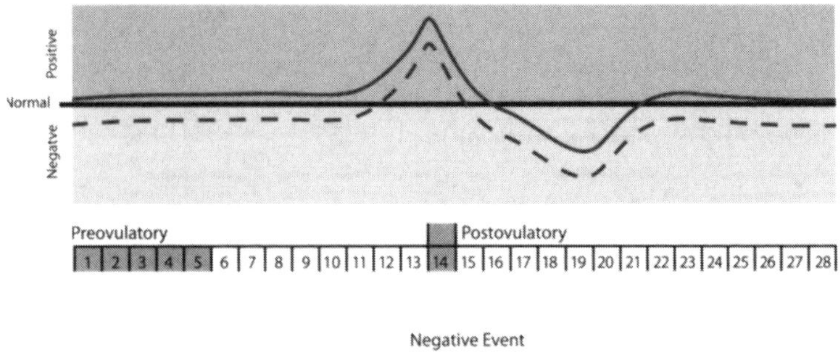

Abbildung 8: *Die Verschiebung des emotionalen Zyklus infolge eines negativen Ereignisses* (Delfos, 1993).

Miller, Eccles und Becker, 1992). Die Wechselwirkung zwischen Körper und Geist ist auch hier wiederzufinden; adoleszente ›Launenhaftigkeit‹, *Jugendlichenlaune*, nimmt beispielsweise bei guten Kontakten mit Gleichaltrigen ab.

Els wurde fast von einem Tag auf den anderen launisch. Sie war zwölf und es dauerte bis zu ihrem achtzehnten Lebensjahr, bevor wieder ein Lächeln auf ihrem Gesicht erschien.

Egbert kam zum Gesprächstermin. Sein letztes Gespräch lag zwei Jahre zurück. Er war dreizehn und sein Gesicht versprach – ohne jeden Anlass – Gewitterstimmung. Das Gespräch verlief gut, aber das Gewitter blieb als Standardausdruck auf seinem Gesicht. Auch sein Reden klang mürrisch und empört. Er war selbst erstaunt über seine Haltung. Als man ihm erklärte, dass Hormone in der Pubertät eine Rolle spielen und die Stimmung massiv beeinflussen können, reagierte er brummelnd: »Können Sie das nicht mal meinem Vater erzählen, der kapiert das nämlich nicht.«

Das Umfeld spricht den Vorpubertierenden auf seine äußerliche Erscheinung an (*Was bist du groß geworden!*) und das kann zu Verwirrung führen. Ein emotional zwölfjähriges Kind kann plötzlich aussehen wie ein fünfzehnjähriges. Von Gleichaltrigen wird es infolge seiner Körpergröße nicht als gleich akzeptiert, jedoch von den Fünfzehnjährigen, denen es sich seinerseits anzuschließen versucht, als ›kindlich‹ empfunden. Mode und Reklame stellen sich auf das Bedürfnis des Kindes ein, als Jugendlicher zu gelten, wodurch Kinder schon sehr früh das Aussehen eines sexuell werbenden Jugendlichen bekommen. Dies birgt große Risiken, weil ihr Denken den Sprung noch nicht mitgemacht hat, wodurch eine Diskrepanz zwischen ihrem Inneren und Äußeren entsteht. Sie können die Reaktionen anderer nicht immer gut einschätzen und tricksen andere auch aus.

SOZIALISATION

Sozialisation spielt in Kindheit und Jugend eine wichtige Rolle, vor allem in der Phase zwischen dem achten und zwölften Lebensjahr. *Sozialisation* ist der Prozess, in dem das Kind Regeln und Werte einer Kultur verinnerlicht. Jugendliche werden auch durch ihre Freundesgruppe sozialisiert, Harris (1998) spricht von *Gruppensozialisation.* Durch den Sozialisationsprozess lernen Kinder unter anderem geschlechtsadäquates Rollenverhalten. Die Auseinandersetzung mit der Geschlechterrolle während der Vorpubertät und Pubertät ist sehr wichtig.

Obwohl im Allgemeinen nur geschlechtsspezifisches Verhalten gezeigt wird, werden beide Verhaltenstypen erlernt (Übung 2.3, Anlage 1). Dennoch scheint die Sozialisation im geschlechtsspezifischen Verhalten keine ausschlaggebende Rolle zu spielen. Furbay und Wilke (1982) entdeckten bei einer Untersuchung, dass 90 % der Kinder schon mit einem Jahr ein Lieblingsspielzeug hatten; bei Jungen war das meist ein harter Gegenstand, bei Mädchen ein weicher. Die Studie von Connellan und ihren Kollegen (Connellan, Baron-Cohen, Wheelwright, Ba'tki und Ahluwia, 2001) belegt, dass es schon vom ersten Tag nach der Geburt Geschlechterunterschiede in puncto Interesse gibt. Das Geschlecht ist ein wesentlicher, bedingender Fakt, der die Entwicklung des Kindes bestimmt (Delfos, 2004–2007). Bevor die Erziehung einen Einfluss ausüben konnte, zeigt sich bei weiblichen und männlichen Babys bereits ein Unterschied im Interesse für Menschen oder Gegenstände. Männliche Babys schauen länger nach Gegenständen, während der Blick weibli-

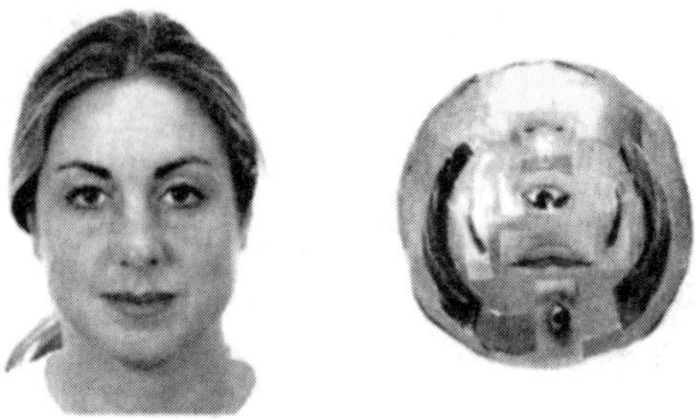

Abbildung 9: *Mädchen schauen schon kurz nach ihrer Geburt länger nach Gesichtern, Jungen länger nach Gegenständen* (Connellan u. a., 2001, mit Dank an Simon Baron-Cohen)

cher Babys länger auf Menschen weilt (siehe Abbildung 9). Das Geschlecht ist ein wesentlicher, bedingender Faktor, der die Entwicklung des Kindes bestimmt (Delfos, 2004).

In der Veranlagung ist also schon eine Orientierung auf Gegenstände oder Menschen vorhanden. Das soziale, empathische Verhalten von Mädchen wird schon vom ersten Tag an biologisch unterstützt, ohne dabei abstraktes, technisches Verhalten auszuschließen. Technisches, abstraktes Verhalten wird bei Jungen offensichtlich vom ersten Tag an unterstützt, ohne dass dies ein Interesse für Menschen ausschließt. Die Sozialisation schließt sich diesen Tendenzen an. In *De schoonheid van het verschil. Waarom mannen en vrouwen verschillend zijn én hetzelfde (Die Schönheit des Unterschieds. Warum Männer und Frauen unterschiedlich sind* und *gleich*, Delfos 2004–2007, nicht in deutscher Übersetzung vorliegend) wird ein neuer Begriff präsentiert, der den biologischen Unterschieden *und* Übereinstimmungen zwischen Männern und Frauen gerecht wird: das *Präferenzverhalten.* Zur näheren Erläuterung eine Textstelle aus diesem Buch:

Die Neigung von Männern zu Objekten – Technik – schließt ihr Interesse für das Soziale nicht aus. Die Neigung von Frauen zu Menschen – Empathie – schließt die Technik nicht aus. Es geht um Möglichkeiten und um Präferenzverhalten. Das folgende Beispiel illustriert dies treffend:

> Ein Mann und eine Frau sollen gemeinsam ein Interview durchführen. Sie haben ein Aufnahmegerät bei sich. Der Mann nimmt das Gerät, betrachtet es und sagt zu der Frau: »Weißt du, wie das funktioniert?« Die Frau antwortet: »Ich bin überhaupt nicht technisch veranlagt.« Der Mann sagt dann leicht verärgert: »Ich bin auch nicht technisch veranlagt, aber das eine oder andere weiß ich dennoch.« Die Frau fügt hinzu: »Ich habe keine Ahnung von Geräten, ich kann zu Hause noch nicht einmal das Videogerät bedienen.« Der Mann versucht, das Gerät einzuschalten, ohne Erfolg, und reicht es der Frau. »Es gelingt mir nicht, kannst du es anmachen?« Die Frau schaltet das Gerät ohne Zögern ein. Der Mann sagt abschließend noch: »Ich kenne diesen Apparat nicht.«

In dieser Szene werden typische Unterschiede zwischen Männern und Frauen deutlich. Zunächst ist die Situation klar: Der Mann ist (einigermaßen) technisch veranlagt, die Frau gar nicht. Als die Frau auf ihr technisches Wissen angesprochen wird, wehrt sie ab. Ihr Präferenzverhalten zielt nicht auf die technische Handhabe von Geräten. In dem Moment allerdings, in dem der Mann die Frau in Form einer Bitte um Hilfe anspricht, schaltet sie das Gerät wie selbstverständlich ein. ›Hilfe‹ ist ein Schlüssel, der bei der Frau im Gehirn ein weites Feld erschließen kann. ›Hilfe bieten‹ liegt in ihrem Präferenzverhalten und ihre Möglichkeiten ›öffnen‹ sich oft diesem Schlüssel. Der Mann nennt abschließend noch ein Argument, warum er das Gerät nicht einschalten konnte.

Argumentation und Positionieren in der Hackordnung von ›Macht und Überlegenheit‹ spielen dabei eine Rolle: Er konnte keine Überlegenheit beweisen, weil er das Gerät nicht kannte (Delfos, 2004–2007, S. 86).

Das Kind weiß schon sehr früh, ob es ein Junge oder ein Mädchen ist: Bereits mit drei Jahren ist es sich seiner *geschlechtlichen Identität* bewusst. Im Hypothalamus gibt es einen Bereich (BST, Bed Nucleus Stria Terminalis), der mit dem Gefühl assoziiert ist, Mann oder Frau zu sein. Bei Männern ist dieser Bereich bedeutend größer als bei Frauen. Bei Transsexuellen, die sich als Frau in einem männlichen Körper erleben, zeigt sich, dass dieses Gebiet im Hypothalamus tatsächlich weiblich konnotiert ist (Zhou, Hofman, Gooren und Swaab, 1995). Die komplette Geschlechterdifferenzierung scheint ein Prozess zu sein, der bis zum Erwachsensein andauert (Swaab, 2003).

Lernprozesse können das geschlechtsspezifische Verhalten beeinflussen, und Eltern interessieren sich schon von Anfang an für das Geschlecht ihres Kindes. Dennoch kann die Vielzahl an Geschlechterunterschieden nicht durch den Lernprozess erklärt werden, dem Eltern ihre Kinder unterziehen. Wahrscheinlich knüpft die Sozialisation an grundlegende biologische Strukturen an. Es ist nicht länger haltbar, dass ausschließlich die Erziehung zu aggressiverem Verhalten bei Jungen und ängstlicherem und depressivem Verhalten bei Mädchen führt.

Rita Kohnstamm (1980) drückt die Unterschiedlichkeit treffend aus: *Jungen sind schwierig für ihre Umgebung, Mädchen sind schwierig für sich selbst.* Jungen landen häufiger in der Fürsorge, weil ihr Verhalten für die Umgebung schwierig ist. Dies hängt damit zusammen, dass Jungen eine mehr externalisierende und aggressive Problematik, Mädchen hingegen eine eher internalisierende und ängstliche Problematik aufweisen (Verhulst, 1985; Hoffmann, Powlishta und White, 2004). Weil Mädchen eher sich selbst eine Last sind, klopfen sie erst in höherem Alter von sich aus bei der Fürsorge an. Auf einschneidende Ereignisse, wie den Tod von Eltern oder Scheidung, reagieren Jungen mehr externalisierend mit aggressivem und tatkräftigem Verhalten und Mädchen mehr internalisierend mit ängstlichem und schüchternem Verhalten (Delfos, 2004b/1997–2007; 2004–2007).

ERNÄHRUNG UND GESUNDHEIT

Die körperlichen Veränderungen des Jugendlichen erfordern eine Änderung seiner Ernährungsmuster. Jugendliche haben einen hohen Bedarf an calcium- und eiweißreicher Nahrung, aber auch an Fetten, worauf ihre Ernährungsgewohnheiten normalerweise nicht abgestimmt sind. Das kann weitreichende Folgen haben. Rees und Trahms (1989) zeigen, wie sehr Ernährung und Essverhalten von Heranwachsenden ihre Reifung und Entwicklung beeinflussen. Sie stellten fest, dass ein Mangel an Zink unter anderem zu Wachstumsstillstand, Atrophierung der Geschlechtsdrüsen und bis zu Anorexia führen kann. Gleichzeitig kann mangelnde Nahrungszufuhr bei Menschen mit Anorexia zu einem Zinkmangel führen, mit allen entsprechenden Konsequenzen.

Die Essmuster des Jugendlichen sind wichtig, allerdings stellt sich die Frage, was denn wohl ein ›gutes‹ Muster beinhaltet. Obwohl die Aufnahme von Fetten als gesundheitsschädlich betrachtet wird, essen Jugendliche viel fettreiche Nahrung, vor allem ›Junkfood‹, nehmen dadurch jedoch kaum zu. Offenbar haben sie einen relativ schnellen Stoffwechsel. Dieser wiederum hängt damit zusammen, dass sie physisch aktiv sind (Molnár und Schutz, 1997) und deshalb viel Energie verbrauchen. Möglicherweise haben sie dadurch einen höheren Fettbedarf als in anderen Lebensabschnitten. Auch ihr Schlafmuster weicht vom Üblichen ab. Jugendliche haben die Angewohnheit, relativ lange aufzubleiben und spät aufzustehen. Analysen hinsichtlich Schulleistungen zeigten, dass Jugendliche sogar bessere Leistungen erbringen, wenn sie länger aufbleiben und später zur Schule gehen, was vermutlich ihrem verschobenen Schlafmuster zuzuschreiben ist.

Obwohl Erwachsene dazu neigen, diese Ess- und Schlafgewohnheiten als ungesundes und lustorientiertes Verhalten zu betrachten, könnte dies auch einer Art ›Weisheit des Körpers‹ zuzuschreiben sein. Sowohl die Verschiebung der Tag-Nacht-Rhythmen als auch die plötzliche Zufuhr großer Mengen fetthaltiger Nahrung sehen wir auch oft bei Menschen, die in eine psychotische Phase zu kommen drohen. Einer Psychose geht ein relativ langer Zeitraum schlechten Schlafs und schlechter Nahrungszufuhr voraus (van Mierlo und Stam, 1999). Wenn wir bedenken, dass eine psychotische Phase ebenso wie die Pubertät an eine Zunahme der Testosteronproduktion gekoppelt ist (Mason, Giller und Kosten, 1988; Howard, 1992; Salokangas, 2004), könnten wir die Pubertät als einen leichten ›psychotischen Rausch‹ betrachten, der unter Kontrolle gehalten werden muss, wobei möglicherweise auch ein passendes Nahrungsmuster gesucht wird.

In unserer Wohlstandsgesellschaft droht Übergewicht eine Gefahr zu werden (Visscher und Seidell, 2005). Abweichungen von einem gesunden Essmuster scheinen in gravierendem Maße zuzunehmen. Zwei akademische Zentren in den Niederlanden, UMC (Universitair Medisch Centrum) und Accare (Stichting Universitaire en Algemene Kinder- en Jeugdpsychiatrie Noord-Nederland), melden, dass 2004 35 % der Patienten mit Anorexia nervosa jünger als vierzehn Jahre sind (NRC, 2004). 1999 waren es nur 8 %. Im Zeitraum 1985–1989 stellten Hausärzte bei 56,4 von 100 000 Mädchen zwischen fünfzehn und neunzehn Jahren eine Essstörung fest. Zwischen 1995 und 1999 lag diese Zahl bei 113,8 von 100 000 Mädchen. Auch Übergewichtigkeit weist eine steigende Tendenz auf, ebenfalls häufiger schon in jungen Jahren (Otten und Frenken, 2003; Hirasing, Frederiks, van Buuren, Verloove-van Horick, und Wit, 2001). Damit verbunden ist die Zunahme von Diabetes Typ 2 in jungen Jahren infolge von zu vielem, zu fettem und zu süßem Essen (Hanas, 2001).

An sich ist die Adoleszenz die gesündeste Lebensphase des Menschen. Jugendliche haben die Kinderkrankheiten hinter sich und treiben mehr Sport als Erwachsene. Risiken für die Gesundheit und das Leben entstehen vor allem aus dem Verhalten der Jugendlichen. Die häufigsten Todesursachen in diesem Zeitraum sind Unfälle und Verkehrsunfälle. Wenn Jugendliche sterben, so geschieht dies in 60 % aller Fälle infolge eines Verkehrsunfalls, meist mit einem Kraftfahrzeug (National Center for Injury and Control, 2004). Alkohol spielt bei Unfällen eine große Rolle, sowohl bei tödlichen Unfällen als auch bei schweren Verletzungen, inklusive Stürzen und Ertrinken (Steptoe, Wardle, Bages, Sallis, Sanabria-Ferrand und Sanchez, 2004).

Zwischen ihrer Geburt und dem vierzehnten Lebensjahr sterben mehr Jungen als Mädchen. In den Niederlanden waren im Zeitraum 1994 bis 2003 fast 60 % der Opfer männlichen Geschlechts (CBS, 2005c), was hauptsächlich auf Krankheiten, vor allem ererbte, zurückzuführen ist. In der Phase zwischen vierzehn und vierundzwanzig Jahren nimmt der Geschlechtsunterschied in der Sterberate noch zu, bis auf 70 % Jungen gegenüber 30 % Mädchen. In dieser Alterskategorie sterben wesentlich mehr Jungen als Mädchen infolge eines Unfalls oder Selbstmordes (Delfos, 1996; CBS, 2005c).

SEXUALITÄT

Die körperliche und geistige Veränderung hat Folgen für die Kommunikation mit anderen und die Art und Weise, wie das Kind in der Welt steht. Im Modell der Entwicklung von *Intimität* (Delfos, 1994a) heißt es, der Vorpubertierende befinde sich in vielerlei Hinsicht in einem Vakuum. Er fühlt sich nicht mehr klein und kann sprachlich auf einem Niveau kommunizieren, das Gleichheit mit Erwachsenen suggeriert. Das Kind ist jedoch körperlich noch nicht ausgewachsen und die Beziehungsmöglichkeiten von Erwachsenen fehlen noch. Es befindet sich in der Phase der *paradoxen Intimität* (Delfos, 1994a). Das Kind stellt nun körperlichen Kontakt mit Mitteln her, die wie das schiere Gegenteil von Zärtlichkeit und Intimität wirken: Schubsende, kneifende und kämpfende Kinder sind ein übliches Bild auf dem Schulhof (Übung 2.4, Anlage 1). Das Bedürfnis nach Kontakt bahnt sich einen Weg, indem untersucht wird, was Sexualität ist.

Das Interesse an Sexualität während der Vorpubertät und Pubertät ist groß. Sexuelle Gefühle nehmen stark zu und entwickeln schließlich ihre erwachsene Form. In keiner anderen Phase wird auf beziehungstechnischer und sexueller Ebene so viel ausprobiert wie in der Adoleszenz. Auch hier zeigt sich ein Unterschied der Geschlechter: Mädchen sind auf die Qualität einer Beziehung ausgerichtet, Jungen mehr darauf, sexuelle Erfahrungen zu sammeln (Vener und Stewart, 1974; Baldwin und Baldwin, 1997). Die Initiative zur Ausübung von Sex geht gewöhnlich von den Jungen aus, die damit viel früher anfangen als Mädchen (Otis, Levy, Samson, Pilote und Fugere, 1997; Vanweesenbeeck, Bekker und van Lenning, 1998; Cleveland, 2003). Sie haben auch etwas früher als die Mädchen den ersten Geschlechtsverkehr und mit sechzehn meist mehr Erfahrung. Ab siebzehn holen die Mädchen auf und die Jungen sogar ein und bleiben ihnen bis zum zwanzigsten Lebensjahr voraus. Ab dem zwanzigsten Lebensjahr haben Jungen und Mädchen etwa gleich viel Erfahrung (de Graaf u. a., 2005). Jungen halten Sex für etwas, das ›dazugehört‹, Mädchen für etwas ›Intimes‹ (de Regt, 1982; Brigman und Knox, 1992; Baldwin und Baldwin, 1997). Das Verhalten von Jungen verschiebt sich jedoch. Mädchen, die Fernsehsendungen wie *Gute Zeiten, schlechte Zeiten* (GZSZ) anschauen, zeigen mehr risikobereites sexuelles Verhalten, Jungen haben das größtenteils schon hinter sich (Schultz und Kalma, 2003). Da GZSZ ein viel gesehenes Programm ist, kann gesagt werden, dass es sich wahrscheinlich um einen substanziellen Teil der Lebenswelt von Mädchen handelt, die in Zukunft mehr risikobereites Verhalten aufweisen werden.

Experimente mit Sexualität finden immer früher statt. Um 1900 hatten die Menschen durchschnittlich mit 24 Jahren den ersten Geschlechtsverkehr, 1945 mit 20 Jahren und 1970 etwa mit achtzehn Jahren. Spruijt (1993) stellte in seiner Studie ein Durchschnittsalter von 17 Jahren fest. Mittlerweile hat sich diese Grenze bei unter Fünfundzwanzigjährigen noch weiter auf durchschnittlich 16,6 Jahre verschoben (de Graaf u. a., 2005). Der Rutgers-Nisso-Gruppe zufolge sind in den vergangenen zehn Jahren mehr Jugendliche zwischen 12 und 19 Jahren sexuell aktiv geworden (von 24 auf 31 %). Das durchschnittliche Alter bei Jugendlichen zwischen zwölf und 19 in Bezug auf den ersten Geschlechtsverkehr ist im Vergleich zur RNG-Analyse von 1995 nicht weiter gesunken (Brugman, Goedhart, Vogels und van Zessen, 1995) und liegt bei durchschnittlich 15,1 Jahren für Jugendliche zwischen zwölf und 18 Jahren, die Verteilung ist allerdings größer. Kinder und Jugendliche sind früher und auf breiterer Ebene sexuell aktiv. Dabei spielt auch die Ausbildung eine Rolle. Jugendliche mit niedriger Schulbildung werden früher sexuell aktiv. Studenten sind Spätanfänger, wie Analysen immer wieder zeigen (de Wit, van der Veer und Slot, 1995; de Graaf u. a., 2005).

Heterosexuelle Experimente mit Sex ohne regulären Geschlechtsverkehr nehmen zu (de Graaf u. a., 2005). Auffällig ist

z. B. der Anstieg von analem Sex (von 3 % 1995 auf 7 % 2005 bei Jugendlichen zwischen zwölf und 18 Jahren). Studien, etwa von Hass (1979) belegen, dass nahezu alle Jungen und die meisten Mädchen ab und zu *masturbieren.* Dabei zeigen sich bei Analysen immer auch Geschlechterunterschiede (Baumeister, Catanese und Vohs, 2001; Larsson und Svedin, 2002; Laumann, Gagnon, Michael und Michaels, 1994; Schwartz 1999). Manche schreiben dies dem Testosteron zu, andere der Kultur. Nach der RNG-Studie (de Graaf u. a., 2005) gibt es aber auch abhängig vom Bildungsgrad Unterschiede, die zwischen 10 bis 12 % liegen. Menschen mit geringerer Bildung haben mehr Geschlechtsverkehr und masturbieren weniger, bei höherer Ausbildung ist das Verhältnis umgekehrt (de Graaf u. a., 2005). Die Haltung der Gesellschaft und der Familie gegenüber Masturbation ist wichtig für die Art und Weise, wie das Masturbieren erlebt wird, insbesondere für die Schuldgefühle, die damit einhergehen können. Im Gegensatz zu früheren Zeiten ist die Einstellung gegenüber Masturbation wie die gesamte sexuelle Moral viel flexibler geworden. Die Unterschiede im Masturbationsverhalten von Mädchen und Jungen sind jedoch erhalten geblieben (Leitenberg, Detzer und Srebnik, 1993; Baldwin und Baldwin, 1997).

Neben allem Experimentieren tritt mittlerweile weltweit das Problem einer möglicherweise verfrühten biologischen Geschlechtsreifung auf. Mul (2004) legt dar, dass man im Zeitraum von 1980 bis 1997 jedoch nur von einer sehr geringen Vorverlegung der Geschlechtsreife sprechen kann, die Zahlen für den nachfolgenden Zeitraum sind noch nicht bekannt. Die biologische Reifung wird auch durch die Überlebenschancen und die Gesundheitsumstände beeinflusst, unter denen Kinder aufwachsen. Aus anderen Ländern adoptierte Mädchen in den Niederlanden bekommen ihre Menstruation früher als der Durchschnitt in ihrem Herkunftsland (Oostdijk, 2000). Möglicherweise ist dies auf die Gesundheitssituation in den Niederlanden zurückzuführen.

Daneben scheint noch eine ganz andere Quelle weltweit Einfluss auf die biologische Entwicklung von Kindern und ihr sexuelles Verhalten auszuüben: die Medien. Wir erforschen schon seit gut dreißig Jahren den Einfluss von Aggressionen in den Medien auf das Verhalten von Kindern. Studien zeigen, dass Kinder, die viel Aggression in den Medien sehen, als Folge davon mehr Aggressionen zeigen als Kinder, die weniger Fernsehaggression ausgesetzt sind (Browne und Hamilton-Giachritsis, 2005).

Dennoch berücksichtigen wir diese Forschungsergebnisse in der Alltagswirklichkeit nur wenig. Wir sollten uns mehr um die Folgen kümmern, die Kinder in ihrem Verhalten zeigen. Die APA (American Psychological Association, 2005) hat eine Resolution erstellt, in der die Betroffenen nachdrücklich dazu aufgefordert werden, Gewalt im Fernsehen, Computer und auf Video zu verbieten. Dick Swaab (Direktor des Niederländischen Instituts für Hirnforschung, 1996) empfahl im Gesundheitsrat, Fernsehübertragungen von Boxwettkämpfen zu verbieten. Er bezeichnete diese Bilder, in denen Menschen darauf aus sind, das Gehirn anderer Menschen in aller Öffentlichkeit zu schädigen, als ›Neuropornographie‹.

In Bezug auf Sexualität ist der Zusammenhang zwischen Medien und Verhalten kaum untersucht worden, aber es ist anzunehmen, dass auf diesem Gebiet dasselbe Ergebnis zu erwarten ist, nämlich, dass Kinder durch Medien sexualisiert werden. Das heißt, dass sie sexuell stimuliert werden, sexuelle Emotionen geweckt und Hormone produziert werden können. Mittlerweile ist die Erforschung des Einflusses von Sexualität in den Medien auf Kinder bedeutend schwieriger geworden, weil der Effekt so umfänglich ist, dass er kaum mehr messbar ist (Ine Vanwesenbeeck, RNG, persönliche Kommunikation, 2004). Spärlich vorhandene Studien zeigen, dass Sex in den Medien sexuelles Verhalten fördert (Ward, 2003a, 2003b; Schultz und Kalma, 2003; Collins, Elliott, Berry, Kanouse, Kunkel, Hunter und Miu, 2004). Kinder und Jugendliche werden nicht nur durch Bilder sexualisiert, sondern auch durch die Worte, die sie hören (Collins u. a., 2004), wie eine umfangreiche amerikanische Studie ergeben hat. Dass eine sexualisierende Wirkung von den Medien ausgeht, ist nicht weiter verwunderlich, wenn wir uns vergegenwärtigen, dass sexuelle Gefühle durch sexuelle Reize hervorgerufen werden (Both, Spiering, Everaerd und Laan, 2004). Das Problematische an diesem Effekt ist außerdem, dass er nicht immer bewusst erfahren wird.

Bei Frauen ist der Zusammenhang zwischen physischen Reaktionen auf sexuelle Reize und sexuellen Gefühlen weniger stark als bei Männern. Frauen können physische Reaktionen auf sexuell anregende Bilder haben, ohne sich dieser Tatsache bewusst zu sein, und erfahren daher auch keine sexuellen Gefühle (Both u. a., 2004). Es ist die Frage, ob diese Phänomene auch bei Kindern eine Rolle spielen. Wahrscheinlich ist, dass der sexualisierende Einfluss, der von den Medien ausgeht, das Verhalten von Kindern weitreichend beeinflusst und eventuell eine Rolle beim früheren Einsetzen der biologischen Pubertät spielt. Möglicherweise ist in den letzten Jahren ein beschleunigender Effekt aufgetreten, synchron zu der Beschleunigung, die gesellschaftlich wahrgenommen wird.

Fernsehprogramme (aber auch Internet, Jugendmagazine oder Reklame auf der Straße) zeigen viele sexualisierte Bilder (Übung 2.5, Anlage 1). Kinder werden von frühester Jugend an mit solchen Bildern konfrontiert. Das ist nicht mehr zu vermeiden, so gern Eltern dies auch wollten. Das heißt, dass junge Kinder mit Informationen konfrontiert werden, die ihr Begriffsvermögen übersteigen. Bei medial vermittelten Aggressionen geschieht dasselbe. Kinder können diese Bilder von ihrer moralischen Entwicklung her nicht einordnen (Delfos, 1994b). Im – gesunden – sexuellen Entdeckungsspiel spielten Kinder früher ›Doktor‹; heute geht das Spiel oft viel weiter.

Bei jungen Kinder wird das einstige ›Doktorspielen‹, das erforschendes, entdeckendes Spiel war, ersetzt durch die Imitation sexueller Bilder aus den Medien. Sie legen sich aufeinander und schieben sich hin und her oder sie spielen ›Kopflieben‹ (stecken sich gegenseitig den Kopf in die Schamgegend) (Delfos, 2003). Kinder spielen nach, was sie sehen, und experimentieren mit sexuellem Verhalten, als würden sie eine Spielzeugpistole in Händen halten, die mit echten Kugeln geladen ist. Das frühe Experimentieren setzt die mit der Pubertät zusammenhängende Hormonproduktion früher in Gang.

Die Forschung auf diesem Gebiet ist noch sehr zögerlich. Untersuchungen hinsichtlich einer gravierenden Form der Sexualisierung, nämlich sexuellen Missbrauchs, zeigen, dass Kinder, die sexuell missbraucht werden, verfrüht in die biologische Pubertät gelangen können (Brown, Cohen, Chen, Smailes und Johnson, 2004). Dafür reichen bereits zwei Fälle sexuellen Missbrauchs aus. Die sexuelle Reizung kann eine verfrühte Menstruation bei Mädchen zur Folge haben (Trickett und Putnam, 1993) und eine erhöhte Produktion des Wachstumshormons bei Jungen (Jensen, Pease, ten Bensel und Garfinkel, 1991). Sexuelles Verhalten zu erleben, zu hören und zu sehen kann sexuelles Verhalten fördern und die körperliche und seelische sexuelle Entwicklung beeinflussen. Durch die ›Popularisierung‹ von Sex in den Medien experimentieren Kinder immer jünger mit Sex.

Sexualität ist eng verwandt mit Intimität. Erikson (1982) beschreibt *Intimität* als die Entwicklung enger Beziehungen. Die engste ist die Partnerbeziehung. Die Vorstellungen über eine ideale Beziehung haben sich verändert. Wir verbinden damit eine offene und freie Kommunikation, wir erwarten, dass die traditionellen Geschlechterrollen zur Diskussion gestellt werden, dass es neben den rein praktischen Dingen auch Interesse für Geistiges gibt, und wir erwarten eine nicht prüde Haltung gegenüber Sex. Wir betonen vor allem Einfühlungsvermögen, Liebe, Intimität, Authentizität und gegenseitige Entfaltung (Harris und Liebert, 1987; Skaldeman und Montgomery, 1999). Der Egozentrismus in unserer Gesellschaft führt jedoch dazu, dass die Entfaltung des Einzelnen im Mittelpunkt steht, was eine Beziehung unter Druck setzt. Die vollkommene eigene Entfaltung funktioniert nämlich nur auf Kosten des anderen und der Freiheit der anderen und umgekehrt. Das gegenseitige Geben und Nehmen in einer Beziehung scheint weniger von Interesse. Auch aus diesem Grund werden viele Beziehungen abgebrochen. Die Zahl der Scheidungen steigt (Meesters und Singendonk, 2002) und fluktuiert in den letzten Jahren leicht (CBS, 2005a). Das Bedürfnis nach einer lebenslangen Beziehung ist jedoch nicht geringer geworden; die Zahl der Eheschließungen sinkt nicht (CBS, 2005b). In Australien beläuft sich die Wahrscheinlichkeit einer Scheidung für Paare, die 2005 heirateten, inzwischen auf 48 % (Gooch, 2005).

> Das Zusammenleben ist für die Menschen nicht leichter geworden. Wir leben immer häufiger in vorübergehenden Beziehungen, während wir Kontinuität doch so sehr brauchen, um gemeinsam leben zu lernen. Bei der Beziehungsbildung scheinen wir jedoch unbelehrbar. Eine der spürbarsten Folgen eines Mangels an Kontinuität in Beziehungen ist die Scheidung. Menschen heiraten deswegen nicht seltener, ihr Verlangen nach einer lange währenden Beziehung bleibt intakt, nur ihre Fähigkeit dazu schwindet. Der Unterschied zwischen Männern und Frauen spielt dabei eine wichtige Rolle. Sich gegenseitig besser zu verstehen, vor allem zu verstehen, dass es oft nicht zu verstehen ist, führt zu einem besseren Umgang miteinander und verleiht Beziehungen Dauerhaftigkeit (Delfos, 2004–2007).

Weil das Bedürfnis nach einer einzigartigen Beziehung so groß ist, suchen Menschen nach neuen Lösungen. Der Trend heißt *serielle Monogamie*. Statt einer lebenslangen monogamen Beziehung, die durch eine Scheidung oder Trennung gebrochen wird, wird eine Reihe monogamer Beziehungen nacheinander gelebt. Es ist vor allem die Sexualität, die eine Liebesbeziehung von anderen unterscheidet. Aber gerade darin gibt es große Unterschiede zwischen Männern und Frauen, wodurch die gemeinsame Gestaltung von Sexualität vor allem in heterosexuellen Beziehungen nicht leicht ist (Delfos, 1994a; 2004–2007). Für Jugendliche ist Sexualität eine spannende Entdeckungsreise mit Überraschungen und Fallen.

Weil die Medien eine aufklärende und prägende Rolle übernommen haben (de Graaf u. a., 2005), ist *sexuelle Aufklärung* notwendiger denn je. Der Sieg, den man in den Sechzigerjahren des zwanzigsten Jahrhunderts errang, erscheint manchmal eher als Pyrrhussieg: Es gibt mehr Offenheit, aber auch mehr Scheinoffenheit; es gibt mehr Aufklärung, aber auch mehr falsche Aufklärung. Dass Aufklärung jedoch wirklich notwendig ist, wird durch folgendes Beispiel treffend illustriert.

> Niederlande, Schuljahr 2005–2006, ein Gymnasium in einer großen Stadt: Eine Dozentin erteilt Unterricht in einer vierten Klasse, das heißt bei Jugendlichen im Alter von sechzehn Jahren. Sie scheut das

Thema Sexualität nicht und ihre Schüler sind ihr dafür dankbar. Während des Unterrichts sagt eine Schülerin spontan: »Ich hatte einmal gehört, dass Jungen nur einen Tag im Monat fruchtbar sind – oder waren das Mädchen? Das weiß ich gerade nicht mehr so genau.«

Es stellt sich die Frage, wer Aufklärung am besten betreiben sollte. Eltern scheinen dafür die naheliegendsten Personen, doch das Thema ist für sie häufig zu sehr durch Intimität belastet. Sexualität ist außerdem noch immer ein Tabu, auch wenn die Bilder in den Medien das Gegenteil suggerieren. Das neue Dogma heißt, nicht prüde zu sein. Man solle offen über Sex sprechen, ohne dabei zu erröten. Das Medienbild stimmt nicht mit der realen Sexualität überein; es lässt einen mehr an Täuschung als an Aufklärung denken (Delfos, 2003).

Der Gedanke, sexuelle Aufklärung müsse offen und unbelastet stattfinden, entstand in den Sechzigerjahren. Dennoch bleibt Sexualität ein sensibles Thema, den sexuellen Revolutionen (Mitte des achtzehnten und Mitte des zwanzigsten Jahrhunderts) zum Trotz. Es ist vernünftig, sich vor Augen zu halten, dass diese Sensibilität wahrscheinlich wichtiger ist als die kulturellen Umstände. Vielleicht besteht die beste Aufklärung darin, aufzuzeigen, dass Sexualität nicht nur etwas Angenehmes, sondern auch ein überladenes Thema ist, mit dem umzugehen jeder lernen muss, und noch dazu so intim, dass nicht immer leicht darüber zu sprechen ist.

Es gibt große Unterschiede in der Lust von Männern und Frauen, und das ist einer der Stolpersteine, will man Sexualität besprechbar machen. Frauen zeigen mehr aktives sexuelles Verhalten und haben mehr Lust zur Zeit ihres Eisprungs (Wilcox, Baird, Dunson, McConnaughey, Kesner und Weinberg, 2004), während bei Männern ein solcher Rhythmus keine Rolle spielt. Dies hat selbstverständlich schon auf dem Gebiet biologisch gesteuerter Lust einen großen Unterschied zwischen Männern und Frauen zur Folge.

Die sexuelle Aufklärung von Erwachsenen lässt viel zu wünschen übrig, wahrscheinlich, weil ihre eigene Aufklärung vor allem aus ihren Kindertagen stammt. Eine breitgefächerte sexuelle

Aufklärung sowohl für Kinder als auch für Eltern unter Berücksichtigung aller Aspekte von Sexualität ist dringend notwendig (Delfos, 1998–2003).

Sexualität ist ein kompliziertes und umfassendes Thema, und daher ist Aufklärung von großer Bedeutung. Hauptsächlich findet sie durch Informationsaustausch unter Gleichaltrigen statt, etwa um das zwölfte Lebensjahr (Hyde, 1994; Ravesloot, 1997). Der Vorpubertierende ist stark mit Sexualität beschäftigt und die betrifft nicht mehr Erwachsene, sondern vor allem Gleichaltrige. Eltern klären ihre Kinder nur spärlich auf. Trotz der sexuellen Revolution der Sechziger haben sie eine gewisse Scheu, mit ihren Kindern über Sexualität zu reden (Ravesloot, 1997; de Graaf u. a., 2005). Ebenso haben die Kinder Hemmungen, mit ihren Eltern darüber zu sprechen. Das Thema Sexualität konfrontiert sie mit der Vorstellung, dass ihre Eltern miteinander intim sind. Sie selbst sind im Prinzip der Beweis dafür, dass ihre Eltern Sex miteinander hatten. Diese Vorstellung finden Kinder oft sehr unangenehm bis abstoßend. Sie wollen lieber nicht zu viel darüber nachdenken. Deshalb kommunizieren Kinder und Jugendliche zwischen zwölf und sechzehn Jahren lieber mit Gleichaltrigen über Sexualität; Mädchen ein wenig mehr mit ihren Mütter als Jungen (de Graaf u. a., 2005).

Ein paar technische Informationen über Fortpflanzung erhalten sie von der Schule, vor allem der weiterführenden; diese Informationen werden von Jugendlichen sehr geschätzt (de Graaf u. a., 2005). Aber die weitaus meisten Informationen stammen von Gleichaltrigen (Ravesloot, 1997), vor allem in der Gruppe der zwischen Zehn- und Vierzehnjährigen (die als Aufklärungsquelle nicht in die Rutgers-Nisso-Gruppen-Untersuchung mit aufgenommen wurde. De Graaf u. a., 2005). Die Aufklärung untereinander reicht nicht aus, weshalb auch Erwachsene mit einem erheblichen Mangel an sexueller Aufklärung zu kämpfen haben. Dies hat zur Folge, dass die Medien zur wichtigen Quelle für Aufklärung geworden sind, da sie eine Informationslücke füllen. Aus Analysen der Rutgers-Nisso-Gruppe (RNG, 2005, zitiert bei de Graaf u. a., 2005) wird deutlich, dass Jugendliche die Medien tatsächlich als wichtige aufklärende Instanz betrachten.

Jugendliche nennen als Quelle sexueller Aufklärung das Fernsehen (Jungen 85 %, Mädchen 74 %), Zeitschriften (Jungen 81 %, Mädchen 85 %) und Bücher (Jungen 66 %, Mädchen 68 %). Vor allem bei der Nutzung des Internets ist der Geschlechterunterschied groß: 63 % der Jungen gegenüber 35 % der Mädchen nutzen das Internet für diesen Zweck (de Graaf u. a., 2005).

Weil sexuelle Aufklärung für die Medien jedoch kein Ziel ist und Sexualität in Unterhaltung und Reklame eine dominante Rolle spielt, können seltsame Situationen entstehen. Ernst und Spiel werden durcheinander gehandhabt, Ironie und Unwahrheit werden nicht genau abgegrenzt.

Sexualität ist kein einfaches Thema und nicht immer leicht zu verstehen. Wenn Menschen etwas nicht ausreichend begreifen, laufen sie Gefahr, Dinge wörtlich zu nehmen. So auch bei sexueller Aufklärung. Das folgende Beispiel illustriert dies:

Marijke ist dreizehn und ausführlich von ihrer Mutter aufgeklärt worden. Sie weiß ›alles‹ über Menstruation und wofür sie dient. Sie freut sich darauf, denn dann wird sie eine Frau. Sie ist allerdings vollkommen verwirrt, als sie zum ersten Mal menstruiert, weil es rot ist und nicht blau. Durch die Reklame im Fernsehen über Monatsbinden, bei denen Röhrchen mit blauer Flüssigkeit zu Demonstrationszwecken verwendet werden, glaubte sie, es müsse blau sein.

Ein weniger überfrachtetes Thema, dem häufig mehr Aufmerksamkeit gilt als anderen Aspekten der Sexualität, sind die damit verbundenen Risiken: Schwangerschaft und Geschlechtskrankheiten.

Seitdem gute Verhütungsmittel zur Verfügung stehen, ist das Schwangerschaftsrisiko besser kontrollierbar. In den Niederlanden waren ungeplante Schwangerschaften durch die Verfügbarkeit von Verhütungsmitteln, aber auch aufgrund von Schwangerschaftsabbrüchen, lange Zeit rückläufig. Die Zahl der Jugendschwangerschaften stieg über einen gewissen Zeitraum, sinkt mittlerweile aber wieder etwas (Garssen, 2004; Wijsen, 2004). Die höchste Abtreibungsfrequenz findet sich bei Jugendlichen zwischen fünfzehn und neunzehn Jahren. Insgesamt werden 0,04 % der Mädchen in den Niederlanden zwischen 15 und 19 Jahren schwanger. Von diesen Mädchen brechen 40 % die

Schwangerschaft ab, darunter viele Mädchen von den Antillen und aus Surinam. Der Studie der Rutgers-Nisso-Gruppe ist zu entnehmen, dass 2,6 % der Mädchen (12–25 Jahre) im Jahr vor der Studie ungeplant schwanger wurden und 1 % der Mädchen abbrachen (de Graaf u. a., 2005). Die Niederlande weisen einen außergewöhnlich niedrigen Anteil bei Jugendschwangerschaften auf, im Gegensatz zu den Vereinigten Staaten, wo dieser sehr hoch ist. Sexuelle Aufklärung ist auch auf diesem Gebiet sehr wichtig, nicht nur, um auf eine mögliche Schwangerschaft hinzuweisen, sondern auch darauf, dass dies bereits beim ersten Mal passieren kann. Normalerweise ist in Aufklärungsbüchern zu lesen, die Möglichkeit einer Schwangerschaft sei beim ersten Mal genauso groß wie sonst auch. In Wirklichkeit ist sie größer, weil das erste Mal meist bedeutet, dass ein Mädchen dem Jungen ›nachgibt‹ (Otis, Levy, Samson, Pilote und Fugere, 1997; Vanwesenbeeck, Bekker und van Lenning, 1998; Cleveland, 2003). Und das ist vor allem dann der Fall, wenn ihre Lust groß ist, und die wiederum ist größer zur Zeit des Eisprungs (Wilcox u. a., 2004), womit eine erhöhte Chance auf eine Schwangerschaft besteht (Delfos, 2000).

Viele Geschlechtskrankheiten, auch die ernsthaften wie Syphilis, hatte man Mitte des vergangenen Jahrhunderts unter Kontrolle. Mit dem Aufkommen der ›Pille‹ als Verhütungsmittel schien eine Zeit angstfreier Sexualität angebrochen zu sein. Doch Aids brachte erneut ein lebensgefährliches Risiko in den sexuellen Kontakt. HIV – das Virus, das Aids verursacht, hat sich schnell über die Welt verbreitet und am Ende des zwanzigsten Jahrhunderts über vierzig Millionen Menschen infiziert (United Nations Special Session on Aids, 2001). Das Ausmaß, in dem sich Aids vor allem in Afrika und Asien verbreitet, ist schockierend und aufrüttelnd. Es hat zur doppelten Verhütung geführt, Double Dutch: Pille und Kondom. Obwohl Jugendliche gut über die Gefahren von Aids informiert sind, haben sie ihr Verhalten nicht geändert (Santelli, Lindberg, Abma, McNeely und Resnick, 2000).

Auch unerwünschter sexueller Kontakt scheint erheblich zuzunehmen. Aus der Studie der Rutgers-Nisso-Gruppe wird ersichtlich, dass bei einem bedeutenden Teil der Mädchen, nämlich bei 16,3 %, sexueller Kontakt gegen ihren Willen stattgefunden hat; bei den Jungen liegt diese Zahl bei 4,4 % (de Graaf u. a., 2005).

Sexualität spielt letzten Endes auch eine wichtige Rolle in der Identitätsbildung von Jugendlichen, ob sie heterosexuell sind oder homosexuell. Die Entwicklung sexueller Identität ist ein wesentlicher Teil der Identitätsbildung, die vor allem während der Pubertät stattfindet.

IDENTITÄTSBILDUNG

In sozialer Hinsicht kündigt die vorpubertäre Phase die Pubertät an. Die Bildung einer Identität ist eine wichtige Entwicklungsaufgabe innerhalb dieses Zeitraums. Wir erwähnten bereits, dass die Identitätsbildung in zwei Einheiten aufzuteilen ist: die *soziale Identität* und die *psychische Identität.* In Übersicht 1 werden sie kurz definiert.

Identitätsbildung während Vorpubertät und Pubertät	
Vorpubertät	Soziale Identität → wie man erfährt, wie die anderen einen sehen
Pubertät	Psychische Identität → wie man sich selbst erfährt

Übersicht 1: *Identitätsbildung während Vorpubertät und Pubertät*

Während der Pubertät ist der Jugendliche damit beschäftigt, seine *psychische Identität* zu erforschen und aufzubauen und sich körperlich zu einem deutlich erkennbaren Mitglied des eigenen Geschlechts zu entwickeln. In der Vorpubertät steht vor allem die Suche nach der *sozialen Identität* im Mittelpunkt. Der Vorpubertierende macht sich mit Hilfe von Freunden und Freundinnen ein Bild von der Bedeutung, die er oder sie für andere hat und wie er oder sie von anderen erfahren wird. Eine wichtige Entwicklungsaufgabe während der Vorpubertät ist demnach die Bildung einer positiven sozialen Identität, das heißt die Vorstellung, positiv von anderen erlebt zu werden.

In der vorpubertären Phase werden überdies persönliche Interessen entwickelt, die gleichzeitig auch unpersönlich sein können, sofern sich das Kind dabei an andere anpasst. Es will ›in der Gruppe‹ akzeptiert werden und daher den Gruppennormen entsprechen. Gleichzeitig will sich das Kind für die Gruppe interessant machen, indem es sich profiliert und selbst etwas unternimmt. Diese Aktivitäten bilden die Versuche zu einem Beweis eigener sozialer Identität des Kindes. Ein Beispiel ist das Interesse für das Sammeln. Piaget (Piaget und Inhelder, 1978) zeigte auf, dass das Kind in diesem Zeitraum lernt, Objekte zu klassifizieren und sie in eine Reihe gemäß einer Kategorie einzuordnen. Das Sammeln entspricht dem Bedürfnis des Kindes, sein persönliches Interesse auszudrücken, sich damit aber gleichzeitig auch anderen Kindern anzuschließen. In diesem Zeitraum ist es sehr üblich, Teile eine Sammlung zu tauschen, um diese zu komplettieren. Der Handel stellt sich hierauf ein, indem er speziell für diese Zielgruppe Sammelobjekte entwickelt, wie Fußballbilder, Aufkleber oder Yu-Gi-Oh-Karten.

Freundschaften zu schließen und wieder zu brechen, was vor allem in den ersten Jahren der weiterführenden Schule häufig vorkommt, sind ebenfalls Versuche, eine positive soziale Identität aufzubauen.

Die Bildung einer *psychischen Identität* ist eine wesentliche Entwicklungsaufgabe des Jugendlichen während der Pubertät. Sie impliziert ein ›Abtauchen‹ in sich selbst, die Erforschung der eigenen tiefsten Beweg- und Seinsgründe. Wir können behaupten, dass diese Erforschung, die sehr schmerzhaft sein kann, vor allem dann erfolgreich und ohne allzu viele Probleme verrichtet werden kann, wenn eine positive *soziale Identität* aufgebaut wurde. Wenn sich Jugendliche von einer Umgebung getragen wissen, die ihnen positiv gegenübersteht, können sie sich leichter in sich selbst vertiefen. Dann gibt es nämlich ein ›Fangnetz‹ für unangenehme Entdeckungen, die der Jugendliche über sich selbst macht. Während der Pubertät taucht der Jugendliche sehr tief in sich selbst ein. So tief erforschen wir uns später nie wieder, höchstens, wenn wir mit einem sehr schwierigen Ereignis konfrontiert werden, wie dem Tod eines uns nahestehenden Menschen, aber selbst dann selten so tief und langwierig wie während der Pubertät. Jugendliche stoßen dabei auch auf schwierige und schmerzhafte Themen. Unverarbeitete Ereignisse und Traumata werden freigelegt, und Themen, die nicht so wichtig schienen, führen während der Pubertät zu Albträumen und Krisen.

Elja wurde von einem Nachbarjungen sexuell missbraucht, als sie sieben Jahre alt war. Sie hat zwar versucht, ihren Eltern davon zu erzählen, aber sie konnten nicht glauben, was sie ihnen berichtete. Elja verschloss es in sich und während der Pubertät wurde die sonst so gehorsame Elja zu einem besonders schwierigen Kind, das sich heftig gegen die Eltern wehrte und ihre Grenzen suchte.

Die psychische Identität ist sehr komplex und beinhaltet unter anderem die *sexuelle Identität* (wie man sich selbst sexuell erfährt: homosexuell, heterosexuell, bisexuell, transsexuell), die *kulturelle Identität* (welcher Kultur man sich zugehörig fühlt und wie man sich gemäß den Erwartungen der Kultur zu verhalten hat), die *intellektuelle Identität* (wie man sich selbst vom Intellekt her erfährt) und die *spirituelle Identität* (zu welcher religiösen oder spirituellen Strömung man sich zählt) (Ykema, 2004).

Erikson (1982) hat den *Identitätsprozess* ausführlich beschrieben. Heranwachsende fühlen sich einmalig. Sie können sich nicht vorstellen, dass andere dieselben Gefühle erfahren. Das nennt Erikson die *persönliche Fabel.* Sie wollen diese Einmaligkeit austragen, und selbst wenn sie allein sind, benehmen sich Heranwachsende, als stünden sie vor einem Publikum. Diese persönliche Fabel hängt mit Showverhalten und Risikofreudigkeit zusammen (Galanaki, 2001; Goossens u. a., 2002).

Jugendliche brauchen häufig eine Zeit der Besinnung, in der sie den Erwartungen der Gesellschaft noch nicht entsprechen: ein *Moratorium.* Das ist der Zeitraum, über den sich Eltern die meisten Sorgen machen, weil ihr Kind häufig kaum ansprechbar ist.

Celia Lashlie (Lashlie, 2005) schien es, als sei ihr Sohn nicht mehr wirklich da, sie konnte nicht mehr zu ihm durchdringen. Sie sagt das wie folgt: »Ich hatte einen wunderbaren Sohn, aber er ›ging fort‹, als er zwölf Jahre alt war. Ich wusste nicht, wie mir geschah, und dachte, ich hätte ihn für immer verloren. Aber die Pubertät machte ihn nur vorübergehend ungreifbar und danach kam er plötzlich ›zurück‹: noch immer mein wunderbarer Sohn, aber reifer geworden.«

Der Prozess der Identitätsbildung kann verschiedene Probleme mit sich bringen, vor allem die Identitätsverwirrung. Diese kann sich im Meiden enger Beziehungen äußern, im Gefühl, Chancen verpasst zu haben, im Unvermögen, sich auf Schularbeiten zu konzentrieren, in einzelgängerischem Verhalten oder in der ›Wahl‹ einer *negativen Identität*, die zu abweichendem oder kriminellem Verhalten führt. Diese Schwierigkeiten treten häufiger in Problemfamilien auf. *Identitätskonflikte* werden faktisch nie gelöst, behauptet Erikson. Während des späteren Lebens spielen Fragen über Intimität, Karriere und Religion weiterhin eine Rolle.

Der Prozess der Identitätsbildung ist der einer immer weiter führenden Individuation, einer Persönlichkeitswerdung. Der Begriff stammt aus der psychoanalytischen Theorie. Die erste Individuationsphase ist die der Kleinkindzeit, bei der der Separations-Individuations-Prozess (sich loslösen – selbst jemand werden) zu einiger Selbstständigkeit führt. Laut Blos (1973) findet die zweite Phase der Individuation während der Adoleszenz statt. Wieder entsteht ein Spannungsfeld von Separation und Individuation zwischen dem Kind und seinen Eltern. Jugendliche werden immer selbstständiger und unabhängiger von ihren Eltern. Der Individuationsprozess, den sie durchleben, kann nach Josselson (1980) in vier Phasen eingeteilt werden (siehe Übersicht 2).

Während der ersten Phase, der *Differenzierung*, wird der Unterschied zu den Eltern betont.

»Glaub bloß nicht, dass ich so mit dir in die Stadt gehe!«, ruft die dreizehnjährige Miranda empört ihrer Mutter zu. »Du siehst unmöglich aus, da blamiere ich mich ja.«

Es geht oft um Details, aber für die Jugendlichen sind sie von grundlegender Bedeutung. Tatsächlich lautet die Botschaft des Jugendlichen an sich selbst: *Ich bin anders als meine Eltern, sie können also nicht länger für mich sorgen, das muss ich selbst tun.*

Phasen der Individuation	
Differenzierung	Frühe Adoleszenz zwischen 12 und 14 Jahren: Unterschied zu den Eltern betonen
Ausführung	Phase zwischen 14 und 16 Jahren: ausprobieren, denken, alles zu können, mehr auf Freunde hören als auf Erwachsene, keine Gefahr sehen
Annäherung	Mitte der Adoleszenz: Angst vor vollständiger Loslösung lässt wieder zur Basis zurückkehren.
Festigung	Ende der Adoleszenz: Gefühl eigener Identität

Übersicht 2: *Phasen der Individuation nach Josselson (1980)*

Es ist vor allem die zweite Phase, die der Ausführung, die Eltern Angst einflößt. Häufig gibt es einen recht plötzlichen Übergang zu risikofreudigem Verhalten, und die Jugendlichen wollen nicht mehr auf ihre Eltern hören. Für Eltern ist es schwierig, das Vertrauen in ihr Kind zu wahren, das sich nun so anders gibt. Für Jugendliche, die eine unzureichende soziale Identität aufgebaut haben und keine echten Freunde oder Freundinnen haben, ist diese Phase risikoreich. Etwa im Alter von vierzehn Jahren wird der Umgang mit Gleichaltrigen ausgesprochen wichtig. Hat ein Jugendlicher oder eine Jugendliche keine Freundschaften schließen können, läuft er oder sie Gefahr, sich Risikogruppen anzuschließen. Die Codes von Risikogruppen sind oft sehr deutlich. Sie haben klare Regeln in Bezug auf Haartracht, Alkohol- und Drogenkonsum, die Art der Transportmittel, den Umgang mit Erwachsenen und die Sprache. Die Annahme der Regeln vereinfacht den Anschluss an die Gruppe. Einsame Jugendliche können versuchen, sich anzuschließen, indem sie die Regeln befolgen; plötzlich haben sie dann ›Freunde‹.

Die Phase der ›Ausführung‹ verläuft nicht bei allen Jugendlichen problematisch, aber meist ist für die Eltern ein deutlich markierter Punkt erkennbar, ab dem ihr Kind sie zunehmend links liegen lässt. Es ist wichtig, dass Eltern diese Phase als Entwicklungsphase betrachten, und notwendig, dass sie für die Jugendlichen da sind, vor allem, wenn diese ein Bedürfnis danach haben. Eltern sollten den Abstand, den der oder die Jugendliche wünscht, respektieren, aber gleichzeitig auch (zur Not unsichtbar) präsent sein. Eltern müssen ihre eigenen Bedürfnisse nach gemeinsamen Aktivitäten und einem intensiven Kontakt mit dem Jugendlichen eine Zeit lang zurückstellen. Jede zu nachdrückliche Steuerung durch die Eltern trägt das Risiko einer Gegenaktion in sich, wodurch die Situation leicht eskalieren kann. Der Jugendliche muss innerhalb sicherer Grenzen mit seiner Selbstständigkeit experimentieren können.

Hatte der Jugendliche vor der Pubertät keine allzu großen Probleme, wird dies nach der Pubertät auch wieder so sein. Die Ausführungsphase wirkt wie eine Lupe auf die Probleme: Sie werden vergrößert. Aber danach rücken sich die Proportionen wieder zurecht und ein erwachsenes Verhalten wird sichtbar, das zuvor nicht bestanden hat.

Der wichtigste Rat für Eltern lautet vielleicht, diese Phase geduldig ›auszusitzen‹; wie schwierig das ist, verdeutlicht die folgende Anekdote.

Ein Elternpaar bat um Rat für den zweitältesten Sohn, der Schwierigkeiten hatte, mitzukommen. Nach der Sitzung zeigen sie ein Foto ihrer hübschen Jungenfamilie: vier Kinder, vier Söhne. Der Psychologe sagt mit einem Zögern: »Jetzt kommen Sie für Ihren Zweitältesten, aber wenn dieser Jüngste in die Pubertät kommt, werden bestimmt die Fetzen fliegen.« Ein paar Jahre später schicken sie dem Psychologen eine verzweifelte E-Mail wegen ihres jüngsten Sohnes, der die seltsamsten Dinge tut, und bitten um einen Termin. Der Psychologe antwortet, sie seien willkommen, aber diese Hilfe unterliege gewissen Beschränkungen, weil man die Pubertät zwischen vierzehn und sechzehn einfach ›aussitzen‹ müsse. Die Eltern sind überglücklich über diese Möglichkeit und schreiben, ohne es komisch zu meinen, zurück, sie würden gern lernen, wie man die Pubertät ›aussetzen‹ könne. In ihrer Verzweiflung und ihrer Sehnsucht, dieses seltsame Verhalten ihres Sohnes zu stoppen, lasen sie ein ›e‹ statt eines ›i‹.

Die Suche nach der eigenen Identität bedeutet auch Konflikte mit den Eltern. Wenn Eltern nicht mehr zusammenwohnen, kann der oder die Jugendliche versuchen wollen, die Situation zu meistern, indem er oder sie zu dem anderen Elternteil zieht. Es geschieht nicht selten, dass Kinder geschiedener Eltern etwa im Alter von vierzehn Jahren plötzlich bei dem anderen Elternteil wohnen möchten. Die Suche nach der eigenen Identität gibt ihnen einen starken Impuls, sich auf die Suche nach ›verschwundenen‹ Eltern zu machen.

Minos, vierzehn Jahre alt, bricht plötzlich mit seiner Mutter, mit der er eine ausgezeichnete Beziehung hat, um Kontakt zu seinem leiblichen Vater aufzunehmen, einst Samenspender für seine Mutter.

In Familien, in denen die Phase der ›Ausführung‹ zu großen Wutausbrüchen und sogar zu Weglaufen oder Aus-dem-Haus-Gehen geführt hat, ist die dritte Phase, die der Annäherung, mühsam.

Jugendliche haben häufig Angst, zurückzukehren, weil sie fürchten, dass ihre Eltern böse sind. Oft sind Eltern auch so verletzt, dass sie die ›Annäherung‹ nicht als Entwicklungsphase sehen können und sich von ihrem Kind ausgenutzt fühlen. Es beschleunigt jedoch den Verlauf der Identitätsbildung, wenn die Rückkehr als Entwicklungsphase verstanden wird. Die Jugendlichen haben durch das Experimentieren erfahren, dass sie sich doch sehr weit von den Eltern entfernt haben und dass die Gesellschaft nicht so einfach aufgebaut ist, wie sie glaubten, und das flößt Angst ein. Ausgehend von der Erkenntnis, dass sie nicht so unabhängig sein können, wie gedacht, suchen sie nun wieder die Nähe ihrer Eltern mit einer neuen Wertschätzung für sie. Die Vorstellung von Selbstständigkeit wird realistischer, und die Beziehung zu den Eltern kann sich vertiefen. Dazu ist es jedoch notwendig, dass Eltern diese Phase erkennen und ihrem Kind den Raum für eine ›ehrenhafte‹ Rückkehr gönnen.

Schließlich tritt die Phase der Festigung ein und der Adoleszent erwirbt eine eigene Identität. Der Heranwachsende verfeinert die eigenen Vorstellungen, erweitert seine Entscheidungsmöglichkeiten und kann so eigene Beschlüsse fassen.

Die Identität kann im Laufe des Prozesses unterschiedliche Formen annehmen. Siehe Übersicht 3 für die Beschreibung der verschiedenen Identitätsformen, die Marcia (1966, 1976) unterscheidet:

Formen der Identität	
Erarbeitete Identität	Der Adoleszent hat eine Krise durchlebt und unabhängig von den Eltern politische und ideologische Ideen entwickelt.
Diffuse Identität	Der Adoleszent hat möglicherweise eine Krise durchlebt, aber keine Verbindungen zu Beruf, Politik und Ähnlichem geschaffen.
Kritische Identität (Moratorium)	Der Adoleszent befindet sich in einer Krise.
Übernommene Identität	Der Adoleszent durchlebt keine Krise, hat aber politische und ideologische Ideen, die starke Übereinstimmung mit denen der Eltern aufweisen. Es gibt keine Veränderungen in den Vorstellungen aus der Kinderzeit; an diesen Vorstellungen wird recht streng festgehalten.

Übersicht 3: *Formen der Identität nach Marcia (1966, 1976)*

Marcia (1980) fand bei Mädchen und Jungen Unterschiede in der angenommenen Identitätsform. Eine gesunde Entwicklung bei Mädchen war oft gepaart mit den Formen erarbeitete Identität und übernommene Identität. Bei Jungen wurde eine gesunde Entwicklung meist von erarbeiteter oder kritischer Identität begleitet. Nach Meeus (1993) bedeutet dies, dass für Mädchen nicht die Exploration, die Auseinandersetzung mit der Identität, im Vordergrund steht, sondern dass sie die Bindung bevorzugen.

Bei der Identitätsbildung spielt es eine wichtige Rolle, über die eigene Abstammung Bescheid zu wissen und sie zu verstehen. Jugendliche, die ihre leiblichen Eltern nicht kennen, machen sich in dieser Phase oft auf die Suche nach ihnen. Pflege- und Adoptiveltern fragen sich häufig besorgt, ob ihr Band mit ihrem Pflege- oder Adoptivkind tatsächlich stärker ist als die biologische Bindung. Nach Meerum Terwogt und Reijnders (1993) ist jedoch bei mehr als 80 % der Jugendlichen, die ihre leiblichen Eltern oder einen Elternteil kennen lernen, nach ein oder zwei Kontakten die Neugier befriedigt – der Kontakt wird wieder beendet. Mark Meerum Terwogt formuliert die Bedeutung pflegender Eltern kraftvoll:

> Gene werden weitergegeben, aber dafür bekommt man keine Zuneigung zurück. Zuneigung muss man sich verdienen. Und Kinder wissen sehr gut, wem sie Loyalität schulden: Sie binden sich an denjenigen, der für sie sorgt (Meerum Terwogt, 2001).

Ein Kind hat das Bedürfnis nach der Unerschütterlichkeit der biologischen Familie, von der es abstammt, und in noch stärkerem Maße gilt dics für die Familie, in der es aufwächst. Eine Abweichung davon muss es be- und verarbeiten. Für die Entwicklung des Kindes ist es wichtig, dass seine Eltern oder Versorger der Basis-Familiensituation Stabilität zu verleihen wissen, egal, ob dies in der leiblichen oder einer neu zusammengesetzten Familienkonstellation stattfindet.

Weil Sexualität während der Pubertät eine so große Rolle spielt, ist auch die Bildung einer sexuellen Identität ein wichtiges Thema. Sexuelle Identität ist nicht selbstverständlich. Es gibt eine starke Norm zur Heterosexualität. Jugendliche haben daher auch oft Angst davor, homo- oder bisexuell zu sein. Lange Zeit wurde Homosexualität als Abweichung betrachtet, verursacht durch Faktoren wie z. B. eine symbiotische Mutter-Kind-Beziehung. Mittlerweile sehen wir sie als sexuelle Veranlagung. Genau wie die Geschlechteridentität haben auch Heterosexualität, Homosexualität und Transsexualität einen deutlichen Platz im Gehirn. Die Erfahrung, beispielsweise ein Mann zu sein, der in

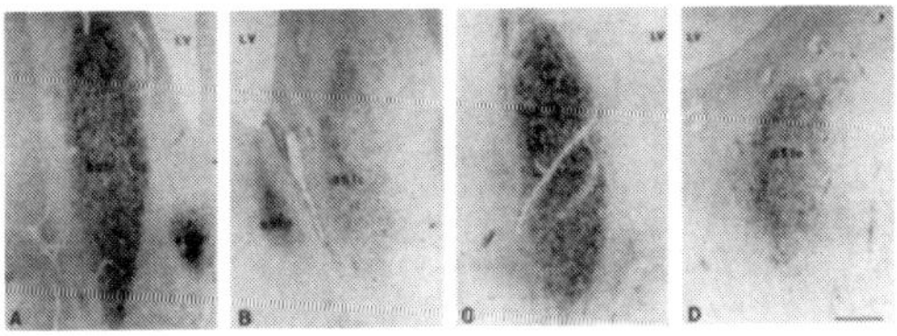

Abbildung 10: *Bereich im Gehirn, der mit der Erfahrung der Geschlechteridentität zusammenhängt (Gebiet im Hypothalamus: der BST, Bed nucleus Stria Terminalis). Von links nach rechts: A: heterosexueller Mann, B: heterosexuelle Frau, C: homosexueller Mann, D: transsexueller Mann-zu-Frau (Zhou u. a., 1995; Nature 378, 68–70)*

einem Frauenkörper gefangen ist, oder umgekehrt, findet sich auf Hirnebene in dem Gebiet wieder, das die Geschlechteridentität reguliert (Zhou u. a., 1995).

In Abbildung 10 ist deutlich erkennbar, dass bei A und C der Bereich im Gehirn, der mit der Geschlechteridentität bei Männern zusammenhängt, übereinstimmt (A: heterosexuell, C: homosexuell). Das Gebiet des transsexuellen Mannes, der sich als Frau in einem Männerkorper fühlt (D), stimmt mit dem weiblichen heterosexuellen (B) überein. Wie Geschlechteridentität erfahren wird, hängt also damit zusammen, wie ein bestimmter Bereich im Gehirn geformt ist.

Weil die gesellschaftliche Norm Heterosexualität ist, bedeutet dies, dass Jugendliche ihre sexuelle Veranlagung selbst entdecken müssen. Wenn sie vom Üblichen abweicht, kann dies zu einer Stressquelle werden (Boxer, Cohler, Herdt und Irvin, 1993). Möglicherweise ist Bisexualität vor allem eine Tarnung der Homosexualität. Studien (Carey, 2005) zeigen, dass unter der Bisexualität bei Männern vorzugsweise doch die Attraktivität des eigenen Geschlechts schlummert.

Für homosexuelle Jugendliche ist es oft schwierig, ihren Eltern von ihrer sexuellen Veranlagung zu erzählen; sie haben Angst, dass die Eltern es nicht akzeptieren können. Wird man von den eigenen Eltern nicht akzeptiert, hat man keinen Boden unter den Füßen und muss ›hart arbeiten‹, um diesen Boden selbst zu schaffen. Für Jungen gilt außerdem, dass sie sich unter heterosexuellen Gleichaltrigen unwohl fühlen, weil diese viel über Sexualität reden und damit angeben. Viele homosexuelle Menschen sind sich schon sehr früh der Tatsache bewusst, ›anders‹ zu sein, noch bevor Sexualität als Thema in ihrem Denken Einzug gehalten hat (Delfos, 2002b).

Homosexualität weckt noch immer Ängste bei Jugendlichen. Dabei muss jedoch unterschieden werden zwischen *homosexuellem Verhalten* (was unter anderem als Experimentieren oder auch häufig in geschlossenen Einrichtungen wie Gefängnissen vorkommt) und *homosexueller Veranlagung* (bei der es bei der Partnerwahl um die Anziehungskraft zum selben Geschlecht geht). Homosexuelles Verhalten kommt bei Jungen doppelt so oft vor wie bei Mädchen (Sell, Wells und Wypij, 1995). Für einen männlichen Adoleszenten ist es nicht ungewöhnlich, ein oder zwei homosexuelle Erfahrungen zu haben. Geäußert wird dies nicht selten durch eine aggressive Haltung gegenüber Homosexuellen. Koster (2000) schrieb ein Jugendbuch, um diese Problematik für Jugendliche besprechbar zu machen. Homosexualität scheint mehr geduldet als akzeptiert zu werden.

Die Herausbildung der Identität von Kindern ist auch abhängig von dem Alter, in dem Eltern ihre Kinder bekommen haben. Junge Eltern laufen Gefahr, während der Pubertät ihres Kindes eifersüchtig zu werden, weil sie die eigene Pubertät wegen der Geburt des Kindes vorzeitig abbrechen mussten. Ihre Identität ist in dem Moment, in dem sie Eltern werden, selbst noch zu wenig geformt, und sie sind gefühlsmäßig noch nicht so weit, Großeltern zu werden, wenn ihre Kinder auch wieder jung Kinder bekommen.

Das Alter, in dem Menschen Kinder bekommen, beeinflusst die Art und Weise, wie sie mit ihnen umgehen und wie die Umgebung sie als Eltern behandelt. Mrazek und Mrazek (1981) haben diese Daten in einer Übersicht zusammengestellt und dabei der elterlichen Haltung gegenüber der psychosexuellen Entwicklung und Position des Adoleszenten besondere Aufmerksamkeit gewidmet. Übersicht 4 zeigt dies in einer kurzen Skizze.

Zusammenhang zwischen Elternschaftsvariablen und der Geburt des ersten Kindes	
Adoleszente Eltern, 15–20 Jahre	Schwache Identitätsbildung; Druck der Umgebung, Ehe und Kind auf später zu verschieben; frühzeitiges Abbrechen eigener sexueller Exploration; Probleme mit Adoleszenzphase des Kindes durch das Gefühl eigener ›verpasster Chancen‹; Widerstand gegen eine zu junge Großelternschaft.
Junge Erwachsene, 21–30 Jahre	Stärkere Identitätsbildung; mehr gesellschaftliche Unterstützung für Eltern; weniger Gefühl ›verpasster Chancen‹, wenn das Kind heranwächst; potenzieller Widerstand gegen Großelternschaft, weil diese in der Phase der Midlifecrisis entsteht.
Eltern mittleren Alters, 31–40 Jahre	Starke Identitätsbildung; gesellschaftlicher Druck zur Familiengründung bei den zukünftigen Eltern; ausführliche sexuelle Erfahrung; Midlifecrisis kann verschoben werden durch Zusammenfall mit der Adoleszenz des Kindes; minimaler Widerstand gegen die Großelternschaft.

Übersicht 4: *Zusammenhang zwischen Elternschaftsvariablen und der Geburt des ersten Kindes, auf der Grundlage von Mrazek und Mrazek (1981).*

Bei der Identitätsbildung spielen also viele Faktoren eine Rolle. Sie findet bei einem oder einer Jugendlichen aus der jeweiligen Veranlagung heraus statt, abhängig von der Familie, in der er oder sie aufwächst oder mit der er oder sie biologisch verbunden ist, mit Hilfe von Freundeskreis und Beziehungen, durch Bücher, Fernsehen oder Internet, durch Computerspiele, Sport, Schule und Reisen, anhand besonderer Begegnungen mit Menschen und der Kultur, in der der Jugendliche aufwächst, sowie der sozial-ökonomischen und geographischen Situation.

Die Bildung einer Identität hängt eng mit der Entwicklung eines ›Selbstbildes‹ zusammen. Das ›Selbst‹ ist eine typisch westliche Angelegenheit, passend zur Egokultur im Gegensatz zur familiengerichteten Kultur, in der das Selbst vor allem im ›Identitätsbewusstsein‹ der Familie eine Rolle spielt. Weil der Begriff ›Selbst‹ nicht in die familiengerichtete chinesische Kultur passt, schlägt Lam (1997) den Begriff *Selbst im beziehungsorientierten Netzwerk* vor.

GLEICHALTRIGE UND FREUNDSCHAFTEN

Der Umgang mit Gleichaltrigen ist immer wichtig, nimmt aber beim Älterwerden einen immer größeren Stellenwert ein.

> Ein Baby genießt die Aufmerksamkeit seiner Eltern, aber sein Gesicht strahlt, wenn es ein anderes Baby sieht: genau wie ich.
>
> Eltern finden, dass sie für ihre Kinder sehr wichtig sind, dennoch spielen Gleichaltrige schon ab vier Jahren eine außergewöhnlich wichtige Rolle. Das wird Eltern erst während der Pubertät richtig bewusst, wenn der Jugendliche den größten Teil seiner Zeit mit Freunden und Freundinnen verbringt.
>
> Die Unterschiede im Alter von Lebenspartnern sind oft klein, üblicherweise ist der Mann ein oder zwei Jahre älter als die Frau. Mit diesem Altersunterschied versuchen Männer und Frauen den Reifeunterschied zwischen sich aufzuheben (Delfos, 2004–2007).
>
> Alte Menschen suchen die Gesellschaft Gleichaltriger, und wenn es nur wäre, weil diese verstehen, was es bedeutet, allerlei körperliche Beschwerden zu haben und ständig hören zu müssen, dass wieder Gleichaltrige verstorben sind.

Das Spannungsfeld, das für den Jugendlichen zu Hause zwischen Selbstbestimmung und der Anpassung an die elterliche Norm entsteht, ist auch in der Schule vorhanden. So bleiben nur wenige Bereiche übrig, in denen Selbstbestimmung und Grenzüberschreitungen möglich sind: in der Fantasie, in der Abgeschlossenheit des eigenen Zimmers und in der Freizeit mit Gleichaltrigen.

Der Kontakt mit Gleichaltrigen ist für Heranwachsende vor allem deshalb so wichtig, weil sie damit Abstand zu den Erwachsenen um sich herum schaffen. Der Umgang mit Gleichaltrigen erfüllt verschiedene Funktionen. Neben dem Vergnügen, gemeinsam Dinge zu unternehmen, die einen interessieren, und mit Menschen zu reden, die dieselben Dinge erleben wie man selbst, geht es vor allem auch um die Einübung der Rollen, die zum Erwachsensein gehören: symmetrische anstatt hierarchische Rollen sowie geschlechtsspezifische Rollen. Zweitens fangen Gleichaltrige sich gegenseitig auf und bieten Unterstützung und Solidarität. Jugendliche hängen gern in Gruppen an festen Treffpunkten zusammen.

Der oder die Jugendliche will in der Gruppe akzeptiert werden und daher den Gruppennormen entsprechen. Gleichzeitig will er oder sie sich für die Gruppe attraktiv machen, indem er oder sie sich profiliert und selbst etwas unternimmt. In diesem Spannungsfeld bewegen sich Jugendliche und es kostet sie oft viel Mühe, sich unter Gleichaltrigen zu behaupten.

Daher vertragen sie Interventionen ihrer Eltern auch nur schlecht, wenn diese sie von ihren Freunden fernhalten oder Aktivitäten mit ihnen stören. Eltern müssen dennoch aufpassen, dass ihre Kinder nicht in den ›falschen‹ Freundeskreis geraten.

Während der Pubertät bilden Freunde im Allgemeinen den Mittelpunkt des Lebens. Heranwachsende haben mehr Freunde und Freundinnen als junge Kinder (Feiring und Lewis, 1991).

Kinder, die in der Grundschule beliebt sind, bleiben das meist auch auf der weiterführenden Schule. Cillessen (1991) stellte fest, dass sie sich durch Freundlichkeit, soziales Verhalten und Spontaneität auszeichnen sowie dadurch, dass sie sich an Gruppenaktivitäten beteiligen, sich an die Gruppennorm halten und andere nett, akzeptierend und einfühlsam behandeln. Unbeliebte Kinder sind eher schüchtern und zurückgezogen, vermeiden Gruppenaktivitäten und halten andere durch Gleichgültigkeit, Gefühllosigkeit und Feindlichkeit auf Abstand. Diese Merkmale zeigen sich kontinuierlich von der Grundschule bis zur weiterführenden Schule.

Bei der Form von Freundschaften gibt es Unterschiede zwischen Jungen und Mädchen. Nach Rutter und Rutter (1993) liegt der Akzent bei Mädchen in der Regel mehr auf Offenheit und Vertraulichkeit. Mädchen haben dadurch öfter ein paar gute Freundinnen, Jungen eher eine Gruppe von Freunden. Mädchen teilen mehr emotionale Ereignisse miteinander und entscheiden sich öfter für Zweierbeziehungen; Jungen messen sich untereinander mehr auf körperlichem Gebiet und verkehren häufiger im Gruppenverband (Delfos, 2004–2007).

Die Bedeutung von Freundschaften ist fundamental. Sullivan (1953) geht davon aus, dass eine enge Freundschaft den Menschen mehr für die Gefühle anderer öffnet, was seiner Ansicht nach für die Entwicklung von Empathie ausgesprochen wichtig ist. Selman (1981) entwarf eine Einteilung von Freundschaften (siehe Übersicht 5, die sich daran orientiert).

Entwicklung von Freundschaften		
Art der Freundschaft	**Phase**	**Wesen der Freundschaft**
Spielkamerad	Vorschulische Phase	Ein Freund ist jemand, der in der Nähe wohnt, mit dem man zufällig und in der näheren Umgebung spielt
Einseitige Hilfe	Frühe Schulphase	Ein Freund ist jemand, den man besser kennt als andere und der weiß, was man schön und nicht schön findet; ein Freund ist wichtig, weil er Dinge macht, die man getan haben möchte.
Sportliche Kooperation	Spätere Schulphase	Mehr Bewusstsein der Gegenseitigkeit von Beziehungen; mehr Wille, sich gegenseitigen Wünschen anzupassen; keine langen Fristen; Streits können Freundschaften leicht brechen.

Art der Freundschaft	Phase	Wesen der Freundschaft
Intime, wechselseitige Freundschaften	Späte Kinderzeit, frühe Adoleszenz	Näher dran, Bewusstsein von Kontinuität; Freundschaft dient nicht mehr hauptsächlich dazu, sich nicht zu langweilen, sondern ist Möglichkeit zu Intimität; Konflikte beenden nicht notwendigerweise die Beziehung.

Übersicht 5: *Entwicklung von Freundschaften, auf Grundlage von Selman (1981)*

Zu Beginn der Adoleszenz sind Freundschaften vor allem darauf ausgerichtet, gemeinsam etwas zu unternehmen. Sympathie, Loyalität und Hilfsbereitschaft sind dabei wichtig. Wenn Heranwachsende älter werden, verlagert sich der Schwerpunkt in Richtung Emotionalität. Treue, Vertraulichkeit und Man-selbst-sein-Können stehen im Vordergrund. Im Umgang mit Gleichaltrigen entziehen sich Jugendliche der Kontrolle der Erwachsenen.

Jugendliche begeben sich in verschiedene Freundschaftsformen: die Gruppe, die Clique und die individuelle Freundschaft. In der Gruppe existiert ein großer Anpassungsdruck. Das führt einerseits zu Spannungen wegen des Drangs zur Autonomie und bietet andererseits neue Sicherheiten, wenn die häuslichen Sicherheiten losgelassen werden müssen. Conger und Petersen (1984) stellen fest, dass das Anpassungsbedürfnis proportional in dem Maße abnimmt, in dem der Jugendliche an Identität und Individualität gewinnt.

Die Clique ist eine kleine Gruppe, die sich in einigen Vorstellungen oder Verhaltensformen vom Rest unterscheidet. Dies kann auch mit jugendkulturellen Problemen zu tun haben, wie Drogenmissbrauch und Straftaten. Der Kontakt mit Gleichaltrigen ist wesentlich, aber auch mit Gefahren verbunden.

DIE VERTIEFUNG DES DENKENS

Die intellektuellen Fähigkeiten steigern sich deutlich während der Adoleszenz (Strauch, 2003). Die wichtigste Ursache dafür ist die Zunahme an Verknüpfungen im Gehirn. Das Langzeitgedächtnis erweitert sich, wodurch Informationen länger als zuvor bewahrt bleiben können. Mehr und bessere Strategien werden verwendet, um Dinge zu behalten.

> Für Jugendliche ist der Anstieg ihrer intellektuellen Möglichkeiten ein kostbares Gut. Sie wollen gern gut sein in der Schule, auch wenn sie häufig so tun, als ob dem nicht so sei. Eine schlechte Note ist eine Beleidigung ihrer intellektuellen Fähigkeiten. Sie gehen nicht umsonst so lange zur Schule. Ihre intellektuelle Gier ist groß, trotz eines Schulsystems, das wenig auf sie abgestimmt ist.

Verglichen mit dem Kind verfügen Jugendliche außerdem über mehr Wissen und umfassendere Schemata, wodurch neue Informationen leichter aufgenommen und verarbeitet werden können.

Das bedeutet auch, dass sich die Archivierung im Gehirn verändert. Wir speichern Daten nach einem bestimmten System in unserem Gedächtnis und archivieren sie gemäß bestimmten Regeln, wodurch wir das Gespeicherte später wiederfinden können.

Für Schüler der weiterführenden Schule gilt beispielsweise, dass ein großer Teil ihres Wissens unter dem Stichwort ›für die Klassenarbeit morgen‹ gespeichert wird und danach kaum oder gar nicht mehr im Gehirn wiederzufinden ist. Für wichtige Daten ist es daher notwendig, Verbindungen herzustellen. Der Kontext dieser Daten, das, was der Lehrer erzählt, erleichtert die Herstellung von Verknüpfungen und das Behalten.

Über das Archivsystem können wir unser Gehirn ›befragen‹ und Dinge wiederfinden. Die Art der Archivierung verändert sich im Laufe des Lebens, wodurch viele Einzelheiten später nicht leicht wiederzufinden sind, anderes hingegen besser. Kinder unter sieben Jahren speichern Daten nicht unter sprachlichen Begriffen, sondern unter Sinneswahrnehmungen wie Geruch, Farbe und Geräusch (Schachtel, 1959/1973). Etwa ab dem siebten Lebensjahr ist die Sprache ausschlaggebender Bestandteil des Archivierungssystems, dann sind die Daten im Gehirn zu einem großen Teil unter Worten zu finden. Männer und Frauen unterscheiden sich in puncto Gedächtnis, auch was die Erinnerung an die Pubertät betrifft. Im Allgemeinen werden Ereignisse aus dieser Zeit am besten behalten. Bei Frauen sind das solche, die um ihr fünfzehntes Lebensjahr herum liegen, bei Männern um ihr achtzehntes (Janssen, Chessa und Murre, 2005). Männer haben ein besseres Gedächtnis für Fakten und scheinen einen speziellen Platz für das Speichern von ›Seltsamem, Interessantem und Wissenswertem‹ zu haben. Während der Adoleszenz verändert sich das Archivierungssystem erneut, weil mehr Verbindungen zwischen einzelnen Teilen geschaffen werden, wodurch sich das Netzwerk zusammenhängender Daten vergrößert. Es ist daher auch wichtig, auf welche Weise das Archivierungsnetzwerk aufgebaut wird. Je mehr der Heranwachsende nach Zusammenhängen befragt wird, desto raffinierter bildet sich sein Gehirnnetzwerk aus. Je nach Art der Speicherung und Befragung des Gehirns ist ein Fakt mehr oder wenig leicht im Gehirn wiederzufinden. Für einen Wissenschaftler, der auf dem Gebiet der Entwicklungspsychologie tätig ist, wird bestimmtes Verhalten von Kindern im Gehirn gespeichert – man spricht auch von »Normalisierung«. Der Begriff ›Normalisierung‹ stammt von Maria Montessori (1950). Sie meint damit die Fähigkeit von Kindern, ganz darin aufzugehen, was sie gerade lernen, und sich nicht von dem ablenken zu lassen, was um sie herum geschieht. Sie sind erfüllt davon, dieses eine Thema beherrschen zu wollen, und wenn sie es geschafft haben, kommen sie wieder zu sich, schauen sich um und werden sich dann erst wieder einer Welt bewusst, der sie kurzfristig entrückt waren. Übersicht 6 versucht zu zeigen, wie verschieden ein solcher Begriff im Gehirn archiviert werden kann. Die Liste ist sicherlich nicht erschöpfend, weil es so viele Archivierungssysteme wie Menschen gibt. So kann man sich vorstellen, dass jeder Mensch ein eigenes Archivierungssystem besitzt und darin seinen persönlichen Weg finden kann. Kommunikation bedeutet auch, sich der Tatsache bewusst zu sein, dass jeder Mensch eigene Akzente setzt und auf eigene Weise im Gehirn archiviert (siehe Übersicht 6).

Die Art des Denkens entwickelt sich nach dem, was Piaget (Piaget und Inhelder, 1972) *formal-operationales* und *formales* Denken nannte. Formales Denken geht über das Konkrete hinaus; es übersteigt die Wirklichkeit. Adoleszenten sind in der Lage, hypothetisch-wissenschaftlich zu denken. Sie wechseln flexibel vom Konkreten und Spezifischen zum Abstrakten und Potenziellen, außerdem können sie alle denkbaren Alternativen generieren, um diese anschließend an konkreten Tatsachen zu überprüfen. Mehr noch als in anderen Altersphasen wirft eine Unterrichtsmethode, die mit Hypothesen arbeitet, mehr Früchte ab als die erklärende Unterrichtsmethode (Bruner, 1980). Heranwachsende nutzen ihr Gehirn gern und genießen Herausforderungen. Das heißt, man muss ihnen auf den Gebieten mentale Probleme vorlegen, für die sie sich interessieren. So gehören Puzzles und Denkspiele zu den bevorzugten Beschäftigungen von Adoleszenten, während Grundschulkinder Witze lieben.

Weil Jugendliche innerhalb einer recht kurzen Zeitspanne eine gewaltige Zunahme ihrer Denkkapazität erleben, sowohl Minder- als auch Normal- oder Hochbegabte, glauben sie, alles zu verstehen. Ihr Denken, gepaart mit motivierender Kraft, die auch hormonell unterstützt wird, vermittelt ihnen ein rechthaberisches Gefühl und den Glauben, die Wahrheit gepachtet zu haben. Das macht sie manchmal eigenwillig. Die Heftigkeit ihrer Emotionen ist jedoch keine Garantie dafür, dass sie Recht haben. Es ist wichtig, dass der Jugendliche die vielfältigen Formen von Wahrheitsfindung kennen lernt. Ein nettes Hilfsmittel ist der Farbenblindheitstest (Übung 2.6, Anlage 1).

Gespeichert unter	Wer speichert es?
»Normalisierung«	Erzieher(in), Lehrkraft
»Normalisierung« nach Montessori	Wissenschaftler auf dem Gebiet der Entwicklungspsychologie, Pädagogik, (Montessori-)Lehrkraft
Kinder, die lernen	Erwachsene, die diese Beobachtung gemacht haben
Konzentration	Personen, die Konzentration mit Kindern verbunden haben und diese Beobachtung gemacht oder davon gehört haben
Computerspiel	Personen, die beobachtet haben, wie sich junge Kinder Computerspiele aneignen, und dies nicht speziell mit dem Thema Kinder oder Konzentration verbunden haben
Marijke	Die Person, die diese Beobachtung machte, aber noch nicht weiß, dass dies nicht nur bei Marijke so ist, sondern zu Kindern im Allgemeinen gehört
Gespeichert als Beobachtung	Die Beobachtung wurde gemacht und in der Kategorie ›einzelne Beobachtung‹ abgespeichert, ohne dass sie einen Platz in einem zusammenhängenden Netzwerk von Daten gefunden hätte. Abhängig davon, wie dieser Fakt wieder berührt wird, kann er in ein Datennetzwerk eingebettet werden
Nicht gespeichert im Netzwerk	Neuer Fakt. Je nach Wichtigkeit und den bereits vorhandenen Datennetzwerken wird er in einem Netzwerk oder unter anderen losen Fakten gespeichert

Übersicht 6: *Archivierung im Gehirn*

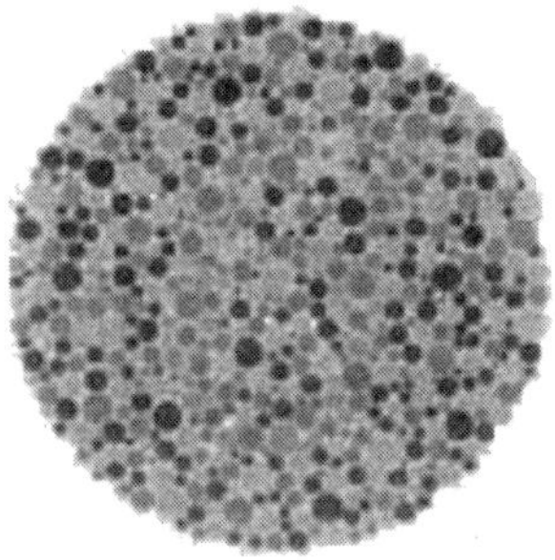

Abbildung 11: *Abbildung aus einem Farbenblindheitstest, aus der alle Farbe entfernt wurde, so dass alles in Grauwerten ausgedrückt wird. Es ist nun für nicht Rotgrünfarbenblinde sehr schwierig, eine Ziffer darin zu entdecken, genauso wie es für Rotgrünfarbenblinde schwierig ist, die Ziffer zu sehen, die nicht Rotgrünfarbenblinde sehen, wenn die Farbinformation nicht entfernt wurde*

Wenn man von dem Gefühl ausgeht, Recht zu haben, ist es für jeden schwierig, einer anderen Meinung offen gegenüberzustehen. Rechthaben kann allerdings auch aus einer beschränkten Sicht auf die Wahrheit oder einer anderen Perspektive genährt werden, ohne dass man sich der Tatsache bewusst ist, dass es nur eine beschränkte Wahrheit ist. Übrigens ist das meist der Fall – wir verfügen in den seltensten Fällen über die ganze Wahrheit und haben immer nur ein einziges Stückchen des Puzzles in der Hand. Der Farbenblindheitstest erweist sich als gutes Mittel zur Erläuterung des Mehrfachcharakters von Wahrheit. Bei diesem Test sieht man Abbildungen einer Ansammlung verschieden gefärbter Kreise mit unterschiedlicher Farbintensität. Die Anordnung der bunten Kreise kann je nach Betrachter unterschiedliche Vorstellungen wecken. So können beispielsweise die roten Kreise zwischen den grünen eine 8 bilden, aber wenn man den Unterschied zwischen Rot und Grün nicht gut sieht, wählt man nicht die Farbe, sondern die Intensität der Farbe als Ordnungsprinzip. Dann bilden die grünen und roten Kreise mit starker Farbintensität eine 3, eine Ziffer, die Menschen ohne Farbenblindheit kaum erkennen. Für den nicht Rotgrünfarbenblinden, der eine 8 sieht, und den Rotgrünfarbenblinden, der eine 3 sieht, gibt es keinen Unterschied im Wahrheitsgehalt. Beide haben Recht, aber ihre Wahrheit ist abhängig von den Informationen, über die sie verfügen. Abbildung 11 zeigt einen der Kreise des Farbenblindheitstests, jedoch ohne Farbinformation. Da die Farbinformation jetzt fehlt, ist es für den nicht farbenblinden Menschen plötzlich sehr schwierig, eine Ziffer darin zu erkennen.

Dieser Test verdankt seine Anwendung einem Vorfall, der 35 Jahre zurückliegt.

In einem Familienhaus (dort werden mehrere Kinder im Familienverband aufgenommen) wohnte ein sechzehnjähriger Junge namens Paul. Sein Familienhausvater klagte der Betreuerin seine Verzweiflung: »Er ist so eigensinnig. Alles, was ich sage, ist nicht so. Wenn ich Schwarz sage, sagt er Weiß. Wenn ich sage, die Vase ist blau, sagt er violett.« Die Betreuerin vermutete, der Jugendliche könne farbenblind sein, und nahm ihn mit ins Testzimmer. Es stellte sich heraus, dass er tatsächlich farbenblind war. Für ihn war es eine Offenbarung, dass er Recht haben konnte, sein Familienhausvater jedoch ebenfalls. Damit war seine Pubertät nicht vorbei oder seine Eigenwilligkeit verschwunden, aber er war danach offen für andere Meinungen, ebenso wie sein Familienhausvater. Die – unberechtigte – Vorstellung einer einzigen Wahrheit war weg und Kommunikation wieder möglich.

Heranwachsende können völlig in den Bann der Logik geraten und bekommen das Gefühl, es mit der ganzen Welt aufnehmen zu können. Die neuen intellektuellen Möglichkeiten werden auf moralische Werte, Politik und Religion angewendet. In ihrem *adoleszenten Egozentrismus* (Erikson, 1982) glauben sie, für alles eine logische und eindeutige Lösung zu finden. Heranwachsende genießen diese erworbenen intellektuellen Möglichkeiten und sind stolz darauf. Sie können ihren Standpunkt heftig, dickköpfig und ausführlich mit Argumenten untermauern und sind am besten erreichbar, wenn man ihnen die Chance gibt, ihre eigene Meinung mitzuteilen. Die Heftigkeit und Hartnäckigkeit, mit der Standpunkte verteidigt werden, bezeichnet Kapteyn (1985) als *moralische Aggression*: Adoleszenten sind häufig davon überzeugt, im Recht zu sein. Sie können sich in Ideale stürzen und alles geben, um ihren Standpunkt zu verteidigen und so die Welt zu verbessern. Erfinderisch zeigen sie sich vor allem, wenn es darum geht, zu beweisen, dass sie im Recht sind. Nach einiger Zeit lernen sie, zu nuancieren. Die moralische Aggression kann dann manchmal in das umschlagen, was Chandler und Boyes (1988) *moralischen Relativismus* nennen: extrem relativieren bis hin zum Nihilismus, bei dem keine einzige Wahrheit mehr Bestand hat.

Durch die Zunahme der intellektuellen Möglichkeiten können Heranwachsende Metakognitionen bilden (Denken über das Denken). Metakognitionen öffnen den Weg für die Vertiefung philosophischen Denkens. Der Sprung im Denken gibt Heranwachsenden das Gefühl, über hervorragende intellektuelle Möglichkeiten zu verfügen. Das kann zu tiefen, aber einsamen Einsichten führen, die Jugendliche in eine Krise stürzen können.

Eine fünfzehnjährige Jugendliche lernte Descartes' Satz ›cogito ergo sum‹ kennen, ›Ich denke, also bin ich‹. Sie geriet in den Bann dieser Aussage, erkannte aber auch deren Beschränkung und kam nach einer Woche zu der Neuformulierung: ›Ich denke, dass ich bin.‹ Diese Erkenntnis nahm ihr alle Sicherheit ihrer Existenz. Alles um sie herum, was sie zunächst als Wirklichkeit erfahren hatte, stellte sie nun zur Diskussion. Alles konnte eine ›erdachte‹ Wirklichkeit sein. Außer der Tatsache, dass die Existenz dadurch ungewiss wurde, war sie in dieser Sicht die denkende Identität und schämte sich anschließend, was sie sich alles ausgedacht hatte, wie zum Beispiel, dass dies auch hieße, sie habe sich ›ganz nebenbei‹ zwei Weltkriege ausgedacht. Gleichzeitig musste sie einen Test für die Schule vorbereiten und auch andere alltägliche Dinge erforderten ihre Aufmerksamkeit.

Adoleszenten erleben eine sozial-kognitive Entwicklung. Die neu erworbenen kognitiven Fähigkeiten versetzen sie in die Lage, ihre Umgebung kritischer und mit größerem Abstand zu betrachten. Eltern können dabei zur ersten Zielscheibe werden.

Die intellektuelle Entwicklung des oder der Jugendlichen macht einen gewaltigen Satz nach vorn, wie wir bereits sahen (Giedd u. a., 1999). Ungefähr um das siebte Lebensjahr findet bereits ein wichtiger Sprung statt, wenn Begriffe wie der Tod tiefgreifender verstanden werden. Wir nennen diese Phase daher auch *Scharnieralter* (Delfos, 1999–2006). Während der Pubertät steht der steigende Umfang des Denkens im Mittelpunkt – Jugendliche können Verbindungen zwischen zuvor einzelnen Fakten herstellen, wodurch Erkenntnisse ermöglicht werden, die zuvor nicht möglich waren. Dadurch können Jugendliche viel mehr erfassen als zuvor. Diese intellektuelle Kapazität ist sehr wichtig für die Heranwachsenden; sie sind stolz auf den Tiefgang und Umfang, die das Denken recht plötzlich erfahren hat. Das intellektuelle Niveau spielt dabei keine Rolle – auch ein Kind mit eingeschränkten verstandesmäßigen Fähigkeiten erfährt diese Vertiefung.

Intelligenz ist ein sensibles Thema. Physische Kraft hat zugunsten der Intelligenz sehr an Bedeutung verloren, obwohl sie, wenn es darauf ankommt, noch immer eine wichtige Rolle spielt. Intelligenz bestimmt allerdings zu einem großen Teil, in welchem Ausmaß der Mensch in der Lage ist, sich die Welt zu eigen zu machen. Menschen mit hoher Intelligenz genießen daher hohes gesellschaftliches Ansehen. Für Jugendliche ist Intelligenz deshalb ebenfalls ein wichtiges Gut. Sie machen Hausaufgaben lieber gar nicht, als mit der Möglichkeit des Scheiterns konfrontiert zu werden. Bei einem Ungenügend aufgrund nicht gemachter Hausaufgaben, können sie sich immer noch sagen: Wäre ich vorbereitet gewesen, hätte alles prima geklappt. Aber ein Ungenügend nach einer guten Vorbereitung zu erhalten ist für Jugendliche fast unerträglich.

Seit langer Zeit wird nach einer Möglichkeit gesucht, neben der kognitiven Intelligenz auch die ›soziale‹ oder ›emotionale‹ Intelligenz zu messen (Goleman, 1996). Diese Suche ist bis zum heutigen Tag wenig erfolgreich. Emotionale Intelligenz ist während der Pubertät sehr wichtig, weil sie eine wichtige Rolle im sozialen Leben und der Herausbildung von Freundschaften spielt, dem Dreh- und Angelpunkt der Pubertät.

MORALISCHE ENTWICKLUNG

Die wachsende Einsicht in Begriffe als Folge des zunehmenden Abstraktionsniveaus sorgt dafür, dass ein Kind relativieren lernt. Auf moralischem Gebiet überprüft das Kind Regeln mehr an den eigenen Wünschen. Es erkennt die Relativität von Regeln und handhabt diese nicht mehr allein auf Grundlage von Belohnung, Strafe oder eigenem Genuss, wie Piaget (1932) und Kohlberg (1969) beschreiben. Vorpubertierende lernen, wie sie von anderen wahrgenommen werden. In der moralischen Entwicklung orientieren sie sich mehr als zuvor darauf, in den Augen anderer ein ›gutes Kind‹ zu sein. In der Folge konzentrieren sie sich auf Themen von gesellschaftlichem Interesse, zu denen es verschiedene Meinungen gibt. Wir sehen Vorpubertierende Standpunkte einnehmen, wobei wir das Gefühl haben, sie wollen eher für diesen Fakt an sich als den Inhalt ihres Standpunkts anerkannt werden. Einige Jahre später, während der Pubertät, gehen sie für eine Position, die sie inhaltlich fasziniert, auf die Barrikaden.

Vor allem zu Beginn der weiterführenden Schule setzen sich Kinder für ›gute‹ Zwecke ein und sind leicht auf ethische Probleme anzusprechen. Dennoch richtet sich die frühjugendliche Begeisterung eher darauf, ein Ideal zu ›haben‹, als auf das Ideal selbst. So das Beispiel eines Elfjährigen, der gegen Tierquälerei ist. Seine Art, dies zu äußern, kann das Gefühl vermitteln, dass er dagegen ist, weil er das von sich selbst gut findet und weniger wegen des Themas an sich. Manchmal wirkt dies auf fast rührende Weise scheinheilig. Dem Elfjährigen fehlt oft noch die aufrechte innerliche Empörung des Jugendlichen, der sich einer Aktionsgemeinschaft gegen Tierquälerei anschließt.

Vorpubertierende denken darüber nach, was ein ›guter Mensch‹ tun würde (Kohlberg, 1969). Sie lassen sich in ihrem Urteil über moralisches Verhalten durch Ansichten der Gemeinschaft leiten, die mittlerweile weltumfassend geworden ist. Maßgebliche Autoritäten können Vorpubertierende ›steuern‹. Die Neigung, sich einer Autorität zu fügen, behält der Mensch bis zum Erwachsenenalter. Die Autoritätsperson ist nicht mehr selbstverständlich ein Elternteil oder der Erwachsene, sondern kann auch ein Popidol sein.

Aus den berühmt gewordenen Milgram-Experimenten (1974) wird deutlich, dass Menschen dazu neigen, der Autorität Folge zu leisten, auch wenn ein Verhalten von ihnen verlangt wird, das im Widerspruch zu ihren eigenen moralischen Werten steht. Diese Experimente, die wiederholt durchgeführt wurden und immer die gleichen schockierenden Resultate erzielten, lehren uns, dass Gehorsamkeit gegenüber Autoritäten Menschen zu ›unmenschlichem‹ Verhalten bringen kann.

Getarnt als Lehrstudie wurden Versuchspersonen dazu getrieben, anderen elektrische Stromschläge zuzufügen. Es war ihnen nicht bekannt, dass sie diese Stromschocks nicht wirklich ausführten. Allein aufgrund der Autorität des Experimentleiters – die zunahm, wenn er einen weißen Kittel trug – teilten die Versuchspersonen sogar tödliche Schläge aus. Hierzu wurden sie nicht mit physischer Gewalt gezwungen; einzig und allein verbale Ermahnung sorgte in den meisten Fällen schon für weitgehenden Gehorsam. Die Ergebnisse trafen auf die durchschnittliche Bevölkerung zu und konnten nicht damit abgetan werden, dass man behauptete, nur aggressive, unterentwickelte Menschen reagierten so. Es ist daher auch nicht verwunderlich, dass einige der Versuchspersonen nach Ablauf des Experiments therapeutische Hilfe in Anspruch nehmen mussten, weil sie ihr eigenes Verhalten nicht akzeptieren konnten. Die Experimente wurden angestellt, um die weitreichende Gehorsamkeit von Soldaten während eines Krieges zu erklären.

Wie auf vielen anderen Gebieten gibt es auch auf dem der moralischen Entwicklung Unterschiede zwischen Jungen und Mädchen (Delfos, 2004–2007). Damon (1988) zeigt auf, dass Mädchen mehr auf Beziehungen und Sorge für andere gerichtet sind, Jungen dagegen mehr auf Gerechtigkeit und Wettbewerb. Computerspiele, in denen moralische Werte mit Füßen getreten werden, üben möglicherweise einen tiefgreifenden Einfluss auf die moralische Entwicklung von Kindern aus (Delfos, 1994b, 2003). Computerspiele sind vornehmlich auf Konkurrenz ausgerichtet und häufig aggressiver Art. In der Vorpubertät werden sie vor allem von Jungen gespielt.

Der Übergang von der Phase, in der die Meinung der Erwachsenen noch als wichtig betrachtet wird, zu derjenigen, in der Gleichaltrige und die eigene Meinung ausschlaggebend sind, ist von Idolen bevölkert. Dabei handelt es sich meist um keine als Erwachsene greifbare Personen, sie sind nicht direkt erreichbar und führen ein öffentliches Leben. Viele Idole werden in der Musik und im Film gefunden. Sie liefern dem Kind in der Übergangsphase Vorbild für einen Lebensstil. Die Art des Lebensstils, den das Kind annimmt, sagt etwas über seine Verbindung mit Familie und Freunden.

Der Widerstand gegen Erzieher und Autoritäten im Allgemeinen kann zu grenzüberschreitendem Verhalten führen. Die Mehrheit der Jugendlichen verübt während der Adoleszenzphase eine oder mehrere Straftaten (Junger-Tas, 1994). Die meisten Verhaftungen finden daher auch in dieser Phase statt, nämlich im Alter zwischen sechzehn und siebzehn Jahren.

Für Jugendliche besteht die Meinung der Gesellschaft vor allem aus derjenigen von Gleichaltrigen, mit denen sie sich verbunden fühlen. Erwachsene und Ältere werden als Leute mit überholten Ansichten erfahren, die Entwicklungen bremsen. Deswegen nutzen Jugendliche Erwachsene nun weniger als Bezugspunkt. Dennoch ist ihnen die Meinung Erwachsener wichtig, wenn es auch sehr darum geht, dass ihre eigene Meinung respektiert wird. Wenn wir tiefer auf die sokratische Methode eingehen, werden wir sehen, was dies beinhaltet.

DIE BEDEUTUNG DER SCHULE

Während der Adoleszenz spielt die Schule eine wichtige Rolle. Sie hat großen Einfluss auf die kognitive, emotionale und moralische Entwicklung von Schülern, ist in ihren Methoden jedoch nicht gut auf Heranwachsende eingestellt.

Der Schulbesuch ist für den Jugendlichen nicht nur in Bezug auf die Zukunft wichtig, sondern auch und vor allem wegen des Kontakts mit Gleichaltrigen.

> Eine Lehrerin an einer weiterführenden Schule berichtet, dass eine Schülerin begeistert zu ihr sagte: »Ich finde, das ist eine tolle Schule!« Geschmeichelt, dass man ihre Schule schätzte, fragte die Lehrerin: »Warum gefällt es dir hier so gut?« Die Antwort brachte nicht

gerade die erhoffte Einschätzung: »All meine Freundinnen sind auf dieser Schule!«

Man bezeichnet die Familie als das erste Umfeld, die Schule als das zweite und das Leben außerhalb von Familie und Schule als das dritte.

Die Schule ist in erster Linie für die Entwicklung der intellektuellen Fähigkeiten wichtig, mindestens ebenso bedeutsam ist aber der Kontakt mit Gleichaltrigen. In keiner anderen Phase im Leben verbringt man so lange und so viel Zeit mit Gleichaltrigen und befindet sich in einer Situation, in der der Vergleich mit Gleichaltrigen auf allen Gebieten an der Tagesordnung ist. Der Schulbesuch ist der erste große Prüfstein für die Bedeutung der eigenen Veranlagung des Kindes und des Einflusses der Erziehung durch die Eltern.

Der Unterricht ist ausschlaggebend für die Zukunft des Kindes; seine Möglichkeiten hängen wesentlich an der Ausbildung, die es als Jugendlicher genossen hat. Obwohl lebenslanges Lernen und Weiterbildung möglich sind, bilden die Jugendjahre die Grundlage für das spätere Wissen und die Art und Weise des Lernens.

Schule, Entfaltung, Lehrer haben in verschiedenen Kulturen unterschiedliche Bedeutung. In den meisten nicht westlichen Kulturen werden Lehrer respektiert, weil sie studiert haben, und Eltern zweifeln nicht an ihrer Kompetenz, Kinder zu unterrichten. Respekt voreinander ist in der Regel etwas Selbstverständliches, ein erster Ausgangspunkt, man kann ihn nur durch entsprechendes Verhalten verlieren. In westlichen Kulturen, wie der niederländischen, ist Respekt nicht selbstverständlich und muss erst durch entsprechendes Verhalten erworben werden. Damit ist vieles über den Stressfaktor der westlichen Gesellschaft ausgesagt, in der man eine individuelle Leistung erbringen muss, um sich Respekt und damit auch Sicherheit zu verschaffen.

In der westlichen Welt liegt der Akzent der Schule auf der individuellen Entfaltung, in asiatischen Ländern dagegen mehr auf der Entfaltung zugunsten der Familie sowie auf der Schüler-Lehrer-Beziehung und dem Respekt, den Schüler gegenüber dem Lehrer aufbringen müssen. Lernen steht im Zeichen der

Kontrolle des Lehrers über alles, was in der Klasse geschieht. Unter dem Einfluss westlicher Kultur verändert sich diese Haltung zunehmend und zwischen traditionellen Unterrichtsformen und neuen Ideen müssen Brücken geschlagen werden (Wang und Mao, 1996; Lee, 1996).

Die Erwartungen von Eltern in Bezug auf ihre Kinder können zu einer schweren Last für die Kinder werden. Die Gesellschaft hat sich verändert. Früher hofften Eltern auf den Erfolg und das Glück ihres Kindes. Heutzutage denken Eltern, Erfolg könne man mit den richtigen Mitteln, dem richtigen Spielzeug und den richtigen Vereinen erzwingen (Delfos, 2002c; Delfos in Klooster, 2004). Viele Eltern wollen, dass ihre Kinder intelligent sind, sozialkompetent, selbstsicher, selbstbewusst, kreativ und glücklich – zu deren eigenem Glück, aber auch, weil sie sich dann als gute Eltern fühlen können. Sie wollen durch den Erfolg ihrer Kinder zeigen, dass sie als Eltern, also als Menschen, erfolgreich sind. Die Beweislast liegt bei den Kindern und sie wiegt häufig schwer.

Die Rolle des Kindes hat sich im Laufe der Jahrhunderte verändert. Von der Quelle ökonomischer Unterstützung und Alterssicherung für die Familie wurde das Kind zur Quelle emotionaler Bestätigung. Kinder haben grob gesehen zwei Antworten auf die Aufgabe, den Bedürfnissen der Eltern zu entsprechen: die Liebe der Eltern zu erhalten oder gegen sie anzugehen. Solange sie die Grundschule besuchen, ist die erste Antwort anzunehmen, in der Pubertät wird die zweite wahrscheinlicher. Jugendliche der Sechzigerjahre des zwanzigsten Jahrhunderts befanden sich in einem *dynamisch-konstruktiven Widerstand*, Jugendliche zu Beginn des einundzwanzigsten Jahrhunderts sind in einem *passiv-destruktiven Widerstand*.

In Japan scheint vielen Kindern die Last, Leistung erbringen zu müssen, zu schwer geworden zu sein. Der Anstieg der Selbstmordrate, Schikanen und Schulausfall scheinen damit im Zusammenhang zu stehen. Übersicht 7 verzeichnet den chronologischen Verlauf der Folgen von Leistung, die bei der japanischen Gesellschaft so hochgehalten wird.

Leistungs-Motivations-Problematik in Japan	
Fünfzigerjahre, zwanzigstes Jahrhundert	Weltweit höchste Selbstmordrate bei jungen Menschen
Siebzigerjahre, zwanzigstes Jahrhundert	Höchste Anzahl schikanierender und schikanierter Kinder in Grundschulen
Neunzigerjahre, zwanzigstes Jahrhundert	Höchste Selbstmordrate bei Schülern der weiterführenden Schule
Ende zwanzigstes Jahrhundert	Entstehung von Hikikomori, Schulausfall
Anfang einundzwanzigstes Jahrhundert	Mangelnde Motivation bei Jugendlichen, nach der weiterführenden Schule zu studieren oder zu arbeiten

Übersicht 7: *Leistungs-Motivations-Problematik in Japan*

Mitte des zwanzigsten Jahrhunderts weist Japan die höchste Selbstmordrate bei jungen Menschen auf. Diese scheinen den Appell der Leistungsgesellschaft nicht ertragen zu können. Eine Generation später ist die Schikane in Japan zum gewaltigen Problem geworden, vor allem unter Jungen im Grundschulalter. Mit dem Heranwachsen verlagert sich das Problem – die Selbstmordrate unter Schülern der weiterführenden Schule steigt stark an (Chandler und Young-Mei, 1993; Zeng und Le Tendre, 1998). Wieder scheint die Erklärung im Leistungsdruck der japanischen Gesellschaft zu liegen. Offensichtlich lernt sie nichts daraus, denn der Druck nimmt zu. Japan hat Zulassungsexamen für die wichtigen Vorschulen. Bei diesem Examen werden bereits Kindergartenkinder auf ihre Kenntnisse mathematischer Symbole getestet.

Ende des zwanzigsten Jahrhunderts entsteht in Japan ein neues Phänomen. Der Ausfall an weiterführenden Schulen ist so umfangreich und ernsthaft, dass er einen eigenen Namen bekommen hat: *Hikikomori* (Sakai, Ishikawa, Takizawa, Sato und

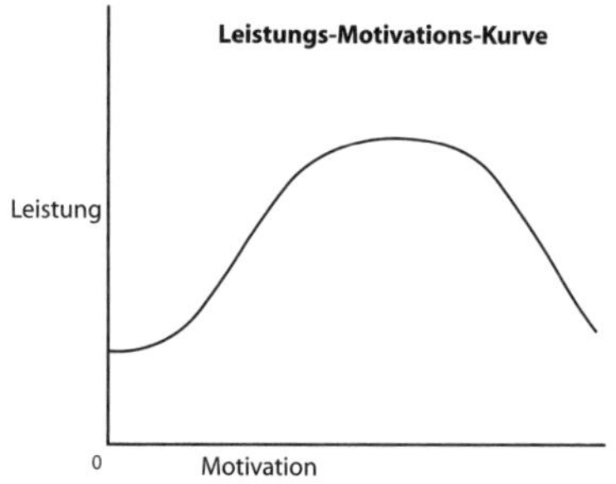

Abbildung 12: *Leistungs-Motivations-Kurve*

Sakano, 2004; Kawanishi, 2004). Viele Jugendliche sind nicht mehr zu bewegen, die Schule zu besuchen, und bleiben bar jeglichen Kontakts in ihren Zimmern und werden von ihren verzweifelten Eltern versorgt. Diese Situation kann Jahre andauern. Wir kennen dieses Phänomen auch in den Niederlanden, aber nicht im selben Ausmaß wie in Japan. Die japanischen Experten sind verzweifelt auf der Suche nach Möglichkeiten, diese zurückgezogenen Jugendlichen wieder zum Schulbesuch anzuregen (Kawanishi, 2004). Das Folgeproblem ist, dass Jugendliche nach der weiterführenden Schule keine Motivation verspüren, ein Studium aufzunehmen oder eine Arbeitsstelle anzutreten. 2002 zählte Japan 850.000 Jugendliche zwischen 15 und 25 Jahren, die sich in dieser Situation befanden (Asia News Agencies, 2005). Auch in Taiwan, einer ebenfalls stark leistungsorientierten Gesellschaft, ist die Selbstmordrate ausgesprochen hoch.

Leistungsdruck scheint für diese Phänomene ein wichtiger erklärender Faktor zu sein. Der Druck ist so hoch, dass er für den Durchschnittsmenschen nicht mehr zu Erfolg führt. Statt zu motivieren, wirkt er bei vielen Jugendlichen umgekehrt (Yerkes und Dodson, 1908; Huitt, 2001), wie Psychologie anhand der Leistungs-Motivations-Kurve bereits vor langer Zeit gezeigt hat: Leistungsmotivation ist bis zu einem bestimmten Grad gut. Danach wirkt sie umgekehrt und führt zu geringerer Leistung (siehe Abbildung 12). Eine gewisse Spannung kurz vor einer Aufgabe ist förderlich, zu viel Spannung kann die Leistung senken, man kann sogar wie gelähmt vor Angst werden.

Auch in den Niederlanden ist das Problem fehlender Motivation bei Jugendlichen bekannt. Um dem etwas entgegenzusetzen, entstehen allerlei neue Schulformen. Kinder und Jugendliche sollen motiviert sein und es schön finden, lernen zu können. Deshalb wird das Lernen nach den Bedürfnissen des Kindes in den Mittelpunkt gestellt. Allerdings findet Lernen an sich nicht ausschließlich oder vornehmlich statt, indem man das tut, was einem gefällt. Im Gegenteil, ein Mensch wird motiviert, indem er erfährt, dass er über sich hinauswächst. Das Gefühl, brillant zu sein, das jeder auf seine Weise kennt, entsteht dadurch, dass man etwas vollbringt, was man zuvor nicht für möglich gehalten hat. Aus uns selbst heraus wagen wir uns aber nur selten an Aufgaben, von denen wir nicht erwarten, dass wir sie erfüllen können. Wir brauchen die Ermutigung eines anderen, beispielsweise einer Lehrkraft, um die Aufgabe anzugehen und zu unserer Überraschung zu entdecken, dass wir mehr können, als wir dachten. Es sind diese beiden Elemente, die unsere Schulkarriere in großem Maß beeinflussen: Kontakt mit Gleichaltrigen und Erfahrungen unerwarteten Erfolges.

Auch neue Schulmodelle berücksichtigen diese beiden Elemente noch zu wenig. Kinder brauchen die Herausforderung, die ein anderer an sie heranträgt. Sie brauchen Lehrkräfte, die genau spüren, wo ihre Grenzen liegen, und ihnen Aufgaben erteilen, die diese Grenze gerade so weit überschreiten, dass ihr Blickfeld erweitert wird.

Vier Faktoren beeinflussen das Lernen bei Kindern und sind wichtig, um die Schule erfolgreich zu durchlaufen: Intelligenz, Aufschub von Bedürfnisbefriedigung, Konzentration und die Motivation, es gut zu machen. Intelligenz ist ein Kernfaktor (siehe Übersicht 8).

Wichtige Merkmale, die das Lernen beeinflussen	
Intelligenz	Verschiedene Formen: kognitiv, emotional, kreativ, sozial.
Aufschub von Bedürfnisbefriedigung	Der Nutzen von Schule ist auf später ausgerichtet.
Konzentration	Zum Lernen ist es notwendig, sich über längere Zeit auf ein Thema zu konzentrieren und andere Reize auszuschließen.
Motivation, es gut zu machen	Lernen muss teils für einen selbst sein, aber auch einen Zweck haben. Das Selbstbild (westlich) oder die Familie (östlich) sind starke Motivatoren.

Übersicht 8: *Wichtige Merkmale, die das Lernen beeinflussen*

Intelligenz ist ein so breitgefächertes Thema, dass es Wissenschaftlern noch nicht gelungen ist, sie zu genau zu erfassen. Offensichtlich manifestiert sich Intelligenz in verschiedener Ausprägung von kognitiv bis musikalisch. Intelligenztests können lediglich eine Momentaufnahme sein und sind abhängig von Kultur und Erfahrung. Sie scheinen auch kaum den Aussagewert des *Marshmallowtests* oder des *Candy-Reward-Tests* zu erreichen (Mischel, 1958), der schon bei Vierjährigen recht zuverlässig in der Lage ist, gesellschaftlichen, emotionalen und kognitiven Erfolg vorherzusagen (Shoda, Mischel und Peake, 1990). Es geht dabei einfach darum, einem Kind folgende Frage vorzulegen: Möchtest du *jetzt ein* Bonbon oder *nachher zwei*? Ein Kind, das sein Bedürfnis nach Süßigkeiten auf ›später zwei‹ aufschieben kann, hat eine bessere Prognose auf Erfolg als ein Kind, das sich für ›ein Bonbon jetzt‹ entscheidet.

Dass dieser Test einen so hohen Vorhersagewert hat, ist nicht erstaunlich. Hierbei spielen sechs wichtige Faktoren eine Rolle. In Übersicht 9 sind sie aufgeführt.

Candy-Reward-Test, Faktoren, die eine Rolle spielen
Planungskapazität
Kapazität, Bedürfnisse aufzuschieben
Entwickelte Frustrationstoleranz
Vertrauen in Erwachsene
Kapazität zur Einschätzung sozialer Interaktion
Entwicklung des Zeitbewusstseins

Übersicht 9: *Candy-Reward-Test, Faktoren, die eine Rolle spielen (Delfos)*

Um sich für zwei Bonbons später entscheiden zu können, muss das Kind in der Lage sein, zu planen und an dem Plan festhalten zu können. Das ist eine der ›*executive functions*‹ (Pennington und Ozonoff, 1996), die für die Regulierung von Verhalten wichtig sind. Das Kind muss zugleich auch ein Bedürfnis aufschieben können, das durch den Vorschlag bereits geweckt ist: ›Das Wasser läuft ihm schon im Mund zusammen‹. Es ist also auch die Rede von einer gewissen bereits entwickelten Frustrationstoleranz. Das Kind muss die Frustration, jetzt kein Bonbon zu bekommen, ertragen, um sich für ›später zwei‹ entscheiden zu können. Trifft das Kind diese Entscheidung, hat es auch ausreichend Vertrauen in den Erwachsenen, dass dieser seinem Versprechen nachkommen wird, was ein Zeichen freiwilliger Zuneigung ist (Bowlby, 1984). Es ist auch in der Lage, soziale Interaktion zu interpretieren, zu wissen, dass es dem Erwachsenen Ernst ist und dass er keine Scherze macht. Schließlich muss das Kind auch ein gewisses Zeitgefühl haben, um den Begriff ›später‹ einordnen zu können.

Variationen dieses Tests zum Aufschub der Bedürfnisbefriedigung wurden auch mit Kindern mit ADHD (Attention Deficit Hyperactivity Disorder) durchgeführt. Diese Kinder haben aufgrund ihres Leidens ein Problem mit der Impulskontrolle. Bei dem Test ergab sich, dass sich Kinder mit ADHD tatsächlich häufiger für eine schnelle Bedürfnisbefriedigung entschieden statt für eine aufgeschobene Belohnung (Rapport, Tucker, DuPaul, Merlo und Stoner 1986; Tripp und Alsop, 2001).

An dritter Stelle der wichtigen Faktoren beim Lernen steht nach Intelligenz und Aufschub von Bedürfnisbefriedigung die Konzentration. Sie ist noch immer fundamental. Die Welt scheint sich schneller zu drehen, wodurch Konzentration immer schwieriger zu werden scheint. Kinder werden öfter als leicht ablenkbar eingestuft, ADHD wird diagnostiziert, obwohl das vielleicht auch ein Zeichen der Zeit ist und man der Einübung von Konzentration vielleicht mehr Aufmerksamkeit widmen müsste.

Als vierter Faktor wird ›Motivation, es gut zu machen‹ genannt. In der Nachkriegsgeneration war die Motivation, etwas gut zu machen, leicht daraus abzuleiten, es besser haben zu wollen als die Eltern. Unterricht wurde einem breiteren Personenkreis zugänglich, der Wohlstand führte dazu, dass mehr Jugendliche ihre Ausbildung nach der ›Volksschule‹ fortsetzen konnten und diese Möglichkeit auch in Anspruch nahmen. Bezeichnend für diese Motivation ist die hohe Leistung der Kinder von Grubenarbeitern in der Provinz Limburg, die mit den erbärmlichen Lebensumständen ihrer Eltern konfrontiert waren. Ihre Motivation, den Gruben fern zu bleiben, war hoch.

Mittlerweile lernen Jugendliche, Geld schnell zu verdienen und auszugeben. Sie arbeiten bereits als Schüler weiterführender Schulen für die eigenen Extras, und die Ausstrahlung ihrer müden, gestressten, gut ausgebildeten Eltern ist nicht immer ein stimulierendes Vorbild.

Wie gut sich ein Kind intellektuell in der Grundschule entwickelt, ist im Allgemeinen ein Indiz für seinen späteren gesellschaftlichen Erfolg. Schulerfolg ist neben Veranlagung auch mit intellektueller Neugier und Motivation verbunden (Renninger, Hidi und Krapp, 1992). Diese Neugier steht auch unter dem Einfluss des Milieus, in dem das Kind aufwächst. Sprachstimulierungsprogramme, die in den Sechzigerjahren gestartet wurden, um Kindern mit Rückständen zu helfen, hatten wenig Erfolg (Kohnstamm, 1997). Bei der Mehrzahl der Kinder veränderte sich die Problematik nicht, lediglich eine Gruppe zwischen 30 bis 40 % konnte sich verbessern, wobei es fraglich ist, ob sie sich nicht auch ohne Sprachstimulierungsprogramme verbessert hätten (Goorhuis-Brouwer, 2005). Außerdem wird deutlich, dass Sprachprobleme, die nach dem sechsten Lebensjahr noch vorhanden sind, bleibenden Charakter haben (Slothard, Snowling, Bishop, Chipchase und Kaplan, 1998). Dies lässt vermuten, dass bei der Sprachentwicklung Veranlagung ein bedeutend wichtigerer Faktor ist als die Umgebung. Mädchen haben viel seltener Sprachstörungen (von Stottern bis Schreiben) als Jungen. Sprachentwicklung verläuft bei Jungen im Allgemeinen langsamer (Rutter und Rutter, 1993).

Kinder lernen gemäß unterschiedlichen Strategien, die aus ihrer Veranlagung entstehen. Auf der Grundlage von Lernstrategien können wir vier Lerntypen unterscheiden, die in Übersicht 10 aufgeführt werden. Diese Typen zeigen sich am deutlichsten während der Zeit in der weiterführenden Schule.

Typen von Jugendlichen gemäß Lernstrategie
1. Jugendliche, die über konkretes Handeln lernen, häufig technisch orientiert
2. Jugendliche, die durch Wiederholung lernen
3. Jugendliche, die lernen, indem sie Prinzipien anwenden
4. Jugendliche, die lernen, weil sie Prinzipien verstehen

Übersicht 10: *Typen von Jugendlichen gemäß Lernstrategie*

Die Veränderung des Unterrichts von praktisch-technisch zu allgemeinbildend hat Jugendliche mit mehr praktisch-technischer Veranlagung benachteiligt. Die Idee, dass Allgemeinbildung für jeden erreichbar, gewünscht und geeignet ist, stammt noch aus der Vorstellung der *machbaren* Gesellschaft, die die Illusion des machbaren Menschen impliziert und damit auch die des machbaren Kindes.

Die Entwicklung des Kindes, die bis zur Einschulung größtenteils auf natürliche Weise von innen heraus verlief, erhält mit dem Beginn der Schulzeit eine neue Dimension. Entwicklung wird nun von außen angeregt. Man erwartet, dass das Kind das lernt, was ihm angeboten wird, und zwar in einem Tempo, das größtenteils von anderen vorgegeben wird.

In einer Studie über die Situation im Unterricht konnten van der Linden und Roeders (1983) zeigen, dass Jugendliche dort viel weniger sie selbst sein können als außerhalb. Sie werden in Aspekten gebremst, die sie selbst als positiv erfahren. Angesichts des ungeeigneten Erziehungsklimas ist es nicht weiter verwunderlich, dass sich Jugendliche gegen die Schule auflehnen. Dies spielt eine umso stärkere Rolle, seit eine gute Ausbildung nicht automatisch auch eine gute Anstellung garantiert.

Unterricht findet noch immer zum großen Teil in Gruppen und frontal statt und beinhaltet vor allem Wissensvermittlung. Dies führt zu einer passiven Atmosphäre, die mit dem überschäumenden Gefühl Heranwachsender kollidiert. Es ist daher auch nicht verwunderlich, dass Jugendliche Fluchtverhalten zeigen, wie etwa Schwänzen, und sich der Hausaufgabenpflicht entziehen. Dennoch gehen Heranwachsende im Durchschnitt länger zur Schule, als es die Schulpflicht verlangt, und strengen sich an, um ihren Abschluss zu machen. Die Motivation zum Lernen ist also groß, wird jedoch nicht optimal genutzt.

Jungen und Mädchen zeigen unterschiedliche Schulleistungen. In der Grundschule schneiden Mädchen im Durchschnitt besser ab als Jungen. In den weiterführenden Schulen war dies lange Zeit nicht der Fall, doch mit fortschreitender Emanzipation zeigten Mädchen auch dort sowie an der Universität bessere Leistungen als Jungen (Portegijs, 2002; Delfos, 2004–2007). Offensichtlich wird dies jedoch vor allem durch nicht spezifische Faktoren verursacht, die damit zu tun haben, dass Mädchen mehr zur Gehorsamkeit neigen (Hausaufgaben machen, aufpassen, ordentlich schreiben, zuhören im Unterricht), und nicht so sehr damit, dass ihre fachspezifischen Qualitäten höher sind (Heymans, 1932; Delfos, 2004–2007).

Im weiterführenden Unterricht wird die interindividuelle Variation im Entwicklungsverlauf deutlich. Mädchen sind in der Regel in verbal orientierten Fächern besser, Jungen, wenn es um räumliche Ordnungsfähigkeiten geht. Das Selbstbild von Jungen in der weiterführenden Schule ist besser als das von Mädchen. Mädchen haben mehr psychosomatische Beschwerden, Ursache dafür ist ihre Unsicherheit, wie sich in einer Studie von Licht und Dweck (1984) zeigte. Diese Forscher setzten Jugendlichen eine intellektuell verwirrende Aufgabe vor. Die intelligentesten Mädchen schnitten hierbei auffällig schlecht ab, während Jungen hohe Punktzahlen erzielten. Die intellektuellen Möglichkeiten scheinen also unzureichende Erklärungen für den Unterschied in den Ergebnissen bei Mädchen und Jungen zu liefern.

Boltjes (2004) zeigte, dass es Unterschiede im Verhalten der Geschlechter gibt. Ihrer Ansicht nach betrifft dies weniger die Fähigkeiten als vielmehr deren Beurteilung. Jungen, die bei einem Mathematiktest eine Zwei minus erhalten, beurteilen sich selbst als ›gut in Mathematik‹. Mädchen mit einer Zwei minus dagegen bezeichnen sich als ›nicht gut in Mathematik‹. Jungen werden daher eher Mathematik für ihren weiteren Ausbildungsgang wählen als Mädchen, völlig losgelöst von ihrem tatsächlichen mathematischen Talent.

PROBLEMVERHALTEN

Die Pubertät ist gekennzeichnet durch eine Zunahme problematischen Verhaltens. Dies hängt mit einer schockartigen Zunahme von Selbstständigkeit und steigendem Forschungs- und Experimentierdrang zusammen, wodurch Alkohohl und Drogen zum Problem werden können. Im nächsten Kapitel werden wir näher auf die mit der Pubertät zusammenhängende pädagogische Problematik, sowie auf Alkohol- und Drogenkonsum eingehen.

KERNAUSSAGEN

Adoleszenz umfasst etwa den Zeitraum zwischen dem zwölften und vierundzwanzigsten Lebensjahr, wobei der Zeitraum zwischen zwölf und achtzehn oft Pubertät genannt wird. Die Reifung des zentralen Nervensystems braucht etwa fünfundzwanzig Jahre.

- Aufgrund von Hormonen setzen große körperliche Veränderungen ein, die bereits in der Vorpubertät beginnen.
- Die Pubertät ist durch einen relativ schnellen Übergang vom Kind zum Erwachsenen gekennzeichnet.
- Das Wachstum findet häufig sehr schnell statt (Wachstumsschub).
- Der Pubertät geht die Vorpubertät zu Beginn der weiterführenden Schule voraus.
- Der Vorpubertierende entwickelt eine soziale Identität: Wie sehen mich andere?
- Der Jugendliche entwickelt eine psychische Identität: Was halte ich von mir?
- Eine positive soziale Identität ist Grundlage für ein gutes Durchlaufen der Pubertät.
- Ausbildung verlängert die Pubertätsphase.
- Eltern müssen lernen zu akzeptieren, dass ihre Position weniger wichtig wird.
- Merkmale des Übergangs vom Kind zum Erwachsenen sind: Abschluss der Ausbildung, Arbeitseintritt und Aufnahme sexuellen Kontakts.
- Der Einfluss von Sexualität in den Medien ist groß, Kinder können sexualisiert werden und früh mit sexuellem Verhalten experimentieren.
- Die Geschlechtsreife tritt im Durchschnitt bei Mädchen mit fünfzehn, bei Jungen mit sechzehn ein.
- Jugendliche werden häufig größer als ihre Eltern.
- Frühreife Jungen und spätreife Mädchen genießen viel Anerkennung.
- Vorpubertät und Pubertät sind kritische Phasen, in denen sich Essstörungen entwickeln können.

- *Anorexia nervosa* ist ein ernsthaftes Leiden mit hoher Sterblichkeitsrate.
- Die Geschlechtsreifung beeinflusst über Hormone Stimmungen und Gefühle.
- Geschlechterunterschiede sind Veranlagung und werden durch Sozialisation beeinflusst.
- Die Pubertät stellt neue Ernährungsanforderungen.
- Pubertät hat leicht psychotische Merkmale.
- Jungen haben ein größeres Sterberisiko als Mädchen.
- Bei sexueller Aufklärung spielen Gleichaltrige zu Beginn der weiterführenden Schule eine wesentliche Rolle.
- Sexualität ist ein zentrales Thema während der Pubertät.
- Sexuelle Aufklärung ist sehr wichtig.
- Geschlechtersozialisation findet vor allem durch Präferenzverhalten statt.
- Der Jugendliche muss eine sexuelle Identität entwickeln.
- Der Loslösungsprozess, die Individuation, verläuft über verschiedene Phasen.
- Während der Pubertät scheinen Eltern ihre Kinder plötzlich zu ›verlieren‹.
- Jungen folgen beim Identitätsprozess mehr der Exploration, Mädchen bevorzugen die Bindung.
- Im Gehirn befindet sich ein Gebiet, das offensichtlich die sexuelle Identität markiert (heterosexuell, homosexuell, transsexuell).
- Die Form der Identitätsbildung bei Eltern hat Einfluss auf die Entwicklung bei Kindern.
- Während der Pubertät stehen Freunde im Mittelpunkt.
- Während der Pubertät entsteht mehr Wechselseitigkeit in Freundschaften.
- Der Jugendliche erfährt eine große Vertiefung des Denkens.
- Unabhängig von der Begabung erfahren Jugendliche mit Eintritt der Pubertät, dass sie ›plötzlich alles verstehen können‹.

- Jeder Mensch hat seine eigene Form der Archivierung im Gehirn.
- Die moralische Entwicklung vertieft sich während der Pubertät.
- Die Spitzenrate bei Verhaftungen liegt bei sechzehn, siebzehn Jahren.
- Die moralische Entwicklung von Jungen ist auf Konkurrenz gerichtet, die von Mädchen auf Kooperation.
- Schule ist vor allem ein Ort, an dem man Gleichaltrige trifft.
- Lernen in der Schule ist wenig auf die Fähigkeiten des Jugendlichen ausgerichtet.
- Japan als Leistungsgesellschaft ist ein Indikator für die zukünftige internationale Entwicklung.
- Ein gutes Gleichgewicht zwischen Leistung und Motivation ist notwendig.
- Die Befriedigung eines Bedürfnisses aufschieben zu lernen ist für den gesellschaftlichen, emotionalen und kognitiven Erfolg elementar.
- Wichtige Faktoren beim Lernen sind: Intelligenz, Aufschub von Bedürfnisbefriedigung, Konzentration und die Motivation, etwas gut zu machen.
- Kinder lernen nach Basisstrategien: Lernen durch Handeln, Lernen durch Wiederholung, Lernen, indem man Prinzipien anwendet, Lernen, indem man Prinzipien versteht.
- Jugendliche lernen nicht nur, weil ihnen etwas Spaß macht, sondern weil sie an den Grenzen ihres Könnens herausgefordert werden.
- Leistungen von Mädchen sind im Allgemeinen besser, weil sie sich ernsthafter auf das Lernen konzentrieren; Jungen sind weniger gewissenhaft und schneiden unter anderem deswegen häufig schlechter ab als Mädchen.

3 JUGENDLICHE ERZIEHEN – Fallen und Aufstehen

Dieses Kapitel kann nicht dazu dienen, alle Probleme bei der Erziehung von Jugendlichen erschöpfend zu behandeln – das würde weiter führen, als dieses Buch beabsichtigt. Die elterliche Sorge und die Heftigkeit, mit der sich Probleme manifestieren, darf und sollte man jedoch nicht außen vor lassen. Gute Erziehung bedeutet in erster Linie gute Kommunikation, und dann ist es vernünftig zu wissen, was einen erwartet. Darum vermittelt dieses Kapitel eine allgemeine Skizze spezifischer Erziehungsprobleme, vor die sich Eltern in der Pubertätsphase gestellt sehen. Das Material stammt zum Teil aus *Ontwikkeling in vogelvlucht. Ontwikkeling van kinderen en adolescenten* (Delfos, 1999–2006) und *Kinderen in ontwikkeling. Stoornissen en belemmeringen* (Delfos, 1996–2006)*.

Wir beginnen mit der *Auflistung kritischer Passagen von der Geburt bis zur Adoleszenz* (Delfos, 1999–2006). Hierbei werden die Hauptpunkte der Entwicklung in den einzelnen Lebensphasen genannt. Jede hat ihre eigenen Entwicklungsschwerpunkte, die besondere Aufmerksamkeit verlangen. Angekommen bei der Pubertät wird sichtbar, dass alle Aspekte, die davor eine Rolle spielten (sieben Kernaussagen), in der Pubertät zum Abschluss gelangen. Es ist daher auch sinnvoll, bei Pubertätsproblemen zu überprüfen, ob einer der in der vorigen Phase wichtigen Aspekte zu wenig Beachtung fand. Wenn es in der Entwicklung vor der Pubertät Lücken gegeben hat, empfiehlt es sich, den jeweiligen Aspekten Aufmerksamkeit zu widmen.

---

* *Entwicklung aus der Vogelperspektive. Entwicklung von Kindern und Heranwachsenden* und: *Kinder in Entwicklung. Störungen und Hindernisse.* Titel nicht in deutscher Übersetzung vorliegend.

KRITISCHE PASSAGEN VON DER GEBURT BIS ZUR ADOLESZENZ

In der normalen Entwicklung finden sich einige Schwerpunkte, die in Übersicht 11 nach Alter zusammengestellt sind. In jeder Phase gibt es bestimmte Entwicklungsaufgaben, die das Kind erfüllen muss. Der Auflistung kritischer Passagen verweist auf die grundlegenden Aspekte, die für eine gute Entwicklung wichtig sind.

Kritische Passagen von Geburt bis Adoleszenz
Altersphase von Geburt bis 5 Jahre
1. a: Hat sich das Kind sicher binden können?
b: Hat das Kind Selbstständigkeit entwickeln können?
2. a: Sind sich die Eltern der Tatsache bewusst, dass Kinder eine eigene Entwicklung haben?
b: Handeln die Eltern danach?
3. a: Sind sich die Eltern der eigenen Ohnmacht, die sie selbst erfahren haben, bewusst, die zu Machtmissbrauch führen kann?
b: Ist das Handeln der Eltern dem Kind gegenüber ›sauber‹ und damit nicht sexuell?
4.: Verfügt das Kind über ein positives moralisches Modell?
Altersphase von 6 bis 8 Jahren
5.: Kennt das Kind seine biologische Abstammung?
Altersphase von 9 bis 12 Jahren
6.: Hat das Kind ausreichend Gelegenheit, den Umgang mit Gleichaltrigen in der Gruppe zu lernen?
7.: Hat eine Aufklärung über Sexualität sowie Drogen stattgefunden?

Altersphase ab 13 Jahren
8. a: Hat der Jugendliche die Gelegenheit, sich mit wichtigen Erwachsenen in seiner Umgebung auszutauschen?
b: Fühlt sich der Jugendliche von diesen Erwachsenen ›gehört‹?
9. a: Hat der Jugendliche Gleichaltrige zur Unterstützung und Solidarität?
b: Ist der Jugendliche Teil einer Jugendlichengruppe, die mit Drogenkonsum und Straftaten zu tun hat?
10.: Hat der Jugendliche ein gutes Ess- und Schlafmuster?
11. a: Ist der Jugendliche über die Folgen bei Alkohol- und Drogenmissbrauch aufgeklärt?
b: Verwendet der Jugendliche Genussmittel?
12. a: Gibt es Signale, die anzeigen, dass der Jugendliche unter Depressionen leidet?
b: Gibt es Signale, die darauf hindeuten, dass der Jugendliche suizidgefährdet ist?

Übersicht 11: *Auflistung kritischer Passagen von Geburt bis Adoleszenz* (Delfos, 1999–2006).

Ist ein Aspekt unzureichend entwickelt, wird dies während der Adoleszenz deutlich. In der ersten Phase bis fünf Jahre gibt es vier Basispunkte. Die Bindung eines Kindes (1a) bestimmt in wichtigem Maße, wie ein Kind in der Welt steht und ob es Menschen vertraut oder nicht. Eine sichere Bindung (Bowlby, 1984) bedeutet, dass das Kind ein Schema gebildet hat, dass es sich auf Menschen verlassen kann, wenn es in Not ist. Ein vernachlässigtes Kind kann keine sichere Bindung entwickeln und wird nicht das Gefühl haben, sich in Notfällen auf Menschen verlassen zu können. Die Art der Bindung bildet den Boden für das Knüpfen von Beziehungen. Insofern ist das ein wesentlicher Punkt für die Pubertät, weil dort die Aufnahme von Beziehungen sehr wichtig ist. Auf Grundlage der Bindung entwickelt ein

Kind Selbstständigkeit (1b). Selbstständigkeit bedeutet nicht, alles selbst zu tun, aber einschätzen zu können, ob man etwas selbst tun kann oder ob man jemanden um Hilfe bitten muss, und wenn ja, wen. Ein Baby, das weint, wenn es Hunger hat, zeigt Selbstständigkeit; weint es als Kleinkind, weil es sich langweilt, legt es unselbstständiges Verhalten an den Tag. Die Entwicklung von Selbstständigkeit ist eine Kernaktivität in der Pubertät, und die Basis dafür wird bereits in den ersten Jahren gelegt. Ein Kind, auch ein Jugendlicher, hat ein eigenes Entwicklungstempo (2a), und Eltern, die sich darauf einstellen (2b), geben dem Kind eine optimale Entwicklungschance. Häufig sind sich Eltern sehr wohl bewusst, dass das Kind eine eigene Entwicklung hat, aber sie projizieren viel zu sehr ihre eigenen Wünsche auf das Kind, wodurch dieses über seine Fähigkeiten hinaus funktionieren muss (Delfos, 2002c). Im vorigen Kapitel verwiesen wir bereits auf die Problematik des ›machbaren‹ Kindes.

Als Erwachsener ist man auch Kind gewesen, und die Ohnmacht, die man damals erfahren hat, kann dazu führen, dass man sich als Elternteil an dem Kind abreagiert, meist unbewusst, wodurch Machtmissbrauch entsteht (3a). Ein dramatisches Beispiel dafür ist Kindesmisshandlung. Es gibt Phasen, in denen es verstärkt zu Misshandlungen kommt: nach der Geburt, vor allem bei Heulbabys; während der Trotzphase (zwei bis drei Jahre), wenn das Kind versucht, selbstständig zu werden, und beim Loslösungsprozess (16 bis 17 Jahre). Letzterer wird im Entwicklungsmodell von Intimität (Delfos, 1994b) die zweite Trotzphase genannt, Autonomiebestrebungen kommen dann in eine entscheidende Phase. In dieser Phase wird Kindesmisshandlung oft weniger Aufmerksamkeit gewidmet als während der Kleinkindzeit, weil die Verletzungen in der Regel weniger ernsthaft sind (Seifert und Hoffnung, 1987).

Ein Elternteil, der selbst misshandelt wurde, ist sich ganz sicher: Ich werde meine Kinder nicht misshandeln, ich weiß, was das bedeutet! Doch das Traurige ist, dass gerade diese Eltern ein erhöhtes Risiko haben, ihr Kind zu misshandeln. Der Grund dafür ist darin zu suchen, dass die Machtverhältnisse plötzlich umgedreht sind. Jetzt ist der Elternteil gegenüber dem Kind in der Machtposition, und die alte Machtlosigkeit von früher, als der Elternteil selbst Kind war, kommt wieder hoch, ohne dass sich der Erwachsene dessen immer bewusst ist. War er früher zu klein, um sich zu wehren, hatte aber das Bedürfnis danach, droht dieses Gefühl nun wiederbelebt und auf das hilflose Kind gerichtet zu werden. Der früher misshandelte Erwachsene wird seinem Kind nicht so schnell etwas antun, aber häufiger von einem plötzlichen Machtgefühl überfallen werden und damit Gefahr laufen, einmal diese Macht zu missbrauchen. In diesem Moment sind dann die Würfel oft gefallen, der Erwachsene spürt, dass er versagt. Es ist ihm nicht gelungen, es besser zu machen als seine Eltern, und dieses angegriffene Selbstbild ist ein Risiko für eine absteigende Spirale, in der der Machtmissbrauch zunimmt.

Für sexuellen Missbrauch (3b) gilt, dass ein sehr junges Kind keine oder kaum Effekte von Missbrauch empfindet, aber sogar ein ›leichter‹ Missbrauch kann ernste Folgen haben. Im Intimitätsmodell (Delfos, 1994a) wird nach Alter erläutert, welche Folgen sexueller Missbrauch in verschiedenen Lebensphasen haben kann.

An vierter Stelle in der ersten Lebensphase stellt sich die Frage (4), ob ein positives moralisches Modell zur Verfügung steht. Kinder sind sehr empfänglich für moralische Modelle. Selbst wenn sie als ›Tunichtgute‹ aufwachsen, haben sie tief in ihrem Inneren ein Bewusstsein für Gut und Böse und sind für Beispiele moralisch positiven Verhaltens empfänglich (Bandura, 1974). Dass dieser Punkt in der Pubertät seine Spuren hinterlässt, verdeutlichen die Kriminalitätsstatistiken mit ihren Höhepunkten in der Pubertät.

In der zweiten Lebensphase (sechs bis acht Jahre) ist nur ein einziger Punkt genannt: ob das Kind seine biologische Abstammung kennt (5). In dieser Lebensphase erkundet das Kind Begriffe und vertieft sich auch in die Familienzusammenstellung und seine Abstammung. Eine bekannte Frage aus diesem Zeitraum ist: *Aber wo war ich denn, als du in Omas Bauch warst?* Wenn diesem Aspekt in jungen Jahren unzureichende Aufmerksamkeit zuteil wurde und es Probleme oder Geheimnisse um die Abstammung gibt, rächt sich dies häufig während der Pubertät und kann für unerwünschten Abstand zwischen Eltern und Kind sorgen. Das ist einer der Gründe, weshalb dafür plädiert wird, das Kind von Anfang an wissen zu lassen, wenn es adoptiert wurde. In Kapitel 2 wurde bereits erwähnt, wie wichtig das Band mit dem versorgenden Elternteil ist. Der Wunsch, den biologischen Hintergrund kennen zu wollen, zerschneidet nicht das Band mit demjenigen, bei dem das Kind aufwächst und sich sicher fühlt.

> Melita wurde sehr jung von ihrer Familie verstoßen. Sie wächst in Pflegefamilien und Kinderhäusern auf. Nach langer Suche findet ihre Therapeutin eine Schwester, die in einem abgelegenen Teil des Landes bei einer Pflegefamilie aufgewachsen ist. Sie begleitet Melita zu einem Treffen der Schwestern. Im letzten Moment, kurz bevor sie aus dem Zug steigen, will Melita die Aktentasche der Therapeutin tragen. Sie traut sich nicht, sie selbst zu sein, und will, dass die Therapeutin tut, als wäre sie Melita, um zu verhindern, dass sie erneut Abweisung erfährt.

In der folgenden Phase (neun bis zwölf Jahre) spielen zwei Schwerpunkte eine Rolle. Der erste betrifft die Entwicklung der sozialen Identität, die das Kind im Umgang mit Gleichaltrigen im Gruppenverband erwirbt (6). Es geht darum, ob das Kind genügend Möglichkeiten für die Auseinandersetzung mit anderen hat. Eine positive soziale Identität (*Die Leute mögen mich gern, meine Eltern lieben mich, ich schlage mich tapfer in der Schule und ich habe nette und gute Freunde*) ist ein wichtiger beschützender Faktor in der Pubertät. Der zweite Punkt, die sexuelle Aufklärung (7), ist ebenso wichtig, weil Sexualität eines der Hauptthemen während der Adoleszenz ist (Übung 3.1, Anlage 1). Drogenaufklärung (ebenfalls Punkt 7) sollte bereits früh in der weiterführenden Schule stattfinden und nicht erst zu Beginn der Pubertät (Übung 3.2, Anlage 1). Hilfreich ist das Modell von van Dijk (siehe weiter hinten). Kinder sind mit elf, zwölf Jahren empfänglich für gesellschaftliche Normen und stehen gesellschaftlichen Problemen offen gegenüber. Sie möchten in den Augen der Gesellschaft gern ein ›gutes Kind‹ sein (Kohlberg,

1969). Zu diesem Zeitpunkt Drogeninformationen zu vermitteln kann eine präventive Wirkung haben.

Mit diesen sieben Punkten sind wir in der Pubertät angekommen. Die Hauptaspekte sind hier, Meinungen auszutauschen (8a) und dabei auch gehört zu werden (8b). Zentral ist hierbei eine gute Kommunikation.

Der Umgang mit Gleichaltrigen (9a) und die Gefahr von Gruppen, die risikoreiches Verhalten zeigen (9b), sind wichtige Themen während der Pubertät. Es ist wichtig, dass Eltern weiterhin dafür sorgen, dass ihr Kind einen Freundeskreis aufbaut. Sie sollen darin keine steuernde Funktion übernehmen, sondern eher Voraussetzungen dafür schaffen. Das beginnt schon in der Grundschule, indem man Kindern den Raum gibt, Freunde und Freundinnen zum Spielen einzuladen, diese zu besuchen und beieinander zu übernachten.

Der Körper des Jugendlichen verändert sich und damit auch die Anforderungen, die an ihn gestellt werden. Es ist daher wichtig, für ein gutes Ess- und Schlafmuster zu sorgen (10). Die Frage ist nur, was gesund ist. Was in anderen Altersphasen ungesund sein kann, könnte für den Jugendlichen notwendig sein. Rücksprache mit dem Jugendlichen, Beobachtung seines Verhaltens und gute Gesprächsführung sind wichtig – nicht die Verkündung oder Auferlegung allgemeiner Weisheiten.

Die Pubertät ist auch die Phase, in der ein Mensch Gefahr läuft, von Genussmitteln abhängig zu werden. Experimentierbedürfnisse und Gruppendruck sorgen dafür, dass Jugendliche oft weiter gehen, als für sie gut ist. Wiederholte Aufklärung (11a), die bereits in der vorherigen Phase (7) einen Grundstock erhalten haben muss, ist wichtig. Gleichzeitig sollte man auch der Möglichkeit des Drogenkonsums offen gegenüberstehen und den Jugendlichen danach fragen (11b).

Die körperlichen Veränderungen, die Anforderungen der Gesellschaft und vor allem die Bildung einer eigenen Identität mitsamt ihren emotionalen Talfahrten können beim Jugendlichen zu Problemen und sogar zu Depressionen (12a) führen, was Selbstmord zur Folge haben kann.

Conger und Petersen (1984) haben untersucht, welcher Erziehungsstil am besten zu Heranwachsenden passt. Dies scheint die demokratische Erziehung zu sein, weil sie durch Rücksprache und Gleichwertigkeit gekennzeichnet ist, und genau danach strebt der Jugendliche.

In der Art und Weise der Kommunikation zwischen Eltern und Kind gibt es Unterschiede. Jungen sind beim Verhandeln mit ihren Eltern viel aktiver und bieten den Müttern häufiger eine Bündnispartnerschaft an als Mädchen. Mütter sind besonders empfindsam für das Geschlecht ihres Kindes während der Pubertät (Jory, Rainbolt, Karns, Freeborn und Greer, 1996). Aber welcher Erziehungsstil auch gehandhabt wird – Konflikte können nicht vermieden werden. Die Erziehung findet innerhalb einer Beziehung statt, die großen Veränderungen unterliegt. Die Partner dieser Beziehung sind nicht gleichwertig. Für den einen verändert sich die Beziehung von totaler Abhängigkeit zur Unabhängigkeit, für den anderen gibt es einen Rückgang von Macht und Verantwortung. Freud merkt an, die schwerste Prüfung für Eltern sei die Loslösung des Kindes.

In seinem klassischen Werk *Die Republik* skizziert Platon (370 v. Chr./1991) Sokrates als leidenschaftlichen Gegner demokratischer Erziehung und einer demokratischen Gesellschaft. Seiner Ansicht nach erniedrigten Eltern sich selbst, nur um von Jüngeren anerkannt zu werden, und dies führe zu ungehörigem Verhalten bei Jugendlichen:

> … wenn es überhaupt schon so weit ist, dass sich die Jüngeren den Älteren gleichstellen, ja gegen sie aufgetreten sind mit Wort und Tat, die Älteren sich aber unter die Jungen stellen und sich ihnen gefällig zu machen versuchen, indem sie ihre Albernheiten und Ungehörigkeiten übersehen oder gar daran teilnehmen, damit sie ja nicht den Anschein erwecken, als seien sie Spielverderber oder auf Autorität versessen …

Der demokratische Erziehungsstil ist deutlicher ichorientiert als der stark familiengerichtete Erziehungsstil vieler Migranten.

Dieser Unterschied in den Erziehungsstilen sorgt dafür, dass Migrantenfamilien während der Pubertät ihrer Kinder unter Druck geraten. Bis zum Alter von etwa zwölf Jahren hat das Migrantenkind im Allgemeinen viele Freiheiten; danach erwartet man von ihm, seine Aufgabe innerhalb der Familie zu erfüllen; es lernt die Regeln der Gesellschaft. Die Grenze ist nicht so scharf gezogen – im Prinzip bekommt das Migrantenkind Aufgaben innerhalb der Familie zugeteilt, die seinem Alter entsprechen. Die Anzahl der Aufgaben nimmt allmählich zu.

Die westliche Erziehung steht im Widerspruch dazu. Hier lernen die Kinder bis zum Alter von zwölf Jahren die Regeln der Familie und der Gesellschaft, und es wird von ihnen erwartet, dass sie ab der Pubertät selbstständig damit umgehen können. Jugendliche Migranten, die ihre Freiheit einbüßen, werden demnach von der westlichen Freiheit sozusagen ›verführt‹; dadurch geraten die Familienbeziehungen unter einen starken Druck.

Der Übergang vom Kind zum Erwachsenen beinhaltet, dass in Bezug auf dieses Kind innerhalb der Familie ständig Grenzen verändert werden müssen. Dabei ist Rücksprache sehr wichtig. Weil die Grenzen bei einer demokratischen Erziehung sowieso schon weit gefasst sind, spüren Eltern häufig die Spannungen zwischen Zügel anziehen und loslassen. Umgangsformen in der Familie, die zuvor selbstverständlich waren, werden nun von den Jugendlichen kritisch beleuchtet und, manchmal zum Ärger der Eltern, zum Gegenstand von Verhandlungen gemacht. Gleichzeitig verlieren Heranwachsende die Sicherheiten, die früher einen Teil des Lebens zu Hause ausmachten, und müssen neue Sicherheiten aufbauen. Heranwachsende mit stark kontrollierenden oder gleichgültigen Eltern erleben keine adäquaten Beispiele von Unabhängigkeit in Kombination mit Verantwortung. Sie werden von den Eltern auch nicht ermutigt, sich mit Erwachsenen und dem Erwachsensein zu identifizieren.

Neue Grenzen für *ein* Kind können zu Reibungen mit anderen Kindern in der Familie führen. Bei jüngeren Kindern entsteht die Sehnsucht nach mehr Freiheit, auf die sie noch warten müssen. Für ältere Kinder bedeutet es häufig, voller Bedauern zusehen zu müssen, wie sie den Weg für ihre jüngeren Geschwister bereitet haben, die nun viel mehr dürfen als sie selbst früher und trotzdem immer noch nicht zufrieden sind.

Jugendliche und ihre Eltern können sich plötzlich vor gravierende Probleme gestellt sehen, es kann zu einem Generationenkonflikt kommen. Doch häufig ist die Kluft nicht so groß, wie gemeinhin angenommen wird. Die Meinungsverschiedenheiten zwischen Eltern und Heranwachsenden drehen sich meist nicht um Grundlegendes; Jugendliche orientieren sich oft an denselben Werten wie ihre Eltern (Bowerman und Kinch, 1969). Nur in einer Minderheit von Familien sind die Konflikte ernsthafter Natur (Rutter und Rutter, 1993; Diekstra, 1992). Wenn andere Erwachsene in die Falle eines Bündnisses mit dem Jugendlichen gegen dessen Eltern gehen, erweisen sie ihm keinen guten Dienst, weil dabei die Loyalität von Kindern gegenüber ihren Eltern angetastet wird (Boszormenyi-Nagy und Spark, 1973). Niemand außer dem Jugendlichen selbst darf sozusagen Kritik an den Eltern äußern. Dieser Gedankengang wird in der Veränderung der Sozialarbeit der JACs (*Jongeren Advies Centrum*, Zentrum für ratsuchende Jugendliche) in den 60er-Jahren reflektiert. Die Hilfe der JACs war zu dieser Zeit darauf ausgerichtet, dem Jugendlichen selbst zu helfen, unabhängig von den Eltern, und die Sozialarbeiter wurden daher sehr häufig mit scheinbar unvermeidlicher Unterbringung in Heimen konfrontiert.

In einem Kurs über Gesprächsführung mit Kindern und Jugendlichen wird der Begriff ›Gehirn einschalten‹ behandelt. Ein ehemaliger Sozialarbeiter des JAC berichtet, welche Konsequenzen es für das JAC hatte, als sie ihre Haltung veränderten von ›dem Jugendlichen etwas erzählen‹ zu ›den Jugendlichen denken lassen‹: »Wenn wir blutjungen Jugendlichen erklärten, dass sie nicht selbstständig wohnen konnten, stießen wir auf riesigen Widerstand. Innerhalb kürzester Zeit war es ihnen nicht mehr möglich, zu Hause wohnen zu bleiben, und wir mussten sie in Auffangfamilien unterbringen. Als wir die Fürsorge dahingehend veränderten, dass wir sie denken und fragen ließen, was sie wollten, sie fragten, wie sie denn selbstständig wohnen wollten, und sie durch weitere Fragen anregten, ihren Denkprozess zu einem Abschluss zu bringen, endete es meistens in:

›Ach, lassen Sie nur, was für ein Aufwand, sich ein Zimmer zu nehmen, ich bleibe einfach zu Hause!‹«

Nach den turbulenten Sechziger- und Siebzigerjahren, richteten sich Sozialarbeiter mehr auf das Familiensystem als Ganzes. Die Hilfe ist jetzt stärker auf Eltern und Jugendliche zusammen ausgerichtet, und das bedeutet, dass die Problemlösung untereinander im Vordergrund steht.

VERHALTENSÄNDERUNG UND VEREINBARUNGEN TREFFEN

Eltern versuchen, sich Pubertätsproblemen zu stellen, indem sie Vereinbarungen treffen. Was sie dabei jedoch oft nicht beachten, ist, dass es sich häufig nicht um Vereinbarungen handelt, sondern um einseitig auferlegte Forderungen, denen ein demokratisches Mäntelchen umgehängt wurde. Zu fragen, ob jemand mit einer Regel einverstanden ist, macht sie noch lange nicht zu einer gegenseitigen Vereinbarung. Auf solche Fragen antworten Jugendliche gerne mit ›Ja‹, damit sie das ›Genörgel‹ schnell los sind. Sie müssen in die Vereinbarung einbezogen werden, und diese muss die Wünsche aller berücksichtigen, um die Jugendlichen zu motivieren und zu einer echten Vereinbarung zu werden. Tatsächlich geht es häufig um die Auferlegung einer Regel (Übung 3.3, Anlage 1). Die mangelnde Wechselseitigkeit, die Jugendliche erfahren, während man ihnen suggeriert, dem sei nicht so, lösen sie häufig auf, indem sie letzten Endes doch tun, was sie wollen. Wenn Eltern eine Vereinbarung treffen wollen, muss diese gegenseitig sein. Beide Parteien müssen voll und ganz dahinterstehen, und es darf sich nicht um eine getarnte Regel handeln, die auferlegt wird. Bei einer wechselseitigen Vereinbarung ist es sinnvoll, dass sich beide Parteien einsetzen, nicht nur der oder die Jugendliche, sondern auch die Eltern. Dies wird möglich, wenn beide Parteien etwas tun müssen, was jeweils eine Anstrengung gegenüber dem anderen bedeutet. Die Pubertät ist eine Suche nach der Balance zwischen zu treffenden Vereinbarungen und der Handhabung von Regeln.

Wechselseitige Vereinbarungen zu treffen heißt, sich dagegen zu entscheiden, ausschließlich Regeln aufzuerlegen, verlangt jedoch mehr Einsatz von Eltern und Jugendlichen. Die sokratische Methode ist ein gutes Mittel zur Förderung der Wechselseitigkeit von Vereinbarungen. Dennoch müssen Eltern die Zügel auch schleifen lassen können. Jugendliche wollen selbst die Verantwortung für eine Situation tragen und eigene Entscheidungen treffen.

Häufig entstehen Konflikte zwischen Eltern und Kindern über das Ausgehen. Vor allem der Zeitpunkt, zu dem sie wieder zu Hause sein sollen, sorgt für viel Elend. Dabei handelt es sich oft nur um einen kleinen Zeitunterschied. Jugendliche wollen Freiheit bekommen, wollen sich nicht vor Gleichaltrigen blamieren, nur weil sie früher als diese nach Hause müssen. Die Eltern wollen ihren Zugriff auf das Leben der Jugendlichen nicht verlieren. Es geht also nicht nur um Zeit, sondern um Vertrauen und Loslassen einerseits und um verantwortungsvolles Verhalten andererseits. Jugendliche müssen die Chance bekommen, Verantwortung zu übernehmen, und spüren, dass man ihnen vertraut. Jedoch muss es auch weiterhin Grenzen geben, nämlich dann, wenn es Jugendlichen an Wissen und Erfahrung mangelt, um sich selbst ausreichend schützen zu können.

Ein weiteres Thema für viele Konflikte zwischen Eltern und Jugendlichen sind Hausaufgaben. Jugendliche brauchen Unterstützung (gemeinsam machen, helfen), Stimulierung (du kannst das bestimmt, das letzte Mal ging es auch, es geht dir immer gut, wenn du es gemacht hast) und Grenzen (erst die Hausaufgaben, dann …), um diese Aufgabe zu vollbringen (Übung 3.4, Anlage 1).

Hausaufgaben sind eine lästige Angelegenheit während der Zeit an der weiterführenden Schule. Tatsächlich haben Heranwachsende niemals richtig frei, immer haben sie im Hinterkopf, dass noch etwas getan werden muss. Die Menge an Arbeit, die getan werden muss, wird vom Lehrer oft unterschätzt. Aber durch das Erledigen von Hausaufgaben lernen Jugendliche, zu planen, mit Zeit umzugehen und zwischen Freiheit und Gebundenheit zu wechseln. Es ist wichtig, dass Jugendliche lernen, Hausaufgaben als eine Verpflichtung zu sehen, der sie einen Raum geben. Am leichtesten lernt man den Umgang mit Hausaufgaben durch eine Einteilung in Systeme und Zeitblöcke, zum Beispiel Handwerkliches gegenüber Kopfarbeit, Paukerei gegenüber Einsicht. Die verschiedenen Bestandteile müssen zeitlich abgegrenzt werden und mit Freizeitaktivitäten im Wechsel stehen. Jugendliche müssen dazu stimuliert werden, eigene Systeme zu entwickeln und Klassenkameraden nach deren Systemen zu fragen. Dennoch sollte man auch Verständnis für die nie enden wollende Verpflichtung haben, die man wie heißen Atem ständig im Nacken spürt.

Eine Regel aufzuerlegen ist an sich eine hervorragende pädagogische Maßnahme: Sie bietet Klarheit und Sicherheit. Die Regel muss dann allerdings realistisch sein und eine erzieherische und keine strafende Funktion haben. Vor allem muss klar sein, dass es sich um eine Regel handelt, die nicht als Vereinbarung getarnt werden darf. Überdies sollte die ganze Familie in die Regel einbezogen sein, weil Jugendliche häufig die Folgen ihres Verhaltens für die anderen übersehen. Wird eine Regel auferlegt, ist es üblich, dass Jugendliche protestieren, was aber nicht bedeutet, dass sie die Regel nicht respektieren werden. Eltern erschrecken häufig, wenn sie den Protest vernehmen und erwarten, dass die Regel ignoriert wird. Aber die Beobachtung lehrt, dass Jugendliche die Regeln meist doch befolgen (Übung 3.5, Anlage 1). Wenn Eltern auf den Protest von Jugendlichen eingeschnappt reagieren und ein Streit entbrennt, steigt die Chance auf ein Nichtbefolgen der Regel. Es hilft Eltern und Kindern durch die Pubertät, wenn sie ruhig an einer Regel festhalten, aber sinnvollen Argumenten gegenüber offen sind, aufgrund derer sich eine für vertretbar gehaltene Regel als unangemessen erweist.

Warum? Darum! Diese Worte, Ausdruck der Ermattung von Eltern, die ihr Verhalten rechtfertigen sollen, sind während der Pubertät fehl am Platz. Jugendliche sind es ihrem Ehrgefühl schuldig, eine Regel nur dann einzuhalten, wenn sie den Grund dafür kennen und am besten auch akzeptieren können. Letzteres ist sicher nicht immer notwendig. Jugendliche können auch ihren Frieden damit haben, dass eine Regel existiert, weil die Eltern das nun einmal so in ihrer Familie wünschen, wenn nur die Tatsache akzeptiert wird, dass sie selbst damit nicht einverstanden sind. Sie können den Stolz haben, eine Regel zu befolgen, die sie selbst nicht richtig finden, weil für sie deren Einhaltung an sich ein Wert ist, den sie durchaus schätzen. Das heißt nicht, dass sie dies andere wissen lassen. Es ist gut möglich, dass Jugendliche heftig gegen die Unsinnigkeit der Regel protestieren und sie dennoch befolgen. Eltern sollten deshalb nach einem Erziehungskonflikt beobachten, was der Jugendliche tut. Sehr oft hält er sich an die Regel, aber die Eltern merken es nicht, weil sie noch von dem Konflikt erfüllt sind.

Erzieher versuchen oft, Verhalten mittels Strafe zu ändern. Strafe ist recht effektiv, um Verhalten (vorübergehend) zu stoppen, aber dadurch wird kein neues Verhalten gelernt. Es ist lediglich der erste Schritt auf dem Weg der Verhaltensänderung. Man kann Verhaltensänderung herbeiführen, indem man drei Regeln anwendet, die ein Jahrhundert lang untersucht und von Wissenschaftlern für gültig befunden wurden. Übersicht 12 stellt die drei goldenen Regeln für Verhaltensänderung zusammen, die in ihrem gegenseitigen Kontext wirken.

Verhaltensänderung
1. Mittels korrigierenden Auftretens oder Strafens kann man **Verhalten stoppen**. Die Chance auf dieses Verhalten wird kleiner, wenn die Wahrscheinlichkeit, erwischt zu werden, groß ist.
2. **Neues Verhalten** kann nur durch Bestätigung gelernt werden. Bestätigung ist möglich durch Belohnung, sowohl materiell als auch immateriell. Um Verhalten zu lernen und es in das Verhaltensrepertoire aufzunehmen, muss es in erster Linie jedes Mal bestätigt werden. Ist es gelernt, kann es verstärkt werden, indem das Verhalten variabel bestätigt wird: mal bestätigen, mal nicht.
3. **Verhalten verlernen** geht nur, indem man es erlöschen lässt, vor allem, indem man es ignoriert.

Übersicht 12: *Verhaltensänderung*

Unerwünschtes Verhalten stoppen zu wollen ist sinnvoll. Es gibt jedoch unterschiedliche Formen von Zurechtweisung und Strafen, von denen manche schädlich sind, andere nicht (Übung

3.6, Anlage 1). Die eine Zurechtweisung lässt kein gutes Haar an einem Kind, während die andere ihm gerade Sicherheit bietet. Eine Zurechtweisung oder Strafe, die mit einem Bruch in der Liebe verbunden ist, bei der das ganze Kind abgewiesen wird und nicht nur sein Verhalten, ist grundsätzlich negativ. Eine Strafe, die klare Grenzen in Bezug auf das Verhalten des Kindes aufzeigt, ohne es abzuweisen, kann dem Kind Sicherheit bieten. Ein Zusammenhang zwischen der Zurechtweisung oder der Strafe und dem unerwünschten Verhalten ist wichtig. Harte disziplinierende Maßnahmen von Eltern können aggressives Verhalten bei Kindern fördern, das gilt für Jungen in stärkerem Maße als für Mädchen (Deater-Deckard und Dodge, 1997).

Wie unangenehm die Strafe auch ist – damit wird weder neues Verhalten erlernt noch das unerwünschte verlernt. Im Gegenteil, die Strafe ist im Prinzip eine Bestätigung, auch wenn sie nicht belohnend ist. Die Wahrscheinlichkeit, dass das Verhalten erneut auftritt, ist eher größer als kleiner. Das ist häufig in der Eskalation von Verhalten zu beobachten.

Nach der Anwendung der ersten Regel haben wir noch nicht erreicht, was wir wollten. Neues Verhalten lehrt man, indem man das alternativ gewünschte Verhalten bestätigt, beispielsweise durch eine Belohnung (Übung 3.7 und 3.8, Anlage 1). Das bedeutet, dass es nicht ausreicht, einen Auftrag, eine Anleitung oder ein Beispiel zu neuem Verhalten zu geben; dies kann nur einen Ansatzpunkt liefern. Es bedeutet auch, dass Verhalten nicht gelehrt werden kann, wenn dieses nicht gezeigt wird, denn dann kann es auch nicht bestätigt werden. Locke (1632–1704; siehe Gray, 1964) verwies bereits im 17. Jahrhundert darauf, dass die stärkste Bestätigung im ›Schmeicheln und Preisen‹ liege, was wir heutzutage die ›Stärkung des Selbstbilds‹ nennen. Tatsächlich müsste das Verhalten bei jedem Auftreten bestätigt werden. Ein variables Bestätigungsschema (manchmal belohnen, manchmal nicht) wirkt sehr verstärkend und kann fast süchtig nach dem entsprechenden Verhalten machen. Wir sehen diesen Effekt beim Spielen, insbesondere bei den so süchtig machenden Computerspielen. Der Verzweiflungsschrei von Eltern: »*Wir haben schon alles versucht, nichts hilft!*«, deutet auf eine Bestätigung des Verhaltens auf Basis eines variablen Schemas. Aufmerksamkeit ist eine wirkungsvolle Belohnung. Das ist der Grund, weswegen auch negative Aufmerksamkeit Verhalten bestätigt. Kein Kind verlangt negative Aufmerksamkeit, es will nur positive haben, weiß aber manchmal nicht mehr, wie es diese erlangen kann. Das Kind kann sich dann entscheiden, den ›Schmerz zu teilen‹, indem es dem anderen ebenfalls ein unangenehmes Gefühl vermittelt. Auch negative Aufmerksamkeit bleibt Aufmerksamkeit und verstärkt deshalb das unerwünschte Verhalten. Strafe ist an sich eine Bestätigung. Daher läuft man Gefahr, das Verhalten mittels Strafe nicht nur für den Augenblick zu stoppen, sondern für die Zukunft zu verstärken.

> Menschliches Verhalten wird in hohem Maße durch einen Konditionierungsprozess geformt, indem sich eine Assoziation zwischen Mensch, Reiz aus der Umgebung, Bestätigung und Verhalten entwickelt. So entstehen Gewohnheiten. Will man eine Gewohnheit verändern, muss sich etwas in der Kette Reiz – Verhalten – Bestätigung verändern. Wenn ein Kind lernt, dass es seinen Willen bekommt, wenn es nur weiter quengelt, bestätigen Eltern dieses Verhalten und bringen dem Kind bei, seinem Willen zu folgen, indem es quengelt *(Übung 3.9, Anlage 1)*.

Verhalten wird verlernt durch Extinktion (Löschung), vor allem durch Ignorieren. Nicht nur Belohnung, sondern auch Ablehnung von Verhalten wirkt als Bestätigung. Tatsächlich ist es schon eine Bestätigung, überhaupt zu reagieren.

Wenn wir eine Verhaltensänderung bewerkstelligen wollen, ist es wichtig, sich bewusst zu machen, dass dies nur möglich ist, wenn wir die drei Regeln zur Verhaltensänderung anwenden. Verhaltensänderung kann *immer* und *ausschließlich* nur mit diesen drei Regeln erfolgen.

Unerwünschtes Verhalten zu stoppen ist reizvoll für Erzieher, aber nur der Anfang einer Verhaltensänderung. Wir müssen uns dringend nach einer Alternative für das unerwünschte Verhalten umschauen. Wenn wir das neue, erwünschte Verhalten, bestätigen, nimmt das unerwünschte Verhalten in Quantität und Qualität ab. Dann können wir damit anfangen, die dritte Regel einzusetzen, das heißt, unerwünschtes Verhalten zu ignorieren. Die

Anwendung aller drei Regeln zusammen kann für eine tatsächliche Verhaltensänderung sorgen – aber auch nur dann, wenn sie in der richtigen Reihenfolge angewendet werden: erst Verhalten *stoppen*, dann das alternative Verhalten *bestätigen* und danach das unerwünschte Verhalten *ignorieren*.

> Meindert ist dreizehn Jahre alt. Sein Vater ist verzweifelt und sagt dem Therapeuten, Meindert sei nichts beizubringen. Auf dem Computer der Familie ist ein Bildschirmschoner eingerichtet, der immer einen Satz vorbeiziehen lässt, sobald sich der Computer im Ruhezustand befindet. Meindert tippt die ekelhaftesten Wörter ein. Das passt nicht in Meinderts Familie und sein Vater will, dass dieses Verhalten aufhört. Nach vielen Bemerkungen darüber tippt der Vater selbst den Satz: »Wozu ist das nötig?« Als Antwort erhält er eine Schimpfkanonade als neuen Satz im Bildschirmschoner. »Sehen Sie«, seufzt er gegenüber dem Therapeuten, »ihm ist nichts beizubringen.« »Wie geht es seither?«, fragt der Therapeut. »Nun, das ist auch seltsam«, sagt der Vater. »Seither ist es nicht mehr vorgekommen.« »Wie lange ist das schon her?«, will der Therapeut wissen. »Nun, zufälligerweise schon etwa seit zwei, drei Wochen nicht mehr.« »Nein, das ist kein Zufall«, entgegnet der Therapeut. Meindert hat durchaus positiv reagiert und das gewünschte Verhalten gezeigt. Erwachsenen ist das häufig nicht bewusst, und sie belohnen dieses positive Verhalten nicht. Sie reagieren erst, wenn das Kind wieder etwas falsch macht. Der Therapeut fährt fort: »In Kürze wird Ihr Sohn etwas tun, was nicht gut ist, und Sie sagen etwas dazu. Dann wird er einen Satz sagen, den Sie schon früher gehört haben, und viele Eltern vor Ihnen, dessen Bedeutung aber vielleicht jetzt zu Ihnen durchdringt: »Du sagst immer nur etwas, wenn ich etwas nicht gut mache; du sagst nie etwas, wenn ich es gut mache.«

Den letzten Satz des Beispiels haben viele Eltern überall auf der Welt schon einmal gehört. Er drückt aus, wie leicht sie Verhaltensänderungen übergehen, sie nicht bestätigen, also Regel 2 nicht anwenden, wodurch sich das Verhalten nicht ändern kann.

Im Beispiel wendet der Vater Regel 1 an (stoppen, indem er korrigierend auftritt), wendet aber nicht Regel 2 auf das neue Verhalten an, sondern Regel 3: ignorieren. Dadurch wird das neue, erwünschte Verhalten wieder verlernt. Nach einiger Zeit wird Meindert daher wieder das unerwünschte Verhalten an den Tag legen.

Dass Eltern das verbesserte Verhalten übergehen, kommt daher, dass die Reaktion des Kindes auf eine Zurechtweisung oft heftig und negativ ist. Eltern achten danach nicht mehr darauf, ob die Botschaft wirklich zuverlässig angekommen ist und ob das Kind sein Verhalten angepasst hat. Es ist daher wichtig, nach Regel 1 (stoppen/strafen) darauf zu achten, ob das gewünschte Verhalten gezeigt wird, damit es bestätigt werden kann.

Ist das Verhalten im Repertoire vorhanden, heißt das noch nicht, dass es auch immer gezeigt wird, und erst recht nicht, dass es auch automatisiert wurde und vorzugsweise gezeigt wird. Dafür ist ein langwieriger Erziehungsprozess notwendig. In der Pubertät müssen Eltern und Kinder häufig ›Erziehungswiederholung‹ betreiben, die selbstverständlichen Regeln müssen erneut eingeführt und neue Vereinbarungen getroffen werden.

PROBLEMVERHALTEN

Wir sprachen schon zuvor darüber, dass Pubertätsprobleme oft weniger ernsthaft sind und seltener vorkommen, als in vielen Fällen angenommen. Für Eltern ist es wichtig, zu lernen, Probleme mit ihren pubertierenden Kindern zu relativieren. Konflikte und Meinungsverschiedenheiten sind notwendig, sie schärfen das Denken, ihre inhaltliche Bedeutung ist aber auf Dauer oft vernachlässigbar. Der Meinungsunterschied selbst ist häufig bedeutsamer als sein Inhalt. Vor allem die Heftigkeit und Undifferenziertheit des Denkens von Jugendlichen, hauptsächlich in der Phase zwischen vierzehn und sechzehn Jahren, führt dazu, dass Eltern unruhig werden. Es scheint, als sei ihre Vernunft von früher verschwunden. Dies ist nicht der Fall – Jugendliche schärfen ihr Denken und treten aus dieser Phase wieder heraus, mit einem noch stärkeren Selbstbild. Jugendliche verlieren sich selten während der Pubertät; sie passen, unmerklich für Erwachsene, doch auf.

Ein nettes Beispiel des Selbstaufpassens von Jugendlichen ist der Schulausflug in eine Weltstadt. Lehrer versuchen oft verzweifelt, darauf zu achten, dass auch alle da sind. Als Lehrer sollte man jedoch vor allem zusehen, dass sie ihre Hirne ›eingeschaltet‹ lassen: »Ich werde nicht aufpassen, ob immer alle da sind; ich gehe davon aus, dass ihr auf mich achtet, das ist viel praktischer.« Unbemerkt achten die Jugendlichen von selbst auf ihren Lehrer. Cool oder nicht, sie haben oft viel zu viel Angst, sich in einer fremden Stadt mit fremder Sprache zu verlaufen – es sei denn, sie wollen das selbst, und dann gibt es keinen Lehrer, der sie davon abhalten kann. Wenn ein Jugendlicher nicht gesehen werden will, hat ein Erwachsener keine Chance.

Dass sich Jugendliche während der Pubertät selten selbst verlieren, machen auch die größtenteils funktionierenden Erwachsenen deutlich, die doch auch alle einmal Jugendliche gewesen sind. Echtes Problemverhalten entsteht nur dort, wo zusätzliche Faktoren eine Rolle spielen. Die wichtigsten Ursachen hierfür sind: eine Veranlagung, die bereits vor der Pubertät für ernsthafte Probleme sorgte, traumatische Erlebnisse, Ehescheidung der Eltern, eine problematische Familie und vor allem ein Mangel an sozialen Kontakten mit Gleichaltrigen. Nur die Anlageprobleme in Kombination mit ernsthaften Umgebungsfaktoren sorgen für dauerhafte Schwierigkeiten. Gab es vor der Pubertät keine auffälligen ernsthaften Probleme, sind diese auch während der Pubertät nicht zu erwarten – auch wenn es für viele Eltern nicht danach aussieht, weil ihr (einigermaßen) angepasstes Kind aus der Zeit vor der Pubertät nun den Verstand zu verlieren scheint und plötzlich ›weg‹ ist.

Clara hatte wenig Probleme mit der Erziehung ihres Sohnes. Es gab zwar ein paar Dinge, über die sie sich Sorgen machte, aber wenn sie ehrlich darüber nachdachte, hatten sie doch nicht so viel zu bedeuten. Sie war daher auch nicht auf die Sorgen vorbereitet, die sie während der Pubertät in Bezug auf ihren Sohn hatte. Zu ihrem Erstaunen konnte er ihre Emotionen stark angreifen. Nachdem sich der Sturm der Pubertät gelegt hatte, sah sie erst, dass es nicht mehr als eine kleine Windbö gewesen war. Nicht nur ihr Sohn hatte für ein paar Jahre scheinbar jedes Gefühl für Relationen verloren, sondern sie selbst offensichtlich auch.

Die Experimente Jugendlicher und die Suche nach Grenzen stellen Eltern oft vor unangenehme Überraschungen. Jugendliche, die nie kriminelles Verhalten an den Tag gelegt hatten, hecken plötzlich Dinge aus, die Eltern an ihrer Erziehung und den Normen und Werten des Jugendlichen zweifeln lassen.

George war ein ruhiger, freundlicher Junge von fünfzehn Jahren. Er hatte nie irgendwelche Probleme gehabt und war nur wegen eines besseren Umgangs mit seinem medizinischen Problem in Behandlung. Der Therapeut erhält plötzlich einen Anruf des Direktors von Georges Schule. George hatte einem Mädchen seiner Schule einen stark pornographisch gefärbten und bedrohenden Brief geschickt. Der Direktor war vom Inhalt des Briefes geschockt. Im Gespräch mit George zeigte sich, dass ihn das Mädchen einmal abgewiesen hatte und nun auch einen seiner Freunde. Dieser hatte ihn gebeten, diesen Brief zu schreiben. Es passte überhaupt nicht zu ihm und George bat darum, seinen Eltern nichts zu erzählen, weil sie erschrecken würden vor etwas, das er nie wieder tun würde. Man vertraute ihm, denn das passte vollkommen zu dem Bild von George mit seiner mangelnden Selbstsicherheit, die ihn plötzlich einmal ausrutschen ließ. In den Jahren danach trat keinerlei Problem mehr mit ihm auf.

Die Kriminalitätsrate steigt während der Adoleszenz stark an, um danach wieder zu sinken. Jugendliche, die nie kriminell gewesen sind, kommen während der Pubertät plötzlich mit der Polizei in Konflikt. Bei Jugendlichen, deren Eltern wenig oder keine Aufsicht über sie haben (können), besteht ein größeres Risiko auf kriminelles Verhalten. Bei Kindern alleinerziehender Eltern, die einen anderen Erwachsenen, etwa einen Großelternteil, im Haus haben, ist das Risiko geringer, wie eine Studie unter der schwarzen Bevölkerung von Amerika zeigte (Robins, West und Herjanic, 1975).

Raine (1997) entdeckte, dass Menschen, die schon von frühster Jugend an kriminell sind und dies nach der Adoleszenz fortsetzen, sich konstitutionell von Jugendlichen unterscheiden, die sich nur während der Adoleszenz kriminell verhalten. Erstere weisen eine verlangsamte Reaktion des autonomen Nervensystems auf, wie unter anderem an einem verlangsamten Herzschlag gemessen wurde. Lahey und Kollegen (1988) kamen zehn Jahre zuvor in einer Darstellung zu einem ähnlichen Ergebnis. Aggressive Kinder zeigten eine verminderte Reaktion bei Gefahr (Herzschlag im Ruhezustand, Hautleitung, Epinephrinspiegel und Serotoninspiegel).

Jugendliche, die vor der Pubertät kein kriminelles Verhalten zeigten, werden unter dem Einfluss Gleichaltriger möglicherweise aus der Bahn geworfen, doch nach der Pubertät werden sie ihr nicht kriminelles Verhalten von selbst wieder aufnehmen und oft selbst über ihre ›wilden Jahre‹ erstaunt sein.

Joris ist Mitte zwanzig. Er begegnet einem früheren Sozialarbeiter aus der Zeit des betreuten Wohnens. Die Szenen mit ihm damals waren nicht ohne. Im Beispiel auf Seite 249 ›Krisenintervention‹ geht es um die Bedrohung mit einer Pistole. Joris hat sich schließlich gefangen und sagt zurückblickend: »Oh, ja, das waren meine wilden Jahre.«

SCHEIDUNG

Probleme von Heranwachsenden können auch mit der Familienkonstellation zusammenhängen (Übung 3.10, Anlage 1). In Problemfamilien besteht ein relativ großes Risiko auf Schwierigkeiten mit den Kindern während der Pubertät, auch bei Alleinerziehenden ist es höher.

Die Zusammensetzung der Familie hat Konsequenzen für die Entwicklung des Kindes. Im Laufe des 20. Jahrhunderts unterlag sie starken Veränderungen. Zwischen 1940 und 1985 stieg die Zahl alleinstehender, arbeitender Mütter mit Kindern unter achtzehn Jahren stetig. Amerikanische Statistiken zeigen, dass die Anzahl der Menschen, die nie eine Ehe eingehen, zwischen 1970 und 2000 drastisch zugenommen hat, von 6 auf 23 % bei Frauen und von 9 auf 33 % bei Männern (Statistical Abstract of the United States, 2004). Die Zahl der Kinder pro Familie ist gesunken. Die Scheidungsrate ist nach und nach gestiegen, hat sich in den Sechzigerjahren gesenkt, um dann wieder stark zuzunehmen und nach den Achtzigerjahren wieder eine kurzfristige Senkung zu erleben (Statistical Abstract, 1991). Wenn es in Bezug auf die Scheidungsrate auch kleine Spitzen und Täler gibt, die mit einer veränderten Gesetzgebung zu tun haben, ist als allgemeine Tendenz doch eine stetige Zunahme zu verzeichnen (Duimelaar und Slingerland, 1994), die bis heute andauert. Das betrifft Ehen, dasselbe gilt aber auch für unverheiratet zusammenlebende Paare (Meesters und Singendonk, 2002). Die Statistiken über Beziehungen, die auseinandergingen, ohne dass erst eine Ehe geschlossen wurde, erhöhen die Gesamtzahl in erschreckendem Maß.

Die Zahl der Kinder, die von Scheidung und Trennung betroffen sind, ist groß und steigt noch immer. In den Niederlanden sind mittlerweile 33.000 Kinder verheirateter Paare mit der Scheidung ihrer Eltern konfrontiert (Meesters und Singendonk, 2002), dazu kommen viele Kinder aus Beziehungen unverheiratet Zusammenwohnender, die sich trennten. 2004 waren insgesamt 55.000 Kinder von Scheidung oder Trennung der Eltern betroffen (de Graaf, 1997, CBS, 2005a). Eine Scheidung oder Trennung hat Auswirkungen auf Schulleistungen oder führt zu einem Bruch in der Schulkarriere (Meesters und Singendonk. 2002).

Es gibt keine Methode, die gewährleistet, dass die Kinder keine Probleme damit haben, auch wenn die meisten Kinder ihre Eltern nicht merken lassen, dass sie welche haben. Smulders-Groenhuijsen (2002) drückt dies hart, aber treffend aus. Sie meint, dass wir ganz genau wissen, dass wir nicht darüber nachzudenken brauchen, zu einem Psychologen zu gehen, um ihn zu bitten, unserem Partner zu helfen, damit er erträgt, dass wir in Kürze wieder fremdgehen. Aber wir finden es überhaupt nicht seltsam, zu einem Psychologen zu gehen und ihn zu bitten, uns zu helfen, damit unsere Kinder ertragen, dass wir uns scheiden lassen:

Sie sind Psychologe. Ich möchte, dass Sie mir erklären, was ich tun muss, damit mein Partner es nicht schlimm finden wird, dass ich eine außereheliche Beziehung beginne.

(...)

Ich will mich scheiden lassen. Wie sorge ich dafür, dass meine Kinder mir das nicht übel nehmen, nicht darunter leiden und dass wir nach der Scheidung nahtlos zum gemeinsamen Sorgerecht übergehen, eine Umgangsregelung finden oder sonst eine Variante *(Smulders-Groenhuijsen, 2002, S. 15)*

Das führt vielleicht zu der Diskussion, es sei für Kinder auch nicht gut, wenn Eltern streiten. Ein schwaches Argument. Erstens ist der Streit danach meist gravierender und bedrohlicher als zuvor, zweitens geht es nicht darum, dass es schlimmere Dinge gibt, es bleibt schlimm, und drittens zeigt sich, dass Kinder größere Schwierigkeiten mit zerbrochenen Beziehungen haben als mit streitenden Eltern (van der Valk, 2004). Was Kinder am dringendsten brauchen und am liebsten wollen, ist, dass die Eltern zusammen sind und nicht mehr streiten, alles andere ist ›second best‹. Auch die Co-Elternschaft, sogar wenn sie in Harmonie ausgeübt wird, kann dem Kind ernsthafte Probleme bereiten. Natürlich gibt es gute Gründe, weshalb sich Eltern scheiden lassen. Die Aufmerksamkeit sollte allerdings mehr darauf gerichtet werden, ›wie man Beziehungen aufbaut‹, als darauf, ›wie man Kindern bei Scheidung hilft‹.

Im Folgenden das Beispiel einer Heranwachsenden, die erklärte, was es für sie bedeutete, dass sie seit ihrem vierten Lebensjahr bei beiden Eltern in harmonischer Co-Elternschaft aufwuchs. Auch hier sehen wir übrigens, wie so oft, dass die Probleme im Alter von etwa vierzehn Jahren zu Tage treten.

Die vierzehnjährige Esther wächst in harmonischer Co-Elternschaft bei beiden Elternteilen auf. Eine Woche wohnt sie bei ihrem Vater, in der nächsten bei ihrer Mutter. Um zu erklären, was das bedeutet, sagt sie: »Wissen Sie, was es heißt, abwechselnd bei beiden Eltern zu wohnen? Das heißt, am Donnerstagmorgen vom Wecker geweckt zu werden und dann neben sich zu tasten, um ihn abzustellen, und dabei zu entdecken, dass er dort nicht steht. Dann denke ich: Oh nein, ich bin bei meinem Vater, da steht der Wecker auf der anderen Seite.«

> Mara wuchs bei geschiedenen Eltern auf und verbrachte viel Zeit bei ihrem Vater. Sie hörte oben stehendes Beispiel und sagte: »Das verstehe ich gut. Das habe ich auch. In der ersten Nacht ›dort‹ muss ich das Licht anmachen, wenn ich zur Toilette muss, denn dann weiß ich nicht mehr, wo alles steht.«

Diese beiden Beispiele zeigen, dass die Scheidung bei Co-Elternschaft immer ›da‹ ist und man sich ständig darüber klar werden muss, wo man sich befindet, als wäre man in einem fremden Haus. Bei Co-Elternschaft lebt man in zwei nicht vollkommen vertrauten Häusern. Das bedeutet, dass das Sozioschema (Delfos, 2005/2001–2006; 2004–2007) immer aktiv überarbeitet werden muss und es keinen Basiszustand gibt, von dem man selbstverständlich und auf unbewusster Ebene ausgehen kann.

Wallerstein und Blakerslee (1989) untersuchten die Auswirkungen von Scheidungen auf Kinder. Scheidungen finden häufig in dem Zeitraum statt, in dem das Kind zwischen neun und zwölf Jahren alt ist. Jungen reagieren im Allgemeinen aggressiver und fordernder auf eine Scheidung, Mädchen mehr nach innen gekehrt und psychosomatisch. Wallerstein und Blakerslee gehen davon aus, dass Kinder sechs Aufgaben erfüllen müssen, um die Scheidung ihrer Eltern zu verarbeiten. In Übersicht 13 sind diese Aufgaben wiedergegeben, mit einer siebten hinzugefügten Aufgabe (Delfos 1996–2006).

Aufgaben der Kinder bei Scheidung
1. *Akzeptieren der Realität der Scheidung.* Lernen, mit dieser Realität zu leben, statt Fantasien zu haben über Verlust und Im-Stich-gelassen-Werden.
2. *Loslösung von den Konflikten und dem Kummer von Eltern und den normalen Gang der Dinge wieder aufgreifen.*
3. *Auflösen von Kummer und das Durchleben eines Trauerprozesses.*
4. *Auflösen von Wut und Selbstvorwürfen.* Kinder machen sich selbst oder Mutter oder Vater verantwortlich. Es ist allerdings schwierig für das Kind, sich gegen einen Elternteil aufzulehnen, der es versorgt.

5. *Akzeptieren der Dauerhaftigkeit der Scheidung.* Wenn die Eltern alleinstehend bleiben und selbst die Hoffnung auf Wiedervereinigung hegen, werden Kinder das Definitive einer Scheidung nur schwer akzeptieren können. Obwohl es für die Kinder am angenehmsten ist, wenn die Eltern nach der Scheidung gut miteinander umgehen, haftet diesem Modell der Nachteil an, dass die Hoffnung aufrechterhalten wird.
6. *Bildung realistischer, Hoffnung tragender eigener Beziehungen.* Vor allem für Heranwachsende eine wichtige Aufgabe.
7. (Hinzugefügt:) **Wiederfinden des eigenen Existenzrechts.**

Übersicht 13: *Aufgaben der Kinder bei Scheidung*

Angesichts dessen, wie wichtig es für ein Kind ist, generationenbezogen in die Familie eingebettet zu sein, wie Boszormenyi-Nagy und Spark (1973) angeben, haben wir noch eine siebte Aufgabe hinzugefügt, nämlich die Wiedergewinnung des eigenen Existenzrechts (Delfos, 1996–2006). Die Trennung der Eltern verlegt den Entstehungsgrund des Kindes ins Ungewisse. Wenn diese Eltern nicht dazu bestimmt waren, miteinander zu leben, entsteht beim Kind die existenzielle Frage: Hätte ich vielleicht nicht geboren werden dürfen, bin ich ein Irrtum? Etwas Vergleichbares gilt, wenn ein Elternteil entdeckt, homosexuell veranlagt zu sein. Die Entdeckung und vor allem auch die Bewusstwerdung der Homosexualität während einer heterosexuellen Ehe greift das Existenzrecht der Ehe an und damit auch das des Kindes. Es ist notwendig, sich dies bewusst zu machen und dem Kind die Möglichkeit zu bieten, sein Existenzrecht zurückzugewinnen.

Die französische Psychoanalytikerin Dolto (1985) äußert sich sehr deutlich über das Existenzrecht des Kindes:

> Es ist überhaupt nicht schwierig, einem Kind zu erzählen, dass man sich scheiden lässt. Erzählen Sie die Dinge, wie sie sind: Wir kommen nicht mehr gut miteinander aus und wollen daher auch nicht mehr zusammenleben. Wir wollen auch keine weiteren Kinder mehr zusammen haben. Aber unsere Ehe ist nicht misslungen, denn du

> bist daraus hervorgegangen. Jetzt gehen wir wieder unsere eigenen Wege. Vielleicht finden wir beide wieder jemand Neuen. Dann bekommst du zwei Familien.

Damit gibt Dolto dem durch die Scheidung angegriffenen Kind das Existenzrecht zurück.

Am meisten schadet man Kindern, wenn sie nicht auf die Scheidung oder Trennung vorbereitet sind (Wallerstein und Blakeslee, 1989). Ein schlechtes Gespräch über eine bevorstehende Scheidung ist immer noch besser, als die Kinder ihrem Schicksal zu überlassen.

Kinder haben ein tief verwurzeltes Bedürfnis, ihre Eltern wieder beieinander zu sehen und weitere Konflikte zu vermeiden. Aus diesem Bedürfnis heraus zeigen sie manchmal stark angepasstes Verhalten.

> Ein bewegendes Beispiel angepassten Verhaltens sehen wir bei der vierzehnjährigen Esther, von der wir bereits sprachen, die sich nach der Scheidung ihrer Eltern diesen gegenüber zehn Jahre lang sehr angepasst verhielt. Die Eltern sahen ein liebes, soziales Kind, das nie Streit anfing. Sie hatten keine Ahnung, dass Esther Probleme mit der Scheidung haben könnte. Die negativen Gedanken, die das Mädchen über seine Eltern hegte, schob es hartnäckig zur Seite. Sie ertrug es nicht, dass sie unfreundliche Gedanken über sie hatte, und hasste sich deswegen. Tatsächlich war sie so angepasst, weil sie im tiefsten Inneren fürchtete, dass Streit zum Auseinandergehen führte. Schließlich kam es zu einem Tiefpunkt, als sie sich ins Bein ritzte: ›Ich hasse mich!‹ Die Schnitte waren so tief, dass sie drei Monate später noch nicht geheilt waren.

In einer zusammengewürfelten Familie aufzuwachsen verlangt von allen Familienmitgliedern viel, auch von den Kindern. Die Stiefelternschaft wird von Papernow (1993) treffend beschrieben. Sie argumentiert auf Grundlage ihrer klinischen Erfahrung, dass es etwa sieben Jahre dauert, bis ein Stiefelternteil die Ebene eines intimen Fremden erreicht hat. Sie oder er wird, hinsichtlich der leiblichen Beziehung zwischen Eltern und Kind, immer mehr oder weniger Außenstehende(r) bleiben, egal, wie gut die Beziehung zwischen Stiefelternteil und Stiefkind auch ist. Stiefvater sein ist häufig ein großes Problem. Die Autorität des nicht leiblichen Elternteils wird oft schlecht akzeptiert (Dornbusch, Carlsmith, Bushwall, Ritter, Leiderman, Hastorf und Gross, 1985). Stiefelternschaft ist ein hoher Risikofaktor bei Kindesmisshandlung und spielt eine wichtige Rolle bei Tod durch Kindesmisshandlung (Scott, 1973). Mädchen haben mehr Probleme mit Stiefeltern als Jungen (de Graaf, 1997). Hierbei spielt eine Rolle, dass Stiefelternschaft einen wichtigen Risikofaktor für sexuellen Missbrauch darstellt.

Bei Scheidung oder Trennung ist das Alter von vierzehn Jahren häufig ausschlaggebend für das Auftreten von Problemen, die zunächst keine Rolle zu spielen schienen.

Weil die Aufnahme von Partnerbeziehungen in der Adoleszenz zentrales Thema ist, können Jugendliche in dieser Lebensphase völlig aus der Bahn geworfen werden, wenn sich ihre Eltern scheiden lassen. Eine Scheidung erschwert ihnen das erfolgreiche Bearbeiten der Entwicklungsaufgabe, vor der sie gerade stehen: selbstständig werden und sich von den Eltern lösen. Das bedeutet, dass die Scheidung der Eltern zum Zeitpunkt der Pubertät der Kinder ein erhöhtes Risiko auf schnellere Loslösung birgt und darauf, dass Kinder aus dem Haus gehen oder – im Gegenteil – sich nicht mehr lösen können und zu Hause wohnen bleiben (Pynoos, 1991).

Ein Kind hat das Bedürfnis nach der Unerschütterlichkeit der Familie, aus der es stammt. Eine Abweichung davon muss es erst verarbeiten. Für die Entwicklung des Kindes ist es wichtig, dass seine Eltern oder Versorger der basalen Familiensituation Stabilität verleihen können, unabhängig davon, ob dies nun in der ursprünglichen leiblichen Familie oder einen anderen Form geschieht.

TRAUMATISCHE ERLEBNISSE

Traumatischen Erlebnissen kommt während der Pubertät eine besondere Bedeutung zu. Nicht nur diejenigen, die sich während der Pubertät ereignen, sondern auch die in früheren Jahren, deren Tragweite nicht erkannt wurde, können große Folgen haben. In dem Moment, in dem der Heranwachsende in sich selbst eintaucht, begegnet er allerlei Themen, auch solchen, die latent vorhanden waren, aber ›stillgehalten‹ wurden. Während der Adoleszenz entsteht Raum für die Verarbeitung unverarbeiteter Probleme.

Es ist nicht möglich, alle traumatischen Erlebnisse hier zu behandeln, daher finden nur einige Erwähnung, um ein allgemeines Bild ihrer Bedeutung während der Jugend zu skizzieren (Übung 3.11, Anlage 1).

Manche dieser Themen treten besonders stark an die Oberfläche, weil die Pubertät selbst dafür Anlass gibt, zum Beispiel Probleme sexueller Art, wie sexueller Missbrauch.

Stella wohnt seit ihrer frühen Jugend in einer Pflegefamilie. Allem Anschein nach geht es ihr gut, aber ihre Pflegeeltern vermuten doch, dass stille Wasser tief sind. Das Jugendamt reagiert nicht auf ihre Bitte um Hilfe, weil Stella kein Problemverhalten zeigt. Als Stella in die Pubertät kommt, entladen sich die Probleme. Die Pflegeeltern hatten Recht, sie kannten nur die Ursache nicht. Stella war als junges Kind von einem ihrer Pflegebrüder missbraucht worden. Er wohnte mittlerweile nicht mehr in der Pflegefamilie, aber die Tat hatte bei Stella tiefe Wunden hinterlassen. Während der Pubertät äußerte sie ihre Probleme vollkommen unbegreiflich durch ihr Verhalten, weil sie sich nicht traute, den wahren Grund zu erzählen.

Tilda war ein stilles, zurückgezogenes Mädchen, das in sehr früher Kindheit die Mutter verloren hatte. Während der Pubertät wurde ihre Zurückgezogenheit noch schlimmer. Allmählich glitt sie in psychotisches Verhalten, aus dem sie erst Jahre später nach intensiver Behandlung wieder herausfand.

Sexualität ist ein beeindruckendes und spannendes Thema in der Pubertät. Jungen und Mädchen erleben sie sehr unterschiedlich. Die Studie der RNG zeigt, wie problematisch dieses Thema für Mädchen sein kann. In Kapitel 2 wurde erwähnt, dass der Prozentsatz der Mädchen, die zu sexuellen Handlungen gezwungen werden, höher ist als der von Jungen (16,3 % gegenüber 4,4 %). Das Durchschnittsalter der betroffenen Mädchen liegt bei 15,7 Jahren (de Graaf u. a., 2005). Erzwungene Sexualität findet vor allem während der Pubertät statt: vor dem zwölften Lebensjahr sind 2 % der Mädchen (16,3 % insgesamt) und 0,9 % der Jungen (4,4 % insgesamt) davon betroffen. Einen anderen Menschen zu Sex gezwungen haben 4,3 % der Jungen und 1,2 % der Mädchen (de Graaf u. a., 2005). Erzwungener sexueller Kontakt ist eine Form des sexuellen Missbrauchs und kann dauerhafte Schäden zur Folge haben, nicht nur in Bezug auf die sexuelle Entwicklung, sondern für die Beziehungsbildung im Allgemeinen.

Ein anderes traumatisches Ereignis ist der Tod eines nahen Familienmitglieds: eines Elternteils oder eines Geschwisters. Worden (1996) führt in Amerika longitudinale Studien über die Folgen für Kinder früh verstorbener Eltern(teile) durch. Bei Kindern, die ihre Eltern in der Jugend verlieren, verschlechtern sich die Schulleistungen im ersten Jahr wenig oder gar nicht im Gegensatz zu Kindern, deren Eltern sich scheiden ließen. Vor allem in den ersten beiden Jahren nach einer Scheidung verschlechtern sich die schulischen Leistungen häufig gravierend. Nach einiger Zeit scheinen die negativen Auswirkungen abzunehmen und das Selbstvertrauen der Kinder wächst wieder. Nach zwei Jahren hat sich die neue Familienkonstellation einigermaßen stabilisiert und in der Folge geht es den Kindern auch besser. Sie sehnen sich weiterhin danach, dass die Eltern wieder zusammenfinden, auch wenn sie erleichtert sind, dass die Streitereien aufgehört haben.

Die Erforschung der Scheidungsfolgen bei Kindern zeigt, dass die kurzfristigen Effekte groß sind. Beim Tod der Eltern oder eines Elternteils scheinen diese Effekte aufgeschoben zu sein. In den beiden ersten Jahren sinkt das Selbstvertrauen. Kinder, bei denen ein Elternteil verstorben ist, geraten in größere Isolation als Kinder aus geschiedenen Familien. Sie schämen sich, über dieses Ereignis zu reden, und werden häufig von Gleichaltrigen damit gehänselt (Worden, 1996). Wie stark die Auswirkungen sind, hängt zugleich auch davon ab, welcher Elternteil starb. Üblicherweise löst der Vater seinen Kummer über den Verlust der Partnerin, indem er sich in Arbeit stürzt. Dadurch gerät der tägliche Ablauf in der Familie durcheinander und die Kinder leiden sehr unter diesem Verhalten. Eine Mutter, die ihren Partner verliert, neigt häufiger dazu, sich aus dem gesellschaftlichen Leben zurückzuziehen und sich mehr auf ihre Familie zu konzentrieren. Dadurch wird die tägliche Routine weniger gestört und das Leben des Kindes verläuft ›normaler‹.

Der Kummer des zurückgebliebenen Elternteils ist für das Kind häufig problematisch. Aus Loyalität (Boszormenyi-Nagy, 1973) neigt es häufig dazu, dem übriggebliebenen Elternteil nicht auch noch den eigenen Kummer zuzumuten. Es will den Elternteil so schnell wie möglich wieder ›stärken‹ und nicht ›schwächen‹, indem es ihn mit der eigenen Trauer belastet. Außerdem kämpft das Kind mit der Angst, den übriggebliebenen Elternteil auch zu verlieren.

Hepworth u. a. (1984) entdeckten, dass junge Mädchen, die in der Pubertät ihren Vater durch den Tod verloren, mehr Schwierigkeiten hatten, später intime Beziehungen mit Männern aufzunehmen, als Mädchen, die in derselben Lebensphase den Vater durch Scheidung verloren hatten.

Manchmal sind die Traumata so eingreifend, dass Kinder danach unerwartet und oft unerklärlich für ihre Umgebung schnell den Faden wieder aufnehmen, fröhlich ihr Leben fortsetzen und erst viel später mit der Verarbeitung weitermachen können. Sie strengen sich in der Schule an und kommen dort häufig sehr gut zurecht. Erst nach vielen Jahren wird das Trauma näher betrachtet und eine Verarbeitung in Gang gesetzt.

Mariana ist elf, als ihr Vater ihre Mutter tötet. Sie liegt im Bett und hört die Schreie, den Kampf auf der Treppe und die ohrenbetäubende Stille danach. Danach wächst sie bei ihrer Oma und einer Tante auf und zeigt kein problematisches Verhalten. Als sie einundzwanzig ist, spürt sie zum ersten Mal, wie tief der Schmerz ist. Trotzig sagt sie zum Therapeuten: »Jetzt ist alles in Ordnung, ich habe einen netten Freund, eine Wohnung, eine Stelle, und jetzt fange ich an, um meine Mutter zu weinen. Nachts habe ich Albträume über das Geschehene, die hatte ich früher nie.«

Wahrscheinlich ist dies eine hervorragende Adaption der Psyche an ein zu ernstes Trauma – offenbar muss Mariana zunächst positive Erfahrungen machen, bevor sie den ganzen Umfang des

Traumas in Augenschein nimmt. Für die Umgebung ist dies oft schwer zu verstehen. Im Allgemeinen kann gesagt werden, dass beim Tod eines Elternteils während der Jugend die Auswirkung aufgeschoben ist (Worden, 1996; Delfos, 1999).

> Joost ist dreizehn, als er nach Hause kommt und seine Mutter tot vorfindet. Sie hat sich erhängt. In den Jahren danach macht ihm dieses Ereignis nicht so viel zu schaffen. Er denkt nicht viel daran und hat auch keinen Kummer deswegen. Wenn er Menschen davon erzählt, die seine Geschichte noch nicht kennen, sind diese deutlich betroffener als er selbst. Ihm ist zwar klar, dass es logisch ist, dass sie beeindruckt sind, aber er selbst empfindet das nicht so. Als er zweiundzwanzig ist, bittet er um ein Gespräch, weil er sich selbst nicht versteht. Er hat eine Freundin, die er unendlich liebt, aber er schiebt sie weg und will lieber nichts mehr mit ihr zu tun haben. Er kann diese gegensätzlichen Gefühle nicht einordnen. Im Gespräch kommt seine Lebensgeschichte zur Sprache und natürlich auch das Geschehen um seine Mutter. Die Therapeutin stellt einen Zusammenhang zwischen seiner Mutter und seiner Freundin her. Sie gibt zu bedenken, dass er aus einer unbewussten Angst vor dem, was passieren könnte, seine Freundin vorsorglich verstößt. Joost war sich dieses Zusammenhangs nicht bewusst und sagt voller Erstaunen: »Oh, darum beschäftige ich mich gerade mit den Sachen meiner Mutter, das habe ich noch nie getan und fand es schon so seltsam, dass ich es tat – jetzt verstehe ich!« Jetzt, da Joost die Sicherheit einer Frau spürt, die ihn liebt, ist Raum, den Kummer um seine Mutter zu verarbeiten.

Der Tod eines Kindes innerhalb der Familie stellt ein Kind vor andere Probleme als der Tod eines Elternteils. Für Eltern und Geschwister ist dieses Ereignis sehr eingreifend. Die Trauer um ein Kind ist die längste Trauer, die ein Mensch kennt. Es kann etwa sieben Jahre dauern, bis die erste Phase der Leugnung vorbei ist und die eigentliche Trauer einsetzen kann. Eine Familie, in der ein Kind gestorben ist, kann lange Zeit in einer depressiven Stimmung verharren. Schuldgefühle von Eltern und Kindern können die Entwicklung eines Kindes stagnieren lassen. Für junge Kinder ist der Tod unbegreiflich. Das kann zu großer Angst führen, wenn unzureichend darüber gesprochen wird, und vor allem, wenn ein Geheimnis daraus gemacht wird.

Ein fünfzehnjähriger Junge litt unter Hypochondrie. Bei jedem Signal in seinem Körper hatte er Angst, man würde eine lebensbedrohliche Krankheit bei ihm entdecken. Es zeigte sich, dass diese Angst mit dem Tod einer Schwester, die einen ›Wasserkopf‹ hatte, zusammenhing. Sie starb, als der Junge vier war. In ihm hatte sich die Vorstellung festgesetzt, man könne ganz plötzlich eine schlimme Krankheit bekommen und ›verschwinden‹. Als diese Kopplung klar wurde und er über das Leiden aufgeklärt worden war, an dem seine Schwester gestorben war, sowie darüber, dass er keine Gefahr liefe, dasselbe zu bekommen, verschwand die Hypochondrie fast vollständig.

Neben allem Kummer und Schmerz, den ein Trauma verursachen kann, ist es auch möglich, dass es die Entwicklung von Talenten stimuliert, wodurch dieser Mensch zu etwas in der Lage ist, was er sonst nie gekonnt hätte (Delfos, 1999).

Albert Einsteins Vater starb, als Albert dreiundzwanzig Jahre alt war. Er war überwältigt von einem Gefühl der Zerrüttung und fragte sich immer wieder, weshalb sein Vater sterben musste und nicht er. Damals nahm er sich vor, der Welt etwas zu geben, was es rechtfertigte, dass er und nicht sein Vater am Leben geblieben war. So erblickte die Relativitätstheorie das Licht der Welt (Highfield und Carter, 1993).

ALKOHOL UND DROGEN

Während der Adoleszenz sind Erkundungen sehr wichtig, vor allem für Jungen. Risikoverhalten wie Rauchen, Trinken und Drogenkonsum nehmen in dieser Zeit zu infolge des Bedürfnisses, die Welt zu entdecken und mit den eigenen Möglichkeiten zu experimentieren. Jugendliche konsumieren Drogen, um mit Gleichaltrigen mithalten zu können und gegen die Eltern zu rebellieren (Jarvis, 2004; Oman, McLeroy, Vesely, Aspy, Smith und Penn, 2002). Probleme in der Schule können eng mit Alkohol- und Drogenkonsum zusammenhängen. Obwohl es naheliegt, dass sich die schulischen Leistungen aufgrund des Drogenkonsums verschlechtern, liegt der Fall häufig umgekehrt. Schlechte schulische Leistungen sind für Jugendliche schwer zu verkraften und bilden ein Risiko für Alkohol- und Drogenmissbrauch. Heranwachsende, die die Schule vorzeitig verlassen, hatten in der Regel bereits vor ihrem Schulabgang schlechte Noten. Eine gute Schulwahl und gute Ergebnisse in der Schule sind daher ein gewisser Schutz vor Drogenmissbrauch.

Ob Jugendliche anfangen zu rauchen, hängt zum Teil von den Gleichaltrigen ab, mit denen sie umgehen, aber das Vorbildverhalten von Eltern spielt ebenfalls eine wichtige Rolle. Eine Zeit lang wurde weniger geraucht, aber das Rauchen unter Jugendlichen nimmt wieder zu (CBS, 1989, 1983, 1991, 1993, 1996b, 1997). Die beste Vorhersage für den Umgang von Jugendlichen mit Alkohol ist das Trinkverhalten der Eltern, das häufig übernommen wird. Der Alkoholkonsum unter Jugendlichen steigt, vor allem bei Mädchen zwischen zwölf und vierzehn Jahren (Trimbos, 2005a).

Drogenkonsum wurde ab den Sechzigerjahren zum Problem. Zunächst hielt man das Rauchen weicher Drogen (Marihuana, Cannabis, Weed, Gras) für ungefährlich. Mittlerweile wird immer deutlicher, dass auch diese Drogen eine süchtig machende Wirkung haben (Trimbos, 2004; 2005b; Noorlander und Delfos, in Vorbereitung).

›Kiffen‹ ist in den Niederlanden unter Jugendlichen recht normal geworden. Dennoch ist es nicht immer unproblematisch. Signale für Kiffen sind: möglicherweise rot unterlaufene Augen, Ungeschicklichkeit in der Motorik oder kleine Missgeschicke, Konzentrationsprobleme, Kiffen der Freundesgruppe.

Dass Abhängigkeit in unserer Gesellschaft zu einem gravierenden Problem geworden ist, offenbart eine Studie (Ginneken und Schoemaker, 2005), die darlegt, dass eine Million Kinder in den Niederlanden zwischen ihrer Geburt und dem zwölften Lebensjahr sowie eine weitere halbe Million Kinder zwischen zwölf und achtzehn Jahren bei psychisch kranken oder abhängigen Eltern aufwachsen. Dabei ist Alkohol eine Art ›Volksfeind Nr. 1‹ geworden, und ›Weed‹ (Gras) ein recht üblicher, wenngleich kein unschuldiger ›Entspanner‹ (Übung 3.12, Anlage 1).

Gras stellt ein Risiko für Menschen mit schizophrener Veranlagung dar: Sie können durch vielfachen Konsum psychotisch werden. Jungen konsumieren häufiger weiche Drogen als Mädchen (Trimbos, 2005b). ›Joints‹ haben eine dämpfende Wirkung auf Jugendliche und können so zu einem Mittel gegen auftretende (Hyper-)Aktivität während der Pubertät werden. Das Risiko, Drogen zu konsumieren, ist für hyperaktive Jugendliche besonders hoch. Mit Hyperaktivität ist nicht ADHD gemeint. Nicht alle hyperaktiven Jugendlichen leiden unter ADHD, eine große Zahl ist hyperaktiv wegen allerlei Problemen, mit denen sie zu kämpfen haben, unter anderem z. B. die Scheidung ihrer Eltern (Delfos, 2004b/1997–2007). Jugendliche mit ADHD bilden jedoch tatsächlich eine Risikogruppe für Abhängigkeit. Sie laufen Gefahr, Drogen als Selbstmedikation zu verwenden, weil es ihre Aktivität vorübergehend bremst und ihre Konzentration kurzfristig erhöht.

Hyperaktive Jugendliche mit ADHD bekommen jahrelang von ihrer Umgebung zu hören: »Sitz still!« In der Pubertät können sie durch das Rauchen eines Joints endlich stillsitzen: ›cool‹, ›relaxed‹ und dabei auch noch fröhlich. Der Joint kann so zu einer gefährlichen Lösung werden.

Ein hoher Prozentsatz von Kindern mit ADHD wird schon abhängig geboren, weil ihre Mutter abhängig ist (Gunning, 1998). 40 % aller Kinder abhängiger Eltern leiden unter psychischen Problemen, vor allem unter Aggressivität und Hyperaktivität. Eine mögliche Erklärung ist der Einfluss des Drogenkonsums auf das Kind in der Gebärmutter. Wir können auch noch einen Schritt weitergehen in der Argumentation: Hyperaktivität kann dem Kind schon als Veranlagung von einem Elternteil mitgegeben worden sein, der diese Hyperaktivität in seiner Jugend mit Drogen bekämpft hat, dabei abhängig wurde und als abhängige Mutter schließlich ein abhängiges Kind zur Welt bringt. Hyperaktive Kinder von Abhängigen haben möglicherweise hyperaktive Eltern.

Ein frappierendes Beispiel der Generationenlinie von Hyperaktivität bietet Tjinka, ein Mädchen mit der Diagnose ADHD. Ihre Mutter war heroinabhängig und hatte diese Droge auch während der Schwangerschaft konsumiert. Bei näherer Untersuchung zeigte sich, dass die Mutter als Kind ebenfalls hyperaktiv gewesen war; in ihrer heutigen Rastlosigkeit war dies noch zu erkennen. Die Diagnose ADHD gab es jedoch damals noch nicht. Auch die Großmutter hatte offensichtlich mit Hast und hyperaktivem Verhalten zu kämpfen: »Wenn Sie glauben, ich sei hyperaktiv, dann müssten Sie meine Mutter kennen lernen und meine Oma, dagegen bin ich nichts.« In der Jugend der Oma gab es noch kein Heroin; daher war sie auch nicht davon abhängig, sondern von Alkohol.

Während der Adoleszenz müssen Jugendliche lernen, mit den neuen Genussmitteln umzugehen, genau wie sie zuvor lernen mussten, mit Süßigkeiten umzugehen. Alkohol ist allerdings schädlicher als der Lutscher aus der vorigen Phase.

Aufklärung über Genussmittelkonsum ist dringend notwendig. Es gibt unterschiedliche Theorien über Abhängigkeit. Mittlerweile ist eine integrative Theorie am überzeugendsten. Van Dijk (1979) entwickelte ein Modell, in dem man sich die Faktoren, die bei Abhängigkeit eine Rolle spielen, als Zahnräder vorstellt, die ineinandergreifen und sich gegenseitig in ihrer Wirkung verstärken (siehe Abbildung 13). Wenn sich ein Zahnrad schnell dreht (zum Beispiel das Zahnrad ›Stoff‹, weil mehr konsumiert wird), dann bewirkt dies ein schnelleres Drehen auch der anderen Räder; umgekehrt hat eine Verlangsamung eines Zahnrads einen günstigen Effekt auf andere. Dieses Modell findet in Kliniken und Zentren für Suchtkranke Anwendung. Zugleich lässt sich mit ihm sehr gut verstehen, wie der Körper

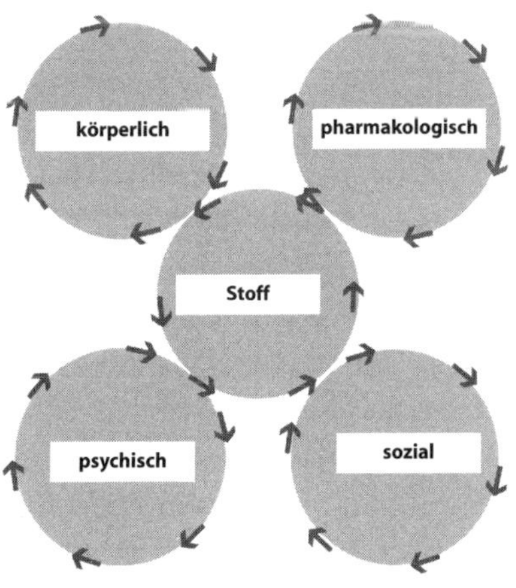

Abbildung 13: *Die Kreise von van Dijk* (Noorlander u. a., 1993)

arbeitet – immer auf der Suche nach einer Balance, nicht nur bei Abhängigkeit, sondern bei allen Prozessen. Noorlander und ihre Kollegen vom Detox (Detoxicationszentrum, Entgiftung) Utrecht (1993) erstellten eine populärwissenschaftliche Abhandlung des Modells für ihre Patienten, das weiter ausgearbeitet wird (Noorlander und Delfos, in Vorbereitung).

Van Dijk (1979) legt dar, dass der Körper eine Gegenreaktion auf schädliche Stoffe einleitet: Er produziert Antistoffe. Die Reaktion auf Amphetamine, die ›beschleunigend‹ wirken, ist daher ›verzögernd‹. Die Reaktion auf Cannabis, das ›verzögernd‹ wirkt, ist daher ›beschleunigend‹. Der Körper ›denkt mit‹ beim menschlichen Verhalten. In Situationen, in denen zuvor ein Stoff gebraucht wurde, erwartet der Körper eine erneute Notwendigkeit, stellt die Antistoffe bereits her, was schließlich zur Sucht führt (Übung 3.13, Anlage 1). Wird in einer Situation kein Stoff gebraucht, geht der Körper auch von keinem Bedürfnis danach aus und es entsteht kein Bedarf. Wenn der Stoff verfügbar oder sichtbar ist, nimmt die Produktion der Antistoffe zu und damit die Lust auf den Stoff. Abhängigkeit beinhaltet nach van Dijk unter anderem, dass der Körper nach der Droge verlangt, weil er bereits Antistoffe gegen diese Droge hergestellt hat, aus der Assoziation mit der Situation heraus, in der dieser Stoff zuvor verwendet wurde: Das bezeichnet er als ›antizipatorische Reaktion‹. Die Elemente des Geist-Körper-Systems verstärken einander. Je mehr von dem schädlichen Stoff aufgenommen wird, desto mehr Antistoffe werden produziert und desto größer wird die Sucht danach. Aber auch: je mehr psychosoziale Probleme, desto höher der Bedarf an Stoff, nach dem man süchtig ist.

Alkohol und Drogen haben mehr Folgen, als Jugendliche häufig denken. Dies hat viel mit den verzögerten Auswirkungen einen oder zwei Tage später zu tun. Wenn XTC-Pillen einen fröhlichen und beschleunigenden Effekt haben, ist das nur die erste Reaktion. Weil es ein Schadstoff ist, produziert der Körper Antistoffe und innerhalb von ein oder zwei Tagen läuft der Jugendliche Gefahr, depressiv oder aggressiv zu sein.

> Willem freute sich auf seine Wochenenden, dann erst lebte er richtig auf. Er ging aus, schluckte eine Pille oder rauchte ein paar Joints und fühlte sich supergut. Die Woche taugte nichts. Schon dienstags fühlte er sich wieder wertlos. Spätestens im Physikunterricht sackte er wie ein Sandsack zusammen. Was für ein erbärmlicher Lehrer und was für ein nutzloses Fach, was hatte er später davon?

Was Willem nicht wusste, war, dass seine Stimmung am Dienstag stark von seinem Drogenkonsum am Samstag und Sonntag geprägt war.

DEPRESSION UND SELBSTMORD

Das Risiko einer Depression nimmt während der Pubertät stark zu. Dies hängt mit hormonellen Veränderungen zusammen (Delfos, 2004b/1997–2007) sowie damit, dass Jugendliche in ihre eigene Psyche eintauchen.

Das Erscheinungsbild von Depressionen ist je nach Lebensalter unterschiedlich. Bei Erwachsenen sind Depressionen mit Trägheit und Lustlosigkeit verbunden, bei Kindern treten sie oft mit erhöhter Aktivität und Reizbarkeit auf. Etwa bis zum zehnten Lebensjahr leiden Jungen und Mädchen gleich oft an Depressionen, was sich in Reizbarkeit und Ruhelosigkeit ausdrückt (de Wit, 2000). Nach der Adrenarche, der Reifung der Nebenniere (Friedman, Charney und Deutsch, 1995), verändert sich das Bild dramatisch: Doppelt so viele Mädchen wie Jungen leiden an Depressionen, was über lange Zeit so bleibt (Weissman et al. 1997). Unter dem Einfluss des Anstiegs von Testosteron bei Frauen, der Senkung des gleichen Stoffs bei Männern (Delfos, 2004–2007) und ab dem 54. Lebensjahr dreht sich das Verhältnis wieder um: Doppelt so viele Männer wie Frauen sind depressiv (Bebbington et al. 1998).

In der westlichen Welt scheinen Depressionen zuzunehmen, vor allem bei Frauen der Altersgruppe zwischen fünfundzwanzig und vierzig Jahren. Festzustellen ist auch, dass mehr Schüler an Depressionen leiden, als auf den ersten Blick zu erkennen ist. Während der Adoleszenz nehmen Depressionen zu (Compas und Grant, 1993). Ein wichtiges Signal ist fehlender Kontakt mit Gleichaltrigen, den Kinder und Jugendliche ja eigentlich gerne wollen. Können sie sich nicht mit anderen verbinden, kann sie das sehr traurig machen.

Depression ist nicht das gleiche wie Kummer haben oder trübselig sein (Übung 3.14, Anlage 1), was Jugendliche oft erleben, wenn sie in die eigene Psyche versinken. Aber das ist eine normale Reaktion auf das intensive Nachdenken, der Kummer ist sozusagen ein Instrument der Vertiefung. Erst wenn Kummer und Trübseligkeit strukturell werden und der Jugendliche keine Chance sieht, sich selbst herauszuziehen, entsteht das Risiko einer Depression.

Depression kann durch ein eingreifendes Ereignis ausgelöst werden – schlechte Ergebnisse in der Schule, Verlust eines geliebten Menschen, Spannungen innerhalb der Familie –, aber auch eine Folge von Drogenmissbrauch sein. Das Verhältnis von Tragkraft und Traglast (über welche Kräfte verfügt der Jugendliche, welches sind die beschützenden Faktoren und wie viel hat der Jugendliche zu tragen) bei einem Jugendlichen ist wichtig bei der Einschätzung, ob er oder sie dem Problem gewachsen ist. Depressive Menschen haben ihr Kontrollzentrum extern angesiedelt (Rotter, 1966). Sie haben das Gefühl, nichts unternehmen zu können, um ihre Situation zu verbessern, und keine Kontrolle darüber zu haben.

Depressionen sind mit Angst assoziiert. Hier können endogene (Veranlagung) und exogene Faktoren (Umgebung) eine Rolle spielen. Eine Depression, die in der Veranlagung begründet ist, folgt normalerweise auf eine langwierige oder heftige Angstperiode (Delfos, 2004b/1997–2007). Jungen und Mädchen reagieren unterschiedlich auf Angstquellen; Jungen eher externalisierend, Mädchen eher internalisierend. Dies wird hormonell unterstützt, wie das Angstmodell zeigt (Delfos, 2004b/1997–2007). Dadurch kann erklärt werden, weswegen Jungen und Männer mehr mit Aggressionen zu tun haben und Mädchen und Frauen mehr mit Depressionen.

Weil Körper und Geist nicht zu trennen sind, gehen mit Angst und Depression viele psychosomatische Beschwerden einher. Gekoppelt an verschiedene Teile des Körpers sind diese in einem Psychosomatikmodell darstellbar (Delfos, 2004b/1997–2007; 2004–2007).

Es gibt verschiedene Formen der Medikation, um Depressionen die Stirn zu bieten, aber es werden immer häufiger Stimmen laut, dass diese Medikamente bei Kindern und Jugendlichen nicht wirksam sind. Die kognitive Verhaltenstherapie hat gezeigt, dass sie sehr wirkungsvoll sein kann, weil viel Verhalten und Gefühl durch Kognitionen (Gedanken) gesteuert werden und damit Stimmungen verändert werden können. Daher gilt auch bei Medikation als Regel, dass sie in jedem Fall mit Therapie kombiniert werden muss.

Selbstmord ist häufig die Konsequenz einer Depression oder entsteht während eines psychotischen Schubs. Als letzte Lösung muss sich diese Möglichkeit zunächst im Denken niedergeschlagen haben.

Eine erste große Vertiefung des Denkens findet um das siebte Lebensjahr herum statt. Dann wird dem Kind unter anderem die Unumkehrbarkeit des Todes bewusst. Das bedeutet, dass die Option des Selbstmordes als definitive Lösung eines Problems nicht vor dem achten Lebensjahr existiert. In einer kleinen Studie (Kienhorst, Wolters, Diekstra und Otte, 1994) über das Auftreten von Selbstmordversuchen von Kindern gibt es keine Berichte über Betroffene unter acht Jahren.

Von den Selbstmorden im Allgemeinen werden zwei Drittel von Männern begangen (Eggen, 1996). Eine Ausnahme bildet die hohe Selbstmordrate bei chinesischen Frauen. Es wird vermutet, dass sie achtmal höher liegt als der weltweite Durchschnitt. Vermutlich hängt dies mit dem extrem niedrigen Status von Frauen in China zusammen, dem Druck, Abtreibungen durchzuführen oder zu verzichten, wenn eine Tochter – das eigene Geschlecht – erwartet wird statt eines Sohnes. Dazu kommt die kulturelle Wertschätzung für Selbstmord als Problemlösung (Berbers, 1998). Die zweite Ausnahme bildet Australien, wo siebenmal mehr Jungen als Mädchen betroffen sind, vor allem unter den Aborigines auf dem Land. Grund hierfür ist vermutlich die ausgesprochen hohe Arbeitslosigkeit unter Aborigines in den ländlichen Gegenden Australiens. Dass dies vor allem für Jungen zum Problem wird, liegt daran, dass sie ihren Status daraus ableiten, während bei Mädchen die Statusarbeit noch aus der Sorge für die Familie und andere erfolgt.

Wir sahen bereits, dass Selbstmordversuche unter Jugendlichen relativ häufig vorkommen und bei den Jugendlichen zwischen vierzehn und vierundzwanzig Jahren Todesursache Nummer zwei sind. Das Suizidrisiko unter Jugendlichen wird vor allem durch die Vertiefung in sich selbst verursacht, wodurch sie mit sich selbst, den schmerzlichen Fakten ihres Lebens und ihrer Lebensgeschichte konfrontiert werden. Es ist für Jugendliche nicht unüblich, tiefschürfend über die Bedeutung des Lebens allgemein und ihres eigenen Lebens nachzudenken. Altersgebundene Todesgedanken kommen daher auch häufig vor, führen jedoch keinesfalls allesamt zu Selbstmordversuchen. Die Loslösung von den Sicherheiten zu Hause in Kombination mit dem Abtauchen in die eigene Psyche kann Jugendliche vor große Probleme stellen. Fast jeder denkt einmal an Selbstmord, aber in der Adoleszenz treten diese Gedanken häufiger auf.

Menschen, die sich selbst töten, wissen nicht immer sicher, ob sie sterben wollen. Colt (1983) berichtet über vier Menschen, die einen Selbstmordversuch durch einen Sprung von einem Apartmenthaus überlebt hatten. Zwei von ihnen hatten ihren Suizidentschluss noch während des Falls revidiert. Hierbei handelt es sich jedoch um eine Fallstudie, die lediglich vier Fälle umfasst.

Man kann behaupten, dass niemand tot sein möchte – schließlich weiß man ja gar nicht, was das ist. Es handelt sich nicht um eine Sehnsucht nach dem Tod, sondern es geht darum, ›es‹ zu stoppen, und, um dies zu erreichen, keinen anderen Ausweg mehr zu sehen als den Tod. Für die Menschen um die Person herum, die sich mit Selbstmordabsichten trägt, ist die Kenntnis dieser Perspektive sehr wichtig. Wenn wir denken, dass jemand tot sein möchte, neigen wir dazu, das Leben anzupreisen, als wäre Selbstmord eine Entscheidung gegen das Leben. Das hat keine große Wirkung, weil der Betroffene sich damit bereits auseinandergesetzt hat. Er trifft keine Entscheidung gegen das Leben, sondern gegen einen Aspekt des Lebens, der ein spezifisches Gefühl verursacht. Wenn wir eine Selbstmordabsicht als ultimativen Versuch betrachten, ›es‹ zu stoppen, werden wir uns anstrengen, herauszufinden, was ›es‹ ist und wie wir dem anderen helfen können, indem wir ›es‹ stoppen – das ist viel effektiver, als das Leben anzupreisen.

Jungen und Männer greifen öfter als Mädchen und Frauen zu drastischen Methoden, wenn sie sich selbst töten wollen: z. B. Aufhängen (bei Männern über 40 % der Versuche, bei Frauen 25 %), Verwenden von Waffen oder Gas (beides fast ausschließlich von Männern benutzt). Mädchen und Frauen schlucken eher Tabletten, ertränken sich oder schneiden sich die Pulsadern auf (Frederick, 1985; Eggen, 1996).

Es ist ein Mythos, dass Menschen, die sagen, dass sie sich umbringen werden, dies nicht tun. Einem von zehn gelingt letzten Endes der Selbstmord (Colt, 1983). Es gilt, nicht das Thema zu wechseln, wenn jemand von Selbstmord spricht, sondern die Ankündigung ernst zu nehmen und Hilfe einzuschalten. Selbstmordversuche sind häufig verzweifelte Hilfeschreie. Bell (1980) stellte einige Warn- und Gefahrenzeichen für Selbstmord zusammen, siehe Übersicht 14. Die wichtigsten Signale sind: Verlust von Interessen und konkrete Vorstellungen über die Art der Selbsttötung.

Warn- und Gefahrenzeichen für Selbstmord	
Warnzeichen	– große Veränderungen der Schlaf- und Essgewohnheiten – plötzlicher Verlust von Interesse für kostbare Besitztümer, z. B. Weggeben von Schallplatten, CDs etc. – Verlust des Interesses an Freund(inn)en – lange und tiefe Depression nach dem Bruch einer Beziehung oder dem Verlust einer geliebten Person – große Veränderungen bei schulischen Leistungen – Gefühle von Verzweiflung und Selbsthass – Gefühle der Ruhelosigkeit oder Hyperaktivität – Selbstmordversuch

Gefahren-zeichen	– sagen, dass man sich etwas antun wird – einen Plan zur Selbsttötung haben – Besitz von Mitteln zur Selbsttötung – frühere Beweise, dass man sich etwas angetan hat – Person ist benommen oder nicht bei Bewusstsein

Übersicht 14: *Warn- und Gefahrenzeichen für Selbstmord* (auf Grundlage von Bell, 1980)

DIE FUNDAMENTALE BEDEUTUNG VON KOMMUNIKATION BEI PROBLEMEN

Wenn man sagen kann, dass Kommunikation während der Pubertät sehr wichtig ist und wirklichen Kontakt erfordert, so gilt dies in umso stärkeren Maße, wenn es um Probleme von Jugendlichen geht. Diesem Thema widmen wir in den folgenden Kapiteln besondere Aufmerksamkeit.

KERNAUSSAGEN

- Während der Pubertät treten die Schwachstellen der Entwicklung der davor liegenden Jahre zu Tage.
- Schwerpunkte während der Pubertät sind: die große Bedeutung des Austauschs von Meinungen und die Wichtigkeit, gehört zu werden; Anschluss an Gleichaltrige; Risikogruppen; Drogen und Alkohol; Depressionen; Selbstmord.
- Die Kriminalitätsrate ist im Alter von sechzehn, siebzehn Jahre am höchsten.
- Jugendliche, die vor der Pubertät kein kriminelles Verhalten zeigten, werden das aller Wahrscheinlichkeit nach auch während der Pubertät nicht tun.
- Die demokratische Erziehung passt am besten zur Pubertät.
- Keine Erziehungsmethode schützt vor Konflikten während der Pubertät.
- Die Kluft zwischen den Generationen ist nicht so groß, wie man oft denkt.

- Vereinbarungen müssen gegenseitig sein und nicht einseitig auferlegt.
- Verhaltensänderungen sind nur über die drei goldenen Regeln möglich: stoppen, belohnen, ignorieren.
- Jugendliche protestieren gegen Regeln, was aber nicht heißt, dass sie diese nicht befolgen werden.
- Die meisten Probleme während der Pubertät drehen sich um den Konflikt und nicht um den Inhalt an sich.
- Jugendliche um das vierzehnte Lebensjahr scheinen den Verstand zu verlieren und psychisch ›wegzugehen‹, kommen jedoch nach der Pubertät gereift und stark ›zurück‹.
- Das Risiko von Kindesmisshandlung während der Pubertät ist hoch.
- Jugendliche leiden unter der Scheidung ihrer Eltern.
- Die Schullaufbahn zeigt Einbrüche infolge einer Scheidung der Eltern.
- Kinder müssen bei Scheidung einige Aufgaben bewältigen, unter anderem müssen sie ihr Existenzrecht wiederfinden.
- Stiefelternschaft ist für alle Betroffenen risikoreich.
- Während der Pubertät erhalten alte Traumata die (erneute) Chance, verarbeitet zu werden.
- Während der Pubertät wird nach den eigenen Eltern gesucht, wenn diese dem Jugendlichen nicht bekannt sind.
- Vor allem Mädchen erleiden während ihrer Pubertät oft erzwungenen Sex.
- Der Tod eines Familienmitglieds hinterlässt tiefe Spuren.
- Missbrauch, sowohl von Alkohol als auch von anderen Drogen, ist ein hohes Risiko während der Pubertät. Vorbildverhalten von Gleichaltrigen und Eltern spielt hierbei eine Rolle.
- Viele Jugendliche wachsen bei süchtigen oder psychisch kranken Eltern auf.
- Jugendliche mit ADHD laufen große Gefahr, während der Pubertät süchtig zu werden.
- Aufklärung über Alkohol- und Drogenkonsum ist notwendig.

- Schlechte Leistungen in der Schule bergen das Risiko des Alkohol- und Drogenmissbrauchs.
- Depression kann ausgelöst werden durch die Unfähigkeit, Kontakt zu Gleichaltrigen herzustellen, durch einschneidende Ereignisse, durch schlechte Ergebnisse in der Schule, durch Familienfaktoren, Veranlagung und Drogenkonsum.
- Depression ist nicht dasselbe wie Kummer haben oder trübselig sein.
- Das Selbstmordrisiko unter Jugendlichen ist durch ihre Konfrontation mit sich selbst vorhanden.
- Niemand will tot sein, man will nur, dass ›es‹ aufhört.
- Selbstmord ist häufig die Konsequenz aus einer Depression.
- Bis zum zehnten Lebensjahr sind etwa gleich viele Mädchen und Jungen depressiv, danach bis zum vierundzwanzigsten Lebensjahr mehr Frauen als Männer (2/3 gegenüber 1/3) und nach dem vierundzwanzigsten Lebensjahr mehr Männer als Frauen (2/3 gegenüber 1/3).
- Für Selbstmord sind einige Warnsignale zu nennen, die wichtigsten sind der Verlust von Interessen und konkrete Vorstellungen zur Selbsttötung.

4 GESPRÄCHE FÜHREN – Interesse und Respekt

Gute Kommunikation beginnt bei der Haltung, der Einstellung, wie wir bereits in Kapitel 1 sahen. Zur Wiederholung: *Diese Haltung muss Respekt und Bescheidenheit beinhalten. Man muss davon überzeugt sein, dass Jugendliche etwas zu erzählen haben und dass sie es erzählen wollen. Die Frage ist nicht, ob Jugendliche eine Meinung haben oder über Informationen verfügen, sondern wie wir mit ihnen kommunizieren können, um diese Meinung zu erfahren oder die Informationen zu erhalten.*

Die Bedeutung dieser Haltung lässt sich am Beispiel des *Kindertelefons* illustrieren. Vielleicht ist das Kindertelefon die einzige Institution in den Niederlanden, die das Kind wirklich in den Mittelpunkt stellt. Kinder nutzen es sehr oft. Das Spektrum ihrer Anliegen reicht von Fragen über Sex bis zum Ausweinen wegen der Scheidung der Eltern. In den Ausgangspunkten des Kindertelefons vermitteln sich das Interesse am Kind und der Respekt vor ihm, deshalb wird es von Kindern so gern genutzt, sie fühlen sich gehört:

Das Kindertelefon betrachtet Kinder als selbstständige Individuen, die in der Lage sind, selbst Lösungen zu finden, Entscheidungen zu treffen und diese auszuführen.

Für die Praxis der ehrenamtlichen Mitarbeiter des Kindertelefons bedeutet dies:

- das Kind und seine Geschichte ernst nehmen
- an der Geschichte des Kindes anknüpfen
- die Fähigkeit des Kindes zur Selbsthilfe respektieren
- Engagement zeigen (de Beyn, 2003)

GRUNDLEGENDES UMDENKEN

Kommunizieren mit Jugendlichen bedeutet für den Erwachsenen ein grundlegendes Umdenken. War der Erwachsene zuvor der allseits Verantwortliche für das Gespräch und hatte er das Gefühl, die Macht mehr oder weniger in Händen zu halten, erweist sich dies im Gespräch mit Jugendlichen als Illusion. Jugendliche übernehmen die Macht, indem sie das Gespräch initiieren, es zulassen oder nicht zulassen oder es durch aktiven oder passiven Widerstand sabotieren.

Zu Beginn der Pubertät ist dies noch nicht so deutlich. Der dreizehnjährige Jugendliche kommt mit Argumenten, die für den Erwachsenen nicht stichhaltig sind. Daher hat er die Vorstellung, die Meinung des Jugendlichen müsse nicht ernst genommen werden.

> »Ich muss in die Stadt, wenn ich diese Hose nicht kaufe, mache ich mich morgen in der Schule lächerlich. Dann gehe ich auch nicht in die Schule. Du verstehst mich einfach nie!« Die dreizehnjährige Jenny ist wütend, ihre Mutter will ihr nicht erlauben, in die Stadt zu gehen, sie soll ihre Hausaufgaben machen.

Jenny ist ungerecht. Sie hat eine Heidenangst, dass ihre Position in der Schule leidet, wenn sie diese eine Hose nicht kauft. Sie befindet sich in der Phase zwischen zwölf und vierzehn, in der es wichtig ist, sich von den Eltern zu unterscheiden. Aber ihrer Mutter kommt das alles so unwichtig vor, dass sie sich über Jennys Verhalten ärgert. Erwachsene müssen akzeptieren lernen, dass Jugendliche andere Ansichten zu einem Thema haben. Jenny hat das Bedürfnis, ernst genommen zu werden, und braucht Interesse für ihre Perspektive. Ihre Mutter ist betroffen von der Aussage, sie würde ihre Tochter nie verstehen. Wie kann das aus Mund desselben Kindes stammen, mit dem sie bis vor kurzem noch ein so gutes Verhältnis hatte und das alles mit ihr teilte?

Dass Gleichwertigkeit notwendig ist, drängt sich in Gesprächen mit Heranwachsenden immer wieder in den Vordergrund. Die Macht liegt nicht mehr selbstverständlich bei den Erwachsenen. Das bedeutet, dass das Gespräch ›offener‹ ist und die Themen von beiden Gesprächspartnern eingebracht oder auch abserviert werden können.

Bis zur Pubertät konnten sich Erwachsene in den Mittelpunkt stellen (Übung 4.1, Anlage 1). Interesse für das Kind und seine Geschichte schien keine Bedingung für eine gute Kommunikation zu sein. Ein Kind freut sich schon über eine vage Andeutung von Interesse. Zumindest wirkte das auf den Erwachsenen so, bis er damit konfrontiert wird, dass das Kind eigentlich vieles nicht erzählt und dass sich Plappern und Sprechen auch für das Kind unterscheiden. Junge Kinder merken schon sehr früh, dass sich Erwachsene irren können und ihr Verhalten auf falschen Unterstellungen gründen kann (Onishi und Baillargeon, 2005). Das lassen sie aber Erwachsene im Allgemeinen nicht wissen. Manchmal begibt sich das Kind allerdings in Konfrontation mit dem Erwachsenen und dann bekommen wir eine Nachhilfestunde in Kommunikation.

»Du musst dich anstrengen.« Karel (6) empfindet sich als Rufer in der Wüste: »Ich strenge mich ja an, ich kann es bloß nicht«, antwortet er seiner Mutter. Ein Jahr später ist die Situation unverändert. »Die Lehrerin sagt, dass es möglich ist, wenn du dich nur anstrengst«, betont seine Mutter noch einmal. Karel behauptet weiterhin, sein Bestes zu geben, dass er es aber einfach nicht könne. Seine Mutter ›stimuliert‹ ihn weiter, zumindest empfindet sie es so. Etwas später sagt Karel: »Du glaubst Kindern nicht, du glaubst bloß Erwachsenen.« Die Mutter ist betroffen von seiner Bemerkung, aber deren Tragweite wird ihr erst bewusst, als entdeckt wird, dass Karel unter einer sehr ernsten Form von Legasthenie leidet. Das hat er ihr die ganze Zeit über gesagt, aber sie hatte, so gut sie es auch meinte, nicht zugehört.

So stolpert manch ein Erwachsener arglos in die Pubertät seines Kindes und ist erstaunt, dass dieses Kind, mittlerweile ein Jugendlicher, sich aus einem Gespräch ausklinkt, wenn ihm kein aufrichtiges Interesse entgegengebracht wird.

Ein Jugendlicher brachte dies einmal genau auf den Punkt. Auf die Frage, was Kommunikation mit Erwachsenen für ihn bedeute und was das Problem dabei sei, antwortete er:

»Kommunikation mit Erwachsenen – da braucht man nicht zuzuhören, da geht es nicht um einen selbst, da geht es nur um sie.«

Um aufrichtiges Interesse geht es also und das heißt mehr fragen als erzählen (Übung 4.2, Anlage 1). Hauptthema ist nicht die eigene Person, sondern das Interesse am Jugendlichen. Das bedeutet, dass der Erwachsene im Gespräch nicht zu viel vorwegnehmen darf, sondern den Jugendlichen zu Wort kommen lassen muss. Bringt er zu viel oder gar das Falsche ein, verliert der Jugendliche leicht die Motivation für das Gespräch. Findet er das richtige Maß, wird der Jugendliche das Gefühl haben, verstanden zu werden. Es empfiehlt sich daher, mit Vorwegnahmen möglichst sparsam umzugehen und möglichst dicht am Jugendlichen zu bleiben.

»Das hast du dann also nicht gemacht?«
»Nein, es hatte ja doch keinen Sinn. Walter will es doch nicht.«
»Wie meinst du, Walter? War der auch da?«
»Ja, natürlich, was dachtest du denn? Was meinst du denn, was ich meine?!«

Der Erwachsene führt ein ganz anderes Gespräch als der Jugendliche. Nach der offensichtlich falschen Interpretation (*Das hast du dann also nicht gemacht?*) wird plötzlich deutlich, dass es sich um eine Kommunikationsstörung handelt. Zwischen Jugendlichen und Erwachsenen passiert das sehr schnell, weil sie oft verschiedene Interessen zu haben scheinen und jeder von ihnen mit dem Kopf beim eigenen Thema ist.

Die verschiedenen Interessen und Machtverhältnisse kommen in der Bemerkung eines Jugendlichen zum Ausdruck, der zusammen mit sechs weiteren Jugendlichen in einem Familienhaus wohnt (In einem Familienhaus wohnen Familienhauseltern mit einigen Pflegekindern und eventuell auch noch ihren eigenen Kindern). Er kommentiert gegenüber einer Betreuerin des Familienhauses die Regeln:

»An die Regeln hier im Haus halten sie sich nur, wenn es ihnen selbst passt. Wir müssen um zehn Uhr nach oben. Wenn wir dann fragen, ob wir noch eine Sendung im Fernsehen gucken dürfen, sagen sie: ›Du kennst die Regeln!‹ Aber wenn sie über irgendetwas sprechen wollen, dann ist später als zehn Uhr auf einmal kein Thema mehr!«

Wenn sich der Erwachsene weiterhin mit seinem eigenen Thema beschäftigt und dem oder der Jugendlichen nicht wirklich offen gegenübersteht, hört und spricht er über die eigenen (Vor-)Urteile, was die Entstehung einer Kommunikationsstörung fördert. Ist der Erwachsene vor allem mit eigenen Zielen und Ängsten beschäftigt, wird das Gespräch nicht wirklich fruchtbar sein können. Die Stimmung ist angespannt. Der oder die Jugendliche wird sich das möglicherweise selbst zuschreiben, wodurch die Spannung sozusagen ›umschlägt‹. Dasselbe gilt für den Jugendlichen, der dem Erwachsenen häufig nicht offen begegnet. So sehr der Jugendliche auch die Gleichwertigkeit möchte, die Verantwortung dafür liegt doch in erster Linie beim Erwachsenen. Der Jugendliche kann die angestrebte Gleichwertigkeit erst gegen Ende der Adoleszenz ganz erzielen.

Übernimmt der Erwachsene wie selbstverständlich die Verantwortung für ein Gespräch mit einem Kind, ist es nun an der Zeit, diese Verantwortung zu teilen. In den ersten Jahren der Pubertät ist dies bedeutend schwieriger als später. Bei Jugendlichen zwischen zwölf und sechzehn muss der Erwachsene lernen, ihnen immer mehr Raum zu geben und mehr Verantwortung für das Gespräch zu überlassen. Das bedeutet, dass er auch akzeptieren muss, dass das Gespräch ein offenes Ende hat und nicht er per se derjenige ist, der ihm die Form gibt und das Ergebnis bestimmt. Letzteres ist vor allem dann nicht leicht, wenn der Erwachsene nicht daran gewöhnt ist, wenn er Zweifel am Verantwortungsbewusstsein des Jugendlichen hat und wenn es ihm schwerfällt, die Meinung des Jugendlichen ernst zu nehmen.

Die Verantwortung für ein Gespräch scheint so selbstverständlich beim Erwachsenen zu liegen, weil dieser scheinbar über einen Wissensvorsprung verfügt (Übung 4.3, Anlage 1). Dieses Gefälle, das sich gerade jüngeren Kindern gegenüber so leicht einstellt, schwindet bei Adoleszenten. Bei ihnen ist häufig ausreichend Wissen vorhanden, um als gleichwertiger Partner in einem Gespräch auftreten zu können. Aufgrund der modernen Medien, vor allem des Internets, haben Jugendliche oft sogar einen Wissensvorsprung gegenüber dem Erwachsenen. Der

Umgang mit diesen Medien fällt ihnen leichter als Erwachsenen, weil sie damit aufgewachsen sind. Mit dem Computer umzugehen ist für viele Jugendliche im Allgemeinen bedeutend unproblematischer als für Erwachsene. Obwohl es diesen nicht immer leichtfällt, das anzuerkennen, ist das Wissen von Jugendlichen oft größer als das eigene.

Die Machtbalance in Gesprächen verändert sich während der Pubertät. Wir sahen bereits, dass dies durch die Körpergröße unterstützt wird. Der Jugendliche spürt sehr schnell, dass das Gleichgewicht gestört ist, und kann sich (externalisierend oder internalisierend) über Erwachsene ärgern, die sich nicht entsprechend verhalten.

QUALITÄT EINES GESPRÄCHS

So sehr sich Gespräche auch voneinander unterscheiden, vom spontanen Reden zu Hause bis zu einem Interview, liegen ihnen dennoch etliche Merkmale zugrunde, die ihren Wert und ihre Fruchtbarkeit bestimmen.

Die Merkmale eines ›guten, offenen Gesprächs‹ gelten nicht nur für die Kommunikation mit Heranwachsenden, sondern für die Kommunikation im Allgemeinen. In veränderter Form finden sich diese Merkmale bereits in Teil 1, bei dem es um die Gesprächsführung mit Kindern zwischen vier und zwölf Jahren geht (Delfos, 2004a/2000–2007).

1. Ein ›gutes‹ Gespräch bedeutet, dass sich die Gesprächspartner wohl fühlen und die wechselseitigen Ziele einigermaßen erreicht haben oder dass sie sich über das Nichterreichen des Ziels einig sind. Mit anderen Worten: Nicht nur der Erwachsene hat erreicht, was er will. Es bedeutet, dass sich die Gesprächspartner respektieren, unabhängig vom Inhalt des Gesprächs.
2. ›Offenes‹ Gespräch bedeutet, dass der Jugendliche seine Meinung und Gefühle äußern kann, ohne vom Erwachsenen geführt oder in die Irre geleitet zu werden. D. h., der Erwachse-

ne bestimmt nicht einseitig die Richtung des Gesprächs. Jugendliche durchschauen es in größerem Maß als Kinder, wenn Erwachsene versuchen, sie in die Irre zu führen. Das berührt sie doppelt: zum einen, weil sie ungerecht behandelt werden, fordert doch der Erwachsene selbst so oft von ihnen Ehrlichkeit ein. Zum anderen, weil sich der Jugendliche oft nicht für voll genommen, sondern als Kind behandelt fühlt, als ob er so etwas nicht durchschauen würde. Vor allem Jugendliche reagieren hierauf sehr empfindlich. Sie erfahren es als Beleidigung ihrer Intelligenz und ihres Alters.
3. Ein gutes ›Interview‹ bedeutet, dass der Jugendliche Informationen gibt, und nicht, dass man ihm die Informationen entlockt.
4. Ein ›gutes‹ Therapiegespräch bedeutet, dass sich der Jugendliche gehört fühlt und die Hilfe bekommt, die an seine Person und seine Situation anknüpft. Also keine Unterstützung, die er nicht will oder nicht versteht.

Ein ›gutes‹ Gespräch ist voller Wärme, Respekt und Interesse. Sein Wert bemisst sich nicht nur aus dem Gegenstand, sondern auch aus dem Ton, der angeschlagen wird. Auch wenn unangenehme Dinge besprochen werden, kann ein Gespräch als positiv erfahren werden, wenn nur der Ton warm und respektvoll ist. Doch gerade daran mangelt es Gesprächen zwischen Eltern und Jugendlichen oft, insbesondere wenn Themen mit entgegengesetzten Interessen verhandelt werden und Streit und gegenseitiger Unmut entstehen.

Erst recht in der Sozialarbeit ist der angeschlagene Ton wichtig. Immer mehr Studien zeigen, dass nicht spezifische Faktoren für das Gelingen der Hilfeleistung entscheidend sind. Hierbei ist die Haltung des Sozialarbeiters vielleicht am wichtigsten und dabei vor allem, ob sich der Sozialarbeiter seinem Klienten gegenüber freundlich verhält.

Es gibt eine schlichte, fast peinlich kleine Regel, die zum Gelingen eines Gesprächs beiträgt. Wird sie beachtet, wird die Person, mit der wir das Gespräch führen, sich immer mit einem guten Gefühls daran erinnern: Das Gegenüber muss reden dürfen. Selbst weniger reden, weniger oft und weniger lang, ist förderlich, damit der andere sich äußern und das Gespräch als positiv erfahren kann.

Klienten die Gelegenheit zu bieten, ihre Geschichte zu erzählen, ist die erste wichtige Hilfe (Übung 4.4, Anlage 1). Im mitfühlenden und interessierten Zuhören liegt eine zweite wünschenswerte Unterstützung, nämlich: ›*Du bist es wert, dass man dir zuhört*‹, und: ›*Deine Geschichte ist es wert, dass man sie anhört.*« Nicht umsonst werden Interviewsituationen oft als angenehm erfahren. Es ist kein Einbahnstraßenverkehr, der Befragte ›bekommt‹ durch das Zuhören etwas vom Interviewer. Wenn man sich das klarmacht, kann man sich als Interviewer und Sozialarbeiter schon etwas sicherer fühlen. Viele Sozialarbeiter gehen stark lösungsorientiert vor, obwohl der Schlüssel zur Lösung häufig in der Ordnung durch den Klienten selbst liegt und in der Tatsache, dass er oder sie seine Geschichte loswerden kann. Bei männlichen Sozialarbeitern ist dies oft noch mehr ausgeprägt als bei weiblichen.

De la Rie und Libbers (2004) kommen auf Grundlage ihrer Studie in Bezug auf die Therapie bei Magersucht zu einigen Qualitätskriterien, die sie für die Klienten auf einer Karte zusammengestellt haben und mit der diese selbst die Qualität der Hilfe beurteilen können. Obwohl die Fragen für eine sehr spezielle Zielgruppe entwickelt wurden, haben die meisten eine gewisse Allgemeingültigkeit. Dies ist auch dringend notwendig, denn bei *Anorexia nervosa* ist im Vergleich zu anderen Leiden die Hilfeleistung ausgesprochen restriktiv. Der Zwang, der in vielen Zentren ausgeübt wird, erinnert an längst vergangene Zeiten – wir würden nicht im Traum daran denken, solche Behandlungsformen bei Leukämie oder Schizophrenie anzuwenden, um nur zwei extreme und vollkommen unterschiedliche Beispiele zu nennen.

Niederlande 2004. Achtzehn Jahre alt ist sie, schwer anorektisch, gravierendes Untergewicht. Sie erstickt vor Angst und traut sich nicht zu essen. Sie wird in einem Zimmer isoliert, erhält eingeschränkten Besuch, keine Telefongespräche, keine Aktivitäten, noch nicht einmal Kontakt mit den anderen auf der Abteilung. Sie darf nichts tun, denn das würde nur Energie verbrennen. Tag und Nacht tröpfelt Essen über eine Sonde durch ihre Nase in ihren Körper. Ihre Angst wird grenzenlos, sie zieht die Sonde heraus. Als Antwort wird die Medikation erhöht, aber das verringert nicht ihre Angst. Die Medikation ist so hoch, dass sie nachts ins Bett macht. Ihr Zustand ist menschenunwürdig, aber man verlangt von ihr, das Bett selbst zu beziehen. Sie darf nicht einmal spazieren gehen, weil die körperliche Anstrengung zu groß wäre, und wird in einem Rollstuhl gefahren, aber sie muss ihr Bett mitten in der Nacht selbst frisch beziehen. Eine Heranwachsende, allein, ohne Kontakt zu Gleichaltrigen. Wie soll sie ihre Angst unter Kontrolle bekommen, wenn es nichts gibt, was sie ablenkt, nichts, was zu ihrem Alter passt, nichts, was zu ihrem Menschsein gehört?

ALLGEMEINE KOMMUNIKATIONSBEDINGUNGEN

Kommunikation hat ihre eigenen Spezifika, je nach Alter, Umständen und Art des Gesprächs. Zugleich sind allgemeingültige Bedingungen für eine positiv verlaufende Kommunikation zu nennen (Übersicht 15), spezifische Bedingungen für Kommunikation mit Jugendlichen (Übersicht 16), grundlegende Aspekte, die für die Gesprächsführung mit Jugendlichen wichtig sind (Übersicht 17), und allgemeine Bedingungen für Metakommunikation (Übersicht 18). All diese Merkmale sind für die Gesprächsführung im Allgemeinen und mit Jugendlichen im Besonderen wichtig. Sie liegen den Merkmalen der sokratischen Gesprächsführung zugrunde, deren Kennzeichen (Übersicht 26) in Kapitel 6 besprochen werden.

Die allgemeinen Kommunikationsbedingungen existieren unabhängig von der Art des Gesprächs, der Kultur, und sie sind zeitlos.

Allgemeine Kommunikationsbedingungen
1. Respektvoller Umgang mit dem Gesprächspartner
2. Den Gesprächspartner ernst nehmen
3. Dafür sorgen, dass sich der Gesprächspartner wohl fühlt
4. Dem Gesprächspartner zuhören
5. Dem Gesprächspartner die Möglichkeit geben, sich nach einem anstrengenden Gespräch zu erholen

Übersicht 15: *Allgemeine Kommunikationsbedingungen*

1. Respektvoller Umgang mit dem Gesprächspartner

Respekt ist leichter gesagt als getan. Oft verwechseln Menschen Respekt mit Billigung: »*Wenn jemand Kinder missbraucht, kann ich so jemanden nicht respektieren.*«

Aber Respekt ist nicht dasselbe wie Billigung. Im Gegenteil: Negatives Verhalten zu billigen zeugt von einem Mangel an Respekt. Negatives Verhalten bleibt negativ. Was man dabei allerdings übersieht ist, dass derjenige, der das Verhalten zeigt, vielleicht auch gerne anders sein möchte. Respekt bedeutet in diesem Fall nicht, das Verhalten zu billigen, sondern neben dem anderen zu stehen und mit ihm sein Verhalten verurteilen, nicht aber seine ganze Person. Das geht nur, wenn man aufrichtig glaubt, dass der andere gerne anders können möchte. Respekt bedeutet dann letzten Endes: akzeptieren, dass der andere ein Verhalten zeigt, das er selbst auch nicht will (Übung 4.5 und 4.6, Anlage 1).

Ein schönes Beispiel hierfür ist, dass die Polizei zu einem großen Teil von Geständnissen abhängig ist. Die meisten Taten könnten ohne ein Geständnis des Täters nicht aufgeklärt werden. Obwohl Fernsehserien oft etwas anderes vermitteln, benutzt die Polizei ihre Menschlichkeit, um Kontakt mit dem Verdächtigen herzustellen und so den anderen in eine Situation zu bringen, in der er ein Geständnis ablegen kann.

Für Jugendliche bedeutet Respekt häufig: für voll genommen

zu werden. Weil Gleichwertigkeit ein wesentliches Thema während der Pubertät ist, neigen Jugendliche dazu, mit fehlendem Respekt zu reagieren, wenn sie sich nicht so behandelt fühlen. Weil Jugendliche aktiv damit beschäftigt sind, sich von den Eltern zu lösen und sich gegen sie aufzulehnen, ist ihr Verhalten regelmäßig respektlos. Für Erwachsene, hauptsächlich für Eltern, ist dies sehr schmerzhaft, weil man ungekehrt von ihnen ja einen respektvollen Umgang mit dem Jugendlichen erwartet. Sie befürchten auch, die Liebe ihres Kindes zu verlieren, wenn sie ihre Zunge nicht im Zaum halten, und versuchen daher, ihre Wut zu unterdrücken. Für Eltern ist es oft unangenehm, zu entdecken, dass es dem Jugendlichen gelingt, ihnen ein sehr negatives Verhalten zu entlocken, das manchmal ›das Schlechteste in ihnen zum Vorschein bringt‹.

2. Den Gesprächspartner ernst nehmen

Um ein wechselseitiges Gespräch zu führen, einen richtigen Dialog, muss man den anderen ernst nehmen, das heißt, dass man davon ausgeht, dass jeder etwas zum Gespräch beitragen kann. Oft bedeutet dies, zuzuhören und nicht zu schnell etwas vorwegzunehmen oder Schlussfolgerungen zu ziehen. Eine der wichtigsten Fragetechniken, mit denen man den Gesprächspartner ernst nehmen kann, ist das *Nachfragen*. Beim Nachfragen (auch manchmal *Ausfragen* genannt) werden Fragen gestellt, um das angeschnittene Thema zu vertiefen. Dadurch zeigt man, dass man das Thema für wichtig hält und den Beitrag des Gesprächspartners ernst nimmt.

3. Dafür sorgen, dass sich der Gesprächspartner wohl fühlt

Vor allem wenn sich die Gesprächspartner nicht oder nicht so gut kennen, muss man dafür sorgen, dass sich der andere wohl fühlt. Aber auch wenn sie sich gut kennen, wie dies bei Eltern und Kindern der Fall ist, kann die Stimmung so sein, dass man zunächst etwas dafür unternehmen muss. Um sich wohl zu fühlen, muss man wissen, welches Ziel mit einem Gespräch verfolgt wird, was daraus resultieren kann, und vor allem, dass man als Mensch weiterhin anerkannt wird. Wenn wir Gespräche mit Jugendlichen führen wollen, geht es häufig um ernsthafte Themen, lästige Regeln, schwierige Dinge. In dieser Situation sind Menschen oft unsicher; sie haben Angst, verurteilt zu werden, und brauchen ganz besonders die Gewissheit, als Mensch anerkannt zu werden. Allein eine freundliche Haltung trägt schon viel dazu bei, denn sie gibt implizit zu erkennen, dass der andere nicht abgewiesen wird. Wenn sich ein Gespräch um ein schwieriges Thema dreht, ist es notwendig, dass sich der Jugendliche sicher fühlt (Übung 4.7, Anlage 1).

4. Dem Gesprächspartner zuhören

Jeder hat seine eigene Geschichte, dazu eine eigene Art, sie vorzubringen, sowie eine eigene Archivierung mit jeweils spezifischen Assoziationen. Das bedeutet, dass die Geschwindigkeit und die Art der Darstellung oft nicht mit unserer eigenen übereinstimmt, mit der wir sie unbewusst vergleichen. Dadurch gelangen wir schnell zu falschen Schlussfolgerungen.

> »Hast du jetzt noch Umgang mit diesem Jungen oder nicht?« Jeroens Vater ärgert sich über den Freund, mit dem Jeroen Umgang hat, da dieser seiner Ansicht nach einen schlechten Einfluss auf seinen Sohn ausübt. »Gestern bin ich mit Maarten auf dem Land gewesen. Wir haben Flugzeuge entdeckt.« »Du sollst meiner Frage nicht ausweichen, sondern Antwort geben, hast du noch Umgang mit Erik, ja oder nein?« »Das geht dich einen feuchten Dreck an«, antwortet Jeroen böse, läuft weg und knallt die Tür hinter sich zu.

Für Jeroens Vater liegt die Schlussfolgerung auf der Hand: Sein Sohn weigert sich, den Kontakt zu seinem falschen Freund Erik aufzugeben, und ist frech gegenüber seinem Vater. Genau das hat der Vater aufgrund des schlechten Einflusses dieses Freundes erwartet. Die Wirklichkeit sieht ganz anders aus. Jeroen wollte erzählen, wie es war, mit Maarten Flugzeuge zu entdecken, dass er einen tollen Tag hatte und überhaupt keine Lust auf Eriks ewige Nörgelei. Die Art seiner Erzählung war seinem Vater nicht klar. Anstatt weiter nach der Aktivität mit Maarten zu fragen, zieht der Vater eine Schlussfolgerung und es entsteht ein massiver Konflikt. Jeroen ist verletzt, und der Vater bleibt besorgt zurück.

5. Dem Gesprächspartner die Möglichkeit geben, nach einem anstrengenden Gespräch wieder zu sich zu kommen

Ein anstrengendes Gespräch geht mit der Produktion von Hormonen einher. Die Spannung kann daher nach dem Gespräch noch im Körper hängen bleiben. Daher ist es wichtig, diese Hormone ›wegzuarbeiten‹, z. B. über eine körperliche Aktivität, wie kurzes Rennen, Aufräumen oder Austoben. Hierdurch entsteht ein Gefühl der Entspannung. Ein schweres Gespräch vor dem Zubettgehen ist daher weniger geeignet, weil es keine Gelegenheit gibt, die Spannung danach wegzuarbeiten (Übung 4.8, Anlage 1).

KOMMUNIKATIONSBEDINGUNGEN BEI JUGENDLICHEN

Neben den allgemeinen Kommunikationsbedingungen sind spezifische Bedingungen zu nennen, die zwar allgemeingültig sind, aber in der Kommunikation mit Jugendlichen unentbehrlich. Ohne sie zu berücksichtigen, ist Kommunikation, vor allem mit Jugendlichen, kaum möglich. In Übersicht 16 sind diese Bedingungen aufgelistet. Sie knüpfen an Übersicht 15, die allgemeinen Bedingungen (Seite 154) an und werden dementsprechend weiter durchnummeriert, weil sie gemeinsam die Bedingungen für die Kommunikation mit Jugendlichen beinhalten.

Kommunikationsbedingungen bei Jugendlichen
6. Gehirn ›einschalten‹
7. Erzählen anregen
8. Zielgerichtet weiterfragen
9. Wertschätzung für Denkprozess äußern
10. Bereitschaft zum Lernen zeigen
11. Sokratische Methode

Übersicht 16: *Kommunikationsbedingungen bei Jugendlichen*

6. Gehirn ›einschalten‹

Vor allem bei Jugendlichen ist es wichtig, ihren Denkprozess zu begleiten. Ihr Gehirn muss ›eingeschaltet‹ sein, damit sie logisch denken und spüren können, was in ihnen vorgeht. Dies ist ein wichtiger Bestandteil der sokratischen Gesprächsführung, die in Kapitel 6 besprochen werden wird.

7. Erzählen stimulieren

Wir sind bereit, zuzuhören und eine Geschichte anzuhören. Dazu müssen wir das Erzählen stimulieren, indem wir Fragen dazu und zu weiteren Themen stellen, von denen wir spüren, dass sie dem anderen wichtig sind. Es geht also nicht in erster Linie darum, was *wir* wichtig finden, sondern was für den Jugendlichen wichtig ist.

8. Zielgerichtet nachfragen

Es ist eine große Kunst, zielgerichtet nachzufragen. Der Verlauf eines Gesprächs wird in bedeutendem Maße durch die Auswahl weiterer Fragen bestimmt. Haben sie mit dem Kern der Sache zu tun und ist das Weiterfragen auf das Interesse des Gesprächspartners ausgerichtet, wird das Gespräch schon bald angenehm verlaufen und es können schließlich alle Themen zur Sprache kommen (siehe auch den Abschnitt über Fragetechniken).

9. Wertschätzung für Denkprozess äußern

Jugendliche und Heranwachsende haben ausgehend von ihrem Denken und ihrem Wissen etwas zu bieten: Anschauungen, auf die der Erwachsene nie gekommen wäre, eine neue Perspektive, Wissen, über das der Erwachsene nicht verfügte. Wenn der Jugendliche etwas erzählt, erkennt er an den Augen des Erwachsenen, ob dieser etwas Neues erfahren oder etwas verstanden hat. Oft zeigen Erwachsene das nicht, obwohl der Kontakt viel besser wird, wenn sie Wertschätzung für die neuen Erkenntnisse äußern, die sie durch das Gespräch mit dem Heranwachsenden gewonnen haben.

10. Bereitschaft zum Lernen zeigen

Zeigt der Erwachsene dem Heranwachsenden gegenüber eine Bereitschaft zum Lernen, beinhaltet dies Respekt und ist der Kommunikation sehr förderlich. Der Erwachsene und der Heranwachsende können voneinander lernen. Eine solche Haltung von Seiten des Erwachsenen stimuliert dieselbe Haltung beim Heranwachsenden (Übung 4.9, Anlage 1).

11. Die sokratische Methode

Die sokratische Haltung führt wie keine andere dazu, dass die Kommunikation mit Menschen fruchtbar verläuft. Im nächsten Kapitel ist dies unser Hauptthema.

SCHWERPUNKTE BEI DER GESPRÄCHSFÜHRUNG MIT JUGENDLICHEN

Neben den Bedingungen für Kommunikation sind in der Gesprächsführung mit Jugendlichen auch einige grundlegende Aspekte zu nennen, siehe Übersicht 17.

Grundlegende Aspekte bei der Gesprächsführung mit Jugendlichen
1. Den Jugendlichen Raum für ihre Geschichte geben
2. Sich sicher fühlen heißt sich anerkannt fühlen
3. Neugierig sein
4. Zu benennen versuchen, was man fühlt
5. Metakommunikation

Übersicht 17: *Grundlegende Aspekte bei der Gesprächsführung mit Jugendlichen*

1. Den Jugendlichen Raum für ihre Geschichte geben

Jedermann ist im Grunde seine eigene Lieblingsgeschichte. Auch wenn man nicht so sprachbegabt ist oder über nicht so viele Wörter verfügt: die eigene Geschichte ist wichtiger als die des anderen. Die Situation muss so sein, dass man sich sicher genug fühlt, seine eigene Geschichte zu erzählen.

2. Sich sicher fühlen heißt sich anerkannt fühlen

Ein echtes Gespräch kann man erst führen, wenn man Sicherheit verspürt, und dafür muss man sich anerkannt fühlen. Das bedeutet nicht, dass all unser Verhalten gebilligt werden muss, aber dass wir grundsätzlich als Mensch anerkannt werden. Dabei gibt es geschlechtsspezifische Unterschiede, die wir später behandeln werden.

3. Neugierig sein

Heranwachsende sind, vielleicht noch mehr als andere, stolz auf ihre intellektuellen Fähigkeiten und wollen ihre Weisheit gern zeigen und teilen. Sie haben viel zu bieten und können Erwachsene aus ihren festgefahrenen Denkmustern holen. Es lohnt sich, mit ihnen zu kommunizieren. Der Jugendliche spürt, wenn der Erwachsene neugierig ist auf das, was er zu erzählen hat, und erzählt umso motivierter.

4. Zu benennen versuchen, was man fühlt

Was man sagt, muss damit übereinstimmen, was man ausstrahlt. Die eigenen Gefühle und Unsicherheiten zu benennen führt dazu, dass sich der andere als gleichwertiger Gesprächspartner behandelt fühlt und als solcher handelt. Dies ist ein Teil der Metakommunikation und wird im Folgenden ausführlich behandelt.

5. Metakommunikation

Kommunikation über die Kommunikation – Metakommunikation – ist möglicherweise das stärkste Instrument zur Gewährleistung einer guten Gesprächsführung. Zäh verlaufende Kommunikation kann durch Metakommunikation wieder in Schwung gebracht werden.

METAKOMMUNIKATION

Weil Kommunizieren nicht so einfach ist, muss man der Kommunikation selbst viel Aufmerksamkeit widmen, unabhängig von ihrem Inhalt. Das Sprechen über die Kommunikation wird Metakommunikation genannt. Sie ist sozusagen ihr Schmieröl und außerdem ein Reparaturmittel, wenn die Kommunikation zäh verläuft, wenn man den Faden verliert, von Emotionen überwältigt wird oder bei sonstigen Störfaktoren. Auch für Metakommunikation sind einige Bedingungen zu nennen, siehe Übersicht 18.

Bedingungen für Metakommunikation
1. Das Gesprächsziel verdeutlichen
2. Einen Jugendlichen wissen lassen, welche Absichten man verfolgt
3. Einen Jugendlichen wissen lassen, dass er schweigen darf
4. Zu benennen versuchen, was man empfindet, und dem Folge leisten
5. Den Jugendlichen dazu einladen, seine Meinung über das Gespräch zu äußern
6. Metakommunikation zu einem festen Bestandteil der Kommunikation machen

Übersicht 18: *Bedingungen für Metakommunikation*

1. Das Gesprächsziel verdeutlichen

Ein wichtiger Teil der Kommunikation besteht darin, einen deutlichen Rahmen abzustecken, innerhalb dessen das Gespräch stattfindet. Handelt es sich um ein Fragegespräch oder eine interessierte Frage? Was bezweckt das Gespräch? Was geschieht mit dem Inhalt und den Schlussfolgerungen des Gesprächs? Wird es anderen weitererzählt? Wie lauten die Regeln?

Je jünger der Mensch, desto undeutlicher ist der Gesprächsrahmen. Jungen Kindern ist zum Beispiel nicht klar, dass man in bestimmten Gesprächen keine Fantasiegeschichten erzählen darf, dass man dem Erwachsenen Feedback geben sollte oder nur ein einziges Thema bespricht (Delfos 2004a/2000–2007).

Jedes Gespräch hat seine Regeln. Die grundlegendsten bringt man Kindern schon in jungen Jahren bei: nicht reden, bevor man an der Reihe ist; jeder hat das Recht, in einem Gespräch etwas sagen zu dürfen; man muss den anderen ausreden lassen; man kann jemandem ansehen, dass er etwas sagen will. Dennoch werden diese Regeln manchmal auch von den Erziehern selbst mit Füßen getreten, wodurch die Anwendung der Regel zweideutig wird.

Kinder lernen die Gesprächscodes erst im Laufe der Zeit. Ein sozialer Code in Gesprächen lautet beispielsweise, dass nur ein Thema pro Gespräch behandelt wird. Kinder um vierzehn Jahre fangen an, diesen Code zu verstehen, davor ›springen‹ sie mehr ›vom Hölzchen aufs Stöckchen‹ (Dorval und Eckerman, 1984).

2. Einen Jugendlichen wissen lassen, welche Absichten man verfolgt

Eine falsche Annahme bei Gesprächen ist, dass wir glauben, unsere guten Absichten verstünden sich von selbst. Wir neigen daher nicht dazu, unsere Intentionen zu verdeutlichen. Das machen wir erst, wenn an unseren Absichten gezweifelt wird. Andererseits sind wir schnell dabei, dem anderen schlechte Absichten zu unterstellen. Wir messen deutlich mit zweierlei Maß: einem für uns selbst und einem für den Rest der Welt (Delfos, 2004–2007). Aber vor allem, wenn wir mit Jugendlichen über ein für sie lästiges Thema sprechen wollen, ist es unumgänglich, unsere Absichten zu verdeutlichen. Sonst laufen wir Gefahr, dass der Jugendliche uns etwas unterstellt, ohne das offen zu sagen, insbesondere bei einem unangenehmen Gesprächsthema. Das untergräbt ein produktives Gespräch von Anfang an. Metakommunikation über die Absichten kann dieses Problem verhindern.

3. Einen Jugendlichen wissen lassen, dass er schweigen darf

Tritt eine Gesprächspause ein, ist man schnell besorgt, es könne sich um ein Problem handeln. Stille wird häufig als bewusstes Schweigen interpretiert und das wiederum schnell als eine Weigerung, zu sprechen. Dennoch ist es so, dass Schweigen ein notwendiger Teil guter Kommunikation ist. Ein gutes Gespräch gibt neue Informationen, neue Einsichten und Vertiefung. Das bedeutet, dass Zeit gebraucht wird, um etwas zu verdauen, etwas durchdringen zu lassen, anders ausgedrückt: um ihm einen Platz im Archivierungssystem zu geben und an bereits Bekanntem zu überprüfen. Gesprächspausen sind eine Möglichkeit, dem Gehirn den Raum zu geben, seine Arbeit zu tun. Den Umgang mit Gesprächspausen und deren Interpretation zu lernen ist hilfreich für eine gute Kommunikation (Übung 4.10, Anlage 1). Stille lässt den Stoff reifen. Auch für die Schule ist es sinnvoll, dies zu berücksichtigen. Ein unablässiges Bombardement mit Stoff sorgt dafür, dass sich nichts richtig setzen und gut abgespeichert werden kann. Es ist gut, eine Gesprächspause eintreten zu lassen, nachdem der Jugendliche oder auch der Erwachsene etwas gesagt hat. Momente der Besinnung sind sehr fruchtbar. Aus dem Sprichwort *Reden ist Silber, Schweigen ist Gold* spricht eine weit verbreitete Weisheit. In einer Zeit, in der das Ego so im Vordergrund steht, scheint aber das Umgekehrte zu gelten: Schweigen ist Silber, aber Reden ist Gold. Doch der Mensch ändert sich nicht fundamental – Stille bleibt notwendig für die Reifung.

Weil eintretende Stille nicht als selbstverständlich akzeptiert wird, ist es gut, Jugendliche wissen zu lassen, dass Gesprächspausen erlaubt sind. Meist ist es nicht passend, dies zu Beginn eines Gesprächs anzumerken, sondern im Verlauf des Gesprächs, wenn eine Stille eintritt.

Noch wichtiger ist es, zu akzeptieren, wenn ein Jugendlicher nicht reden möchte, nicht reden kann oder zu einem bestimmten Thema schweigen will. Man kann jedoch mit metakommunikativen Sätzen nach einer Lösung für dieses Problem suchen.

Zur Illustration ein paar Beispiele:
»Wenn du nicht darüber reden möchtest, respektiere ich das durchaus, aber dann will ich sicher sein, dass du das auch wirklich willst.«
»Wenn ich nicht mehr mit dir darüber reden soll, dann ist das in Ordnung, aber wenn du das nicht möchtest und doch darüber reden willst, dann will ich dir gern dabei helfen.«
»Du brauchst jetzt nicht darüber zu reden, aber du kannst darauf zurückkommen, wann immer du möchtest.«
»Du schweigst; wenn das heißt, dass du nicht reden möchtest, finde ich es schade, aber du hast bestimmt einen Grund dafür.«

4. Zu benennen versuchen, was man empfindet, und dem Folge leisten

Dieser Punkt wurde schon als wichtiger Schwerpunkt bei der Kommunikation mit Jugendlichen genannt. Er ist auch ein wesentlicher Bestandteil der Metakommunikation, weswegen an dieser Stelle noch einmal näher darauf eingegangen werden soll. Ein wichtiges Instrument in der Metakommunikation ist es, zu benennen, was man während eines Gesprächs empfindet. Wir sind in dieser Hinsicht gern zurückhaltend und haben Angst, einen Fehler zu machen, einen anderen zu verletzen (Übung 4.11, Anlage 1). Wir machen uns nicht klar, dass die Angst, unseren Gesprächspartner zu verletzen, in Wirklichkeit ein Geschenk ist, das wir dem anderen machen. Unsere Absicht ist gut und das ist wichtiger, als etwas zu sagen, das ungeschickt ausgedrückt ist und anders ankommt, als wir es gern hätten. Wenn etwas ungeschickt gesagt wird, merkt man das und kann es geradebiegen. Etwas anderes ist es, zu sagen, was man fühlt und sich nichts daraus zu machen, was ein anderer davon hält und dabei empfindet. Das zeugt von wenig Respekt. Es gibt metakommunikative Sätze, die dabei helfen, Gedanken und Gefühle während eines Gesprächs in Worte zu kleiden. Wichtig ist jedoch, dass man das, was man sagt, auch wirklich meint. Zur Illustration ein paar Beispiele:
»Wir reden jetzt zwar darüber, aber ich bin mir nicht sicher, ob du das auch willst?«

»Ich wollte dich nicht dabei ertappen, aber du schaust auf die Uhr, und dann denke ich, dass du darüber nachdenkst, wann das Gespräch wohl zu Ende ist, musst du irgendwo pünktlich hin?«
»Für mich ist es etwas ganz Besonderes, dass du mir das erzählst, danke.«
»Ich habe keine Worte mehr, um dir zu sagen, wie schlimm ich das für dich finde.«

Gefühle der Unsicherheit zu äußern heißt sich zu öffnen. Und wer das tut, kann verletzt werden. Eigentlich seltsam, denn es ist genau umgekehrt. Wenn man sich unsicher fühlt und tut, als wäre dem nicht so, wird man erst recht verletzbar. Der andere spürt diese Unsicherheit meistens und kann sich darüber ärgern, dass man sich ›besser gibt‹, als man ist. Es ist sinnvoll, Unsicherheit zu teilen, weil der andere dann weiß, woran er ist. Bei Jugendlichen ist dies noch förderlicher, weil es ihr Gehirn ›einschaltet‹. Es macht ihnen klar, dass sie mitdenken müssen und dass der Erwachsene nicht alles weiß und kann. Die Unsicherheit muss jedoch in ein sicheres Gefühl bei anderen Themen eingebettet sein. Wenn nur von Unsicherheit die Rede ist, kann der Jugendliche beim Erwachsenen keinen Halt finden. In der Sozialarbeit ist es sinnvoll, in einen solchen Fall eventuell einen anderen Sozialarbeiter einzuschalten. Begrenzte Unsicherheit bei einem Erwachsenen bestärkt den Jugendlichen und motiviert ihn zur Zusammenarbeit. Allgemeine Unsicherheit macht ihn unruhig und ängstlich. Je nach der grundlegenden Strategie, die der Jugendliche handhabt, wird er den Erwachsenen angreifen (externalisierendes Verhalten) oder sich dem Erwachsenen überanpassen und sich selbst die Schuld geben (internalisierendes Verhalten).

5. Den Jugendlichen dazu einladen, seine Meinung über das Gespräch zu äußern

Gesprächspartner haben eine Meinung über ein Gespräch. Sie beeinflusst dessen Verlauf und sagt etwas über eine eventuelle Fortsetzung aus. Die Meinung in Worte zu fassen kann den Gesprächskurs anpassen, ändern oder verstärken. Den Jugend-

lichen nach seiner Meinung zu fragen hat außerdem den Vorteil, dass er sich in seinem Denken ernst genommen fühlt. Für den Erwachsenen bedeutet es Klarheit über das Gespräch. Zur Illustration:
»Wir reden jetzt zwar miteinander, aber was hältst du eigentlich davon?«
»Vielleicht findest du es ja dumm, aber ich weiß eigentlich nicht, ob du auch möchtest, dass wir auf diese Weise miteinander reden.«

Ist Sicherheit über die gegenseitige Wertschätzung des Gesprächs vorhanden, kann auch Metakommunikation eingesetzt werden, um es zu verbessern oder noch mehr gemeinsam zu genießen. Zur Illustration:
»Wir reden doch richtig gut miteinander, was?«
»Das Gespräch läuft nicht, das merken wir beide. Weißt du, was wir falsch machen?«

6. Metakommunikation zu einem festen Bestandteil der Kommunikation machen

Da Metakommunikation ein wesentlicher Bestandteil einer guten und fruchtbaren Kommunikation ist, sollte sie standardmäßig in die Gesprächsführung einfließen.

LOYALITÄT

In Gesprächen spielen häufig starke Loyalitäten eine Rolle (Übung 4.12, Anlage 1). Menschen empfinden Loyalität gegenüber ihren Eltern, den Kindern, dem Partner, dem Arbeitgeber, dem Nachbarn. Dies beeinflusst Gespräche, indem die Betreffenden bestimmte Dinge sagen oder verschweigen in Bezug auf ihren Gesprächspartner oder aber Menschen gegenüber, die nicht am Gespräch teilnehmen, aber dennoch indirekt davon betroffen sind. Die stärkste Loyalität ist möglicherweise die eines Kindes gegenüber seinen Eltern. Sie kennt viele Gesichter: den anderen schonen, dem anderen helfen, den anderen schützen, und ist in dem Bewusstsein begründet, dass es wesentlich ist, seine Eltern hinter sich zu haben. Wenn einen die Eltern schon nicht schätzen, wie soll man dann selbstbewusst in der Welt stehen? Aber auch Eltern kennen hinsichtlich ihres Kindes Loyalität, obwohl diese durch die Loyalität gegenüber dem Partner gestört sein kann.

Eltern spüren die Loyalität ihres Kindes ihnen gegenüber deutlich. Sie sind nicht immer Supereltern und erleben dennoch, dass sich ihr Kind für sie entscheidet. Auch Eltern, die ihr Kind schlecht behandeln, können immer noch auf dessen Loyalität bauen und vor allem auf sein Bedürfnis, dass alles wieder gut wird. Daher ist es für viele Eltern eine neue Erfahrung, wenn ihr zum Jugendlichen gereiftes Kind seine Loyalität gegenüber Gleichaltrigen über diejenige zu ihnen stellt. Freunde und Freundinnen gehen vor, und diese Veränderung vollzieht sich innerhalb ziemlich kurzer Zeit. Dies ist auch die Ankündigung dessen, was später geschieht, wenn das Kind eine Partnerbeziehung eingeht und das Interesse am Partner größer wird als an den Eltern.

Sozial erwünschtes Verhalten gegenüber Erwachsenen nimmt im Laufe der Pubertät ab, das gegenüber Gleichaltrigen dagegen zu. Jugendliche können sich erlauben, Gleichaltrige wichtiger zu finden als die Eltern, weil sie wissen, dass die elterliche Basis stark ist und sie immer wieder darauf zurückgreifen können. Natürlich liegt der Fall anders, wenn die Familie zerrüttet ist, aber für die Mehrzahl der Jugendlichen gilt, dass das Band mit den Eltern auch im Sturm der Pubertät nicht reißt. Dies zeigt sich auch danach, wenn der Jugendliche erwachsen wird und das Band stärker ist als je zuvor. Während der Pubertät haben Jugendliche auch den Kampf und den Einsatz der Eltern erlebt und zu schätzen gelernt, dass sie unerschütterlich zu ihnen standen. Diese Wertschätzung können Jugendliche noch nicht ausdrücken, erst später als Erwachsene.

Jugendliche können sich sehr negativ über ihre Eltern äußern. Dass diese Kritik nicht so tief reicht, wird deutlich, sobald ein anderer die eigenen Eltern kritisiert. So ist das nicht gemeint! In dem Moment, in dem andere die eigenen Eltern angreifen, tritt sofort die Loyalität zu den Eltern auf den Plan.

In der Sozialarbeit ist es daher auch sehr unvernünftig, sich mit dem Jugendlichen gegen die Eltern zu verbünden. Boszormenyi-Nagy und Spark (1973) zeigten auf, wie wichtig Loyalität ist. In ein bestehendes loyales Verhältnis einzubrechen oder eine loyale Beziehung unter Spannung zu setzen kann gravierende psychische Folgen haben, die sich in physischen Beschwerden äußern. In Gesprächen mit Jugendlichen ist es wichtig, ihre Loyalitäten zu respektieren.

MODERNE KOMMUNIKATIONSMITTEL

Bevor wir auf die Sprachgewandtheit von Jugendlichen und ihre Wortkargheit nach der Reife eingehen, sollten die modernen Kommunikationsmittel erwähnt werden. Die Kommunikationsmöglichkeiten von Jugendlichen haben sich grundlegend verändert. Wir leben in einer Gesellschaft, in der wir rund um die Uhr erreichbar sind. Vor allem Jugendliche nutzen diese Mittel verstärkt, einige Kenntnisse darüber sind daher unentbehrlich.

Nach einer langen Ruhephase nach der Erfindung des Telefons sind neue Kommunikationsmedien entstanden (siehe Übersicht 19). Internet und Mobiltelefon eröffnen eine ganze Skala neuer Kommunikationsmöglichkeiten. Vor allem Jugendliche sind hier aktiv. Wir machen uns jedoch nicht immer bewusst, dass damit nicht nur neue Mittel, sondern auch neue Formen der Kommunikation entstehen. Die neuen Mittel erweitern die Kommunikationsmöglichkeiten, allerdings nicht nur zum Guten. Pardoen und Pijpers (2005) geben einige Ratschläge für Eltern mit Jugendlichen in Bezug auf das Internet:

1. Bringen Sie dem Kind bei, über seine eigene *Privatsphäre (privacy)* und die des anderen nachzudenken. Beim Surfen im Internet hinterlässt der Jugendliche überall Informationen, ohne dies zu wissen. Außerdem kann man von außen

auf den Computer zugreifen, den der Jugendliche zum Surfen nutzt, wenn dieser nicht ausreichend geschützt ist.

2. Lehren Sie Ihr Kind, die Privacy-Bedingungen zu überprüfen, bevor es seine Daten eingibt. Auch im Internet gibt es ›Kleingedrucktes‹, das gelesen werden muss, um die Privatsphäre zu garantieren.
3. Treffen Sie sinnvolle Vereinbarungen, was das Kaufen im Internet anbelangt. Das Internet ist ein weltweiter Laden, und immer häufiger wird über dieses Medium eingekauft. Für Jugendliche, die gern neue Dinge entdecken und kaufen, kann es einen gefährlichen Überfluss bieten.
4. Sorgen Sie dafür, dass Ihr Kind sicher einkauft. Bei einem Internetgeschäft ist es nicht immer leicht, zu erkennen, ob es verlässlich ist. Jugendliche müssen dabei begleitet werden.
5. Stellen Sie die sexuelle Erziehung nicht ein. Sexualität ist ein wichtiges Thema in der Pubertät und ein wichtiges Thema im Internet. Pornographisches Material ist in großer Menge vorhanden, und Kinder und Jugendliche laufen Gefahr, für sexuelle Aktivitäten ›angeworben‹ zu werden. Sexuelle Erziehung muss daher in der Pubertät nicht nur weitergehen, sondern auch die digitale Wirklichkeit einbeziehen. Jugendliche machen leichtfertig Fotos, auch sehr intime, und mailen diese übers Internet. Es ist wichtig, dass sie wissen, dass diese nicht nur vom Adressaten empfangen werden können.
6. Sprechen Sie über Gewalt und Sexismus in Spielen. Medien, und vor allem das Internet, sind für Jugendliche eine bedeutende Quelle für die Prüfung von Normen und Werten. Sie müssen diese Normen und Werte gemeinsam mit Erwachsenen einordnen.
7. Halten Sie sich auf dem Laufenden über Gesetze und Regeln für die Internetnutzung. Im Internet kann man alles schnell finden, was nicht heißt, dass alles gratis und problemlos erhältlich ist. Es gibt immer mehr Gerichtsprozesse, die dadurch erleichtert werden, dass der Internetprovider den Benutzer identifizieren kann und die Daten somit auch die Justiz erreichen können.
8. Sprechen Sie über Urheberrechte und illegale Kopien. Die

Attraktivität illegaler Kopien ist groß. Es ist wichtig, dass nicht nur das Risiko bekannt ist, sondern auch Respekt vor den Urhebern vermittelt wird.

9. Sprechen Sie über die technische Bedrohung (sofern notwendig). Viren, Spam und Ähnliches sind Probleme, bei denen Jugendliche ihren Eltern meist besser helfen können als umgekehrt, dennoch es ist wichtig, die Problematik anzusprechen. Es ist vernünftig, wenn Kinder nicht am PC ihrer Eltern arbeiten und auch nicht umgekehrt zum Schutz der Privatsphäre der Jugendlichen.
10. Lehren Sie Ihr Kind, auf Registrierungsformularen möglichst wenig Daten einzutragen. Eine der wichtigsten Aktivitäten von Unternehmen im Internet ist, Daten der Benutzer zu sammeln. Je weniger man ausfüllt, desto weniger kann man bedrängt werden.

Das Wichtigste am Internet ist jedoch wahrscheinlich die enorme Erweiterung der Kontaktmöglichkeiten. Vor allem Jugendliche sind dafür natürlich sehr zu haben.

Moderne Kommunikationsmittel	
Kommunikationsmittel:	**Beschreibung:**
1. Handy	24 Stunden Erreichbarkeit
2. SMS	kein Smalltalk
3. E-Mail (Internet)	egozentrische Kommunikation
4. Chatbox (Internet)	gemeinsam anonym sein
5. ICQ (MSN) (Internet)	I seek you

Übersicht 19: *Moderne Kommunikationsmittel*

1. Handy/Mobiltelefon

Das Handy war die auf dem Gebiet der Kommunikation zu erwartende Antwort auf die entstandene 24-Stunden-Ökonomie. Es sorgt für bizarre Szenen laut redender Menschen auf der Straße, die nicht schizophren sind, sondern nur telefonieren. Die implizite soziale ›Forderung‹ nach Nonstop-Erreichbarkeit hat dafür gesorgt, dass man mit dem Mobiltelefon überall anrufen kann, ohne Sorge zu haben, seine Aktivitäten unterbrechen zu müssen. Ein kleiner Ohrhörer und das winzige Telefon in der Brusttasche oder um den Hals hängend, und man kann weiterlaufen, weitertippen, alles machen, was man früher nicht konnte, weil einen das Telefon nicht mehr an einem Platz festnagelt und alle Aufmerksamkeit verlangt. Sein Vorgänger ist das tragbare Telefon, das sofort in Mode kam. Damit konnte man sich immerhin schon innerhalb eines bestimmten Umkreises bewegen und es ermöglichte mehr Privatsphäre. Man konnte aus einer sozialen Situation heraustreten, wenn das Telefon klingelte, wodurch andere nicht mehr von dem Telefonat belästigt wurden. Das Mobiltelefon überschreitet buchstäblich und im übertragenen Sinn alle Grenzen. Aber anstatt mehr Privatsphäre zu gewährleisten, hat es sie über Bord geworfen. Wegen der allumfassenden Erreichbarkeit ist es so, dass man nicht mehr weiß, wo man jemanden erreicht und was diese Person gerade tut. Die erste Frage ist daher auch fast standardmäßig: »*Wo bist du?*«

Aber egal, wie die Antwort auch lautet – die wirkliche Information entfällt, da man nicht mit der Situation konfrontiert wird, in der sich der andere befindet. Am Telefon sprechen Menschen anders, lauter, wodurch man diesen Gesprächen meist gut folgen kann, und alle Leute in der Umgebung werden einbezogen. Im Zug hört man oft nicht, was die Leute, die ein Stückchen entfernt sitzen, miteinander reden, wohl aber, wenn sie mit jemandem telefonieren. Der Code lautet offensichtlich nicht, sich zurückzuziehen, wenn man angerufen wird. Im Gegenteil – in allen Situationen, in denen ›Empfang‹ herrscht, rufen Menschen inzwischen auch an.

Das Handy ist mehr als nur ein Kommunikationsmittel; es hat die Kommunikation grundlegend verändert. Es hat die Privatsphäre verändert, vielleicht müssen wir sogar sagen angegriffen.

Das Mobiltelefon besitzt viele Möglichkeiten, einige davon gab es auch schon beim tragbaren Telefon, wie die Nummernanzeige. Das bedeutet, dass man sieht, wer anruft, und beschließen kann, das Gespräch anzunehmen oder auch nicht. Mit dem alten Telefon hatte man nur die Wahl, zu entscheiden, ob man da war und ob man das Gespräch annehmen konnte/wollte. Jetzt verführt einen das Telefon zu einer aktiven Tat nach der anderen. Man akzeptiert oder verweigert den Kontakt zum anderen. Die Weigerung ist umso attraktiver geworden, nachdem diese nun verborgen bleibt. Der Gesprächsteilnehmer weiß nicht, ob der Angerufene das Telefon ausgeschaltet hat oder sich nur weigert, zu reagieren.

Man erwartet inzwischen, dass jeder ein Handy besitzt, und diese Erwartung beschleunigt das Leben. Darüber hinaus entsteht ein konstanter Druck, Rechenschaft darüber abzulegen, wo man ist, was man tut und wann man da sein wird. Die Idee der allgegenwärtigen Verfügbarkeit bedeutet auch, dass Ruhe und Rückzug weniger selbstverständlich sind.

Diese Entwicklung vollzieht sich so schnell, dass die Menschen kaum nachkommen. Das heißt, dass sie sich an der Veränderung stören, weil diese nicht allmählich vonstatten geht. In Zügen werden daher beispielsweise ›Ruhezonen‹ ausgewiesen. Aber auch diese können nicht immer ihrem Zweck entsprechen.

> Zwei junge Mädchen sitzen in einem Zug und schwatzen angeregt. Plötzlich sagt die eine zur anderen: »Oh, wir sind in einer Ruhezone, hier darf man nicht reden.« Sie schweigt, sieht niemanden, denn die anderen Fahrgäste sitzen weiter entfernt im Abteil und fährt fort: »Na ja, aber niemand sagt etwas dagegen, also können wir auch reden«, und die beiden nehmen ihr begeistertes Gespräch wieder auf.

Diese Szene zeigt, dass Menschen sich häufig an Grenzen orientieren, die andere ziehen, und nicht an Grenzen, die sie ausgehend von eigenen moralischen Werten gesetzt haben. Das Mobiltelefon ist ungeheuer praktisch, die gesellschaftlichen Auswirkungen sind aber vielleicht größer, als wir denken. Es ist mehr als nur ein praktisches Kommunikationsmittel.

Für Jugendliche ist das Handy unentbehrlich. Sie besitzen es auch in großer Zahl. Die Gespräche sind häufig vorhersagbar:

»Wo bist du?« »…« »Oh, okay, ich sehe dich schon.«

Es drängt sich die Frage auf, weshalb Jugendliche so aktiv damit beschäftigt sind, einander per Telefon aufzuspüren. Die Antwort findet man am besten bei den Fachleuten auf diesem Gebiet, den Jugendlichen selbst:

> »Sag mal, wenn ihr euch anruft, dann geht es doch sehr oft um dasselbe, so im Stil von: ›Wo bist du?‹ und dann ›Ach, ich sehe dich schon!‹. Warum macht ihr das eigentlich?«
> »Um zu wissen, wo der andere ist, und dorthin zu gehen.« »Aber warum nimmst du nicht das Fahrrad und fährst dorthin?« »Na ja, alle sind immer so beschäftigt mit allerlei Dingen und dann kommt man oft umsonst, und ich will meine Freunde sehen.«

Dieser Jugendliche verdeutlicht, dass der Wunsch der Jugendlichen nach dem Umgang miteinander nicht kleiner geworden ist, sehr wohl aber die Möglichkeit, sich zu treffen.

Das Mobiltelefon mit seinen vielen Möglichkeiten hat Kommunikation auch visueller gemacht. Statt allein zu beschließen, ob man dieses oder jenes Aufbewahrungssystem kaufen soll, macht man ein Foto und verschickt es mit der entsprechenden Frage. Man zeigt auch einem Mädchen im Handumdrehen, was man schön findet, indem man ein Foto macht und es verschickt.

2. SMS

Die SMS (Short Message Service) ist eine Möglichkeit, eine schriftliche Nachricht über Telefon zu versenden. Auch hier handelt es sich nicht nur um ein zusätzliches Mittel, sondern drängt sich auch eine neue Form des Kommunizierens auf.

> »Sag mal, wann benutzt du eigentlich eine SMS?« Die Antwort der Heranwachsenden ist glasklar: »Oh, wenn ich keine Lust habe auf Smalltalk.« Mit der SMS ist eine Art Kommunikation ohne Kontakt möglich. Auch hier sind Unterschiede bei den Geschlechtern wahrzunehmen *(darüber später mehr)*.

Über SMS kann man noch besser als mit einem Telefonat Menschen erreichen, egal, ob sie beim Versenden der Nachricht anwesend sind oder nicht. Die SMS wird gespeichert und kann später vom Empfänger zu einem ihm genehmen Zeitpunkt geöffnet und gelesen werden. Ebenso wie das Handy dient die SMS der 24-Stunden-Verfügbarkeit.

3. E-Mail

Dass die E-Mail so sehr in den Alltag eindringen und Jung und Alt in ihren Bann ziehen würde, war zum Zeitpunkt ihrer Erfindung kaum vorherzusehen. Es handelt sich um eine schriftliche Ausdrucksmethode über den Computer und ist insofern, eine neue Möglichkeit und gleichzeitig auch eine spezifische Form der Kommunikation. Der Brief ist für den Leser gedacht, das gilt weniger für die E-Mail. Eine E-Mail ist ein weitaus egozentrischeres Kommunikationsmittel als alle anderen. Sie ist weniger auf den Austausch von Informationen gerichtet als darauf, – schnell – sein eigenes Ei loszuwerden. Das ist bereits an der Art des Schreibens zu erkennen. Oft wird der Leser nämlich mit einer Vielzahl an Tippfehlern konfrontiert, die durch Schnelligkeit verursacht werden und nicht durch einen Mangel an orthographischem Wissen – der Leser wird nicht berücksichtigt. Dieses Bedürfnis nach Schnelligkeit findet sich schon in der Art und Weise wieder, wie Jugendliche Sprache inzwischen verwenden. Vor allem Englisch, die internationale Computersprache, unterliegt dieser Geschwindigkeit. Statt ›for you‹ schreiben Jugendliche ›4u‹.

Einen Brief scheut man sich oft zu schreiben, wenn man sich seines Sprachvermögens nicht so sicher ist, aber mit dem Aufkommen der E-Mail erfuhr das Schreiben eine fundamentale Demokratisierung! Der Vorteil ist außerdem, dass man zu jeder Tageszeit allen Menschen überall auf der Welt eine Nachricht senden kann, ohne dass der andere gezwungen wird, dieser im selben Moment Aufmerksamkeit zu widmen. Außerdem lässt sich alles damit verschicken, im Handumdrehen geht ein Foto oder ein Manuskript um die ganze Welt. Auch hier ist die 24-Stunden-Erreichbarkeit garantiert.

4. Chatbox

In einer Chatbox kann man mit anderen Menschen reden, ohne dass diese zu wissen brauchen, wer man ist. Man kann sich in einer selbst gewählten Identität präsentieren, mit anderem Geschlecht, anderem Alter, anderem Äußeren, auch wo man sich gerade befindet und woher man kommt, kann anonym bleiben.

Jugendliche, vor allem Mädchen, sind sehr aktiv in Chatboxes vertreten. Der Kontakt beim Chatten funktioniert verblüffend leicht, man teilt auch schnell die intimsten Dinge miteinander. Dass man sich dabei nicht sieht und anonym bleibt, macht einen offeneren Kontakt möglich. Verläuft er angenehm, geben die Gesprächspartner immer mehr Informationen über sich selbst preis und es kommt zu einer virtuellen Entschleierung. Ein sehr treffender Satz über das Chatten stammt von der berühmten Gruppe um ›Loesje‹, die die niederländische Gesellschaft gern in einem Pinselstrich typisiert: »Meinen Nachbarn kenne ich nicht, aber ich chatte sehr angenehm mit einem Chinesen.« In diesem Satz steckt die Anonymisierung der Gesellschaft, die im Gleichschritt mit der Globalisierung von Kontakten marschiert. Weil Internet auch eine Antwort auf die viel beschäftigte Gesellschaft ist, die Schwierigkeiten hat, ihre Sozialkontakte zu regulieren, sind immer mehr Menschen über Internet aktiv und ziehen ihre Befriedigung aus virtuellen Sozialkontakten. Dass Menschen einander sehen möchten, wird ebenfalls technisch gelöst mit Webcams, wodurch man sich beim Chatten oder E-Mail-Schreiben anschauen kann.

Neben allen Vorteilen gibt es auch Nachteile, und auch hier verändert sich die Kommunikation selbst von Grund auf. Wenn man jemanden nicht sprechen möchte, ›blockt‹ man ihn einfach ab und ist für diese Person nicht mehr erreichbar. Jugendliche lernen, einen anderen ›abzublocken‹, ohne dass irgendeine Gegenmaßnahme möglich ist. Der andere hat keine Möglichkeit, zu protestieren. Im normalen sozialen Umgang begegnet ein Mensch seinen Konflikten im Kontakt wieder, weil man dem Betroffenen etwa beim Frühstück, in der Schule oder bei der Arbeit erneut begegnet. Beim Abblocken wird man damit nicht mehr konfrontiert. Auch dies wird Folgen für den Umgang untereinander und die Beziehungsbildung haben.

5. ICQ (MSN)

ICQ – wenn man die Buchstaben hintereinander ausspricht, entsteht: I seek you, Ich suche dich. Das drückt das Verlangen des Menschen nach einem anderen aus, mit dem er sich verbinden kann. ICQ ist eine der erste großen Austauschseiten von Menschen im Internet. Mittlerweile gibt es populäre Nachfolger wie MSN Messenger und Google-Talk. MSN hat in den Niederlanden mehr als 4 Millionen Nutzer (2004) und ist vor allem bei Jugendlichen beliebt. Die Reichweite ist so groß, dass man sich leicht mit der ganzen Welt verbunden fühlen kann, weil man überall innerhalb kurzer Zeit ein Internetcafé erreichen und Kontakt aufnehmen kann.

Im Prinzip findet die Kommunikation mit Hilfe der Tastatur statt. Die Programme unterstützen nun auch die Verwendung eines Mikrofons (für Telefongespräche über den PC) und eine Webcam, eine Kamera, die am Computer angeschlossen ist.

Mit der Art, wie sich die Gesellschaft entwickelt, werden neue Formen von Kontakt notwendig. Gleichzeitig sorgen diese neuen Formen auch dafür, dass sich die Gesellschaft verändert.

Trotz aller neuen Möglichkeiten will der Mensch im Grunde auch weiterhin dieselben Dinge: Kontakt haben und anerkannt werden. Über die neuen Möglichkeiten werden auch immer Lösungen gesucht, die diesen Bedürfnissen entsprechen. Mit dem Mobiltelefon kann man immer mehr: zum Beispiel vor Ort Fotos und Filme machen und diese verschicken, man kann seine E-Mail lesen, und wenn kein Kontakt möglich ist, kann man Spiele darauf spielen und fernsehen. Der Missbrauch der neuen Medien kann auch unter Jugendlichen zum Problem werden. Sie fotografieren einander auch in den intimsten Momenten und stellen diese Fotos ins Internet. Über Internet sind sie dann auch leichte Beute für die Pornographie. 90 % der Kinder unter zwölf Jahren haben schon einmal eine Pornoseite besucht. Nicht, weil sie bewusst danach suchen, sondern eher zufällig die flackernden Knöpfe anklicken, die als Pop-ups in ihrer Chatbox erscheinen. Es gibt noch keine Lösungen für diese Auswüchse, weil die Entwicklung zu schnell verläuft. Das Jugendjournal musste 2005 seine neu eingerichtete Chatbox schließen, weil sich Pädophile ihrer bemächtigt hatten.

Die Medien haben eine pädagogische Rolle übernommen. Sie haben aber keine pädagogische Intention, kein pädagogisches Ziel, sondern meist ein kommerzielles. Der Einfluss von Medien wie Fernsehen, Video, Computer, Internet, DVD, Computerspielen und Handys ist beträchtlich. Ich spreche darum von einem virtuellen Milieu, einem Milieu, in dem Menschen ein virtuelles Leben leben (Delfos, 2006).

Mit Hilfe der neuen Kommunikationsmedien werden Jugendliche viel sprachgewandter, das heißt aber nicht, dass sie es auch ihren Eltern gegenüber sind.

SPRACHFERTIGKEIT UND VERSCHLOSSENHEIT

Die Sprachfertigkeit Heranwachsender ist gegen Ende der Pubertät ausgeformt. Jugendliche erweitern zwar noch den Umfang ihres Wortschatzes und verfeinern ihr grammatikalisches Wissen, aber die Grundlage ist gelegt. Ihre Fähigkeit, Gedanken und Gefühle in Worte zu kleiden, wächst beständig, gerade weil sie sich selbst erforschen und ihre psychische Identität ausbilden.

Jugendliche nehmen problemlos eine zweite Sprache in ihr Repertoire auf. Englisch erobert die Welt im Sturm, weil die modernen Medien, vor allem das Internet, sich hauptsächlich auf Englisch stützen.

Das gewachsene Kommunikationsbedürfnis der Jugendlichen bemerken Eltern auch an der schwindelnden Höhe der Telefonrechnungen. Jugendliche rufen sich oft gegenseitig an und chatten ausführlich im Internet. Das Mobiltelefon eroberte nach seinem Aufkommen daher auch sofort eine Menge Jugendliche.

> Elsa und Jeannette sind dicke Freundinnen. Sie gehen in dieselbe Klasse der weiterführenden Schule. Sie radeln täglich gemeinsam zur Schule und zurück. Elsa ist fast zu Hause und sagt zu Jeannette: »Bis nachher am Telefon.« Sie chatten auch ausführlich im Internet miteinander. Elsas Eltern fragen sich, was sich die beiden bloß alles zu erzählen haben. Ihren Eltern gegenüber ist Elsa jedenfalls deutlich weniger mitteilsam.

Viele dieser Gespräche drehen sich um den Austausch sozialer Informationen, vor allem um Fragen, wie der andere bestimmtes soziales Verhalten interpretiert. Sozialkontakte mit Gleichaltrigen sind das Thema schlechthin in der Pubertät, Jugendliche wollen also wissen, was etwas zu bedeuten hat und wie sie sich verhalten müssen, um im Kontakt etwas zu erreichen.

Jugendliche wählen für ihre Kontakte Jugendliche. Das kann bedeuten, dass sie gegenüber Erwachsenen, vor allem gegenüber ihren Eltern, plötzlich recht schweigsam werden. Für Erwachsene kann das so aussehen, als wäre der Jugendliche ›verschlossen‹. Um dies beurteilen zu können, ist es wichtig, darauf zu achten, ob der Jugendliche zumindest mit anderen Jugendlichen kommuniziert. Ist dies der Fall, besteht kein Grund zur Beunruhigung. Kommuniziert ein Jugendlicher allerdings mit niemandem mehr, muss man die Frage stellen, ob er einfach kein großer Redner ist oder aufgrund von Problemen verschlossen ist. Zunächst gilt es festzustellen, ob der Jugendliche immer schon schweigsam war oder ob eine – plötzliche – Veränderung stattgefunden hat. Es gibt einen Unterschied zwischen ›Verschlossen-‹ und ›Nicht-so-gesprächig‹-Sein. Verschlossensein bedeutet, dass man aktiv schweigt. Vor allem wenn das Kind früher sehr wohl gesprächig war, scheint das der Fall zu sein. Grund zur Besorgnis gibt es, wenn der Jugendliche auch nicht mit anderen spricht, insbesondere dann, wenn er darunter leidet.

In der Pubertät haben Kinder wechselnde Bedürfnisse nach einem Gespräch mit Erwachsenen, manchmal sehr tiefgreifend, dann wieder sehr flüchtig. Für den Erwachsenen, der sich gern mit dem Jugendlichen unterhalten möchte, ist diese Wechselhaftigkeit oft schwierig. Eine alte Indianerlegende drückt den Respekt gegenüber Menschen, die wenig sprechen, wunderbar aus:

Herbert, selbst Vater kleiner Kinder, spricht auf dem Begräbnis seines Vaters. Er erzählt von der Schweigsamkeit seines Vaters. Er erzählt eine alte indianische Legende, die besagt, dass ein Mensch mit einer gewissen Anzahl von Wörtern geboren wird. Der eine bekommt viele Wörter und braucht daher nicht so sparsam zu sein, der andere bekommt wenige Wörter, und muss daher sparsam damit umgehen. Warm und respektvoll sagt Herbert zu seinem verstorbenen Vater: »Du hattest so wenige Wörter, ich hätte dir gern Millionen mehr davon gewünscht.«

Wenn jemand nicht spricht, suchen wir schnell nach Interpretationen. Es verunsichert uns, wenn jemand schweigt. Kommunikation ist Kontakt und Schweigen droht die Kommunikation zu brechen. Wir finden es schwieriger, den Kontakt zu halten, wenn jemand schweigt, als wenn jemand spricht.

Eine Gesprächspause füllen wir mit unseren eigenen Mustern. *Will er nicht mit mir reden? Ist sie böse auf mich? Will sie nicht mit mir über sich selbst reden? Mag sie mich nicht?*

Dass es auch andere Gründe geben kann, kommt uns oft nicht gleich in den Sinn. Es kann sein, dass sich Jugendliche nicht äußern möchten oder sich gegenüber einer bestimmten Person in diesem Moment nicht äußern möchten; dann ist das Wort ›verschlossen‹ geeignet. Aber es kann auch sein, dass sich Jugendliche nicht äußern *können* oder von ihrer Veranlagung her nicht dazu neigen, sich zu äußern. Dann trifft das Wort ›verschlossen‹ weniger zu. Im ersten Fall ist es wichtig, herauszufinden, ob die Schweigsamkeit mit der Person zusammenhängt, die das Gespräch führt, oder mit dem Thema, dem Zeitpunkt oder der Situation. Im zweiten Fall muss einerseits die Veranlagung respektiert werden, andererseits ist es auch notwendig, sich eingehender nach den Gefühlen zu erkundigen. Jugendlichen, die aufgrund ihrer Veranlagung nicht gut über Gefühle reden können, muss geholfen werden, indem man mehr Fragen auf der Ebene von Ereignissen stellt und versucht, mögliche Gefühle zu versprachlichen, um herauszufinden, was die Jugendlichen fühlen, und zu erkennen, wie sie diese Gefühle in Worte kleiden können. Jugendlichen (und Menschen im Allgemeinen), die Schwierigkeiten haben, ihre Gedanken und Gefühle in Worte zu fassen, fällt es oft leichter, etwas mittels der Beschreibung eines Ereignisses zu verdeutlichen.

Um welche Form von ›Verschlossenheit‹ (wollen und können) es sich handelt, kann man unter anderem an der Art und Weise erkennen, wie Jugendliche mitarbeiten und welche Haltung sie im Gespräch einnehmen. Ein kooperativer Jugendlicher, der sich im Gespräch offen verhält, aber wenig gefühlsmäßige Antworten gibt, hat vielleicht auf diesem Gebiet einen Mangel an Möglichkeiten. Ein Jugendlicher, der zurückhaltend und misstrauisch wirkt, verhält sich z. B. in einer bestimmten Situation oder bei einem bestimmten Gesprächsthema so verschlossen. Es ist ein großer Unterschied, ob man sich aktiv verschließt, emotional weniger geschickt ist oder weniger dazu neigt, sich emotional zu äußern (Übung 4.13, Anlage 1). Jugendliche, die aufgrund ihrer Veranlagung weniger in der Lage sind, ihre Gefühle zu äußern, können im Laufe der Zeit Versagensängste entwickeln, wenn es sich um Gespräche mit Erwachsenen über sensible Themen handelt. Bei Jugendlichen untereinander stellt sich dieses Problem weniger, weil sie eher bereit sind, zu respektieren, wenn ein Gleichaltriger zurückhaltender ist.

In der Sprachfertigkeit und der Neigung, sich sprachlich auszudrücken, sind Unterschiede bei den Geschlechtern zu verzeichnen. Das heißt, dass Kommunikation auch geschlechtsspezifische Merkmale kennt, die es zu berücksichtigen gilt.

JUNGEN UND MÄDCHEN SIND UNTERSCHIEDLICH

Selbstverständlich sind sowohl Jungen als auch Mädchen untereinander sehr unterschiedlich, aber die Unterschiede zwischen den Geschlechtern sind allgemein und universell genug, um sich damit zu beschäftigen und sie zu berücksichtigen (Übung 4.14, Anlage 1).

Wir sahen den Unterschied in der Veranlagung, der bereits am ersten Tag nach der Geburt zu erkennen ist (Connellan u. a., 2001). Jungen stehen im Ruf, einen Sprachrückstand zu haben. Aber wenn wir die anlagebedingten Unterschiede miteinbeziehen, ist es sinnvoller, zu sagen, dass Jungen zu Beginn ihres Lebens andere Fähigkeiten entwickeln, weswegen weniger Raum für die Entwicklung von Sprache bleibt. Dies schlägt sich in der Entwicklung des Gehirns nieder. Bei Jungen wird die rechte Hirnhälfte besser ausgebildet auf Kosten der linken – sprachlichen –, die dann eine Zeit lang zurückbleibt (Delfos, 2004b/1997–2007).

Männer und Frauen, Jungen und Mädchen zeigen in ihrem Verhalten mehr Übereinstimmungen als Unterschiede, aber sie haben ein *Präferenzverhalten* (Delfos, 2004–2007). Dieses Präferenzverhalten kommt auch in ihrer Sprachfertigkeit und in ihrer Gesprächsführung zum Ausdruck, was nicht auf die ›altmodischen‹ Kommunikationsmittel beschränkt bleibt. Studien (Mastenbroek, Nohlmans und van der Velden, 2002; Mastenbroek, 2005) zeigen, dass manche Unterschiede zwischen Jungen und Mädchen aufgrund der modernen Kommunikationsmittel sogar deutlicher hervortreten. So beispielsweise in Bezug auf wechselseitiges Verhalten: Mit Hilfe der neuen Kommunikationsmittel kann man schneller reagieren als mit einem Festnetzanschluss oder per Brief. Die Geschwindigkeit fördert das jeweilige Präferenzverhalten. Vor allem beim Versenden von Nachrichten per SMS offenbaren sich diese Unterschiede. Mädchen schicken nicht nur häufiger und längere Nachrichten, bei denen Abkürzungen aktiv genutzt werden, um so viel wie möglich in einer einzigen Nachricht schreiben zu können (wie ›n8‹ für ›Nacht‹), sondern sie nutzen eine SMS vorwiegend, um zu fragen, wie etwas gelaufen ist, oder um viel Erfolg zu wünschen. Hierbei wird das Kommunikationsziel deutlich: sich untereinander binden, Intimität. Mädchen schicken Nachrichten, um auszudrücken, dass sie sich für jemanden interessieren, einbezogen sind und an die entsprechende Person denken.

Eines der Untersuchungsergebnisse zeigt, wie wichtig es für das Bedürfnis nach Bindung ist, dass man eine Nachricht zurückbekommt.

> »Meistens tippe ich so eine Nachricht voll. Das mache ich gern, man kann ja auch etwas Nettes zurückbekommen. Es ist schön, wenn sich der andere so viel Mühe für einen macht.«

Aus vielen Bemerkungen von Mädchen wird klar, wie wichtig das gegenseitige Geben und Nehmen ist. Wechselseitigkeit spielt eine große Rolle im Kontakt. Die Mühe, die man sich gibt, möchte man gern auch vom anderen erfahren.

Das ist bei Jungen ganz anders, die angeben, dass sie nicht unbedingt eine Nachricht zurückhaben wollen. Wenn ein Freund keine Zeit, Lust oder Geld hat, eine Nachricht zurückzuschicken, ist das ein ausreichender Grund. Obwohl Chatten bei Jungen etwas populärer zu sein scheint, halten sie das Versenden einer SMS ebenfalls für ein gutes Mittel. Es ist praktisch, wenn man schnell etwas verabreden möchte, ohne gleich ein Gespräch führen zu müssen (siehe weiter oben das Beispiel des Smalltalks). Telefonieren finden Jungen anstrengender, außerdem kostet es mehr Geld. Ihr Ziel ist daher ein wenig sachorientierter. Wenn Jungen den Platz einer Nachricht voll ausnutzen, tun sie dies, weil man dafür genauso viel bezahlt wie für eine halbvolle Nachricht. Hierbei ist die Funktionalität zu erkennen, die bei Jungen mehr im Vordergrund steht.

> »Das ist, als würde man eine Packung Milch kaufen und sie nach zwei Schlucken wegschütten.«

Man sieht also, dass es Übereinstimmungen zwischen Jungen und Mädchen gibt, dass sie aber eine SMS aus anderen Gründen und auf andere Weise nutzen. Ein weiteres Beispiel ist das Verhalten beim Beenden einer Beziehung zu einem Freund oder einer Freundin. Keines der Mädchen hat jemals eine SMS benutzt, um Schluss zu machen. Bei den Jungen war dies sehr wohl der Fall, aus Bequemlichkeit.

> »So weiß man nicht, wie die Reaktion des anderen in dem Moment ausfällt, und bekommt sie dann auch nicht gleich ab.«

Auf die Frage, mit wem man chattet, simst und e-mailt, wird in verschiedenen Studien geantwortet: »Mal viel mit Jungen und dann wieder mit Freundinnen.« Auch Jungen gaben Ähnliches an: »Mit guten Freunden und vielen Mädchen.« Sowohl Jungen als auch Mädchen scheinen das andere Geschlecht also nicht wirklich als Freunde zu betrachten, sondern als eine gesonderte Gruppe, die allerdings sehr wichtig ist. Moderne Kommunikationsmedien dienen manchen Jugendlichen wie kein anderes Mittel dazu, Vertreter des anderen Geschlechts kennen zu lernen und mit ihm oder ihr zu reden. Diese Gespräche drehen sich schon bald darum, ob man schon Erfahrung im Küssen hat oder weiter gegangen ist. Jungen fällt es offensichtlich auch leichter, über ihre Gefühle zu schreiben, als über sie zu sprechen. Das sagen sie selbst, aber es war den Mädchen auch schon aufgefallen: »Beim Chatten sagen die Jungen plötzlich alles!« Chatten ist das Mittel schlechthin, um mit einer Person des anderen Geschlechts spannende Gespräche zu führen, weil man auf leichte Weise in Kontakt kommt. Außerdem gibt es einen Abstand, wodurch man sich eher traut, Dinge zu sagen und zu fragen. Eine SMS wird auch für spannende Nachrichten verwendet, aber dann kennt man jemanden schon und ist etwas vorsichtiger.

Mädchen (und Frauen) sind stärker sprachlich orientiert als Jungen (und Männer). Die durchschnittliche Anzahl von Wörtern bei Männern und Frauen pro Tag soll bei 3000 (m) und 7000 (w) liegen (Pease und Pease, 1999). Die Autoren nennen allerdings keine Studie, die diese Zahlen belegt.

Der Unterschied im Kommunikationsverhalten von Männern und Frauen bedeutet nicht, dass Jungen oder Männer die Sprache nicht beherrschen, sondern dass sie diese weniger benutzen, um ihre inneren Gefühle und Gedanken zu erforschen, in Worte zu fassen und zu äußern. Für die Gesprächsführung mit Jugendlichen bedeutet dies, dass Jungen weniger als Mädchen dazu neigen, ihre innersten Regungen zu besprechen. Wenn das Gespräch Spannung erzeugt, werden Jugendliche versuchen, sie durch Aktion zu mindern. Sie wippen dann häufig ungeduldig auf ihrem Stuhl hin und her. Dies gilt für Jungen noch mehr als für Mädchen. Das heißt, dass ein Gespräch dann besser unter aktiven Umständen geführt werden sollte (spazieren gehend oder spielend) als sich still gegenübersitzend.

Diese Unterschiede gelten selbstverständlich nicht für *alle* Jungen und Mädchen; es ist wichtig, das Individuum nie aus den Augen zu verlieren. Jeder Jugendliche, Junge oder Mädchen, hat einen eigenen Stil, mit Problemen umzugehen. Wenn wir ein Gespräch über ein schwieriges Thema führen wollen, ist es sinnvoll, dass wir uns damit beschäftigen, ob der Stil des Jugendlichen eher externalisierend (nach außen gerichtet) oder internalisierend (nach innen gerichtet) ist. Je nachdem können wir die Bedingungen eines Gesprächs gestalten. Für einen externalisierenden, lebhaften Jugendlichen ist es sinnvoller, beispielsweise während eines Spaziergangs oder eines Ballspiels zu reden. Dies wird häufiger Jungen betreffen.

Henk, siebzehn Jahre alt, konnte nicht stillsitzen. Dennoch wollte er sehr gern mit dem Therapeuten sprechen. Aber sobald er saß, begann seine Unruhe. Die Lösung war, das Gespräch bei einem Spaziergang durch das Viertel fortzusetzen. Dann sprudelte es nur so aus Henk heraus, und er konnte ausgezeichnet formulieren, ganz anders als der stotternde, vom Hölzchen aufs Stöckchen springende Junge im Sprechzimmer.

In diesem Rahmen ist auch die Überlegung vernünftig, ob für einen Jungen ein männlicher Gesprächspartner geeignet(er) wäre.

Ein männlicher Vormund erzählt, wie froh er ist, endlich an einem Kurs Gesprächsführung mit Kindern teilnehmen zu können. »Ich spreche nicht mit Kindern. Ich freue mich darauf, es zu lernen.« Der Kursleiter sieht ihn fragend an und er fährt fort: »Ja, ich weiß wohl, was in ihnen vorgeht und was sie erleben, aber ich führe keine Gespräche mit ihnen.« »Was machen Sie denn?«, fragt der Kursleiter. »Ach, ich laufe ein wenig mit ihnen im Wald herum und wir kicken ein bisschen, und dann erzählen sie zwischendurch alles, was sie bedrückt.«
»Das ist Gesprächsführung mit Kindern«, erwidert der Kursleiter begeistert.

Geschlechterunterschiede sind wichtig und müssen berücksichtigt werden. Aber man sollte nicht den Fehler machen, alle Jugendlichen über einen Kamm zu scheren. Ein Ansatz, der die Geschlechterunterschiede respektiert, berücksichtigt beide Geschlechter, ohne das Individuum aus dem Auge zu verlieren (*A gender approch meets the needs of both sexes and both gender, keeping the individual in focus*; Delfos, 2002d). Zur Illustration das Beispiel eines aktiven Mädchens.

Ilse, vierzehn, war, was man einen ›Tomboy‹ nannte, ein halber Junge. Man vermutete, dass sie ADHD hatte, aber nähere Untersuchungen zeigten, dass sie den Kopf voller Dinge hatte, die sie unruhig machten. Aber sie war ein externalisierendes Kind. Sie musste ein Gespräch mit ihrem Vater führen, weil sie ihm eine wichtige Frage stellen wollte. Aus der Antwort auf diese Frage sollte sie erfahren, ob sie ein erwünschtes Kind war oder nicht. Ilse war sehr nervös und beschloss, das Gespräch mit ihrem Vater in einer Spielsituation zu führen. In einem halben Kopfstand kam die Frage heraus. Das wäre ihr nicht gelungen, wenn sie dabei hätte stillsitzen müssen.

Gespräche können manchmal eine enorme Spannung beim Jugendlichen erzeugen. Deshalb ist es notwendig, wie bereits dargelegt wurde, Sicherheit zu schaffen: *Sich sicher fühlen heißt sich anerkannt fühlen.*

Jungen und Mädchen suchen auf unterschiedliche Weise nach Sicherheit. Bei Jungen wird dies eher eine Anerkennung für etwas sein, was sie öffentlich darstellen: ihre Muskelkraft beim Kämpfen, ein Trick beim Rollerskating oder das Besteigen eines Berges. Mädchen suchen ihre Anerkennung eher darin, als Person anerkannt zu werden, sympathisch gefunden zu werden. Das versuchen sie zu erreichen, indem sie sich freundlich verhalten oder indem sie Schutz in der Opferrolle suchen (Delfos, 2004–2007).

Eine Vertrauensperson klagt ihre Not: »Wenn ich mit Mädchen rede, die sexuell missbraucht wurden, gelingt es mir nicht, ihnen das Gefühl zu vermitteln, dass ich wirklich mit ihnen fühle. Sie erzählen ihre Geschichte immer wieder, und ich weiß auf die Dauer nicht mehr, was ich noch sagen soll.« Der Grund, weswegen Mädchen ihre Geschichte wiederholen, liegt nicht allein darin, die Geschichte vom sexuellen Missbrauch teilen zu wollen, sondern auch, um Schutz und Anerkennung für sich selbst zu erwirken. Missbrauchte Kinder haben häufig das Gefühl, nichts wert und besudelt zu sein. Sie brauchen es, zu hören, dass man etwas an ihnen wirklich mag; am liebsten etwas, was sie nicht erwarten und was sie nicht herausgefordert haben. Zum Beispiel, dass sie so freundlich lächeln, eine Freundin so sehr unterstützen oder dass man gesehen habe, wie vorsichtig sie ein Vögelchen in die Freiheit zurückzusetzen versuchten.

Weil Mädchen für Anerkennung so empfänglich sind, laufen sie größere Gefahr, Opfer von Loverboys zu werden. Deren Strategie ist es, Mädchen zu umgarnen und sie letzten Endes in die Prostitution zu manipulieren. Loverboys stammen zum überwiegenden Teil aus Migrantenfamilien (83 %), sind männlich (sehr selten ist eine Frau darin einbezogen, die dann aber Familienmitglied ist und den Loverboy unterstützt), sie sind meist zwischen 18 und 30 Jahre alt, habe eine geringe Bildung und begeben sich schon sehr jung in kriminelle Kreise. Ihr wichtigstes Instrument ist, den Anschein von Liebe zu wecken. Sie bieten Schutz und sind freigebig bei Geschenken (Dijke und Terpstra, 2005). Liebe und Schutz sind die beiden Elemente, die ihre Opfer weich machen.

Für eine gute Gesprächsführung ist es sehr wichtig, Anerkennung zu vermitteln und damit Sicherheit sowie die Möglichkeit zum Spannungsabbau zu bieten.

Erwachsene haben ein recht festgefügtes Muster der Gesprächsführung:

1. sitzend,
2. einander tief in die Augen schauend,
3. so schnell wie möglich zum schwierigen Thema kommend,
4. der Jugendliche soll danach erleichtert und froh sein, denn dann hat der Erwachsene ein gutes Gefühl in Bezug auf das Gespräch.

Mit diesem Muster scheitert man jedoch sehr schnell, weil man das Überschäumende in der Pubertät und die Geschlechterunterschiede nicht berücksichtigt. Jungen lümmeln sich auf ihrem Stuhl und schauen vage hinaus, wo die Freiheit lockt. Mädchen neigen mehr dazu, dem Muster zu folgen, auch wenn es nur dazu dient, die Anerkennung des Erwachsenen zu bekommen.

Geschlechterunterschiede zu berücksichtigen ist wichtig. Noch bedeutsamer ist es aber, sich jedem Jugendlichen individuell zuzuwenden.

DER GESPRÄCHSAUFBAU

Dieser Abschnitt basiert auf einem Kapitel aus *»Sag mir mal …« Gesprächsführung mit Kindern* (Delfos, 2004a/2000–2007).

Die allgemeinen Richtlinien wurden übernommen und danach auf Jugendliche übertragen.

Es gibt verschiedene Gesprächsarten, die auf drei Formen zurückzuführen sind, siehe Übersicht 20. In Gesprächen kommen oft viele verschiedene Aspekte zum Tragen, ein spontanes, offenes Fragegespräch kann beispielsweise auch den Charakter eines Fürsorgegesprächs annehmen.

Gesprächskategorien	
Gesprächskategorie	**Beschreibung**
Offenes Fragegespräch	Hierunter fallen Gespräche in der Schule, zu Hause oder im Verein. Ihr Ziel ist ein Austausch von Meinungen und Gefühlen mit dem Jugendlichen.
Interview, Verhör	Ist ausschließlich darauf ausgerichtet, vom Jugendlichen Informationen in Bezug auf ein bestimmtes Thema zu erhalten.
Fürsorgegespräch	Zielt darauf ab, dem Jugendlichen Hilfe zu bieten.

Übersicht 20: *Gesprächskategorien*

Gespräche können von Erwachsenen oder von Jugendlichen initiiert werden. Die Merkmale bleiben die gleichen. Derjenige, der die Initiative zu einem Gespräch ergreift, hat mehr Klarheit über das Ziel desselben, der andere muss hierüber informiert werden. Gespräche zwischen Jugendlichen und Erwachsenen werden meist von Erwachsenen initiiert.

Ein Gespräch besteht aus verschiedenen Phasen:
1. Vorbereitung
2. Einführung
3. Eingangsfrage
4. Gesprächsinhalt
5. Abrundung

Bei einem Interview sind die Phasen im Allgemeinen gut zu unterscheiden. Bei einem Fürsorgegespräch wird den Phasen 1 und 2 oft etwas weniger große Aufmerksamkeit geschenkt, wenn der Sozialarbeiter jemand ist, den das Kind kennt. In einer Schulsituation entsteht ein Gespräch oft zufällig, sozusagen zwischen Tür und Angel, hier werden mitunter Phase 1, 2 und 3 nicht vorkommen. Manchmal wählt der Jugendliche einen für den Erwachsenen ›unglücklichen‹ Moment, um ein Gespräch zu beginnen. Es kann sein, dass er das Thema lieber etwas weniger intensiv besprechen möchte und nicht so lange. Dieses Anliegen ist ganz plausibel, wird aber vom Erwachsenen oft nicht als solches erkannt. Das geschieht auch bei Gesprächen zwischen ›Tür und Angel‹. Sozialarbeiter erleben oft, dass plötzlich ein wichtiges Thema angeschnitten wird, wenn ihre Hand schon auf der Türklinke liegt. Für Sozialarbeiter ist das ungünstig, weil sie gerade am Gehen sind, für den Klienten aber gerade sehr geschickt. Der Moment ist nicht so aufgeladen und man kann schon einmal beobachten, wie das Thema ankommt. Auf diese Weise tasten Klienten häufig kurz ab, wie der Sozialarbeiter einem Thema gegenübersteht, ohne allzu tief darauf eingehen zu müssen.

Ein Jugendlicher sorgt auch manchmal dafür, dass er nie mit dem Erwachsenen allein ist, damit kein tiefer gehendes Gespräch stattfinden kann. Je älter Kinder werden, desto mehr sind sie sich der Umgangsformen bewusst und kennen Gesprächscodes. Ihr Vorgehen wird dann, viel stärker als bei Kindern, von einer bewussten Entscheidung bestimmt.

Auch wenn die Situation chaotischer ist, wie etwa in der Schule, kann man eine Linie in die Gesprächsführung bringen. Das heißt beispielsweise, dass man bewusst aus einer ›zufälligen Unterhaltung‹ ein ›offenes Fragegespräch‹ machen kann, bei dem der Jugendliche mit seinem Thema besser zum Zuge kommt.

Die Dauer eines Gesprächs hängt bei Jugendlichen sehr stark von der Stimmung ab. Dabei ist das Gefühl, ernst genommen zu werden, von großer Bedeutung. Jugendliche ab sechzehn Jahren können sehr lange Gespräche aushalten. Über ein Thema, das sie interessiert, können sie oft länger reden als ein Erwachsener, weil sie sich gerne in ein Thema vertiefen.

1. Die Vorbereitung

Wie bereits erwähnt, steht und fällt die Qualität eines Gesprächs mit der Wärme und dem Respekt der Gesprächspartner. Ein netter Sozialarbeiter hat mehr Chancen auf ein erfolgreiches Fürsorgegespräch als ein unfreundlicher. Daher ist es wichtig, mental eine warme und respektvolle Atmosphäre zu schaffen. Das ist möglich, indem man sich mit dem Menschen beschäftigt, mit dem das Gespräch geführt werden wird, und weniger mit sich selbst, den Umständen und dem Ereignis an sich (Übung 4.15, Anlage 1).

Die mentale Vorbereitung für ein Gespräch kann so aussehen, dass man sich bewusst macht, dass es für den Jugendlichen spannend werden wird, schön sein kann, aber auch ungewohnt, je nach Art des Gesprächs. Ein Sozialarbeiter, der sich darüber Gedanken macht, dass sich der Jugendliche Hilfe verspricht, steht ihm offener gegenüber als einer, der sich vor allem damit beschäftigt, wie er etwas sagen soll und ob der Jugendliche überhaupt mit ihm sprechen wird. Jemand, der sich vorstellt, dass es für den Jugendlichen angenehm ist, sich über ein Thema aussprechen zu können, wird eher den richtigen Ton anschlagen und mehr darauf bedacht sein, dass sich der Jugendliche im Gespräch wohl fühlt, als jemand, der Angst hat, dass der Jugendliche gar nicht will. Auf diese Weise versetzt sich der Erwachsene in die Welt des Jugendlichen und wird daher leichter an das anknüpfen, was in ihm vorgeht, und seine Signale entsprechend empfangen. Die Folge ist ein Gespräch, in dem sich beide Beteiligten wohl fühlen.

Eine gute Vorbereitung erhöht die Wahrscheinlichkeit eines erfolgreichen Gesprächs. Bei einem Interview kann das bedeuten, eine gewisse Anzahl von Fragen festzulegen. Findet es im Rahmen einer wissenschaftlichen Untersuchung oder einer Marktanalyse statt, gibt es Forschungsfragen, die in Interviewfragen umgesetzt wurden. Bevor das erste Interview stattfindet, muss der Interviewer den Fragebogen mehrere Male aufmerksam durchgelesen haben, um sich selbst der Fragen bewusst zu sein, sich zu vergegenwärtigen, was diese für den zu interviewenden Jugendlichen bedeuten können, und um die groben Linien des Gesprächs so gut wie möglich im Kopf zu haben. Wenn man versucht, sich vorzustellen, wie das Gespräch verlaufen könnte, kann man sich bereits weitere Fragen überlegen. Gleichwohl kann es eine ganz andere Wendung nehmen. Wenn man die Inhalte des Fragebogens noch nicht ausreichend beherrscht und wenig Erfahrung hat, ist es sinnvoll, die ersten Fragen auswendig zu lernen. Auf diese Weise kann man sich in der Startphase vollkommen auf den Jugendlichen konzentrieren und versuchen, Kontakt mit ihm herzustellen – eine wesentliche Voraussetzung für ein gutes Gespräch.

Auch der Ort beeinflusst den Verlauf eines Gesprächs. Am besten ist ein Ort mit angenehmer Atmosphäre, wo man ungestört reden kann. Wenn möglich, kann der Jugendliche die Atmosphäre mitbestimmen, indem er den Platz selbst auswählt.

Für manche Gespräche braucht man Materialien, wie einen Kassettenrekorder oder einen Test. In diesem Fall ist vorher zu überprüfen, ob alles Material zur Verfügung steht.

Die Vorbereitung für ein Fürsorgegespräch ist mehr inhaltlicher Natur. Dasselbe gilt für ein Gespräch in der Schulsituation, wobei die zusätzliche Komplikation darin liegen kann, dass es unvorbereitet und spontan stattfindet. Auch dann ist es für den Verlauf des Gesprächs gut, sich kurz noch einige Fragen zu überlegen.

In Übersicht 21 sind die Elemente, die in der Vorbereitung eines Gesprächs eine Rolle spielen, für die unterschiedlichen Gesprächsformen aufgelistet. Weil die verschiedenen Arten auch viele Übereinstimmungen aufweisen und ineinander übergehen, passen manche Punkte auch in eine andere Gesprächsform, obwohl sie dort nicht erwähnt werden. Es ist daher sinnvoll, bei der Vorbereitung eines Gesprächs alle drei Bereiche durchzugehen.

Vorbereitung auf ein Gespräch		
(Spontanes) offenes Fragegespräch	**Interview**	**Fürsorgegespräch**
– Will der Jugendliche ein Gespräch? – Ist dies ein ›sensibles‹ Gespräch für den Jugendlichen? – Soll ich das Gespräch in dieser Situation beenden oder eine Fortsetzung arrangieren?	– Habe ich den Kassettenrekorder und das Mikrofon? – Sind Kassettenrekorder und Mikrofon in Ordnung? – Habe ich genügend Kassetten? – Habe ich Reservebatterien? – Habe ich Stift und Papier?	– Will der Jugendliche dieses Gespräch? – Will der Jugendliche dieses Gespräch allein führen oder in Anwesenheit einer weiteren Person? – Hat der Jugendliche hierüber schon mit jemand anderem gesprochen?
– Gibt es einen vertrauten Raum, wo man das Gespräch führen kann? – Kann sich der Jugendliche nach dem Gespräch eventuell austoben?	– Habe ich den Fragebogen? – Gibt es irgendeine Möglichkeit für eine Aktivität? – Gibt es einen vertrauten Raum, wo man das Gespräch führen kann? – Kann sich der Jugendliche nach dem Gespräch eventuell austoben?	– Habe ich Stift und Papier? – Habe ich den Fragebogen? – Gibt es irgendeine Möglichkeit für eine Aktivität? – Gibt es einen vertrauten Raum, wo man das Gespräch führen kann? – Kann sich der Jugendliche nach dem Gespräch eventuell austoben?

Übersicht 21: *Vorbereitung auf ein Gespräch*

2. Die Einführung

Der erste Schritt: sich vorstellen

Ist man dem Gesprächspartner nicht bekannt, ist es gut, sich selbst vorzustellen und den anderen nach seinem oder ihrem Namen zu fragen. Der Name eines Menschen ist wichtig, diesen zu behalten vermittelt dem anderen ein Gefühl von ›Wichtigsein‹. Um sich einen Namen zu merken, braucht man eigentlich nicht viele Gedächtnisstrategien. Wenn man ihn vergisst, liegt das meist daran, dass man kaum oder gar nicht auf ihn geachtet hat. Oft wird gleich, nachdem murmelnd ein Name genannt wurde, zu ›Wichtigem‹ übergegangen, als ob der Name irgendwann noch einmal an der Reihe wäre. Achtet man gleich zu Beginn gezielt auf ihn, weil man Kontakt herstellen möchte, wird dieser sofort einen Platz im Gedächtnis bekommen. Daher denke man einen Augenblick über den Namen nach und sage eventuell auch etwas darüber.

Der Name ist also ein nicht unwichtiges Element im zwischenmenschlichen Kontakt. Taubstumme haben neben ihrem normalen Namen auch einen in der Gebärdensprache, damit sie sich auch in dieser Sprache namentlich ansprechen können. Der Name in Gebärdensprache drückt eine charakteristische Eigenschaft der Person aus.

Beim Vorstellen ist es wichtig, zu verdeutlichen, wer man ist und was man tun möchte. Die Einführung zu einem Gespräch kann auch von anderen übernommen werden, beispielsweise dem Dozenten, der den Jugendlichen an eine Schulsozialarbeiterin überwiesen hat. Aber auch in diesem Fall ist es nötig, sich selbst vorzustellen und das eigene Ziel klarzumachen. Im Übrigen ist es immer wichtig, das Anliegen zu erklären, auch wenn man dem Jugendlichen bekannt ist. Ein ›ernstes‹, von einem Erwachsenen initiiertes Gespräch weckt jedenfalls beim Jugendlichen häufig eine negative Erwartungshaltung und kann mit Anspannung einhergehen. Dies umso mehr, wenn wir es mit Jugendlichen zu tun haben, die über ein geringes Selbstbewusstsein verfügen. Indem man das Ziel nennt, wird diese Anspannung möglicherweise verringert.

Als du gestern nach Hause kamst, sahst du sehr unglücklich aus. Du gingst in dein Zimmer und ich habe das so gelassen, weil ich dachte, dass du es vielleicht wolltest, aber kann ich jetzt etwas für dich tun?

Ich bin Sozialarbeiterin dieser Schule. Ich weiß, dass du viele unangenehme Dinge erlebt hast. Dein Französischlehrer, der dich mag, hat mir das erzählt. Ich habe es so verstanden, dass du damit einverstanden bist. Ich weiß nicht, wie du es findest, mit einer Fremden darüber zu reden, denn wir kennen uns ja fast nicht, aber vielleicht kann ich dir dabei helfen.

Ich bin Journalist. Ich möchte eine Reportage über die Stimmung an eurer Schule machen und da sollte ich doch am besten die Jugendlichen direkt fragen, findet ihr nicht auch?

Will. man bei einem Gespräch sein Ziel verdeutlichen, muss man sich selbst darüber im Klaren sein. Daher ist es sinnvoll, es zunächst für sich selbst in Worte zu fassen; dann kann man es auch einem anderen besser vermitteln. Ein Ziel hat sowohl einen nicht personengebundenen Aspekt – beispielsweise Informationen darüber zu erhalten, wie ein Kind die Gruppe erlebt – als auch einen personengebundenen Aspekt, beispielsweise, als ›netter Mensch‹ oder ›guter Interviewer‹ beim ›Befragten‹ anzukommen. Sich der personengebundenen Anteile bewusst zu sein hilft dabei, von den eigenen Belangen Abstand zu nehmen und die Aufmerksamkeit mehr auf die Lebenswelt des ›Befragten‹ zu richten (Übung 4.16, Anlage 1).

Vertraulichkeit von Informationen

Bereits bei der Einführung muss klargestellt werden, wie mit den Informationen umgegangen werden wird. Auch bei spontanen Gesprächen, beispielsweise zu Hause oder in der Schulsituation, ist es sinnvoll, so weit wie möglich die Merkmale eines geplanten Gesprächs im Auge zu behalten, natürlich ohne formell zu werden.

Auch zu Hause spielt Vertraulichkeit eine Rolle. Wie wird beispielsweise dem anderen Elternteil etwas berichtet? Den anderen Familienmitgliedern? In Übersicht 22 werden die einzelnen Elemente der Einführung dargestellt.

Einführung in ein Gespräch		
(Spontanes) offenes Fragegespräch	**Interview**	**Fürsorgegespräch**
– Falls unbekannt: Vorstellen – Wenn durch den Erwachsenen initiiert: Anlass und Ziel des Gesprächs sagen – Eventuell mögliche Dauer angeben – Eventuell Angebot, es an anderem Ort und zu anderem Zeitpunkt stattfinden zu lassen – Maß der Vertraulichkeit eines Gesprächs besprechen	– Vorstellen: Wer ist der Interviewer? – Warum dieses Interview? – Worum dreht sich das Interview? – Welchem Ziel dient es? – Das Maß der Vertraulichkeit: Was geschieht mit der Information, die der Interviewte weitergibt? – Die Aufnahme des Gesprächs: Findet es der Interviewte gut, dass das Gespräch auf Tonband oder Video aufgenommen wird? – Die Dauer: Wie lange wird das Interview dauern?	– Falls unbekannt: Vorstellen: Wer ist der Sozialarbeiter? – Warum dieses Gespräch? – Welchen Anlass gibt es dafür? – Welchem Ziel dient das Gespräch? – Das Maß der Vertraulichkeit: Was geschieht mit der Information, die der Klient weitergibt? – Das Ziel eventueller Aufzeichnungen und wozu sie verwendet werden, deutlich machen – Die Dauer: Wie lange wird das Gespräch dauern?

Übersicht 22: *Einführung in ein Gespräch*

In der Startphase ist es wichtig, zu einem Einverständnis über das Gespräch zu gelangen. Der Jugendliche muss angeben, ob er dazu bereit ist oder nicht. Anschließend wird der Erwachsene daraus die Konsequenzen ziehen müssen. Das kann bedeuten, dass man dem Jugendlichen mehr Erklärungen zum Gespräch geben muss, oder aber auch, dass es nicht stattfinden kann, weil der Jugendliche es nicht möchte. Jugendliche sind oft sehr eindeutig in ihrem Widerstand. Das sollte ernst genommen werden. Ein Gespräch ›durchzudrücken‹ ist wenig fruchtbar. Jugendliche müssen wissen, dass ihre Meinung ernst genommen wird, auch wenn sie vielleicht weniger erwünscht ist. Auf diese Weise fühlt sich der Jugendliche für das Gespräch mitverantwortlich und wird sich entsprechend verhalten.

Die Einführung des Gesprächsrahmens

Es ist wichtig, das Gesprächsziel wiederholt und deutlich zu umreißen. Es muss sowohl im Interesse des Erwachsenen als auch des Jugendlichen liegen. Etwa ab dem sechzehnten Lebensjahr kennen Jugendliche die meisten Regeln für Gespräche. Diese brauchen dann auch nicht ausführlich erklärt zu werden, es reicht, auf die Art des Gesprächs hinzuweisen.

> *Ich bin Wissenschaftlerin und ich arbeite für Menschen, die untersuchen, wie Jugendliche es finden, in Pflegefamilien zu wohnen. Wir möchten das gern wissen, um dafür zu sorgen, dass wir Pflegekindern und ihren Pflegeeltern und Eltern gut helfen können. Indem wir mit vielen Jugendlichen reden, erfahren wir, wie das ist. Für dich ist es vielleicht auch schön, zu erzählen und zu wissen, dass du wiederum anderen Jugendlichen damit hilfst.*
>
> *Ich bin Psychologin und deine Eltern haben wegen deiner Ängste mit mir gesprochen. Sie denken, dass ich dir vielleicht helfen kann. Das denke ich auch und es wäre erfreulich, denn es ist gar nicht angenehm, so große Angst zu haben. Ich finde es schön, jemandem helfen zu können, und ich glaube, du willst deine Angst auch gern loswerden.*

Ein Interview oder ein offenes Fragegespräch kann ein einmaliges Ereignis sein, auf das man nicht mehr weiter eingeht. Es ist wichtig, dass der Jugendliche das weiß, damit keine falschen Erwartungen geweckt werden. Ein gutes Interview kann als Hilfe erfahren werden und das kann ein Bedürfnis nach mehr hervorrufen. Deshalb muss bei einem Interview deutlich gemacht werden, dass es sich um kein Fürsorgegespräch handelt und der Befragte damit auch keine weitere Hilfe erwarten darf.

Auch wenn es dem Interviewer selbstverständlich erscheint, muss erwähnt werden, dass das Erzählte keine Folgen für die Hilfesuche des Befragten jetzt und in Zukunft haben wird. Es ist auch wichtig, zu erklären, wofür das Interview dient und was mit den Daten geschieht, wer sie bekommen wird und ob vertraulich mit ihnen umgegangen wird.

In einem Fürsorgegespräch sollte dem Jugendlichen vermittelt werden, dass seine Meinung im Mittelpunkt steht und dass er derjenige ist, der das Thema bestimmt. Es geht schließlich um eine Hilfeleistung und es ist wichtig, genau herauszustellen, welche Hilfe gesucht wird.

> *Ich möchte gern versuchen, dir zu helfen. Dafür muss ich aber wissen, wobei ich dir helfen soll. Deine Eltern haben gesagt, dass du Angst hast, aber ist das auch tatsächlich das Thema, bei dem ich dir helfen soll?*

In einer Interview- oder einer Verhörsituation und häufig auch in Fürsorgegesprächen ist es hilfreich, sich Notizen zu machen oder das Gespräch aufzunehmen. Dem Jugendlichen muss erklärt werden, aus welchem Grund die Video-, Tonband-, oder MP3-Aufnahme gemacht wird, und auch, was mit den Daten geschieht. Eine Tonbandaufnahme kann einem Kind unangenehm sein, wenn das Gesprächsthema schmerzlich ist. Es kann auch ein Problem darstellen, dass andere, besonders die Eltern, bestimmte Dinge hören werden. In diesem Fall hält ein Jugendlicher Themen, Meinungen und Gefühle vielleicht zurück. In anderen Fällen findet der Jugendliche das Tonband gerade gut und hat das Gefühl, wichtig zu sein bis hin zu ›ein bisschen berühmt‹. Die meisten Jugendlichen haben schon einmal damit experimentiert, sich selbst und andere aufzunehmen, auch danach kann man fragen.

Hast du dich schon einmal selbst aufgenommen? Ich möchte dieses Gespräch gern aufnehmen, aber nur, wenn das für dich in Ordnung ist. Du brauchst das nicht sofort zu entscheiden. Wir können es auch so machen, dass wir das Gerät einschalten, und dann entscheidest du am Ende, ob wir die Aufnahme bewahren oder löschen.

Für eine Tonbandaufnahme muss Zustimmung erbeten werden. Es kann auch sein, dass eine anfänglich erteilte Zustimmung später bedauert wird. Daher ist es gut, nach dem Gespräch noch einmal darauf zurückzukommen. Um eine Zustimmung erteilen zu können, muss man wissen, welchem Zweck die Aufnahme dient, und das Vertrauen muss groß genug sein. Wird die Zustimmung verweigert, sollte man zunächst nach dem Grund fragen, bevor man vorschnell den Schluss zieht, es liege an mangelndem Vertrauen. Ist dies doch der Fall, sollte man auf ein Interview verzichten und nicht versuchen, den Jugendlichen unter Druck zu setzen. Die Qualität der Antworten wird dann wenig verlässlich sein. Allerdings ist es sinnvoll, zu schauen, ob es möglich ist, an diesem Vertrauen zu arbeiten.

Du willst nicht, das ich dies auf Band aufnehme. Wenn du es nicht möchtest, mache ich es nicht, aber kann ich etwas dazu beitragen, dass es doch in Ordnung für dich wäre? Vielleicht hast du ja Angst, dass ich irgendetwas Blödes mit dem Band mache. Soll ich dir erklären, was ich damit tun werde?

Ich habe das Gefühl, du willst lieber kein Gespräch. Vielleicht hast du Angst, dass durch dieses Gespräch irgendetwas Unangenehmes geschieht? Meiner Ansicht nach wird nichts Unangenehmes passieren, was meinst du?

In der Übersicht 23 sind die wichtigsten Punkte für die Einführung des Gesprächsrahmens bei den unterschiedlichen Gesprächsarten aufgelistet. Auch hier gilt, dass sich die Gesprächsformen überlappen können.

Einführung des Gesprächsrahmens		
(Spontanes) offenes Fragegespräch Angeben, um welche Art von Gespräch es sich handelt	**Interview** Angeben, um welche Art von Gespräch es sich handelt	**Fürsorgegespräch** Angeben, um welche Art von Gespräch es sich handelt
– Explizit machen, wer die Themen bestimmt – Deutlich machen, dass man die Meinung des Jugendlichen wissen möchte – Deutlich machen, dass man je nach Bedarf helfen wird, wenn der Jugendliche dies will – Den Grad der Vertraulichkeit des Gesprächs erläutern	– Deutlich machen, dass man die Meinung des Jugendlichen zu einem bestimmten Thema wissen möchte – Erklären, dass es keine ›guten‹ und ›falschen‹ Antworten gibt – Den Grad der Vertraulichkeit des Gesprächs erläutern	– Explizit machen, dass der Jugendliche das Thema bestimmt – Deutlich machen, dass man gern wissen möchte, womit der Jugendliche Probleme hat – Deutlich machen, dass man vorhat, dem Jugendlichen bei seinen Problemen zu helfen – Deutlich machen, dass man dem Jugendlichen helfen will, seine Gedanken und Gefühle zu äußern, wenn er Schwierigkeiten damit hat – Den Grad der Vertraulichkeit des Gesprächs erläutern

Übersicht 23: *Einführung des Gesprächsrahmens*

3. Die Eingangsfrage

Die Eingangsfrage, die zum Kern des Gesprächs führt, kann dem Jugendlichen Einblick in das Gesprächsthema geben, in die Art der Fragen, die gestellt werden, und in die Erwartung des Erwachsenen. Es ist daher wichtig, sich eine ›erste‹ Frage zu überlegen, die informativ ist und für den Jugendlichen einen klaren Einstieg ins Gesprächsthema markiert. Dieser Frage sind die Einführungsfragen vorangegangen, und wenn alles geklappt hat, ist es dem Erwachsenen bereits gelungen, eine angenehme Atmosphäre zu schaffen (Übung 4.17, Anlage 1).

In Übersicht 24 finden sich einige Beispiele für Fragen, die den Auftakt zum Gesprächskern bilden.

Bei einem Interview ist es geschickt, die ersten Fragen auswendig zu kennen. Sie sollten leicht zu beantworten sein. Deshalb sollte es sich vorzugsweise nicht um offene Fragen handeln, bei denen eine breite Skala von Antworten möglich ist, besser sind solche nach einem Umstand oder einem Ereignis. Jugendlichen, die Schwierigkeiten haben, Gedanken und Gefühle auszudrücken, wird auf diese Weise ein leichterer Start in das Gespräch ermöglicht.

Die Eingangsfrage zum Einstieg in den Gesprächskern		
(Spontanes) offenes Fragegespräch	**Interview**	**Fürsorgegespräch**
– Ich wüsste gern, weshalb du gestern so wütend nach Hause gekommen bist – Willst du mir erzählen, was dir Kummer macht?	– Wie war es am Anfang, hier zu wohnen? Kannst du darüber etwas erzählen? – Hast du schon einmal eine Lehrerin gehabt, die sehr nett war? Erzählst du mir ein bisschen darüber?	– Ich frage mich, ob du wenigstens ein bisschen schlafen kannst mit all den Sorgen im Kopf. Erzähl doch mal, wie das bei dir ist mit dem Einschlafen? – Bist du eigentlich böse auf jemanden, der hiermit etwas zu tun hat?

Übersicht 24: *Die Eingangsfrage zum Einstieg in den Gesprächskern*

4. Der Gesprächsinhalt

Nach der Einführung und der Einstiegsfrage kommt das Gespräch in die Phase des eigentlichen Themas. Der ›Befragte‹ gibt seine Information preis oder das Thema, auf das sich die Hilfe bezieht, wird angesprochen.

Während dieser Phase laufen zwei Prozesse gleichzeitig ab. Der eine betrifft das zu besprechende Thema, der andere den Erhalt einer guten Beziehung und Atmosphäre. Der Erwachsene muss beides im Auge behalten. Auch der Jugendliche ist übrigens mit beiden Prozessen beschäftigt, aber eher auf der Ebene, dass er sich fragt, ob er weiterreden soll oder nicht. Sind die Gesprächsbedingungen nicht optimal und ist die Einführung nicht gut verlaufen, rächt sich das in dieser Phase. Während der Einführung und beim Start ist der Jugendliche noch dabei, abzuklopfen, ob er zum Gespräch bereit ist. Beim eigentlichen Gesprächsinhalt spielen Motivation, Spannungsbogen und Warmherzigkeit eine wichtige Rolle. Wenn der Jugendliche das Gespräch in Wirklichkeit gar nicht will oder sich nicht wohl fühlt, wird der passive oder aktive Widerstand jetzt sichtbar. Erwachsene neigen oft dazu, dies zu negieren und ihr Gesprächsthema ›durchzudrücken‹, ihre Machtposition macht das möglich. Es ist allerdings eine fruchtlose Strategie, denn die inhaltliche Qualität wird nicht besonders ergiebig sein. Besser ist es, wenn man versucht, die in früheren Phasen entstandenen Löcher durch Metakommunikation zu stopfen.

Ich habe ganz vergessen, dir zu erzählen, was ich mit diesem Interview machen werde. Soll ich dir das erst mal erklären?

Ich merke, dass wir uns beide mit dem Gespräch viel Mühe geben, aber es geht nicht so leicht. Weißt du, woran das liegt? Vielleicht habe ich mich nicht klar genug ausgedrückt, warum ich mit dir reden möchte.

Du schaust zum Fenster hinaus, vielleicht möchtest du gern weg. Stimmt das? Das darfst du ruhig sagen, wirklich.

Um so viele Informationen wie möglich zu bekommen, sollte man darauf achten, wie man die Fragen stellt. Nimmt man eine zuhörende Haltung ein und gibt dem Jugendlichen die Gelegenheit, frei heraus zu sprechen, sorgt man dafür, dass er Interesse für seine eigene Geschichte spürt. Beschreibende, offene Fragen geben älteren Kindern den Raum, den sie brauchen, um das zu erzählen, was sie wichtig finden.

Erwachsene haben ihre eigenen Tagesordnungspunkte und eine eigene Vorstellung darüber, was und in welcher Reihenfolge dies behandelt werden sollte. Ein Jugendlicher hat jedoch ebenfalls eine Vorstellung und kann viel besser aus sich herausgehen, wenn auch seine Themen berücksichtigt werden. Hier muss noch hinzufügt werden, dass der rote Faden des Jugendlichen häufig die bessere Fährte ist, wenn es um ihn geht.

Sogar bei Interviews im Rahmen einer Analyse, bei der man Antworten miteinander vergleichen können muss, ist es wichtig, dass sich der Interviewer die Freiheit nimmt, auch einmal kurz von seinem Konzept Abstand zu nehmen, beispielsweise, um den Jugendlichen nicht zurückzuweisen, sein Vertrauen (wieder)zugewinnen oder um ein wenig Spannung abzubauen. Dasselbe gilt für Fürsorgegespräche.

Ein spontaner Prozess ist wertvoll. Ihn zu unterbrechen kann dazu führen, dass kostbare Informationen verloren gehen und sich der Kontakt verschlechtert. Bringt jemand etwas spontan zur Sprache, ist das ein Zeichen dafür, dass ihn das Thema beschäftigt. Oft entsteht eine spontane Äußerung durch eine Assoziation, die dem Zuhörer allerdings nicht sofort klar ist. Fragt man aufgrund dieser Äußerung weiter, wird die Assoziation verständlich und das Thema häufig vertieft.

Die Erfahrung, die jemand mit Gesprächsführung hat, beeinflusst den Gesprächsverlauf in hohem Maße. Sie hat den größten Effekt auf das Selbstvertrauen des Erwachsenen und das wiederum wirkt sich auf den Kontakt mit dem Jugendlichen aus. Ein unsicherer Erwachsener hält immer Abstand zu Menschen seiner unmittelbaren Umgebung und demnach auch zu seinem Gesprächspartner. Er richtet seine Aufmerksamkeit mehr auf sich selbst und weniger auf den anderen. Will man allerdings einen guten Kontakt herstellen, muss man sich auf den anderen ausrichten.

Metakommunikation kann helfen, die eigene Unsicherheit zu überwinden. Sich zu fragen, ob man es gut macht, kann sich nachteilig auf die Gesprächsführung auswirken. Dadurch kann man ziemlich in Beschlag genommen werden. Wenn man den Faden verliert und nicht mehr weiß, welche Frage man stellen soll, kann man sich aufregen und hartnäckig versuchen, sich zu erinnern, man kann dies aber auch – über Metakommunikation – mitteilen:

Jetzt sitzen wir hier so schön und reden, und ich vergesse einfach, welche Frage ich dir jetzt stellen sollte. Mal sehen …

Daher ist es als Vorbereitung für ein Gespräch gut, die eigene Unsicherheit zu erkunden und zu versuchen, sie zu verringern. Ist man sehr nervös, sollte man das gleich versuchen mitzuteilen, so dass der Jugendliche die Spannung nicht mit sich selbst in Verbindung bringen muss:

Ich habe noch nicht so viele Interviews durchgeführt, das ist also auch für mich sehr spannend.

Ich finde es ziemlich spannend, dir zu helfen. Du hast viele schlimme Dinge mitgemacht, und ich will dir gern eine gute Hilfe sein.

Bevor die Abrundungsphase beginnt, ist es gut, wenn man sich überlegt, welches die wichtigste Frage des Gesprächs ist. Ist sie nicht oder nur unzureichend zur Sprache gekommen, sollte man versuchen, sie nachträglich in einen metakommunikativen Rahmen zu stellen, dass heißt, klar vermitteln, dass es sich um die wichtigste Frage handelt und dass man darauf gern eine Antwort hätte.

Eigentlich ist meine wichtigste Frage, ob du selbst der Ansicht bist, dass du zu viel trinkst, und ich fände es sehr schön, wenn ich darauf noch eine Antwort bekäme, bevor wir das Gespräch beenden.

Am Allerwichtigsten finde ich, zu wissen, was du jetzt von dir selbst hältst, nachdem du das alles mitgemacht hast. Ich fände es fein, wenn ich das von dir hören würde.

5. Die Abrundung

Auch der Abschluss eines Gesprächs verdient große Sorgfalt. Ein abrupt beendetes Gespräch wird dem Befragten das Gefühl vermitteln, er verdiene jetzt keine Aufmerksamkeit mehr. Möglicherweise entsteht sogar das Gefühl, ›benutzt‹ worden zu sein.

In einem Gespräch wird Spannung aufgebaut und diese Spannung muss wieder abgebaut werden. Deshalb muss man am Ende auf Fragen und Emotionen achten, die das Gespräch hervorgerufen hat. Der Jugendliche sollte ein Gespräch mit positiven Gefühlen abschließen können. Wenn das nicht der Fall zu sein scheint, ist es noch nicht beendet. Handelt es sich um ein Gespräch zu Hause in einer Konfliktsituation, ist es manchmal auch gut, es eine Zeit lang ruhen zu lassen und dem Jugendlichen den Raum zu geben, aus dem Gespräch zu gehen. Zu Hause kann man auch noch einmal auf die Themen zurückkommen.

Ein Gespräch kann auf unterschiedliche Weise abgerundet werden und es gibt auch verschiedene Gründe, weshalb es zu seinem Ende kommt. Möglicherweise ist das Thema ausreichend besprochen, die zur Verfügung stehende Zeit um oder die Gesprächspartner haben die Motivation für das Gespräch verloren. Die Abrundung kann unter anderem dadurch erfolgen, dass man ankündigt, dass das Gespräch jetzt bald zu Ende ist. Hierbei kann man sich auch auf Äußerungen zur Einführung des Gesprächs beziehen.

Ich hatte dir versprochen, vor sieben aufzuhören, damit du noch rechtzeitig zu deinen Freunden kommst, wir können den Faden später wieder aufgreifen, wenn du möchtest.

Ich hatte gesagt, das Interview würde eine Stunde dauern, die ist jetzt fast um, und es wird Zeit, dass wir langsam zum Ende kommen.

Eine Abrundung kann eine Bewertung des Gesprächs durch beide Partner beinhalten. Das ist nicht immer leicht, daher bietet es sich an, dass zuerst der Erwachsene sagt, wie er das Gespräch fand. Hiermit wird allerdings auch ein Akzent gesetzt und der Jugendliche muss ein gutes Selbstvertrauen haben, will er eine gegensätzliche Meinung dazu äußern. Verspürt er in den Äußerungen des Erwachsenen Unsicherheit, wird er mit der eigenen Meinung hinterm Berg halten oder, ganz im Gegenteil, sie aufbauschen. Um das zu verhindern, ist es sinnvoll, bereits während des Gesprächs wertende Bemerkungen fallen zu lassen, an deren Ende man anschließen kann.

Du hast schon gemerkt, dass ich oft froh über das war, was du mir erzählt hast …

Ich habe gemerkt, dass es nicht immer leicht für dich war, es zu erzählen, aber …

Wenn der Erwachsene das Gespräch kurz zusammenfasst, kann der Jugendliche seinen Anteil besser verstehen. Das kann ihn auch dazu einladen, dem Gesagten noch etwas hinzuzufügen.

Wir haben jetzt darüber gesprochen, was du mit deinem Sport erreichen möchtest. Ich wusste nicht, dass er so wichtig für dich ist. Und vor allem, dass du ihn auch zu deinem Beruf machen möchtest. Jetzt, da ich das weiß, können wir gemeinsam sehen, wie das zu verwirklichen wäre.

Was würdest du sonst noch gern erzählen?

Was würdest du noch fragen, wenn du der Vater wärst?

Was sollte ich deiner Ansicht nach jetzt noch über dich erfahren?

Bei der Abrundung empfiehlt es sich, noch einmal auf das Gesprächsziel zu kommen und auch darauf, was mit der Information geschehen wird. Darüber hinaus muss klar sein, ob es noch eine Fortsetzung des Gesprächs geben wird oder nicht.

Ich bin so froh, dass du mir das erzählt hast. Das finde ich genauso wichtig wie den Hörverständnistest. Nächste Woche frage ich, wie er gelaufen ist, denn das möchte ich gern wissen.

Ich finde, dass wir ein gutes Gespräch gehabt haben. Jetzt weiß ich, weshalb du so gern übers Wochenende zu deinen Eltern möchtest und wovor du dann Angst hast. Ich werde es ihnen nicht weitererzählen, denn du hast gesagt, dass du das nicht möchtest, aber vielleicht ist es ja schön, wenn ich dich nach dem Wochenende frage, wie es denn war, dann können wir feststellen, ob es geholfen hat, was wir uns da überlegt haben.

Beim Jugendlichen sind während des Gesprächs etliche Emotionen ausgelöst worden. Er hat sich angestrengt, ein gutes Gespräch zu führen, oder fühlt sich angespannt, weil das Gespräch nicht nach seinen Vorstellungen verlaufen ist. In jedem Fall hat er sich eingesetzt, und daher ist es wichtig, ihm für das Gespräch zu danken. Der Dank sollte nicht formell sein, weil sich der Jugendliche sonst betrogen fühlt. Ein Erwachsener, der wirklich mit einem Jugendlichen kommuniziert, gibt nicht nur, sondern bekommt auch etwas von ihm und kann sich daher durchaus bedanken. Jemandem danken, zum Beispiel für das geschenkte Vertrauen, macht den anderen zu einer wertvollen Person (Übung 4.18, Anlage 1).

Ich will dir danken, dass du mir so viel erzählt hast, aber das ist vielleicht ein bisschen seltsam, denn für dich ist es bestimmt sehr schwierig gewesen, das alles zu erzählen.

Danke für dein Vertrauen!

Junge, Junge, was für ein Gespräch! Ich bin richtig stolz auf uns!

Es ist für Menschen wichtig, sich nach einem schwierigen Gespräch und besonders nach langem Stillsitzen auszutoben und sich körperlich zu betätigen. Dies muss zu einem Teil der Abrundung werden.

Erna ist fünfzehn. Sie wohnt in einem Kinderhaus. Es ist ein wenig abgelegen und niemand aus ihrer alten Umgebung besucht sie. Sie kommt nicht mit der Gruppenleitung zurecht. Sie verstehen sie nicht. Sie bittet ihren Sozialarbeiter, vorbeizukommen, um zu klären, was mit ihr los ist. Das Gespräch ist sehr anstrengend für Erna.

Sie hat alle verloren und will, dass diese Gruppenleitung sie versteht und mag.
Das Gespräch verläuft gut. Erleichtert steht Erna außerhalb des Versammlungsraums im Hauptgebäude des Kinderhauses. »Willst du mein Zimmer sehen?«, fragt sie den Sozialarbeiter. Ihr Zimmer ist in einem der Gruppenhäuser auf dem Gelände. Sie rennt schon los. Unterwegs macht sie einen Umweg. »Hier gibt es schöne Hügel, rennst du mit?«, ruft sie dem Sozialarbeiter zu.

Meistens ist es angenehm, noch eine Weile weiterzureden, damit sich die Atmosphäre entspannt. Nach der Abrundung eines Gesprächs kann es passieren, dass der Erwachsene mit anderen Erwachsenen der Einrichtung ins Gespräch kommt. Man sollte dies vermeiden oder dem Jugendlichen die Situation klarmachen, sonst hat er vielleicht den Eindruck, man rede über ihn. Um das zu verhindern, ist es sinnvoll, dem Jugendlichen zu erklären, worüber in diesem Fall gesprochen würde.

Ich sehe da hinten den Lehrer, der dich an mich verwiesen hat. Ich will ihm kurz erzählen, dass wir fertig sind und dass wir ein prima Gespräch geführt haben, aber ich erzähle ihm nicht, worüber wir gesprochen haben, in Ordnung?
Wenn deine Eltern kommen, um dich abzuholen, rede ich wie vereinbart kurz über unser Gespräch, und wenn du willst, kannst du ruhig dabei sein.
Ich komme noch einmal kurz zu dir. Du hast mich mit deinem Lehrer reden sehen, aber es ging nicht um dich. Ich wollte nur, dass du das weißt.

Ein Fürsorgegespräch ist meistens Teil einer Reihe von Gesprächen. Bei der Beendigung eines Gesprächs ist es daher wichtig, die weitere Vorgehensweise zu erläutern, soweit sie bekannt ist. Das kann auch bedeuten, dass der Sozialarbeiter sagt:

Ich werde gut darüber nachdenken. Morgen erzähle ich dir, was ich damit machen kann. In Ordnung?

Es schafft für beide Gesprächspartner Klarheit, wenn das Ende eines Gesprächs gut angezeigt wird und auch gesagt wird, wie es weitergeht.

Dass dies ein gewisses Können verlangt, merkt man an den vielen Menschen, die Mühe haben, ein Gespräch sauber abzurunden.

KERNAUSSAGEN

- Ab der Pubertät muss der Erwachsene Verantwortung und Macht mit dem Jugendlichen teilen.
- Der Jugendliche ergreift die Macht, indem er das Gespräch initiiert, es zulässt oder nicht oder mittels aktiven oder passiven Widerstands sabotiert.
- Der Jugendliche empfindet die Notwendigkeit der Gleichwertigkeit.
- Aufrichtiges Interesse bedeutet, mehr Fragen zu stellen als selbst zu erzählen.
- Es ist wichtig, mit Vorwegnahmen von Inhalten sparsam umzugehen.
- Erwachsene und Jugendliche scheinen entgegengesetzte Interessen zu haben.
- Der Jugendliche kann die Gleichwertigkeit, die er anstrebt, erst gegen Ende der Adoleszenz richtig umsetzen.
- Die Wissensvermittlung des Erwachsenen nimmt ab, die des Jugendlichen zu.
- ›Gute‹ Gesprächsführung bedeutet: sich wohl fühlen, in den Zielen übereinstimmen, eigene Meinungen und Gefühle äußern können, Informationen geben und nicht jemandem entlocken, sich gehört fühlen und die passende Hilfe bekommen.
- Ein gutes Gespräch bedeutet auch: Lass den anderen reden.
- Nirgends wird noch in so großem Maß mit Zwang gearbeitet wie bei Magersucht.
- Allgemeine Kommunikationsbedingungen: respektvoll mit dem anderen umgehen; den anderen ernst nehmen; dafür sorgen, dass sich der Gesprächspartner wohl fühlt; dem Gesprächspartner zuhören; dem anderen die Chance geben, sich nach einem anstrengenden Gespräch zu erholen.

- Allgemeine Kommunikationsbedingungen für den Umgang mit Jugendlichen: Gehirn ›einschalten‹; zum Erzählen stimulieren; zielgerichtet weiterfragen; Wertschätzung für den Denkprozess äußern; Bereitschaft zeigen, zu lernen; sokratische Methode.
- Schwerpunkte, die in der Gesprächsführung mit Jugendlichen zu beachten sind: Jugendlichen die jeweiligen Intentionen mitteilen; sie wissen lassen, dass sie schweigen dürfen; versuchen, zu benennen und zu befolgen, was man fühlt; Jugendliche dazu einladen, ihre Meinung über das Gespräch zu sagen; Metakommunikation zu einem festen Bestandteil der Kommunikation machen.
- Loyalitäten beeinflussen Gespräche.
- Sozial erwünschtes Verhalten in Bezug auf Erwachsene nimmt während der Pubertät ab; sozial erwünschtes Verhalten gegenüber Gleichaltrigen nimmt zu.
- Der Jugendliche kann sich sehr negativ über seine Eltern äußern, verträgt allerdings nicht, wenn dies ein anderer tut.
- Moderne Kommunikationsmittel: Handy, SMS, E-Mail; Chatbox, ICQ/MSN.
- Die Sprachfertigkeit von Adoleszenten ist gegen Ende der Pubertät vollkommen ausgebildet.
- Die Pubertät sorgt für horrende Telefonrechnungen. Jugendliche rufen sich oft an und chatten viel im Internet.
- Es gibt einen Unterschied zwischen Verschlossensein (bewusst zu schweigen) und Nicht-leicht-reden-Können. Beides verlangt einen eigenen Umgang.
- Mädchen (und Frauen) sind mehr auf sprachliche Kommunikation ausgerichtet als Jungen (und Männer).
- Ein Ansatz, der Geschlechterunterschiede respektiert, berücksichtigt beide Geschlechter, ohne das Individuum dabei aus den Augen zu verlieren.
- Externalisierendes und internalisierendes Verhalten gehen über Geschlechterspezifisches hinaus.

- Jungen suchen nach Anerkennung, indem sie sich öffentlich darstellen. Mädchen suchen nach Anerkennung, bei der sie als Person nett gefunden werden.
- Es gibt drei grundlegende Gesprächsarten: offenes Fragegespräch, Interview, Fürsorgegespräch.
- Jedes Gespräch hat seinen eigenen Aufbau mit eigenen Merkmalen: Vorbereitung, Einführung, Eingangsfrage, Gesprächsinhalt, Abrundung.

JOSIES TAGEBUCHFRAGMENTE

Eine Dreizehnjährige in der Pubertät

Darüber grüble ich also nach:

Ich weiß wirklich nicht, was los ist, aber ich versuche, es den Leuten damit zu erklären, dass da etwas ist, ein Gefühl, für das ich keine Worte habe, es passiert zu viel. Und wenn ich versuche zu erzählen, was los ist, dann ist es nur ein Wischiwaschi-Gespräch, das in Schreien, Brüllen Schimpfen und Weinen endet, vor allem viel Weinen.
Ich muss dieses Gefühl loswerden, bloß denke ich, dass das nur geht, wenn ich herausgefunden habe, wodurch ich es bekomme, dann weiß ich, wie ich es nennen muss und wie ich es stoppen kann.

Bei all diesem Weinen denkt X (ein wahnsinniger Egotripper und Ekelpaket von einem Lehrer), dass ich das tue, um immer ein irres Drama draus zu machen, und dass ich mich anstelle. Dieser enorm irritierende Typ weiß nicht, wie ich mich fühle! Ich weiß es doch selbst nicht!

Ich verstehe es einfach nicht, und als ich eben auf meinem Bett lag, versuchte ich mir selbst weiszumachen, es sei überhaupt nichts los, doch es ist sehr wohl etwas los.
Aber es ist so schwammig und idiotisch.

Ich benehme mich den ganzen Tag schon negativ.
Hab kaum etwas gesagt und sitze mit ganz fröhlichem Gesicht vor dem Fernseher, bis A über B anfängt, und ich sage, sie soll aufhören.
Da sagte sie, ich sollte nach oben gehen und dort herumstänkern, und dann bin ich einfach gegangen, ohne etwas zu sagen.

Ich sollte jetzt mit meiner Mutter in die Stadt gehen und bummeln (etwas trinken), aber ich brauche eine Hose.
Wie geht man da vor?

Gestern habe ich auf meinem Zimmer versucht, Selbstmord zu begehen.

Ich hatte Nagellack, Haarlack, Duschcreme, Deo und Haarspülung in einen Becher getan und ausgetrunken. Leider wurde ich davon nur wahnsinnig müde und schwindelig und ich konnte nicht mehr stehen bleiben. Da bin ich schlafen gegangen.

Ich denke immer noch darüber nach, mich selbst zu töten. Lieber ohne Schmerzen, denn das tut mir doch zu weh (ist logisch).

Heute in der Mediathek hab ich im Internet nach Selbstmord gesucht, und da stand, wenn jemand darüber reden würde, müsse er immer (mit Anführungszeichen und fett gedruckt!) ernst genommen werden!

PS: keine Lust mehr gehabt auf Selbstmord!

Und dann sagt sie, wenn du Y so gern sehen willst, lad ihn doch einmal hierher ein.
Na danke, NO WAY, wenn der meine Mutter sieht, sehe ich ihn nie wieder!

Und dann wieder zur Singel und dort lang herumgehangen.

Okay, fein, erfahre gerade, dass es eine Warteliste gibt, wenn man was mit ihm anfangen möchte, nicht fein also!

Weiß wirklich nicht so gut, was ich machen soll, bin echt ganz verwirrt, ich muss erst mal alles sortieren und gut nachdenken, glaube ich, es ist jedenfalls noch lange keine Zeit für einen neuen Freund.

Ich will mich selbst schneiden/verbrennen, auf jeden Fall mir weh tun, weil ich mich in ihn verliebt habe.

Hm, fett schade, sah eben in meinem Chatlog-Verlauf nach, kann aber das Gespräch mit Z nirgends mehr finden, und es ist ein bisschen schwierig, das alles zu erklären.
Echt superdoof, Mann!

Das finde ich ein superhässliches Foto, aber das war ich letztes Jahr in der Schule.

Ich bin dahintergekommen, warum und wann ich lüge.

Es passiert, wenn ich etwas gern will, es aber nicht geschieht oder ich habe es nicht.

Muss jetzt eigentlich Englisch machen, aber das kann warten.
Morgen übrigens Schulfotograf, also alle Töpfchen und Cremes wieder hervorkramen.
Dieses Schulfoto muss echt hübsch werden,
für Z natürlich.
Ich muss Mittwoch und Donnerstag nicht in die Schule. Ich habe lauter schwierige Gespräche.
Freitag um 3 Uhr mit D verabredet in der M.
Werden Billard spielen.
Z kommt auch, vielleicht auch K.
Samstag zwei Bands in der M.
Und vielleicht darf ich hingehen.
Na, ne Menge zu tun und ich mach jetzt Englisch.

Ich gehe morgen zur Mauer und hoffe, dass er auch dort ist.

P. rief an, als ich zu Hause war, und sie will zu mir kommen, chill ...

Nicht wirklich viel erlebt, nur dass gestern mein Physiktest fett gut ging.

Mmmtja, heute echt Aktion von mir.
Sehr kurzen Rock angezogen, obwohl es draußen eiskalt ist, und mir Telefon und Geldbeutel stehlen lassen
alles wunderbar,
nee, natürlich nicht.
Aber fett — ich habe eine Zwei plus für einen englischen Hörverständnistest,
wow, das ist echt fett!!

Ich verstehe es immer noch nicht und kann kaum was sagen, weil ich immer noch so traurig bin.
Alle sind böse aufeinander
und ich werde noch wahnsinnig davon, zum Glück ist niemand böse auf mich.
Na ja, eigentlich ja doch. Ich bin irre sauer auf mich selbst, keine Ahnung warum.

Ich hoffe nur, dass mein Test heute gutgeht.

Boah, echt fett blöd, da hab ich sauviel gelernt, aber die Tests gehen nicht echt relaxt.

Aufhören geht schon richtig gut, Freitag eine Woche aufgehört zu rauchen. 15 Tage nichts getrunken und äh, 9 Tage kein Shit geraucht.
Bin schon wieder aus der Schule zurück und hatte einen Deutschtest, ging ganz gut.
Morgen Mathe und Wirtschaft.
Mathe ist leicht, aber von Wirtschaft kapier ich echt nicht die Bohne,
also muss ich mich gleich mal echt richtig hinsetzen, denn dafür kann ich wirklich ne gute Note brauchen.

Ich fühle mich in letzter Zeit echt fröhlich, echt schon ziemlich lang, ganz seltsam einfach.
So, wie ich mich jetzt fühle, hab ich mich noch nie gefühlt.
Ich denke, dass die grässliche depressive Scheißphase jetzt rum ist.
Besser, wenn die NIE wieder zurückkommt!

Ich muss schreiben, aber ich habe eigentlich keine Lust dazu.
Es muss aber sein.
Streit mit L.
Er hat in 5 Minuten mein Leben kaputtgemacht.
Schlechte Noten für die Examenswoche, aber zum Glück nur 3 Mangelhaft.
P. durfte wieder in die M.

Es gibt so viele Dinge, über die ich jetzt nachdenken muss.
Und ich weiß nicht, was das Wichtigste ist.

V. war gerade im MSN und das Gespräch ging so:
Ich: Hallihallo!
V: He!
Ich: Wie geht's?
V: Ja, gut. Mit dir?
Ich: Ja, o.k.
Ich: Noch was Nettes gemacht?

V: Nee, du?
Ich: Nee.
Und weiter reden wir über nichts.
Wie doof!
Es funkt nicht wirklich zwischen uns, glaub ich.

Verdammt!
Ich finde I. wieder nett!
Und V. kommt Freitag zum M.

5 DEN JUGENDLICHEN BEFRAGEN – Die Anhörung beider Parteien

Ein Gespräch zu führen bedeutet neben der richtigen Haltung auch Fertigkeiten im Fragenstellen zu entwickeln. Es gibt verschiedene Arten von Fragen und die eine eignet sich besser für die Kommunikation mit Jugendlichen als eine andere.

Es kommt jedoch keiner Katastrophe gleich, wenn sich eine bestimmte Fragetechnik als ungeeignet erweist – das Problem kann schließlich mit Metakommunikation behoben werden.

Die Qualität eines Gesprächs wird nicht durch die Methode und die Fragetechniken bestimmt, sondern, wie wir im ersten Kapitel bereits zeigten, durch die Einstellung. Eine positive Absicht ist genauso viel, wenn nicht mehr wert als eine gute Technik. Am besten ist natürlich beides, aber wenn man keine gute Einstellung hat, nützt alle Technik nichts, weil es keinen Boden gibt, in dem diese wurzeln kann. Eine Technik ist nicht wertfrei und kann nicht wertfrei empfangen werden. Wenn man die Einstellung vertritt, der Chef zu sein, und der andere habe Verantwortung abzulegen, wirkt die Technik des Nachfragens eher lächerlich. Und wenn die Technik aufgesetzt ist, also nicht eingebettet in die Haltung, wird man in schwierigen Situationen – wenn es darauf ankommt – doch auf eigene ›schlechte‹ Techniken zurückgreifen. Die in diesem Kapitel genannten Techniken und Beispiele können daher nur funktionieren, wenn sie mit der Einstellung einer Person übereinstimmen.

FRAGETECHNIKEN

Fragen werden grammatikalisch durch bestimmte Wörter markiert, z. B. durch wie, was, warum. Aber ein Satz ist nicht von seiner Grammatik abhängig, um eine Frage zu sein. Je nach

Tonfall kann ein normaler Satz zu einer Frage oder einem Ausruf werden:
Gestern war es kalt.
Gestern war es kalt!
Gestern war es kalt?

In der Gesprächsführung werden verschiedene Fragetechniken angewendet. Diese Techniken haben unterschiedliche Funktionen. Manche eignen sich dazu, ein Gespräch in Gang zu setzen oder es am Laufen zu halten. Andere haben die Funktion, Missverständnisse zu vermeiden oder wieder auszubügeln. Wieder andere Fragetechniken helfen, ein Gespräch abzurunden. Und sie erfüllen auch unterschiedliche Funktionen in unterschiedlichen Gesprächsphasen. In Übersicht 25 sind die Fragetechniken zusammengestellt (Übung 5.1, Anlage 1).

Fragetechniken	
Fragetechniken	**Beschreibung**
1. Offene Fragen	Fragen, auf die es eine unbegrenzte Anzahl möglicher Antworten gibt.
2. Geschlossene Fragen	Fragen, auf die es eine begrenzte Anzahl möglicher Antworten gibt.
3. Pseudofragen	Fragen, auf die der Frager die Antwort kennt und wo er nicht sicher ist, ob der Befragte das auch weiß, und ihn darum bittet, das Wissen zu zeigen.
4. Rhetorische Fragen	Fragen, auf die die Antwort für Frager und Befragten klar ist, was auch beide wissen.
5. Nachfragen	Fragen, mit denen man aufgrund einer Bemerkung, eines Satzteils nachhakt.
6. Suggestive Fragen	Fragen, die eine Antwort suggerieren.
7. Komplexe Fragen	Fragen, die mehr als eine Frage gleichzeitig beinhalten.

Fragetechniken	Beschreibung
8. Fragen wiederholen	Wiederholen einer Frage.
9. Fragen verdeutlichen	Die Frage erläutern.
10. Gegenfragen	Eine Frage stellen, um eine Reaktion auszulösen.
11. Warumfragen	Eine Frage stellen, um nach Verantwortung und Motivation zu fragen.
12. Antwort wiederholen	Antwort wiederholen.
13. Antwort zusammenfassen	Antwort zusammenfassen.
14. Zusammenfassend fragen	Frage, in der eine Zusammenfassung dessen enthalten ist, was der andere gesagt hat.

Übersicht 25: *Fragetechniken*

1. Offene Fragen (Übung 5.2, Anlage 1)
Auf offene Fragen ist eine breite Skala von Antworten möglich. Bis zum Alter von etwa sechzehn Jahren sind offene Fragen für Jugendliche noch schwierig. Es ist besser, ein Gespräch nicht damit einzuleiten. Ab sechzehn eignen sich offene Fragen mehr, weil sie dem Jugendlichen ermöglichen, dem Gespräch einen eigenen Inhalt zu geben.

2. Geschlossene Fragen (Übung 5.3, Anlage 1)
Auf geschlossene Fragen gibt es nur eine begrenzte Anzahl möglicher Antworten: ja, nein, schön, manchmal. Um ein Gespräch einzuleiten, eignen sich diese Fragen am besten bei jüngeren Jugendlichen. Die Fragen sind deutlich und einfach zu beantworten. Vor allem während der ersten Phase (zwölf bis 14 Jahre) haben Jugendliche zwar den Wunsch, aber nicht die Möglichkeiten, auf dem Niveau von Erwachsenem zu sprechen. Sie sind daher auch darauf bedacht, sich nicht zu blamieren, und wollen Schnitzer vermeiden.

Jugendliche haben ein gewisses Talent, sogar aus offenen Fragen geschlossene zu machen, weil diese die Möglichkeit bieten, dem Erwachsenen so wenig wie möglich preiszugeben.

Lambert ist nach einem Monat Hausarrest in der Disko gewesen. Seine Mutter möchte gern, dass er etwas darüber erzählt. »Erzähl doch mal, wie war es gestern?« Lambert will sich nicht darauf einlassen, noch erfüllt von der Beleidigung des Hausarrests, und sagt: »Normal.«

3. Pseudofragen (Übung 5.4, Anlage 1)
Bei Pseudofragen (Displayfragen) kennt der Fragesteller bereits die Antwort. Der Befragte kann dem Frager sein Wissen zeigen. Diese Frageform wird häufig im Unterricht verwendet, um dem anderen Gelegenheit zu geben, sein Wissen darzustellen. Sehr junge Kinder empfinden es als seltsam, dass Erwachsene nach etwas fragen, was sie bereits wissen. Für Schüler ist es eine normale Fragetechnik, deren Absicht klar ist. Wenn Eltern von Jugendlichen sie anwenden, brechen sie jedoch einen Code. Mit einer Pseudofrage wendet sich schließlich ein Wissender an den (noch) Unwissenden. Diesen Code akzeptiert der Jugendliche von einem Lehrer, dessen Aufgabe es ist, Wissen zu vermitteln, aber weniger von anderen Erwachsenen und vor allem nicht von den eigenen Eltern. Wenn Eltern Pseudofragen stellen, können sich Jugendliche beleidigt fühlen. Es entspricht nicht ihrem Bedürfnis nach Gleichwertigkeit. Sie denken und sagen es auch manchmal laut: *Ich bin doch nicht blöd!* Oft reagieren sie mit Ignorieren. Es ist wichtig, der Körpersprache Aufmerksamkeit zu schenken.

4. Rhetorische Fragen (Übung 5.5, Anlage 1)
Bei einer rhetorischen Frage ist es für beide, Frager und Befragten, klar, wie die Antwort lauten muss. Eine solche Frage verfolgt nicht das Ziel, Wissen austauschen, sondern ist beispielsweise ein Ventil für Ärger. Eine rhetorische Frage kann auch das Gesprächstempo erhöhen, eine Bewusstwerdung ermöglichen, von jemandem verwendet werden, der nach Bestätigung heischt, oder die Verbindung zwischen Gesprächspartnern ausdrücken.

Der Ton einer rhetorischen Frage ist bestimmend. Er kann eine ganze Skala an Emotionen ausdrücken, von zynisch, vorwurfsvoll bis humoristisch, ironisch oder warm verbindend.

Eltern verwenden häufig rhetorische Fragen. Oft sind sie ein Ventil für ihren Ärger, wenn der Jugendliche auch nach mehrmaligen Bitten nicht tut, was von ihm verlangt wird. Eltern fühlen sich dabei oft als Düpierte oder gar missbraucht, wie der erste Satz dieses Buches ausdrückt: *»Das ist doch kein Hotel hier! Du kommst ja nur noch zum Essen und Schlafen nach Hause!«*

Der Jugendliche hört, wenn Eltern mit einer rhetorische Frage ihren Ärger ausdrücken. Er regt sich häufig gar nicht darüber auf und zuckt nur mit den Schultern.

Und wer, denkst du, sammelt deine Sportsachen vom Boden auf?!

Für den Jugendlichen selbst ist es überraschend, dass er in der Lage ist, solche einfachen Dinge, die so oft gesagt werden, doch noch zu vergessen.

Eine rhetorische Frage kann das Gespräch aber auch in Schwung bringen:

Und was sagtest du neulich, als ich meinte, dass du es meiner Ansicht nach sehr wohl könntest?

Über die rhetorische Frage kann die selbstreflektorische Ebene in Gang gesetzt und der Denkprozess des Jugendlichen beschleunigt werden.

Einer der lästigen und unverständlichen Vorgänge während der Pubertät ist, dass das Gehirn von Jugendlichen regelmäßig Stromstörungen aufzuweisen scheint: Das Licht kann unerwartet ausfallen. Das Bewusstsein des Jugendlichen ist oft recht einseitig ausgerichtet, meist nicht auf die Eltern oder andere Erwachsene. Manchmal ist es sehr geschärft und aufmerksam, dann wieder vollkommen weg. Vor allem in der Phase zwischen vierzehn und sechzehn Jahren, der Phase der Ausführung (Übersicht 2), spielt dies eine wichtige Rolle. Es wird wohl noch ein paar Jahre dauern, bevor wir über ausreichende neurophysiologische Informationen verfügen. Die Funktionsweise des Bewusstseins ist die wissenschaftliche Herausforderung für die kommenden Jahre. Hier liegen auch die größten Sorgen und Ängste von Erwachsenen, insbesondere der Eltern: dass das Denken und das Bewusstsein vorübergehend ausgeschaltet zu sein scheinen. Rhetorische Fragen können dabei helfen, dieses Bewusstsein wieder anzufachen.

> Engelina beratschlagt mit ihren Eltern über die Fete, zu der sie gehen möchte. Ihre Eltern machen sich Gedanken. Engelina versteht nicht, warum sie sich so anstellen, es ist doch noch nicht einmal ein Fest mit Übernachtung!
>
> »Was stellt ihr euch an! Astrids Eltern finden es auch in Ordnung. Ich bleibe doch noch nicht einmal über Nacht, sonst würde ich es ja vielleicht noch verstehen.«
>
> »Wir finden es schon in Ordnung, dass du gehst. Es ist doch auch nett für dich, mit deinen Freunden zusammenzusein, aber wie kommst du dann nach Hause?«
>
> Engelina wird ein wenig rot, daran hatte sie noch gar nicht gedacht, so sehr war sie damit beschäftigt, die Erlaubnis zu bekommen, überhaupt gehen zu dürfen. Als wäre es völlig selbstverständlich und als hätte sie schon längst darüber nachgedacht, sagt sie: »Ach, darum geht es. Nun, wenn es spät wird, gehe ich nicht allein auf die Straße. Entweder bringt Jan uns nach Hause oder Astrids Bruder holt uns mit dem Auto ab, seid ihr dann beruhigt?«

Die Frage ist von Seiten der Eltern rein rhetorisch, das Verhalten Engelinas lässt vermuten, dass sie überhaupt nicht daran gedacht hat, wie sie zurückkommen wird. Die Antwort hätte also lauten können: *Das weiß ich nicht.* Aber die rhetorische Frage ihrer Eltern facht Engelinas Bewusstsein an, und sie präsentiert blitzschnell eine Lösung, als wäre das die normalste Sache der Welt.

Eltern benutzen rhetorische Fragen auch, um Bestätigung zu erheischen. Sie lassen sich von den Jugendlichen dazu verleiten, weil sie so oft und feindselig die Sachkenntnis von Eltern zur Diskussion stellen.

Und, was hatte ich dir gesagt?

Erwachsene haben mehr Erfahrung und können oft besser als der Heranwachsende überblicken, in welche Richtung sich etwas entwickeln wird. Der Jugendliche muss das jedoch erst selbst erleben, genauso wie einst die Eltern, um Sachkenntnisse zu sammeln. Jugendliche ärgern sich häufig über diesen Erfahrungsvorsprung der Erwachsenen, vor allem zwischen vierzehn und sechzehn Jahren.

5. Nachfragen (Übung 5.6 und 5.7, Anlage 1)
Weitere Fragen zu einem Thema zu stellen ist die geschickteste Art und Weise, Interesse für ein Thema zu zeigen. Es macht viel aus, was nachgefragt wird. Das kann ein Thema sein, das dem Jugendlichen sehr naheliegt, aber es kann auch der rote Faden des Erwachsenen sein. Ein einziger Satz eröffnet zahllose Möglichkeiten des Nachfragens.

> Tjitske, sechzehn, ist mit ihren Eltern bei der Fürsorge gelandet. Sie hat heftige Wutanfälle und ist dann nur schlecht zu bremsen. Die Eltern wollen, dass sie damit aufhört, aber sie erreichen nichts. Der Sozialarbeiter bittet Tjitske, selbst zu erzählen, wie sie die Sache sicht, und mit leicht erstauntem Ton in der Stimme sagt sie:
>
> *»Ich werde von allein wütend, ich weiß auch nicht, wie das kommt!«*

Der erstaunte Ton in ihrer Stimme zeigt, dass Tjitske selbst kaum eine Vorstellung davon hat, wie man wütend wird. Eine offene Frage zu stellen wäre deshalb wenig fruchtbar. Es könnte ihr überdies das Gefühl vermitteln, noch mehr zu versagen, weil sie nicht einmal weiß, wie das mit der Wut funktioniert. Geschlossene Fragen eignen sich dann besser zum Nachfragen, weil sie zeigen, dass der Fragende genauer verstehen möchte, was los ist, und sich nicht als der ›Allwissende‹ darstellt. Für den Jugendlichen, der über sich selbst mehr weiß als ein anderer, ist das eine respektvolle Haltung. Sie signalisiert, dass der Erwachsene erwartet, durch Nachfragen schlauer zu werden, und dieses Interesse gibt Hoffnung. Indem der Erwachsene um Verdeutlichung bittet, bietet er dem Jugendlichen auch gleich die Gelegenheit, selbst zu verstehen, was mit ihm los ist. Dies ist das Merkmal einer sokratischen Befragungsmethode.

Eltern, Betreuer und Lehrer gehen häufig davon aus, dass eine Person sehr wohl weiß, wie etwas zusammenhängt, und stellen dann Fragen, die der Jugendliche nicht beantworten kann: »*Warum machst du das bloß immer?*« Manchmal schwingt auch ein massiver Vorwurf in der Frage mit. Der Vorteil eines Sozialarbeiters oder eines anderen Außenstehenden ist, dass diese erziehungsbedingte Problematik zwischen ihm und dem Jugendlichen keine Rolle spielt; der Vorwurf ist daher nicht aktiv. Das führt dazu, dass sie oftmals besser mit einem Jugendlichen reden können. Wenn sich Eltern darüber im Klaren sind, dass der Jugendliche nicht immer ein bewusstes Verhalten an den Tag legt und oft tatsächlich keine Antworten hat, gelingt es ihnen auch besser, mit ihm zu reden. Gleichwohl ist es schwierig, vorurteilsfrei zu sein, wenn man täglich mit den Folgen eines bestimmten Verhaltens konfrontiert wird.

Der Tonfall bei den weiteren Fragen muss interessiert sein und Mitfühlen ausdrücken. Stimmen Ton und andere nonverbale Äußerungen nicht mit den Worten überein, wird mehr auf die nonverbalen Botschaften geachtet, und der Befragte macht dicht, denn bekanntlich macht ja der Ton die Musik.

Wir werden Tjitskes Satz »*Ich werde von allein wütend, ich weiß auch nicht, wie das kommt!*« einmal Wort für Wort daraufhin untersuchen, was bei den verschiedenen Entscheidungen für Nachfragen geschieht.

»**Ich** *werde von allein wütend, ich weiß auch nicht, wie das kommt!*«
Nach dem ersten *ich* fragen:
Du sagst, dass du von allein wütend wirst, meinst du, dass andere das nicht erleben?
Bei dieser Frage wird thematisiert, was bei Tjitske anders ist als bei anderen. Damit anzufangen ist ziemlich belastend. Menschen haben Angst vor Abweichung, vor allem dann, wenn sie negativ konnotiert ist. Darauf den Schwerpunkt zu legen wird Tjitske wahrscheinlich an einer sehr wunden Stelle treffen und einen respektvollen Verlauf des Gesprächs nicht fördern.

»Ich **werde** *von allein wütend, ich weiß auch nicht, wie das kommt!«*
Nach *werde* fragen:
Du sagst ›werde‹ – erst ist es also nicht so?
Hier steht der Prozess des Wütendwerdens im Mittelpunkt. Das ist ein sehr wichtiges Thema, aber nicht einfach, weil Tjitske selbst wenig Einfluss auf den Prozess hat. Der Vorteil dieser Frage ist, dass sie geschlossen ist und eigentlich rhetorisch: Es ist ja klar, dass sie zuerst nicht wütend ist. Damit wird das unerwünschte Verhalten sofort in den Kontext erwünschten Verhaltens gestellt, das sie anfangs auch zeigt.

»Ich werde **von allein** *wütend, ich weiß auch nicht, wie das kommt!«*
Nach *von allein* fragen:
Du sagst ›von allein‹. Verstehe ich es richtig, dass du meinst, dass es keinen klaren Grund dafür gibt?
Bei diesem Gespräch wird die Art des Prozesses in den Mittelpunkt gestellt. Sehr wichtig ist übrigens bei allen Fragen, dass sich kein Vorwurf in der Stimme versteckt, sondern aufrichtiges Interesse und Mitgefühl. Sonst führt eine solche Frage zum Dichtmachen, nicht zum Öffnen. Ein wenig anders formuliert, ist die Frage nicht beschuldigend, sondern entschuldigend, eine gute Basis für eine nähere Erforschung des Prozesses.
Du sagst ›von allein‹. Verstehe ich es richtig, dass du selbst keinen klaren Grund dafür finden kannst?

»Ich werde von allein **wütend**, *ich weiß auch nicht, wie das kommt!«*
Nach *wütend* fragen:
Du wirst also von allein wütend?
Diese Frage macht das Gefühl ›wütend‹ zum Hauptgegenstand. Erwachsene neigen dazu, direkt darauf zuzusteuern. Nachteilig daran ist, dass nicht ›wütend‹ das eigentliche Problem ist, sondern dass sie nicht weiß, wie es dazu kommt. Schwierig ist auch, dass leicht der Eindruck geweckt wird, sie solle nicht wütend werden, als hätte sie darauf irgendeinen Einfluss. Innerhalb kür-

zester Zeit wird es in diesem Gespräch darum gehen, welche Alternativen es für Wütendsein gibt. Wenig fruchtbar, denn eine Alternative kann man erst einsetzen, wenn man die Situation im Griff hat. Weil es um das heiße Eisen geht, obwohl es noch keine Lösung dafür gibt, ist es für Tjitske unangenehm, darüber zu sprechen. Sie wird negative Gefühle entwickeln und auch der Ton des Gesprächs bekommt für sie einen negativen Anklang, weil der Erwachsene bezweifelt, ob sie das wirklich von allein tut oder ob es sich um eine Methode handelt, sich als unschuldig darzustellen. Dennoch kann es in der Absicht des Erwachsenen liegen, das Gebiet abzustecken und eine Folgefrage anzuschließen:
Hast du das denn auch bei anderen Gefühlen?
Es muss jedoch eine gute Atmosphäre herrschen, bevor eine solche Frage möglich ist. Häufig wird gerade durch solche Fragen eine negative Stimmung deutlich (*Na, sehr nett, woher soll ich das denn wissen!*) Darauf kann metakommunikativ reagiert werden: *Ich glaube, dass ich meine Frage ein wenig unglücklich gestellt habe, ich meine einfach, dass ich wirklich wissen möchte, wie das für dich ist. Ich habe nicht die Absicht, dir Vorwürfe zu machen. Dich stört es selbst am meisten, ich weiß also sicher, dass du auch gern eine Lösung willst.*

»Ich werde von allein wütend, **ich** *weiß auch nicht, wie das kommt!«*
Nach dem zweiten *ich* fragen:
Du sagst: ›Ich weiß nicht, wie das kommt.‹ Damit meinst du meiner Ansicht nach, dass es sehr unangenehm ist, es selbst nicht zu wissen?
Dieses Gespräch gibt der Erkenntnis Raum, das Tjitske es selbst nicht weiß. Der Konflikt mit ihrer Umgebung, vor allem mit ihren Eltern, wird hierdurch in den Vordergrund geholt. Der Satz ist in einem fragenden Ton gestellt, in Wirklichkeit ist er rhetorisch. Der fragende Ton soll Tjitske einladen, mehr zu erzählen. So wie diese Nachfrage formuliert ist, entsteht (noch) kein Loyalitätskonflikt mit den Eltern. Es ist wichtig, darauf zu achten. Wird dies in Anwesenheit der Eltern besprochen, kann der

Sozialarbeiter Tjitskes Eltern beibringen, dass sie ihrer eigenen Wut gegenüber ohnmächtig ist.

»Ich werde von allein wütend, ich **weiß** *auch* **nicht**, *wie das kommt!«*
Nach *weiß … nicht* fragen:
Du sagst, dass du nicht weißt, wodurch es kommt. Du wirst sicher schon viel darüber nachgedacht haben, vielleicht weißt du also schon, wodurch es nicht kommt? Das hilft auch.
Dieses Gespräch ist darauf ausgerichtet, Tjitskes Kenntnisstand zu erfahren. Wenn Menschen etwas nicht wissen und es sich um ein wichtiges Thema handelt, haben sie schon alles Mögliche herausgefunden, was es nicht ist. Oft ist es zu schmerzlich oder zu schwierig, direkt auf den Kern zuzugehen. In Tjitskes Fall ist es ein so sensibler Punkt, dass es sinnvoll ist, erst den Rahmen ihres Wissens abzutasten. Das vermittelt Tjitske ein weniger machtloses Gefühl, weil sie entdeckt, dass sie durchaus Dinge weiß.

»Ich werde von allein wütend, ich weiß **auch** *nicht, wie das kommt!«*
Nach *auch* fragen:
Du sagst ›auch‹, das klingt ein wenig mutlos, als hättest du schon alles probiert, um herauszufinden, was es sein kann, dass du einfach so wütend wirst?
Dieses Gespräch unterstützt das Gefühl, das Tjitske hat. Auf der Beziehungsebene wird jetzt eine Basis für Zusammenarbeit gelegt.

»Ich werde von allein wütend, ich weiß auch nicht, **wie** *das kommt!«*
Nach *wie* fragen:
Du sagst: ›Wie das kommt‹, meinst du das Wütendwerden oder dass es von allein kommt?
Diese Frage verlangt bereits eine große Einsicht in die Subtilität des Prozesses. Danach zu fragen ist erst möglich, wenn das Verstehen bereits ein wenig vorangeschritten ist. Außerdem vermit-

telt die Frage, dass dem Zuhörer Tjitskes Satz nicht klar ist. Das kann möglicherweise dazu führen, dass sie sich wieder in ihrem Schneckenhaus verkriecht. Eine gewisse Unterstützung, bevor dies angeschnitten wird, ist daher sinnvoll. Zu Beispiel: *Wir verstehen jetzt ein wenig, wie es sein kann, dass du einfach so wütend wirst. Es ist doch sehr angenehm, dass du das jetzt schon so weit in Erfahrung gebracht hast. Ich finde es auch angenehm, denn dann kann ich dir besser dabei helfen. Einfach sagen: Hör damit auf, davon hast du nichts, denn das hast du dir ja schon so oft selbst gesagt. Das funktioniert also nicht. Hast du das öfter, dass du einfach nicht weißt, warum du etwas tust?*

»Ich werde von allein wütend, ich weiß auch nicht, wie **das** *kommt!«*
Nach *das* fragen:
Du sagst: ›Wie ›das‹ kommt‹, ich will dich nicht falsch verstehen, meinst du mit ›das‹ das Wütendwerden oder das von allein Wütendwerden?
Hier zeigt sich, dass der Frager überhaupt nichts versteht. Es ist gut, diese Frage zu stellen, wenn tatsächlich nichts verstanden wird, aber für den Jugendlichen ist das ein unangenehmes Gefühl. Ihm wird die Vorstellung vermittelt, dass der andere nicht geeignet ist, ihm zu helfen (Jungen werden dies eher denken als Mädchen), oder der Jugendliche denkt, dass er sich nicht klar ausdrückt (Mädchen werden dies eher denken als Jungen). Ist ein Problem sehr unklar, ist es besser, den Jugendlichen dazu anzuregen, weiterzuerzählen, anstatt sofort nach Einzelheiten zu fragen und zu hoffen, dass dadurch Deutlichkeit entsteht. Dem Jugendlichen direkt ›ins Genick zu springen‹ ist unklug, wenn man beabsichtigt, ein gegenseitiges Gespräch zu führen.

»Ich werde von allein wütend, ich weiß auch nicht, wie das **kommt!«**
Nach *kommt* fragen:
Du sagst: ›Wie das kommt.‹ Das klingt, als würde es dich überkommen. Stimmt das?
Nach diesem Wort weiterzufragen ist wenig akzeptabel. Ande-

rerseits wird das Gespräch auf Tjitskes Machtlosigkeit gerichtet, was durchaus ein wichtiges Thema ist.

Nach dem Ton fragen:
Abgesehen von den Worten ist auch der Ton, in dem etwas gesagt wird, wichtig. Tjitske sagt den Satz mit Erstaunen und leichtem Kummer in der Stimme. Nach dem Ton zu fragen bedeutet, das Gespräch gleich auf Beziehungsebene zu bringen. Dann ist es auch wichtig, Gesprächspausen eintreten zu lassen, damit sich das Gesagte setzen kann, was mit drei Pünktchen angegeben ist (...).
Ich höre Erstaunen und Kummer in deiner Stimme. Stimmt das?
Ich höre Erstaunen in deiner Stimme und Kummer ... Mir scheint es schrecklich, wenn man wütend wird und nicht begreift, wie das kommt ...
Was du sagst, ist nicht leicht, und ich höre deiner Stimme an, dass es dir auch schwerfällt ...

Die erste Serie von Fragen (nach den Worten *Ich werde von allein (wütend)* geht viel mehr vom Sozialarbeiter in Richtung auf den Jugendlichen. Die zweite Serie (nach den Worten *ich weiß auch nicht, wie das kommt*) richtet sich viel mehr auf die Zusammenarbeit auf der Basis von Gleichwertigkeit.

6. Suggestive Fragen (Übung 5.8, Anlage 1)
Suggestive Fragen legen dem Befragten die Worte sozusagen in den Mund. Die Frage selbst suggeriert schon eine Antwort und ist insofern bereits eine Vorwegnahme:
Du würdest doch nicht auch so etwas Ungehöriges tun wie Karel?
Ich nehme an, dass du auch der Ansicht bist, dass Karel seine Befugnisse überschritten hat?
Du findest es doch nicht in Ordnung, was Karel getan hat?

Diese drei Fragen verlaufen von sehr suggestiv bis weniger suggestiv. Im ersten Satz steht außer Frage, dass das, was Karel getan hat, ungehörig ist. Im zweiten Satz wird Druck ausgeübt, ob der Befragte nicht auch findet, dass Karel seine Kompetenzen überschritten hat. Der dritte Satz ist mehr eine Einladung, die eigene Meinung zu äußern.

Es ist schwierig, an der eigenen Meinung festzuhalten, wenn man suggestiv befragt wird. Implizit wird damit eine andere Antwort zurückgewiesen. Es erfordert also viel Selbstsicherheit, eine andere Meinung zu äußern. Das gilt vor allem, wenn man sich bewusst ist, dass sich eine Suggestion in der Frage versteckt. Das Unterminierende suggestiver Fragen liegt aber vor allem in ihrem manipulativen Charakter und darin, dass es der Gesprächspartner nicht merkt, dass er manipuliert wird. Sozial Wünschenswertes spielt bei Suggestivfragen eine große Rolle. Aus diesem Grund kann der Befragte dazu neigen, sich vom Fragenden mitreißen zu lassen und die Frage nicht kritisch zu analysieren. Er ist sich dann nicht unbedingt im Klaren darüber, dass er sich mit der Antwort eigentlich gar nicht identifiziert. Der Rausch des sozial Wünschenswerten kann das Bewusstsein verengen.

Die suggestive Frage spielt eine wichtige Rolle bei Varendoncks Studie, die seinerzeit dafür sorgte, dass Menschen der Meinung waren, sexuell missbrauchte Kinder seien, verglichen mit Erwachsenen, keine guten Zeugen. Eine Vorstellung, die inzwischen überholt ist. Kinder können sich ab einem Alter von möglicherweise zwei Jahren, sicher aber ab drei Jahren, an Ereignisse, die für sie sehr wichtig waren, ganz akkurat erinnern, sofern sie auf die richtige Art und Weise befragt werden (keine irreführenden Fragen, keine Fragen auf eine zwingende Art und Weise und keine Fragen, auf die sie nur mit Ja oder Nein antworten können) (Peterson und Rideout, 1998; Peterson, 1999).

Im Rahmen einer Rechtssache, bei der es um ein ermordetes Kind ging (1911, beschrieben in: Soppe und Hees-Stauthamer, 1993), führte Varendonck zu Beginn des zwanzigsten Jahrhunderts eine Analyse über die Zuverlässigkeit der Aussagen junger Kinder durch. Er fragte sie, welche Farbe der Bart ihres Lehrers hatte. Zu 90 % nannten die Kinder eine Farbe – Schwarz –, obwohl der Lehrer gar keinen Bart hatte. Sie gingen auf die Suggestivfrage des Erwachsenen ein. Vor allem junge Mädchen wurden bei Anklagen des sexuellen Missbrauchs als sehr unzuverlässig eingestuft. Man ging davon aus, dass der sexuelle Missbrauch ihrer Fantasie entsprungen war (Elbers & ter Laak, 1989).

Varendoncks Frage war suggestiv. Sie machte glauben, dass der Lehrer einen Bart habe. Hiermit wurde der Denkprozess der Kinder ausgeschaltet. Sie hätten eine andere Antwort gegeben, wenn man sie gefragt hätte, ob ihr Lehrer einen Bart habe und wenn ja, welche Farbe dieser denn habe.

Menschen, die für soziale Abweichungen empfänglich sind, werden eher auf eine Suggestivfrage eingehen als Menschen, die das nicht sind. Jugendliche durchschauen eher als Kinder, dass eine Frage suggestiv ist. Sie neigen im Allgemeinen auch weniger dazu, sich auf sozialer Ebene Erwachsenen anzupassen. Ihr Repertoire an Reaktionsmöglichkeiten umfasst auch verbalen und intellektuellen Widerstand, wodurch sie eher für die eigene Meinung eintreten werden.

Jugendliche verfügen auch über eine ansehnliche Sammlung von ›*Füllwörter*n‹. Sie verwenden diese nicht so sehr in ihrer eigentlichen Bedeutung, nämlich zu jeder passenden und unpassenden Gelegenheit als Ergänzung in einem Satz (van Dale, 1999), sondern als Instrument, um den Erwachsenen zu stoppen. Dazu gehören z. B. Wörter und Ausdrücke wie *Na, und wenn?, Normal; Mir egal; Das geht dich nichts an; Das weiß ich doch wohl selbst!* Die Suggestivfrage zu Karel kann ein Jugendlicher mit einem solchen Füllwort vom Tisch fegen:

»Du würdest doch nicht auch so etwas Ungehöriges tun wie Karel?«
»Na, und wenn?«

Man kann bei Jugendlichen auch Suggestivfragen verwenden, um ihren Widerstand abzuwürgen, indem man in der Antwort suggeriert, was sie gerade selbst meinen. In ihrem Widerstand fänden sie sich dann plötzlich in einer ihnen zuwiderlaufenden Meinung vor. Das allerdings ist Manipulation, die wiederum einer guten Kommunikation nicht förderlich ist.

Ich verstehe nicht, warum die Schule dagegen protestiert, was Karel tut, muss doch einfach machbar sein?

Suggestivfragen können allerdings auch eine andere Funktion erfüllen, nämlich das Gespräch und den Kontakt fördern. Wenn eine Suggestivfrage in ihrem Inhalt die Meinung des Gesprächspartners in Worte fasst, fördert dies das Gefühl, verstanden zu werden, und gibt dem anderen Worte für etwas, das er noch nicht ausdrücken konnte.

Du machst dir eine Menge Gedanken zu dem, was Karel getan hat, das verstehe ich gut, aber er ist doch dein Freund, was machst du jetzt also damit?

7. Komplexe Fragen (Übung 5.9, Anlage 1)

In komplexen Fragen werden mehrere Fragen gleichzeitig gestellt.

Machst du gerade Hausaufgaben oder chattest du wieder mit deiner Freundin – oder ist das inzwischen aus?

Bei Aussagen wie ›*Ja*‹ oder ›*Geht dich nichts an*‹ ist nicht klar, ob sich die Antwort auf das Hausaufgabenmachen, das Chatten oder darauf bezieht, dass die Beziehung beendet ist.

Zu mehreren Fragen gehören mehrere Antworten. Der Befragte gerät in eine schwierige Situation. Adoleszenten können solche Fragen besser wegstecken als Kinder, aber sie sind prinzipiell ungeeignet. Es ist besser, den Fehler mit Metakommunikation wiedergutzumachen:

Entschuldige, das waren drei Fragen. Und wenn ich will, dass du mir antwortest, kann ich auch ruhig etwas weniger giftig sein!

8. Fragen wiederholen (Übung 5.10, Anlage 1)

Manchmal werden Fragen nicht beantwortet. Es kommt selten vor, dass die Frage tatsächlich nicht gehört wurde, denn kaum jemand leidet an akuten Taubheitsanfällen. Möglich ist, dass die Aufmerksamkeit gerade nachgelassen hat. Eine Wiederholung derselben Frage, nachdem man zuvor den Gesprächspartner mit Namen angesprochen hat, kann diesen ›wachrütteln‹. Auch wenn das Bewusstsein teilweise abgeschottet ist, dringt der eigene Name meist doch noch durch. Daher fragen Ärzte jemanden, der gerade wieder zu Bewusstsein gelangt ist: »*Wie heißen Sie?*« Der Name fasst die Identität zusammen und wird dem Bewusstsein schneller als andere Laute übermittelt.

Eine Antwort kann auch ausbleiben, weil die Frage nicht ganz verstanden wurde, dann ist es sinnvoll, sie zu wiederholen, aber in anderen Worten. Wird eine Frage ignoriert, ist anzuraten, das Problem metakommunikativ zu besprechen.

Man kann auch schweigen, um den Gesprächspartner einzuladen, sich weiter zu öffnen. Kinder und Jugendliche nutzen das häufig als Strategie. Sie reagieren nicht und warten ab, was der Erwachsene sonst noch sagen wird. Sie haben nämlich die Erfahrung gemacht, dass Erwachsene dazu neigen, weiterzusprechen, und sich dabei immer mehr entblößen.

9. Frage verdeutlichen (Übung 5.11, Anlage 1)

Für die Verdeutlichung einer Frage kann es zwei Anlässe geben. Möglicherweise war die Frage nicht klar genug, so dass weitere Erklärungen zu ›schwierigen‹ Teilen gegeben werden oder die Frage in anderen, deutlicheren Worten wiederholt wird. Jugendlichen sollte dabei nicht das Gefühl vermittelt werden, etwas nicht zu verstehen. Bei einem nonverbalen Signal ist es sinnvoll, die Fragen gleich mit Erklärungen zu unterlegen, bevor der Jugendliche sagen muss, dass er die Frage nicht versteht.

Vor allem Erwachsene tendieren dazu, bei Signalen von Unklarheit die Frage zu stellen: *Verstehst du?* Das tun sie hauptsächlich dann, wenn sie wissen, dass nichts verstanden wurde. Insofern besitzt diese Frage nur wenig informativen Wert. Es ist keinem Gesprächspartner angenehm, zugeben zu müssen, etwas nicht verstanden zu haben, erst recht nicht dem Jugendlichen. Die Chance, dass eine solche Frage aufrichtig beantwortet wird, ist klein.

Es kann auch sein, dass die Frage selbst einen wunden Punkt berührt oder dass unklar ist, warum die Frage gestellt wurde. Der Jugendliche schweigt dann auch, um sich nicht mit etwas Undeutlichem zu verbinden. Dann ist es angesagt, die Frage zu begründen. Vor allem Jugendliche finden das angenehm, weil sie dadurch das Gefühl haben, ernst genommen zu werden.

10. Gegenfragen (Übung 5.12, Anlage 1).

Eine Gegenfrage soll eine Gegenreaktion hervorlocken. Sie trägt den Charakter einer Diskussion. Jugendliche diskutieren gern, denn dabei können sie ihre neu erworbenen intellektuellen Fähigkeiten zeigen. Und Gegenfragen vermitteln auch, dass der Erwachsene den Jugendlichen als Diskussionspartner betrachtet. Allerdings muss man bei diesen Fragen beachten, dass sie sehr autoritär wirken können, wenn es einen deutlichen Machtunterschied gibt. Noch einmal – der Ton macht die Musik!

Sag mal, du findest es doch nicht normal, dass die Schule einfach keine Feste mehr veranstaltet, weil sowieso alle vorher schon kräftig trinken?

11. Warumfragen (Übung 5.13, Anlage 1)

Eine Frage mit ›*Warum?*‹ zu beginnen heißt nach der Verantwortung oder der Motivation von etwas zu fragen. Bei dieser Frageform kann es auf der Beziehungsebene heikel werden. Vor allem für Jugendliche drückt sich darin schnell die Ungleichwertigkeit einer Beziehung aus, in der der Fragende das Sagen hat. Vermittelt der Tonfall jedoch eher Erstaunen und Interesse, stellt die Warumfrage kein Problem dar und wirkt wie ein Nachfragen.

Warum musstest du denn so dringend raus?
Warum hast du so große Angst?

12. Antwort wiederholen (Übung 5.14, Anlage 1)

In einem Gespräch kann viel gesagt werden. Das alles muss seinen Ort bekommen und verarbeitet werden. Dafür braucht man Zeit, auch um darüber nachzudenken, *was* gesagt wird. Das muss in erster Linie während des Gesprächs stattfinden. Eine Methode ist, Gesprächspausen zu schaffen, eine andere, die Antwort auf eine Frage zu wiederholen. Der andere hört dann seiner Antwort zu und kann sich erneut damit verbinden. Dem Antwortgeber wird damit auch klar, ob der Frager gut zugehört hat. Die Kunst des Zuhörens ist keine einfache, und leicht schiebt der Zuhörende eigene Vorstellungen ein.

Eine Antwort zu wiederholen kann dem Fragenden auch dazu dienen, zu sehen, ob er die Antwort gut verstanden hat. In diesem Fall ist es sinnvoll, die Antwort in leicht abgewandelter Form, am besten in eigenen Worten zu wiederholen, damit sie in das eigene Archivierungssystem passt und so besser gespeichert wird.

13. Antwort zusammenfassen (Übung 5.15, Anlage 1)
Ein Antwort zusammenzufassen kann dazu verwendet werden, einen Zahn zuzulegen und sicherzustellen, dass der Fragende den Befragten richtig verstanden hat. Vor der Pubertät ist dies für Kinder oft eine verwirrende Aktivität; die Bedeutung des Zusammenfassens ist ihnen weniger klar. Nach der Pubertät ist es eine Technik, durch die ein Bezugspunkt im Gespräch fixiert wird, an dem spätere Schlussfolgerungen festgemacht werden können. Während der Pubertät werden viele, vor allem jüngere Pubertierende dies für eine zeitraubende und langatmige Aktivität halten. Sie wollen ihre Geschichte loswerden, sie wollen, dass man ihnen zuhört und dass bestimmte Dinge geregelt werden, und das am liebsten schnell, denn dann können sie zu ihren eigenen Aktivitäten übergehen.

14. Zusammenfassend fragen (Übung 5.16, Anlage 1)
Zusammenfassend fragen umschließt das Gespräch. Es kann als Schlussfolgerung verwendet werden, als Methode, gemeinsam zu einer Schlussfolgerung zu gelangen, oder um zu kontrollieren, ob die Schlussfolgerung und damit auch das Gesagte gut verstanden wurden. Es kann als Gesprächsabrundung dienen oder eine Brücke zum nächsten Thema schlagen.

Eine Frage, die eine Zusammenfassung dessen enthält, was der andere gesagt hat, ist am Ende eines Gesprächs sehr nützlich. Dadurch werden die eingebrachten Inhalte der unterschiedlichen Gesprächspartner noch einmal festgehalten. Für den Jugendlichen ist es vor allem wichtig, dass die Schlussfolgerungen in kernigen Punkten genannt werden. Dann wissen sie, woran sie sind, und können mit dem weitermachen, was sie gerade taten und tun wollen.

Bislang standen vor allem verbale Techniken im Vordergrund. Diese sind wichtig, können ihre Funktion jedoch nur gemeinsam mit einem nonverbalen Verhalten erfüllen, das dazu nicht im Gegensatz steht. Wichtig sind die Beobachtung dessen, was der Gesprächspartner tut, sein Gesichtsausdruck, der Ton des Gesagten, die Betonung, der Geruch, die Bewegung des Gesprächspartners, seine Körperhaltung, Augenkontakt (Übung 5.17, Anlage 1).

Bei Jugendlichen hängen nonverbale Signale oft mit der Motivation für das Gespräch zusammen. Junge Jugendliche (zwölf bis 14 Jahre) fühlen sich in Kommunikationssituationen mit Erwachsenen häufig unsicher. Sie möchten gern sicher wirken, wissen aber so vieles noch nicht. Sie finden es unangenehm, dies zu erkennen, und schweigen lieber. Es ist wichtig, ihre Unsicherheitssignale aufzufangen. Während der zweiten Phase (14 bis 16 Jahre) sind Jugendliche oft weniger motiviert, mit Erwachsenen zu reden, daher ist es wichtig, auf Widerstandssignale zu achten. In der dritten Phase (16 bis 18 Jahre) fühlen sich Jugendliche schon mehr oder weniger – oft zu Unrecht – Erwachsenen gleich und senden häufig Zeichen von Ungeduld über die Kommunikation aus. Ihrer Ansicht nach erklären Erwachsene alles zu ausführlich und viel zu simpel, wodurch sie sich ›für dumm verkauft‹ fühlen und ungeduldig auf die Fortsetzung des Gesprächs drängen, ohne überflüssige Erklärungen. Es ist wichtig, diese Ungeduldssignale wahrzunehmen und entsprechend zu handeln.

Für die Bedeutung eines Satzes sind wichtig: Nachdruck, Volumen, Artikulation, Sprechtempo und Sprechrhythmus, Melodie, Füllwörter und Atmung. Volumen und Artikulation (die Aussprache der Wörter) sorgen für die Verstehbarkeit eines Satzes. Ein Leiserwerden der Stimme (geringeres Volumen) am Ende einer Frage kann dem Befragten das Signal geben, jetzt an der Reihe zu sein.

Das ideale Fragetempo ist eher langsam als schnell:

- Es gibt dem Befragten ausreichend Zeit, die Frage zu verarbeiten.

- Es wirkt beruhigend.
- Wer schnell spricht, gibt dem anderen das Gefühl, dass er nicht unterbrochen werden will.
- Wer langsam spricht, gibt dem anderen das Gefühl, reagieren zu dürfen.
- Indem er am Ende einer Frage langsamer spricht, zeigt der Fragende, dass er ausgeredet hat.

METAKOMMUNIKATION ALS REPARATURMITTEL

Probleme, die durch die falsche Verwendung einer Fragetechnik entstanden sind, können mittels Metakommunikation gelöst werden. Es gibt ein paar Fragetechniken, bei denen man besonders aufmerksam sein muss, beispielsweise bei ›Warumfragen‹. Es wäre zu einfach zu sagen, Warumfragen sollten nicht gestellt werden. Erstens ist es sehr wohl möglich, diese Form zu verwenden, ohne dass sie nach Rechtfertigung verlangt, sondern als Bitte um nähere Erläuterung ankommt. Dies kann sich z. B. durch die nonverbalen Signale ausdrücken. Auch suggestive Fragen, zusammengesetzte Fragen und zu offene Fragen können den guten Verlauf eines Gesprächs manchmal verhindern.

Verläuft ein Gespräch zäh und kommt eine Frage falsch an, merken wir das meist intuitiv. Wir neigen allerdings oft dazu, in dem Moment nicht auf unsere Intuition zu hören und einfach weiterzumachen, weswegen das Gespräch oft noch zäher wird. Möglicherweise vertrauen wir nicht auf unsere Intuition, weil wir sie gegen uns selbst interpretieren und gern die Augen davor verschließen. Wir denken vielleicht, dass der Jugendliche nicht mit uns reden möchte, uns nicht nett findet oder Ähnliches. Mit sich selbst beschäftigt zu sein oder, besser gesagt, mit der Beurteilung der eigenen Person sorgt dafür, dass man dem Jugendlichen nicht mehr offen gegenübersteht. Es entsteht ein ›Geräusch‹ im Gespräch, das völlig an der Realität vorbei geht. Es ist respektvoller und sinnvoller, die zäh verlaufende Kommunikation auf der Metaebene zu thematisieren, wie bereits am Ende des vorherigen Kapitels gezeigt wurde. Die Fragetechnik zu relativieren kann beispielsweise erneut für Gleichwertigkeit sorgen, die guten Absichten wieder auf den Tisch legen und die Kommunikation flüssiger verlaufen lassen.

KERNAUSSAGEN

- Gespräche zu führen ist die Kunst, Fragen zu stellen.
- Manche Fragearten eignen sich besser für die Kommunikation mit Jugendlichen als andere.
- Durch Metakommunikation lassen sich Probleme lösen.
- Es gibt unterschiedliche Arten von Fragen: offene Fragen; geschlossene Fragen; Zeigefragen; rhetorische Fragen; Nachfragen; suggestive Fragen; komplexe Fragen; Fragen wiederholen; Fragen verdeutlichen; Gegenfragen; Warumfragen; Antwort wiederholen; Antwort zusammenfassen; zusammenfassend fragen.
- Verbale Techniken können ihre Funktion nur gemeinsam mit Nonverbalität erfüllen, einer Körpersprache, die nicht dazu im Gegensatz steht.
- Es ist wichtig, zu beobachten, was der Gesprächspartner tut, wie sein Gesichtsausdruck ist, der Ton des Gesagten, die Betonung, der Geruch des Gegenübers, seine Bewegung, die Körperhaltung, der Augenkontakt.
- Für den kommunikativen Gehalt eines Satzes sind wichtig: Nachdruck, Volumen, Artikulation, Sprechtempo und Sprechrhythmus, Melodie, Füllwörter und Atmung.
- Volumen und Artikulation (die Aussprache der Wörter) sorgen für die Verstehbarkeit eines Satzes.
- Eine leiser werdende Stimme (geringeres Volumen) am Ende einer Frage kann dem Befragten das Signal geben, jetzt an der Reihe zu sein.
- Das ideale Fragetempo ist eher langsam als schnell: Es gibt dem Befragten ausreichend Zeit, die Frage zu verarbeiten; es wirkt beruhigend; wer schnell spricht, gibt dem anderen das Gefühl, dass er nicht unterbrochen werden will; wer langsam spricht, gibt dem anderen das Gefühl, reagieren zu dürfen; indem das Ende einer Frage verlangsamt wird, zeigt der Fragende, dass er zu Ende geredet hat.

6 DIE SOKRATISCHE METHODE – Entdecken lassen

In den vorangegangenen Kapiteln wurde bereits einiges über Gesprächsführung im Allgemeinen und mit Jugendlichen im Besonderen besprochen. In diesem Kapitel steht die sokratische Methode der Gesprächsführung im Mittelpunkt. Auch davon sind bereits einige Aspekte zur Sprache gekommen. Bei der sokratischen Methode geht es nicht um eine Debattiermethode oder um Diskussion, sondern darum, einen grundlegenden Dialog zu führen.

SOKRATES DER WEISE

Sokrates (470 bis 399 vor Chr.) ist vielleicht einer der wichtigsten griechischen Philosophen. Dennoch haben wir nichts von ihm auf Papier – er schrieb nichts auf. Was uns von Sokrates überliefert wurde, stammt hauptsächlich von seinem Schüler Platon und dessen Aufzeichnungen.

Sokrates' wichtigstes Kennzeichen war, davon überzeugt zu sein, wenig zu wissen oder zu verstehen und stattdessen den anderen für den Sachkundigen zu halten. Er konnte außerordentlich geschickt Fragen stellen und nachhaken, so dass sein Gesprächspartner seine Meinung nicht nur kundtun, sondern vor allem auch entwickeln konnte. Die sokratische Art der Kommunikation bedeutet vor allem, den Denkprozess des anderen zu begleiten, und zwar mittels des eigenen Interesses und des Wissens, über das man selbst verfügt.

Diese Form der Kommunikation fördert die Gesprächsführung in jedem Alter. Schon sehr junge Kinder verfügen über Sachkenntnis, wie das Beispiel des Jungen mit dem Salz zeigte.

Die Qualität des Austauschs nimmt zu, wenn wir auf sokratische Weise miteinander kommunizieren. Gerade bei Adoleszenten ist das besonders wichtig. Sie sind stark auf Gleichwertigkeit und den Austausch von Wissen und Erkenntnissen ausgerichtet. Sie reagieren sehr sensibel darauf und sind dankbar für die Gelegenheit, ihr eigenes Denken zu schärfen.

GRUNDREGELN DER SOKRATISCHEN GESPRÄCHSFÜHRUNG

Die Methode der Gesprächsführung von Sokrates bedeutet:

1. Von der Sachkenntnis des anderen in Bezug auf sich selbst überzeugt sein.

Nur wenn man der Überzeugung ist, der andere sei in Bezug auf sich selbst kompetent, kann es zu einem wahrhaftigen Gespräch kommen. Barrieren werden entfallen, weil man sich respektiert und gleichwertig behandelt fühlt. Für den Heranwachsenden ist dies die Bedingung schlechthin für die Gesprächsführung mit einem Erwachsenen. Untereinander gehen Gleichaltrige sehr wohl davon aus, dass der andere sachkundig ist. Der Austausch von Informationen, Wissen und Erkenntnissen ist eine wichtige Aktivität im Kontakt zwischen Adoleszenten untereinander, im Sinne von ›*Weißt du, was das neue Nokia alles kann?*‹ bis hin zu ›*Sie sah mich an und redete dann weiter mit ihrer Freundin, was glaubst du, was das zu bedeuten hat?*‹. Heranwachsende stellen sich nicht so selbstverständlich über einen Gleichaltrigen, wie das ein Erwachsener häufig bei Jugendlichen tut. Das Gespräch mit Gleichaltrigen verläuft auch aus diesem Grund viel besser (Übung 6.1, Anlage 1).

2. Die Sachkenntnis des anderen hervorlocken

Die Kunst eines guten Gesprächs liegt darin, wechselseitig Möglichkeiten zu schaffen, die Sachkenntnis des Gegenübers hervorzulocken und in Worte zu fassen. In Gesprächen zwischen Jugendlichen und Erwachsenen ist dies vor allem Aufgabe des

Erwachsenen. Das Wissen und Erkenntnisse des Gesprächspartners sind nicht immer in bewusster Form vorhanden und münden nicht immer gleich in die richtigen Worte. Genau dabei kann ein Erwachsener einen Jugendlichen unterstützen. Das ist sehr wichtig, denn Handeln kann nur durch einen Bewusstwerdungsprozess eine Richtung bekommen und dabei haben in Worte ausgedrückte Gedanken eine ausschlaggebende Bedeutung. Und das wollen wir oft von Jugendlichen: dass sie sich ihres Handelns bewusst werden und es steuern können. Worte ermöglichen Selbstreflexion. Worte können bewusst einen Verhaltensprozess beeinflussen und eine Verhaltensänderung ermöglichen. Die erfolgreiche kognitive Verhaltenstherapie basiert auf dem Prinzip der Steuerung durch Gedanken.

3. Eher fragen als erzählen

Um Sachkenntnis zu fördern, ist es nützlicher, zu fragen, als dem anderen etwas zu erzählen. Fragen drückt auch aus, dass wir die Absicht haben, zuzuhören, zu lernen, und dass wir davon ausgehen, dass der andere etwas zu erzählen hat. In Kapitel 5 wurde besprochen, welche Fragetechniken sich besonders für die Gesprächsführung mit Jugendlichen eignen. Um tiefer auf ein Thema einzugehen und die Sachkenntnis langsam Form und Worte annehmen zu lassen, ist die Technik des Nachfragens wesentlich. Im selben Kapitel sahen wir auch bereits, wie viele unterschiedliche Gespräche geführt werden können, wenn wir nach einzelnen Wörtern fragen. Bei einem Satz aus zwölf Wörtern waren das elf grundlegend unterschiedliche Gespräche.

4. Entdecken lassen

Ein gutes Gespräch mit einem anderen ist tatsächlich eine gemeinsame Entdeckungstour. Ein anderer kann einem Menschen dazu verhelfen, eine bessere Erkenntnis seiner selbst zu erlangen, und der Fragende erhält – wunderbarerweise – dadurch gleichzeitig eine bessere Einsicht in seine eigene Person. Einem anderen Menschen gegenüber offen zu sein und wirklich zuzuhören bedeutet, dass man auf der Beziehungsebene jedes Mal eine neue Landschaft kennen lernt. Das Innere eines Menschen bietet an sich mehr als ein Blick auf die Blaue Moschee oder einen Gletscher. Was Menschen in Filmen, Büchern und Seifenopern suchen, nämlich das Kennenlernen einer anderen Welt, kann man auch durch echte Kommunikation erfahren.

Die sokratische Methode heißt begleiten statt leiten. Begleiten, damit der andere entdecken *kann*, ist eine Vertiefung der Erziehung. Geht es in der Erziehung vor der Pubertät hauptsächlich darum, dass der Erwachsene dem Kind Wissen, Erkenntnisse, Normen und Werte vermittelt, geht es ab der Pubertät darum, entdecken zu lassen und nicht mehr zu erzählen. Etwa ab dem achten Lebensjahr muss Erziehung in Begleitung übergehen, um in der Pubertät ausschließlich zu begleiten. Für Eltern ist dies häufig ein schwieriger Schritt, weil sie aufgrund des Verhaltens des Jugendlichen befürchten, dass dieser nicht genug weiß und sich deshalb entsprechend verhält. Der Erwachsene möchte dann gern die Erziehung fortsetzen und wird darin manchmal noch fanatischer als zuvor, was eine gegenteilige Wirkung hat. Begleitung statt Erziehung führt zur Selbsterkenntnis.

Erkenntnisse, auf die man selbst gestoßen ist, bleiben im Gedächtnis haften und können tatsächlich Verhalten steuern. Nicht begleitet, sondern erzogen werden heißt in der Pubertät: Widerstand, von sich selbst abkommen und sich in einem niedrigeren Bewusstsein verirren, in dem man wie ein Spielball der Ereignisse und Menschen, denen man zufällig begegnet, hin- und hergeworfen wird.

Auch in der Sozialarbeit geht es um das Entdeckenlassen und nicht um die Erteilung von Ratschlägen. Die Ratschläge, die Menschen bekommen, befolgen sie oft nicht. Viel wirksamer sind vor allem die Einsichten, die spontan in ihnen selbst aufkommen, in Reaktion auf die des Sozialarbeiters.

In Übersicht 26 sind die Merkmale sokratischer Gesprächsführung zusammengefasst. Nachfolgend werden die Merkmale ausführlicher besprochen und mit Beispielen aus der Praxis illustriert.

Merkmale sokratischer Gesprächsführung
1. Von der Sachkenntnis des anderen in Bezug auf sich selbst überzeugt sein
2. Die Sachkenntnis des anderen hervorlocken.
3. Eher fragen als erzählen
4. Entdecken lassen

Übersicht 26: *Merkmale sokratischer Gesprächsführung*

FRAGEGELENKTES ARBEITEN

Wie verhält sich die sokratische Methode in Bezug auf fragegelenktes oder dialoggesteuertes Arbeiten oder den narrativen Ansatz?

Diese drei Bezeichnungen werden für Formen der Sozialarbeit genutzt, in denen das Problem des Klienten im Mittelpunkt steht, Ansätze, die erst Ende des zwanzigsten Jahrhunderts entstanden sind. Man sollte meinen, es sei selbstverständlich, dass der Klient im Zentrum steht, in einer Fürsorgeeinrichtung ist es jedoch meist das Hilfsangebot. Selbstverständlich ist es für den Klienten gedacht, gleichzeitig existiert es aber auch ziemlich unabhängig von ihm. Die Richtung der Hilfe ist klar: Der Klient muss sich dem Hilfsangebot anpassen und nicht das Hilfsangebot an den Klienten. Eine Aussage eines Sozialarbeiters machte dies seinerzeit deutlich: *Das Problem dieses Klienten ist für unser Hilfsangebot nicht geeignet.* Auch die Bezeichnung ›*no-shows*‹ für die Klienten, die nicht zu einem vereinbarten Termin erscheinen, und die Idee, ihnen in einem Brief mitzuteilen, dass sie die wertvolle Zeit des Sozialarbeiters verschwendeten, macht deutlich, dass sich der Sozialarbeiter in den Mittelpunkt stellt. Die Vorstellung, der Klient könne seine Zeit mit einem Sozialarbeiter verschwenden, der keine adäquate Hilfe leisten kann, aber nicht selbstsicher genug ist, dies zu sagen, ist offenbar weniger akzeptabel.

Um den Klienten ins Zentrum stellen zu können, ist für viele Sozialarbeiter ein grundlegendes Umdenken notwendig. Obwohl die Hilfe für den Klienten gedacht ist und sich viele auch mit ganzer Kraft für ihren Klienten einsetzen, mehr als man eigentlich von ihnen erwartet, wird sie meist aus der eigenen Perspektive gewährt. Überdies ist die Hilfe an die Regeln der Institution gebunden, wodurch sie sich noch weniger am Klienten orientiert. Der Sozialarbeiter ist derjenige, der um Informationen bittet, um eine Einschätzung abzugeben, und der einen Hilfeplan erstellt und auf den Klienten zuschneidet. Im günstigsten Fall kann der Klient bei diesem Prozess mitwirken.

Fragegelenktes Arbeiten und die anderen genannten Formen versuchen, den Klienten und seine Bitte um Hilfe in den Mittelpunkt zu stellen.

Unter fragegelenktem Arbeiten versteht man das Führen offener Fragegespräche und Interviews auf der Grundlage des aktiven Zuhörens durch Nachfragen, Sichfragen, warum jemand etwas sagt, und durch die Berücksichtigung des Erlebens und der Bedürfnisse des anderen (Meerdink, 1999). Meerdink stellt fragegelenktes Arbeiten passivem Beobachten und Zuhören gegenüber sowie der Erwartung, dass Menschen ihre eigene Diagnose stellen und selbst Fürsorge- oder Lehrpläne erstellen. Welling (2003) erläutert, dass es sich beim Unterschied zwischen den verschiedenen Arbeitsmethoden in Wirklichkeit nur um Nuancen handelt: kundenorientiert (die Wünsche des Kunden berücksichtigen), fragegelenkt (kundenorientiert und ergebnisorientiert), klientenorientiert (Ausgangspunkt ist die Perspektive des Klienten), dialoggesteuert (auf der Grundlage wechselseitiger Sachkenntnis einen Dialog mit einem Klienten führen), fragegesteuert (Hilfesuche des Klienten steuert die Hilfeleistung) und ergebnisorientiert (Ziele der Hilfeleistung zu Beginn festlegen). Alle Methoden richten sich auf die Belange, das Problem und den Sachverstand des Klienten. Van der Steege (2003) spricht in diesen Fällen davon, dass der Klient in den Mittelpunkt gestellt wird, und nennt dies: ›*Einfach gute Hilfe leisten*‹.

Bei der sokratischen Methode ist dies selbstverständlich und der Art und Weise der Gesprächsführung inhärent. Man könnte auch behaupten, dass sie der Baustein schlechthin für eine Sozialarbeit ist, die den Klienten in den Mittelpunkt stellt. Als Konsequenz der sokratischen Methode ergibt sich, dass ein Gespräch gleichwertiger, inhaltlicher, interessanter und effektiver zum Ziel geführt wird. Nachfolgend illustrieren wir anhand einiger Beispiele die sokratische Methode. Dabei werden die unterschiedlichen Aspekte jeweils benannt, um zu verdeutlichen, was die Intervention bedeutet und warum sie angewendet wird.

Die Beziehung des Klienten zum Sozialarbeiter ist durch seine Hilfsbedürftigkeit geprägt. Macht und Ohnmacht liegen dicht beieinander. Es erfordert daher vom Sozialarbeiter eine zusätzliche Anstrengung, sich klientenorientiert anzunähern und den Klienten als Sachverständigen in den Mittelpunkt zu stellen. Nicht nur in Bezug auf sich selbst, sondern auch auf den Klienten muss der Sozialarbeiter dafür sorgen, dass dieser das kann und sich das auch traut.

In Fürsorgebeziehungen spielt auf beiden Seiten häufig sozial Wünschenswertes eine Rolle, was beeinträchtigend sein kann. Es ist wichtig, dies zu berücksichtigen, echte Hilfeleistung ist nahezu frei von sozial Wünschenswertem. Mädchen und Frauen sind oft noch mehr davon betroffen. Wenn sie etwas erzählen, was vielleicht für den Sozialarbeiter schwierig ist, winden sie sich wie Aale, um ihn nicht zu verletzen, und verteidigen sein Verhalten schon im Vorhinein. Der Sozialarbeiter kann dies über einen metakommunikativen Eingriff thematisieren:

Es ist sehr nett, dass du mich verteidigst, aber du greifst mich nicht an; es geht darum, wie es für dich ist. Du brauchst nicht auf diese Weise Rücksicht auf mich zu nehmen, darum kümmere ich mich schon selbst, also mach dir keine Sorgen.

Übrigens wirken die Faktoren, die in einer Fürsorgebeziehung eine Rolle spielen, auch in Situationen zu Hause oder in der Schule. In der Fürsorgebeziehung sind sie jedoch schärfer ausgebildet.

Respekt, Wärme, Bescheidenheit

Allgemeine Grundvoraussetzungen für eine gute Gesprächsführung sind Respekt, Wärme und Bescheidenheit (Übung 6.2, Anlage 1).

Obwohl es sich hierbei um fundamentale Werte handelt, zu denen sich wohl die meisten Menschen bekennen, bedeutet das nicht, dass wir sie auch immer praktisch umsetzen können. Dazu brauchen wir eine psychische Kondition, die durch Ruhe und Sicherheit geprägt ist. Unter bestimmten Umständen können wir diese Kompetenz verlieren. Zur Illustration ein paar Beispiele von Ängsten, die eine Rolle spielen, wenn wir den Kontakt mit unseren Werten verlieren. Sie haben etwas mit unseren grundlegenden Unsicherheiten zu tun.

Bei Eltern geht es häufig um die Angst um das Kind, die Angst, an Bedeutung für das Kind zu verlieren, als Erzieher zu versagen, Angst vor sozialer Abweichung, Verlust von Selbstrespekt. Bei Sozialarbeitern ist es die Sorge, ob man die Problematik dieses Jugendlichen verkraftet, Angst, vom Klienten nicht akzeptiert zu werden, Angst vor dem beruflichen Versagen, vor Zurückweisung durch Kollegen und Schule, Verlust von Selbstrespekt. Polizisten sorgen sich darum, ob sie die Fakten aufdecken, ob das Verhör auch präventiv Früchte abwerfen wird, Angst vor beruflichem Versagen, vor Zurückweisung von Kollegen und Institution, Verlust von Selbstrespekt.

Als Eltern operieren wir häufig im Rahmen der Intimität der Familie. Es gibt ungeschriebene Codes, die zumindest einen Teil des Familiengeschehens dem Auge der Außenwelt entziehen. Bei ernsten Situationen, wie sexuellem Missbrauch oder Misshandlung, sind es diese Codes, die angegriffen werden. Selbst die Initiative zu ergreifen und aktiv nach Erziehungsunterstützung zu suchen ist daher für viele Eltern nicht leicht. Eltern sind abhängig von zufälligen Kontakten mit anderen Eltern. Ihre Kinder neigen dazu, ihnen ausführlich über die Erziehung anderer zu erzählen, aber das ist nicht objektiv und oft wird der Wahrheit dabei Gewalt angetan:

»Alle Kinder in der Klasse haben ein Handy; Jannekes Mutter sagte, es sei unverantwortlich, in der heutigen Gesellschaft mit ihren Gefahren keins zu haben!«

»Bei uns in der Klasse haben alle viel mehr Taschengeld, denn die Eltern wollen, dass sie ihre Aufmerksamkeit der Schule widmen und nicht nebenbei für ihr Taschengeld arbeiten müssen.«

»Myriams Eltern verhalten sich nicht so kindisch, was das Trinken angeht, es ist völlig normal, was zu trinken, ihr seid ja so was von altmodisch!«

Solche Aussagen gehören zu dem Spiel, etwas zu erreichen, gerade weil die Jugendlichen spüren, dass ihre Eltern in puncto Erziehung sehr verletzlich sind und wenig Kontakte mit anderen Betroffenen haben.

Unbürokratische Kurse wie *Der Umgang mit Jugendlichen* werden daher auch gern angenommen. Die Analyse der Wirkung solcher Kurse zeigt, dass im Allgemeinen der wichtigste Gewinn darin liegt, andere Eltern zu treffen. Die Erfahrung, dass andere Eltern mit denselben Problemen zu kämpfen haben, relativiert die eigene Problematik und sorgt dafür, dass die Krisenstimmung zu Hause abnimmt. Das Verhalten von Jugendlichen ihren Eltern gegenüber kann leicht eskalieren, wodurch das Problem schwerer scheint, als es wirklich ist. Dies wird durch Kontakte mit anderen Eltern relativiert, was als wichtiger Beitrag solcher Erziehungskurse betrachtet werden kann.

In der Sozial- und Therapiearbeit wurden kollegiale Rücksprachen und vor allem die Supervision entwickelt, um die eigene Arbeitsweise aus der Distanz betrachten zu können und sie zu anderen in Beziehung zu setzen. Bei der Sozialarbeit wird davon ausgegangen, dass persönliche Faktoren die Qualität der Hilfe nachteilig beeinflussen können, Unsicherheit ist einer davon. Die Arbeit an einer professionellen Einstellung ist daher in der Fürsorge unumgänglich. Therapeuten begeben sich sogar in eine Lehrtherapie, um selbst zu erfahren, was Therapie bedeutet, und verletzliche Seiten zu bearbeiten. Bei der Supervision sollen die persönlichen Faktoren, die den Fürsorgeprozess stören können, behandelt werden, damit eine offenere Sozialarbeit stattfinden kann.

Für Lehrer wurden bislang wenig Möglichkeiten entwickelt, die eigene Arbeitsweise zu reflektieren. Lehrerversammlungen konzentrieren sich vor allem auf die Fortschritte der Jugendlichen. Gespräche über die eigene Arbeitsweise finden eher zufällig im Lehrerzimmer statt. Dennoch stehen Lehrer vor der schwierigen Aufgabe, sich ganz allein vor eine Gruppe von Jugendlichen zu stellen. Das Problem ›Ordnung halten in der Klasse‹ wird zwar erkannt, aber während der professionellen Ausbildung nicht oder nur wenig behandelt. Für Lehrer wurde dafür keine Methodik entworfen und es hängt von ihrer persönlichen Initiative ab, eine eigene zu entwickeln oder an Kursen teilzunehmen.

Lehrer werden darüber hinaus auch häufig mit gravierenden Problemen von Jugendlichen konfrontiert. Nach den Gleichaltrigen sind oft sie diejenigen, denen der Jugendliche etwas über seine Probleme erzählt. Die Anforderung an einen Lehrer heißt unterrichten, doch in der Praxis bedeutet es auch erziehen und Hilfe leisten.

Der Verlust von Respekt und Wärme ist häufig auf den Verlust eigener Sicherheiten und auf Angst zurückzuführen. Eine bescheidene Haltung ist eher auf einen Mangel an Wissen und Erfahrung im Vergleich zu anderen zurückzuführen. Es kann auch in der Person selbst begründet sein, dass Bescheidenheit nicht selbstverständlich ist. Eine bescheidene Haltung muss jedoch halbwegs aus der Person selbst heraus möglich sein. Eine narzisstische Persönlichkeit oder ein Mensch, der sich schlecht in andere hineinversetzen kann, wird weniger gut zu wirklichen Dialogen in der Lage sein als eine stark empathische Persönlichkeit.

Zur Illustration folgen einige Beispiele der Anwendung dieser Werte:

Machtloses Schreien

Der sechzehnjährige Jordi und seine Mutter Janine haben regelmäßig Streit. Dabei kann es hoch hergehen, und sie schreien sich gegenseitig an. Bevor Jordi in die Pubertät kam, gab es auch hin und wieder Zusammenstöße, aber die waren harmlos und es wurde nicht geschrien. Janine will dies durchbrechen, sie hasst ihr eigenes Geschrei:

»Jordi, wir greifen uns immer so heftig an. Das ist eigentlich idiotisch, so war das doch früher nie. Ich darf nicht so schreien und toben. Ich mache etwas falsch, aber ich weiß nicht, was …«

Der Eingriff ist einladend mit seiner Stille (symbolisiert durch die drei Punkte am Ende des Satzes). Jordi kann den Faden, den ihm seine Mutter reicht, nicht so schnell aufnehmen und sagt verärgert: *»Benimm dich einfach mal normal, du tust immer so, als wäre ich eine Art Monster.«*

Janine ist sofort wieder beleidigt – logisch – und würde sich am liebsten sofort verteidigen, aber sie beißt sich lieber die Zunge ab, um respektvoll zu bleiben.

»Du hast Recht, das ist dumm, denn ich halte dich überhaupt nicht für ein Monster. Ich will jedenfalls mein Bestes geben, dich nicht mehr anzuschreien. Vielleicht sollte ich mich einfach umdrehen und weggehen, um wieder runterzukommen! Hast du eine Idee?«

Statt ihr Gesicht zu verlieren, wovor Janine bei ihrem Sohn, der schon einen Kopf größer ist als sie, immer Angst hat, spürt sie, dass Jordis Respekt für sie zunimmt.

Krisenintervention

In der Nacht ruft eine Bewohnerin eines Heimes für betreutes Wohnen eine Begleiterin des Hauses an. Die Mentoren haben das Haus in Panik verlassen. Die Bewohnerin ist allein, bis eine zweite Bewohnerin nach Hause gekommen ist. Sie sitzen in ihrem Zimmer und zittern, haben Todesangst. Einer ihrer Mitbewohner, Joris, ein achtzehnjähriger Junge mit kräftigen Muskeln, Tätowierungen und einer Pistole, hat sich sehr bedrohlich verhalten. Weil die Situation gefährlich war, ist sogar der diensthabende Mentor geflohen. Das Mädchen traut sich nicht mehr aus seinem Zimmer. Joris ist mittlerweile weggegangen, aber die Mädchen haben Angst, er könne wieder zurückkommen, sie flehen die Begleiterin an, zu ihnen zu kommen. Sie kommt, das Haus ist tatsächlich verlassen, auch das Zimmer der Mentoren ist dunkel. Im ersten Stock brennt in einem der Zimmer Licht. Die Begleiterin geht nach oben und findet die beiden völlig verängstigten Mädchen. Sie spricht mit ihnen und dann hören sie an dem schweren Schritt auf der Treppe, dass Joris nach Hause gekommen ist und in sein Zimmer im nächsten Stock geht. Die Begleiterin geht mit klopfendem Herzen nach oben; sie empfindet es als ihre Verantwortung, etwas zu tun. Sie klopft an seiner Tür und betritt das Zimmer. Joris bleibt in seinem Zimmer stehen und sie beginnt über das Geschehene zu sprechen, was Aggression eigentlich bedeutet und wie sie für andere ist. Mitten in ihren Ausführungen spürt sie plötzlich, dass nur sie redet und Joris gar nicht wirklich in das Gespräch einbezogen ist. Sie unterbricht sich selbst und sagt: *»Jetzt rede ich hier und rede, aber was hältst du eigentlich selbst davon?«* Fast murmelnd sagt er: *»Das siehst du doch, ich halte sie in den Taschen.«* Er meint seine Fäuste. Das Eis ist gebrochen und sie gehen gemeinsam zu den Mädchen, um die Situation wieder geradezurücken.

Für den Sozialarbeiter …
Aafke hat bereits einige Gespräche gehabt. Sie ist sehr zögerlich, vorsichtig. Seit einigen Jahren ist sie schon in Behandlung, sowohl stationär als auch ambulant, aber sie kann niemanden an sich heranlassen. Zu Beginn der Behandlung ist dies nicht bekannt, nur dass sie jemanden braucht, der vorsichtig mit ihr umgehen kann, da sie lernen muss, Vertrauen zu haben. Das Vertrauen ist schon beim ersten telefonischen Kontakt vorhanden. Sie spürt von Anfang an, dass der Sozialarbeiter sie in den Mittelpunkt stellt. Das Vertrauen wächst und sie will wichtige Ereignisse ihres Lebens teilen. Irgendwann sagt sie etwas distanzierter als sonst:

»Es ist etwas geschehen in meinem Leben, und ich will es dir erzählen, denn als Sozialarbeiter musst du das wissen.«

Der Sozialarbeiter greift das Signal des Distanzierteren sofort auf und reagiert vorsichtig mit: *»Ist die Tatsache, dass ich das als dein Sozialarbeiter wissen sollte, im Augenblick deine einzige Motivation, mir davon zu erzählen?«* Die Antwort kommt scheu: *»Ja.«*

Der Sozialarbeiter antwortet, das sei kein ausreichender Grund zum Erzählen: *»Ich schätze es sehr, dass du mir Dinge erzählen möchtest, und ich möchte sie auch sehr gern hören, aber der wichtigste Grund muss sein, dass du sie gern teilen möchtest. Du musst es selbst ertragen, es zu erzählen und vor allem auch zu teilen. Wenn die Zeit noch nicht reif ist, solltest du besser damit warten.«*

Später zeigt sich, wie wichtig dieser Eingriff war. Die Therapie wird fortgesetzt, indem man sich vorsichtig dem schmerzlichen

Gebiet nähert. Für Sozialarbeiter ist die Tatsache, dass jemand wichtige Dinge erzählen möchte, ein Meilenstein in der Behandlung. Weil sie begierig sind, wichtige Tatsachen zu hören, können Sozialarbeiter in die Falle gehen, sich diese erzählen zu lassen, und verlieren die anderen Signale ihres Klienten aus dem Auge. In dem Moment steht der Sozialarbeiter im Mittelpunkt und nicht der Klient.

Von der Sachkenntnis des anderen in Bezug auf sich selbst überzeugt sein (Übung 6.3 und 6.4, Anlage 1)
In der Einleitung wird das Beispiel des Adoleszenten genannt, der ein Non-Hodgkin-Lymphom entwickelt hatte, nachdem sein eigener Sachverstand ein paar Jahre zuvor, der sich als Sorge über einen Mutterfleck geäußert hatte, nicht beachtet worden war. Dieses Beispiel ist in seinen Konsequenzen so dramatisch, dass wir vor den folgenden Beispielen noch einmal darauf hinweisen möchten, wie wichtig wirkliches Zuhören ist.

Depression und Kiffen
Wilbert, achtzehn Jahre, wurde wegen gravierender Depressionen für eine Therapie angemeldet. Die Depressionen traten schon seit längerer Zeit auf. Mittlerweile ging er nicht mehr zur Schule und verließ kaum mehr sein Bett und sein Zimmer. Nur abends besuchte er noch ab und zu Freunde. Medikamente hatten keine Wirkung erzielt. Während des Aufnahmegesprächs wirkte Wilbert ebenfalls depressiv. Seine Augen machten jedoch weniger einen depressiven als vielmehr einen nach innen gekehrten und stumpfen Eindruck. Der Therapeut sah sozusagen ›Rauchfähnchen‹ vom Kiffen aus seinen Ohren aufsteigen. Über Kiffen war bei der Anmeldung nicht gesprochen worden, nur über Depressionen und aggressive Ausbrüche, vor allem gegenüber seinem Vater. Auch über Geld, das hier und da vermisst wurde, war nichts gesagt worden. Dies kam erst später zur Sprache. Beim Aufnahmegespräch stand die Depression im Mittelpunkt, aber der Therapeut wurde mit seiner Vermutung konfrontiert, dass der Klient kiffen könnte.

Mit einem Jugendlichen über Kiffen zu reden ist nicht leicht. Die Wahrheit wird schnell abgeschirmt. Die Haltung des Erwachsenen ist in diesem Fall häufig die des Besorgten, der informiert werden möchte. Auf die Frage: »Kiffst du?«, läuft er Gefahr, eine Lüge zu kassieren: »Nein!« Wenn ein ›Ja‹ kommt und der Erwachsene fragt im selben Stil weiter: »Wie viele Joints rauchst du pro Woche?«, passiert es leicht, dass der Jugendliche eine niedrigere Zahl angibt. Damit steht zwischen dem Jugendlichen und dem Erwachsenen eine Lüge, die der Kommunikation nicht dienlich ist. Außerdem hat eine Zahl wenig Aussagekraft, für den einen sind zwei Joints viel, für den anderen wenig. Wilberts Therapeut schlug bei dem Aufnahmegespräch einen anderen Weg ein. Ausgehend von Sachkenntnis des Klienten entwickelte sich nach einigen einführenden Sätzen folgendes Gespräch:

»*Wir kennen uns noch nicht, aber ich kann sehen, dass du es wirklich nicht leicht hast. Ich kann sehen, dass du kiffst, lass uns nicht Nein–Doch–Nein spielen, das wäre schade für unseren Kontakt. Aber erzähl doch mal, findest du, dass du zu viel kiffst?*« Die Antwort kam sofort: »*Ja.*« Die Verblüffung war noch auf Wilberts Gesicht zu lesen. Erneut ging der Therapeut vom Sachverstand seines Klienten aus und fragte weiter: »*Warum bist du der Ansicht, dass du zu viel kiffst?*« Wilbert begann zu erzählen. Darin steckten viele Informationen über die Folgen des Kiffens, die der Therapeut schon kannte, aber auch viele neue Informationen und vor allem die Information, was Kiffen für Wilbert bedeutete. Es wurde deutlich, wie sehr Wilbert unter dem Kiffen litt. Der Therapeut fuhr fort: »*Wenn du so große Schwierigkeiten hast mit dem Kiffen, dann hast du doch bestimmt auch schon viel versucht, um weniger zu rauchen oder ganz aufzuhören. Erzähl mal, was half denn dabei und was nicht?*« Mit dieser Frage kamen alle Ratschläge zu Tage, die die meisten Erwachsenen erteilen, ohne sich der Tatsache bewusst zu sein, dass der Jugendliche selbst auch schon alles Mögliche ausprobiert hat. Menschen, die viele Drogen konsumieren oder abhängig sind, versuchen einiges, um davon loszukommen. Oft hängen sie das nicht an die große Glocke und dann sieht es so aus, als mache es ihnen nichts aus. So bekommen sie von wohlmeinenden Erwachsenen Tipps, die sie selbst schon längst ohne Erfolg ausprobiert haben. Das ist frustrierend und lässt ihre Hoffnung sinken. Freundlich behandelt zu werden und Hoffnung zu spüren sind die beiden wichtigsten Elemente für Hilfe. Indem der Erwachsene nach eigenen Lösungsansätzen fragt, gibt er keine überflüssigen Ratschläge, sondern bekommt Einsichten darüber, wie es für den Jugendlichen ist. Dieser wird an Lösungen erinnert, die durchaus funktionierten, aber in Vergessenheit geraten sind, und der Erwachsene wird auf Ideen gebracht, auf die der Jugendliche noch nicht gekommen ist.

Das Moped

Jugendliche gehen oft gefährlich mit Transportmitteln um. Todesursache Nummer zwei bei Adoleszenten sind Verkehrsunfälle. Bernd hatte ein Moped gekauft. Seine Mutter hatte furchtbare Angst, er könne damit verunglücken. Alle naselang sagte sie daher auch, wenn er wegfuhr: *»Bist du auch vorsichtig?«* Sie sah Bernd an, dass ihn die Frage kalt ließ. Er hatte schon so viele Fahrten mit seinem Moped hinter sich, und es war immer gut gegangen. Die Frage seiner Mutter stand also gänzlich außerhalb seiner eigenen Erfahrung. Was sie natürlich nicht beruhigte. Mittlerweile war es Herbst geworden und sie war noch besorgter wegen der Rutschgefahr auf nassen Blättern. Statt ihren Sachverstand in Form von Ratschlägen über Bernd auszuschütten, ging sie von seinem aus und fragte nach seinem Erleben: *»Findest du es nicht gruselig mit dem Moped auf den nassen Blättern, hast du keine Angst, in einer Kurve auszurutschen oder so?«* Sie sah das Bewusstsein in seinen Augen aufflackern. Er hatte noch nicht darüber nachgedacht und nahm den Gedanken auf: *»Geht so, ich bin vorsichtig in den Kurven. Man muss schon auch ein bisschen fahren können, und das kann ich. Ich habe übrigens nicht mehr so viel Lust, das Moped mit in die Schule zu nehmen.«*

Er hat was an seinem Hals!

Martha ist zum dritten Mal Mutter geworden. Sie ist eine einfache Frau mit einer schrillen Stimme. Sie ist wütend. Am Morgen ist sie mit ihrem Baby beim Arzt gewesen. Sie wollte eine Überweisung zum HNO-Arzt, aber der Hausarzt hielt dies nicht für notwendig. Sie ist wütend und in Panik, denn sie ist sich ganz sicher, dass irgendwas mit ihrem Kind nicht stimmt. *»Er hat was an seinem Hals«*, schreit sie verzweifelt mit ihrer schrillen Stimme, die noch eine Straße weiter zu hören ist. Ihr Begleiter sagt: *»Wenn du sagst, dass etwas mit seinem Hals ist, dann ist etwas mit seinem Hals. Du kennst dein Kind. Aber du schreist so laut und du hast so eine schrille Stimme. Der Arzt wird genau wie ich denken: Ich wünschte, das Geräusch hörte auf. Wenn du es nicht so heftig vorgebracht hättest, wäre es bestimmt anders gelaufen.«* *»Meinst du wirklich?«*, sagt Martha verblüfft. *»Ich finde, du solltest noch einmal zu deinem Hausarzt gehen, und dann versuchen, langsamer und leiser zu sprechen, dann kann er besser zuhören.«* *»Teufel aber auch!«*, sagt Martha vollkommen erstaunt. Sie befolgt den Rat und bekommt eine Überweisung – zum Glück, denn es stimmt tatsächlich etwas nicht mit dem Jungen.

Die Sachkenntnis des anderen hervorlocken
(Übung 6.5, Anlage 1)

Die Sachkenntnis des Gesprächspartners hervorzulocken ist ein fruchtbares und befriedigendes zwischenmenschliches Geschehen, erfordert allerdings Ausdauer. Weil die Kompetenz des Gesprächspartners im Mittelpunkt steht, ist die Inkompetenz des Fragers auch sofort akut. Man muss regelmäßig einen Appell an die Kompetenz des anderen richten, um dafür zu sorgen, dass der ›blinde‹ Begleiter auch weiterhin begleiten kann. In der griechischen Mythologie ist der Blinde der Seher. Blinden Menschen dichtete man die Gabe an, die Zukunft vorhersagen zu können. Nicht abgelenkt zu werden durch das Sehen äußerer Dinge ermögliche ein inneres Sehen und dort, so dachten die Griechen, befänden sich alle notwendigen Informationen.

Während des Gesprächs muss immer Feedback über den Fortschritt des Gesprächs erfragt werden:

»Stimmt das jetzt, was wir hier machen?«
»Du sagst das jetzt so – spürst du auch in deinem Inneren, dass das stimmt?«
»Ich vertraue dir.«
»Aber wenn du dir das vornimmst, weißt du sicher, dass das gut ist?«
»Es klingt wunderbar, aber ist es deiner Ansicht nach auch sinnvoll, es zu tun?«
»Ich denke, dass es sehr gut ist, was du tust, aber ich bin nicht du, du musst also selbst schauen, ob es richtig ist.«
»Ich bin mit Leib und Seele Sozialarbeiter und will gern helfen, aber noch wichtiger ist es, nicht falsch zu helfen.«
»Ich kann das alles schön sagen, das habe ich auch studiert, aber das will nicht heißen, dass ich Recht habe.«
»Du sagst, dass du es nicht weißt, aber vielleicht weißt du ja, was es nicht ist?«

Für den Befragten, ob Kind, Klient, Schüler oder Verhörter, ist es nicht selbstverständlich, dass man sich ihm so nähert, aber das Bewusstsein über die eigene Kompetenz ist auch nicht selbstverständlich. Durch das Befragen wird die Sachkenntnis des Befragten deutlich, aber gleichzeitig erlangt der Frager Kompetenz. Gerade die echte Weisheit, ›Erfahrungsweisheit‹, die mit dem Klienten, faktisch dem Dozenten, gesammelt wird, nimmt durch diese Haltung zu. Bei einem Leiden wie Anorexia nervosa hält man den Klienten noch für sehr inkompetent. Dessen Sachkenntnis hervorzulocken ist daher auch der Erkenntnis des Sozialarbeiters sehr förderlich.

Exzessiv Sport treiben

Irma ist magersüchtig. Sie hat schon diverse Behandlungen hinter sich. Sie ist verzweifelt. Sie will so gern dem ›Terror‹ der Magersucht entkommen, weiß aber nicht, wie. In Behandlungen wird häufig davon ausgegangen, dass junge Mädchen und Frauen mit Magersucht nicht essen wollen. Das Gegenteil ist der Fall. Sie trauen sich allerdings kaum, offen zu erzählen, wie es ist, sie haben Angst vor dem Unverständnis gegenüber ihrer Angst und dem Zwang, nichts zu essen, der sich daraus ergibt.

Irma berichtet, dass es in der Sportschule, in der sie exzessiv Sport treibt, eine Lehrerin gibt, die extrem dünn ist. Sie vermutet, dass sie ebenfalls magersüchtig ist. Sie sagt mit Erstaunen in der Stimme: »*Die ist so dünn, das will ich auch?!*« Die Therapeutin reagiert: »*Warum willst du das, was denkst du?*« Irmas Stimme überschlägt sich fast vor Erstaunen und leichter Panik, so groß ist ihre Angst, die Wahrheit zu erzählen. »*Weil ich es schön finde?*« Die Therapeutin stellt dies in Frage und reagiert mit: »*Das kann ich mir nicht vorstellen. Du bist so geschmackvoll gekleidet, du achtest so sehr auf schöne Dinge. Fändest du es wirklich schön, so skelettartig zu sein?*« Wie aus der Pistole geschossen kommt Irmas Antwort: »*Nein, es sieht abscheulich aus, aber wenn man so dünn ist, darf man alles essen.*« Die Therapeutin hat selten so deutlich vernommen, wie tief das Verlangen nach Essen bei magersüchtigen Mädchen und Frauen sitzt – sie wollen für ihr Leben gern essen, aber eine bestürzende Angst hält sie in einem Würgegriff.

Harmonische Co-Elternschaft

Die Eltern von Esther, der Vierzehnjährigen aus Kapitel 3, sind geschieden. Sie kann ausgesprochen gut in Worte fassen, was Co-Elternschaft ist. Hier eine nähere Beschreibung, wie eine solche Antwort zustande kam.

Die Therapeutin möchte gern wissen, was Co-Elternschaft für Esther bedeutet. Das ist nicht leicht, denn das berührt die Loyalität der

Kinder gegenüber ihren Eltern. Und Worte dafür zu finden ist auch schwierig, wenn ein Kind die längste Zeit seines Lebens so aufgewachsen ist und ›es nicht anders kennt‹. Doch das Mädchen verfügt in dieser Frage über den entsprechenden Sachverstand. Die Therapeutin sagt: »*Ich habe mit ziemlich vielen Kindern geschiedener Eltern gesprochen, aber es ist für jedes Kind wieder anders. Daher weiß ich nicht, wie es für dich ist. Und du wächst in Co-Elternschaft auf. Deine Eltern haben diese Entscheidung nach reiflicher Überlegung getroffen, das ist angenehm, aber wie ist das nun tatsächlich für dich in der täglichen Wirklichkeit?*« Esther antwortet: »*Wissen Sie, was es heißt, abwechselnd bei beiden Eltern zu wohnen? Das heißt, am Donnerstagmorgen vom Wecker geweckt zu werden und dann neben sich zu tasten, um ihn abzustellen, und dabei zu entdecken, dass er dort nicht steht. Dann denke ich: Oh nein, ich bin bei meinem Vater, da steht der Wecker auf der anderen Seite.*«

Esther macht klar, dass die Scheidung und das doppelte Zuhause immer bewusst sind, vom ersten Moment des Tages an. Ein Sozialarbeiter oder Therapeut kann sich zwar theoretisch überlegen, was es bedeutet, in Co-Elternschaft aufzuwachsen, aber ein Betroffener weiß es genau.

Eher fragen als erzählen (Übung 6.6, Anlage 1)

Erwachsene haben, vor allem in Bezug auf Jugendliche, die Vorstellung, sie müssten etwas erklären. Das Erzählen des Erwachsenen nimmt daher häufig mehr Zeit in Anspruch als das des Jugendlichen.

Gähnen

Bariko kommt auf Bitten seiner Heimbetreuer zu einer Sprechstunde. In dem Haus, in dem er wohnt, kommt man mit ihm nicht mehr zurecht. Er ist ein freundlicher Junge, aber er kann plötzlich in Aggressionen ausbrechen, ohne irgendeine Art von Kontrolle darüber zu haben. Er ist sehr verschlossen. Als er eintritt, ist er freundlich und höflich. Er sitzt auf der Stuhlkante, angespannt wie eine Feder. Der Therapeut versucht, die Spannung zu senken: »*Es ist wahrscheinlich ziemlich unangenehm, mit einem Wildfremden ein Gespräch zu führen?*« »*Daran bin ich gewöhnt*«, antwortet Bariko. »*Okay, aber dennoch scheint es mir nicht leicht. Soweit ich verstanden habe, suchst du selbst das Gespräch und das weiß ich zu schätzen.*« Bariko setzt sich noch aufrechter hin. Eine Gesprächspause tritt ein, die anzeigt, dass Bariko einladend darauf wartet, was kommen wird. Gesichtsverlust ist für jeden ein brisantes Thema, bei Jugendlichen, vor allem bei Jungen, und dieser Junge ist noch dazu ein Migrantenkind, ist es noch heikler. Nach den einleitenden Sätzen fährt der Therapeut fort: »*Ich falle jetzt einfach mal mit der Tür ins Haus. Dort, wo du wohnst, hält man dich für einen sympathischen Jungen, aber sie wissen nicht, wie sie dir helfen sollen. Du kannst plötzlich explodieren, ohne dass man weiß, weshalb. Das muss für dich sehr unangenehm sein, denn du willst das natürlich selbst auch nicht. Dein Leben verläuft gewiss ganz anders, als du das möchtest. Du siehst gut aus und ich nehme an, du brichst so manches Mädchenherz? Erzähl doch mal von deiner Freundin, wenn du eine hast.*«

Bariko erzählt ausführlich. Der Therapeut stellt nur hier und da eine Frage, um das Erzählen zu stimulieren. Bariko ist stolz auf seine Freundin, stolz auf sein Aussehen. Aber seine Beziehungen sind immer schnell vorbei, das will er gar nicht, doch er kann sehr böse werden, erzählt er, und dann macht er Schluss. »*Das ist wirklich beeindruckend, du willst nicht, dass jemand Opfer deiner Aggressionen wird, und dann beschützt du den anderen, indem du Schluss machst?*« »*Andernfalls würden sie Schluss machen.*« »*Kann sein, aber du lässt dich doch nicht vollkommen gehen, du versuchst doch zu vermeiden, völlig außer Kontrolle zu geraten.*«

»*Wenn Menschen so aggressiv sind, gibt es dafür einen Grund. Es kann sein, dass sie einfach so sind oder dass sie Dinge erlebt haben, wodurch es so wurde. Weil ich dich nicht kenne und nicht mehr von dir weiß als das, was ich am Anfang gesagt habe, weiß ich nicht, wie es bei dir ist. Du selbst weißt das meiste, erzähl doch mal, hast du Dinge erlebt, die mit Aggressionen zu tun haben?*« »*Ja.*« Bariko unterdrückt ein aufkommendes Gähnen. »*Okay. Dann fang doch mal ganz weit hinten an, vor langer Zeit. Was ist das Erste, woran du dich erinnerst?*«

»*Mein Vater hat mich geschlagen, als ich drei Tage alt war, aber das war meine eigene Schuld, denn ich weinte sehr viel.*« »*Also hat dich dein Vater zu Recht geschlagen?*« »*Ja, ich hätte eben nicht heulen sollen.*« Er wirft dem Therapeuten einen verstohlenen Blick zu, um dessen Reaktion zu sehen. Es ist eindeutig, dass er sich sehr schämt. »*Würdest du bitte einmal für mich über ein Baby von drei Tagen nachdenken … Kann das etwas dafür, dass es weint?*« »*Nein …*«, sagt Bariko zögernd. »*Und dein Vater, was weiß der darüber?*« »*Ich weiß es nicht, er ist nach ein paar Wochen weggegangen.*« »*He, könnte das so sein wie bei dir, dass er wegging, um dich nicht mehr zu schlagen?*«

Das Gespräch geht weiter, Bariko erzählt von seiner Jugend. Irgendwann unterdrückt er erneut ein Gähnen. Der Therapeut geht darauf ein: »*Ich sehe, dass du ein Gähnen unterdrückst? Sehr höflich, dass du das mir zuliebe tust, aber weißt du eigentlich, weswegen du gähnst?*« Mit überschlagendem Erstaunen in der Stimme antwortet Bariko: »*Weil ich mich langweile?*« »*Langweilst du dich denn?*«, fragt der Therapeut. »*Nein*«, antwortet Bariko erstaunt und entschieden. »*Eigentlich ist dein Gähnen ein Kompliment für uns*«, sagt der Therapeut. »*Es bedeutet, dass du dabei bist, dich zu entspannen, und meiner Ansicht nach bist du immer angespannt.*« »*Ja*«, antwortet Bariko traurig. Das Gespräch geht weiter und am Ende wird der weitere Weg deutlich: Therapie. Bariko, der zuvor therapeutische Hilfe abgelehnt hatte, willigt nun gern ein. Die Gruppenleiterin wird hinzugezogen, und sie besprechen das Gespräch. Sie ist froh, auch über Barikos Motivation für die Therapie. Sie bestätigt, dass Bariko immer angespannt ist, auch im Schlaf. Man verspricht sich viel von der Therapie, daher ergänzt der Therapeut: »*Bariko, nicht jeder Therapeut kann alle Klienten behandeln. Du musst selbst gut darauf achten, ob du glaubst, dass dir der Therapeut helfen kann. Du hast dein eigenes Thermometer: Wenn du nicht gähnst, ist es nicht gut!*«

I hate myself

Die Mutter der vierzehnjährigen Ineke ruft eine Therapeutin an. Panik. Sie ist nach Hause gekommen und hat ihre Tochter in Tränen aufgelöst auf dem Sofa gefunden. Ineke erzählt, dass sie bei einer Kosmetikerin war. Drei Monate zuvor hatte sie sich ins Bein geritzt: I hate myself. Beim Schulsport zog sie immer Kleidung darüber, um es zu verbergen. Aber sie hatte so tief geritzt, dass es nicht heilte. Darum war sie zu der Kosmetikerin gegangen. Die erschrak und sagte, sie könne sie nicht behandeln, sie müsse damit ins Krankenhaus. Und sie müsse es ihren Eltern erzählen, und das tat Ineke.

»*Ich erschrak fast zu Tode*«, sagt Inekes Mutter. »*Als ich sie so in Tränen aufgelöst fand und hörte, sie müsse mir etwas erzählen, ging mir alles Mögliche durch den Kopf, aber nicht das, was sie mir schließlich erzählte. Sie hat selbst keine Ahnung, weshalb sie das getan hat. Sie ist ein liebes, intelligentes Mädchen. Wir streiten uns nie. Sie hat auch noch nie etwas Schlimmes erlebt, das sagte sie selbst auch. Wir haben gemeinsam alles Mögliche überlegt, aber wir wissen nicht, wie es dazu kam. Ich habe also keine Ahnung, was man dagegen machen kann. Das Einzige, was geschehen ist, ist, dass sich ihr Vater und ich haben scheiden lassen, als sie vier Jahre alt war, aber das ist harmonisch ver-*

laufen. Sie wohnt eine Hälfte der Woche bei ihrem Vater und die andere bei mir. Die Vereinbarungen zwischen uns laufen immer gut, und sie hat auch keinerlei Probleme mit der Scheidung, das kann es also nicht sein. Würden Sie bitte einmal mit ihr reden, um herauszufinden, was los ist? Ich bin so ratlos.«

Ineke kommt zum Gespräch. Sie ist wirklich ein sehr einnehmendes Mädchen. Ein wenig schüchtern, denn sie ist noch nie bei einer Therapeutin gewesen. Ihre Mutter bleibt im Wartezimmer.

Die Therapeutin erzählt, was Inekes Mutter berichtet hat, und sagt nach einigen einführenden Sätzen: »*Deine Mutter sagt, du hast keine Ahnung, warum das geschehen ist, stimmt das?*« »*Ja*«, antwortet Ineke. »*Erzähl doch einmal genau, was passierte. Wo warst du und was ist geschehen?*« Ineke erzählt Schritt für Schritt, was geschah. Auf Nachfragen entwirrt sich die gesamte Geschichte. Sie hat es in ihrem Zimmer getan, nachdem sie böse war auf sich selbst, dass sie nur innerlich und nicht laut böse war auf ihre Mutter, die wollte, dass sie den Abwasch machte. Sie hatte nichts gesagt, keinen Streit angefangen und einfach gespült, aber ihre Gedanken fand sie inakzeptabel. Die Therapeutin fragt weiter: »*Deine Mutter erwähnte auch schon, dass du nie streitest. Aber machst du das wirklich nie? Auch nicht bei Freundinnen?*« Über diese Fragen entfaltet sich das Bild. Ineke kann bei Freundinnen gut für sich eintreten, kann auch recht selbstsicher in der Schule reagieren, aber nie gegenüber ihrem Vater oder ihrer Mutter. Ineke vermeidet den Streit zu Hause, auf Kosten ihrer selbst. Die Scheidung belastet sie, ohne dass sie es weiß, denn eigentlich ist sie der Ansicht, dass ihre Eltern nicht zueinander passen, deswegen möchte sie gar nicht, dass sie wieder zusammenkommen. Dennoch verhielt sie sich zu Hause immer mäuschenstill, um Konflikte zu vermeiden.

Entdecken lassen (Übung 6.7 und 6.8, Anlage 1)

Das Befriedigendste einer guten Gesprächsführung mit einem Jugendlichen ist vielleicht wirklich die Chance, ihn etwas entdecken zu lassen. Es ist die logische Folge davon, die Sachkenntnis des anderen hervorzulocken. Über Nachfragen entschleiert sich das Rätsel. Es ist, als würde der Erwachsene begleiten, an die Hand nehmen, ohne zu wissen, wohin der Weg führt, jedoch in der festen Überzeugung, dass es auf jeden Fall zu irgendetwas Sinnvollem führen wird. Das ist die wichtigste Tätigkeit in der *Einsichtstherapie*, kann aber für jedes Gespräch gelten. Wenn die Phase des Entdeckens anbricht, scheint es, als würde die gesamte Außenwelt abgeriegelt und als seien die Gesprächspartner in vollkommener Verbundenheit miteinander. Vor allem für Jugendliche ist es befriedigend, auf Entdeckungsreise zu gehen, unabhängig vom Thema. Auch ein schwieriges, schmerzliches oder trauriges Thema führt zu einem angenehmen Gefühl, wenn entdeckt wird, welchen Hintergrund es hat.

Dieses Kleid mit den roten Noppen

Eines der Probleme, in die man sich nur schwer einfühlen kann, mit dem sich Kinder jedoch oft herumquälen, ist ihr Schuldgefühl bei sexuellem Missbrauch. Erwachsene und vor allem Therapeuten sind schnell dabei, dieses Schuldgefühl wegzunehmen. Sie wollen etwas für das Opfer tun, und das scheint etwas ganz Klares zu sein. Es ist nicht die Schuld des Kindes, das kann man ihm also nehmen. Dennoch wird der Erwachsene damit konfrontiert, dass das Opfer hartnäckig an seiner Schuld festhält. Dies geschieht nicht nur bei sexuellem Missbrauch, sondern bei allen *traumatischen Erlebnissen*. Die Schuldgefühle scheinen eine Funktion zu haben. Eine Therapeutin stieß darauf bei einer wechselseitigen Entdeckungsreise bei einer sexuell missbrauchten Klientin.

Meredith ist drei Jahre alt, als der sexuelle Missbrauch durch ihren Vater beginnt. Er setzt sich fort bis zu ihrem neunzehnten Lebensjahr. Als sie zu der Therapeutin kommt, hat es noch nicht aufgehört. Widerwillig erzählt Meredith ihre Geschichte. *»Es ist meine eigene Schuld«*, wirft sie herausfordernd hinterher. Weg ist ihre Scheu. Wenn sie über ihre Schuld spricht, ist sie resolut und entschlossen. Die Therapeutin stimuliert weitere Erklärungen: *»Deine Schuld?«* *»Ja«*, sagt Meredith, *»es kommt durch das Kleid mit den roten Noppen. Ich wusste, dass es mir gut stand. Ich habe es bei meinem Vater herausgelockt.«* Die Therapeutin hat zunächst noch keine Vorstellung von Umfang und Funktion des Schuldgefühls und fährt fort: *»Aber du warst doch noch so jung! Dann kannst du doch noch gar keinen Sex provozieren!«* *»Doch«*, antwortet Meredith entschieden. Meredith ist so sicher, dass die Therapeutin versucht, das Gebiet näher zu untersuchen: *»Kennst du ein dreijähriges Mädchen?«* Meredith antwortet: *»Ja.«* Die Therapeutin fährt fort: *»Stell sie dir vor und sag mir: Kann so ein Mädchen Sex wollen und bei ihrem Vater hervorlocken?«* *»Nein«*, antwortet Meredith. *»Aber ich schon!«* Die Therapeutin ist überrascht. Obwohl Meredith die Einsicht hat, kann sie diese nicht auf sich selbst beziehen. Allmählich dämmert es ihr, dass dieses Schuldgefühl eine Funktion haben muss, wenn Meredith es nicht loslassen kann. Die Therapeutin macht sich bewusst, dass Meredith sagte, der Missbrauch dauere noch an, und spürt nun, wie groß das Schuldgefühl sein muss. Aber welche Funktion könnte es haben? Sie kommt auf die Idee, dass die Schuld auch eine Schutzfunktion hat. Wenn der Missbrauch ihre Schuld ist, durch ihr Verhalten verursacht wird, kann Meredith aus ihrer Sicht ihr Verhalten ändern und dann geschieht es nicht mehr. Das Schuldgefühl gibt ihr eine Form der Kontrolle über die Situation. Sexueller Missbrauch ist schlimm, aber die Angst vor Wiederholung oft noch unerträglicher. Was bei einem Trauma hängen bleibt, ist die Angst vor Wiederholung. Diese Angst bricht einen Menschen. Es gibt auch ein Sprichwort: *Wer ein Leiden fürchtet, der leidet doppelt.* In dem Moment wird der Therapeutin bewusst, dass sie auch den Schutz wegnimmt, wenn sie das Schuldgefühl nimmt, und verändert ihr Ziel ›wegnehmen‹ in ›entdecken, was es ist‹. »*Du sagst, dass du es durch dein hübsches Kleid hervorlocktest. Machte er das immer, wenn du dieses Kleidchen trugst?*« Meredith ist einen Augenblick verwirrt, erstaunt hält sie inne bei dem Gebiet in ihrem Gehirn, das sie noch nie betreten hat. »*Nein*«, sagt sie zögernd. Die Therapeutin fährt fort: »*Wann geschah es dann?*« Fast laut redend, in sich selbst gekehrt, sagt Meredith: »*Wenn er betrunken ist.*« Sie hebt den Kopf. Noch nie hat sie dies ausgesprochen. Nach und nach entdeckt sie die Umstände, unter denen sie immer missbraucht wurde. Und weil sie das entdeckt, bekommt sie die Situation besser in den Griff, und ihr Schuldgefühl wird kleiner. Es ist nicht mehr so dringend notwendig, sich mit dem Schuldgefühl zu schützen. Diese Erkenntnis und das Gefühl, die Situation besser in den Griff zu bekommen, machen es möglich, etwas dagegen zu tun. Der sexuelle Missbrauch ist nach diesem ersten Gespräch nicht wieder vorgekommen.

Depression und Drogen

Zuvor haben wir das Beispiel von Wilbert und dem Kiffen unter der Überschrift ›Von der Sachkenntnis des anderen in Bezug auf sich selbst überzeugt sein‹ besprochen. Setzen wir dies fort, um zu sehen, wie Wilbert entdecken kann, was es mit seiner Depression auf sich hat.

Mittlerweile ist klar geworden, dass Wilbert viel kifft und sehr darunter leidet. Regelmäßig sieht er vor seiner Zimmertür Mönche stehen, mit blutroten, leuchtenden Augen, die ihn zu ermorden drohen. Kiffen ist gar nicht so harmlos und das erfährt er am eigenen Leib. Wilberts Depression steht in einem deutlichen Zusammenhang mit seinem Drogenkonsum. Vom Hausarzt hat er Antidepressiva erhalten, aber die helfen nicht. Im Gegenteil: Weil der Arzt nicht vom Drogenkonsum als Differenzialdiagnose (Ausschluss anderer Diagnosen) ausgegangen ist und nicht weiß, dass Wilbert kifft, haben die Antidepressiva eine gegenteilige Wirkung: Sie ermöglichen ihm, noch mehr zu kiffen. Es ist wichtig, Wilbert entdecken zu lassen, dass die Depression auch körperlich durch die Drogen genährt wird. *»Wilbert, was weißt du über die psychischen Folgen von Kiffen?«* Wilbert berichtet von den psychedelischen Effekten. *»Und deine depressiven Gefühle, weißt du, dass die damit zusammenhängen können?« »Nein, vom Kiffen werde ich ganz relaxed.« »Nun, das Relaxedsein ist die erste Reaktion, aber nach einiger Zeit wird man depressiv oder aggressiv. Wenn du viel von dem Zeug nimmst, reagiert dein Körper darauf, weil es nicht gut für ihn ist. Durch Antistoffe bekommst du dann wieder ein ganz anderes Gefühl. Das ist dir nicht bewusst, denn es kommt nicht sofort. Nach meiner Erfahrung mit anderen Jugendlichen dauert es meist etwa ein bis zwei Tage, und dann hat man so ein depressives Gefühl, und wieder etwas später ist man oft gereizt, aggressiv. Von Alkohol wird man auch depressiv – das finden alle unlogisch, aber auch da setzt die Reaktion verzögert ein. Schau dich mal um, bei deinen Freunden, die viel konsumieren oder die das auch haben. Du bist intelligent und du willst Dinge verstehen. Dann achte mal darauf, ob das stimmt, was die Wissenschaftler sagen. Ich habe einen guten Artikel zu diesem Thema, wenn du willst, gebe ich dir eine Kopie. Er heißt: Die Kreise von van Dijk. Er ist für Klienten einer Detox geschrieben, einer Entgiftung, also auch gut lesbar! Achte mal darauf, wie es deinen Freunden am Montag oder Dienstag nach einem Wochenende geht, an dem sie viel gekifft haben. Du brauchst es mir nicht zu glauben, denn du kannst es selbst herausfinden. Davon kann ich auch noch etwas lernen!«*

Wilbert wollte *Die Kreise von van Dijk* (siehe Kapitel 3) gern lesen. Er machte seine Beobachtungen und kam mit der Schlussfolgerung zurück, dass seine Freunde tatsächlich nach dem Drogenkonsum depressiv waren. Seine Intelligenz war ›eingeschaltet‹. Adoleszenten können, wie Bruner (1980) sagt, ›hypothetisch-deduktiv denken‹; sie haben eine wissenschaftliche Ader. Wilbert genoss es, selbst Nachforschungen anzustellen. Danach wollte er aufhören zu kiffen und das auch richtig angehen. Aber plötzliches Aufhören kann bei stark Konsumierenden eine Psychose auslösen. Daher ist Vorsicht geboten. Auch hier konnte Wilberts Forschergeist eingeschaltet werden. Nach Erläuterung des Risikos auf Psychose schlägt der Therapeut folgendes Vorgehen vor: »*Wir müssen also dahinterkommen, ob du dich in der Risikogruppe befindest, denn dann musst du nach dem Kiffen vielleicht Medikamente als Übergang nehmen. Wir können ein Experiment machen. Schaffst du es, einen Tag zu kiffen und die beiden darauffolgenden Tage nicht?*« Wilbert kiffte jeden Tag kräftig, aber er ließ sich auf das Experiment ein. Er führte es durch und sagte bei nächsten Mal lachend: »*Wissen Sie, was ich gemacht habe? Ich habe meiner Mutter erzählt, ich sollte auf Ihre Aufforderung hin kiffen! Danach würde ich mit einem Experiment erforschen, wie ich aufhören kann.*« Das Experiment zeigte, dass Wilberts starkes Kiffen tatsächlich eine Funktion hatte und dass der Übergang sehr behutsam und vorsichtig stattfinden musste.

KERNAUSSAGEN

- Grundhaltung für Gesprächsführung: Respekt, Wärme und Bescheidenheit.
- Sokratische Basisregeln bei Gesprächsführung:
  1. Von der Sachkenntnis des anderen in Bezug auf sich selbst überzeugt sein
  2. Die Sachkenntnis des anderen hervorlocken
  3. Eher fragen als erzählen
  4. Entdecken lassen

7 GESPRÄCHSFÜHRUNG NACH ALTER – Adoleszenz in Phasen eingeteilt

Es ist fast nicht möglich, Gesprächsführung altersgemäß zu betrachten und scharfe Abgrenzungen anzugeben. In diesem Kapitel finden sich daher auch nur grobe Hinweise. Die Phasen der Individuation von Josselson (siehe Kapitel 2) gelten als Basiseinteilung, ergänzt um den Übergang zum Erwachsensein: I: 12–14 Jahre; II: 14–16 Jahre; III: 16–18 Jahre; IV: 18–21 (→25 Jahre). Hierbei wird die 25 absichtlich mit einem Pfeil wiedergegeben, weil es sich um die Vollendung der Reife handelt. Die Zahlen geben das kalendarische Alter an, aber gemeint ist das mentale Alter. Die Einschätzung des mentalen Alters geschieht während der Pubertät häufig anhand der Körpergröße. Die Richtschnur lautet dann: Je größer Jugendliche sind, desto weiter sind sie auf dem Weg zum Erwachsensein vorangeschritten. Im Prinzip ist das kein schlechtes Maß, aber die Launenhaftigkeit des Wachstums sorgt dafür, dass es oft eine große Kluft zwischen dem kalendarischen und dem mentalem Alter gibt. Diese Kluft hat in unterschiedlichen Lebensaltern unterschiedliche Bedeutung. Weil nach dem 15. Lebensjahr die Pubertät doch häufig andere Merkmale hat und Jugendliche sich erwachsener verhalten, liegt die größte Kluft liegt vielleicht darin, dass Jugendliche dreizehn sind und wie sechzehn aussehen. Unterhält man sich mit ihnen, merkt man, wie kindlich sie noch sind, doch ihre körperliche Erscheinung ermöglicht es ihnen, problemlos Kneipen und Diskotheken zu betreten, was sie auch sehr cool finden. Die Erwartungen der Menschen in ihrem Umfeld sind ihren Entwicklungen und Möglichkeiten nicht angepasst. Es ist auch nicht leicht, damit gut umzugehen.

Annette ist acht, als sie zu einer Untersuchung kommt. Sie ist groß für ihr Alter und hat einen ausgeprägten Charakter. Das verspricht einiges für die Pubertät, hat man ihren Eltern schon oft gesagt. Ein paar Jahre später kommt sie zurück, sie hat Probleme und will sich einmal aussprechen. Ein gut sechzehnjährig aussehendes Hippie-Mädchen betritt den Raum, aber in Wirklichkeit ist sie dreizehn. Sogar mit dem Wissen, das der Forscher über Annette von früher hat, und dem Inhalt des Gesprächs kostet es ihn große Mühe, sie ihrem tatsächlichen Alter gemäß anzusprechen.

ADOLESZENZ IN PHASEN EINGETEILT

Hier werden in aller Kürze die phasengebundenen Entwicklungen und Probleme je Phase benannt und es wird beschrieben, welche für die Gesprächsführung kennzeichnend sein können.

Diese Themen wurden bereits zuvor im Buch gestreift, hier werden sie nun systematisch zusammengestellt. In Anlage 3 ist dies in einem Schema wiedergegeben.

Für die Beschreibung der verschiedenen Aspekte der Gesprächsführung dient die Unterteilung, die auch schon im Buch über die Gesprächsführung mit Kindern benutzt wurde (Delfos, 2004a/2000–2007).

Es handelt sich um folgende Aspekte (Übung 7.1, Anlage 1):
A Metakommunikation
B Form
C Verbaler Aspekt
D Nonverbaler Aspekt
E Fragetechniken
F Motivation

PHASE I: 12 BIS 14 JAHRE

Zwischen dem zwölften und 14. Lebensjahr werden die Veränderungen der Pubertät allmählich deutlich. Das oft rasante Wachstum ist das sichtbarste Zeichen der Veränderung. Der frühe Pubertierende gehört nicht mehr zu den Kindern, aber auch noch nicht zu den Heranwachsenden. Er hegt einen leichten Argwohn gegenüber Erwachsenen, als könnten sie ihn bei einer ›Kindlichkeit‹ ertappen. Er beginnt, Unterschiede zwischen sich selbst und Erwachsenen, vor allem den Eltern, zu ›inventarisieren‹. Dadurch, dass er die Unterschiede registriert, bereitet sich der Jugendliche darauf vor, selbstständig und unabhängig von den Eltern zu agieren, und profiliert sich auf diese Weise. In der Phase des körperlichen Wachstums sind Gleichaltrige wechselhaft und so sucht sich der Jugendliche Vorbilder wie Popidole oder große historische Persönlichkeiten (Übung 7.2, Anlage 1). Die Grundlage der sozialen Identität wird abgerundet; der Jugendliche weiß in etwa, wie er von anderen wahrgenommen wird. Auf dieser Basis findet die Gesprächsführung mit Erwachsenen statt.

A. Metakommunikation

In diesem Alter kennen Kinder bereits viele Regeln der Gesprächsführung. Die Verfeinerung ihrer Fähigkeiten zu einem wirklich wechselseitigen Dialog beginnt in dieser Phase. Sie springen noch vom ›Hölzchen aufs Stöckchen‹ gegen die ungeschriebene Regel, dass ein Gespräch nur ein Thema haben soll, das auch abgehandelt werden soll. Jugendliche zu Beginn der Pubertät brauchen noch metakommunikative Informationen über die Gesprächsführung, aber nicht zu nachdrücklich. Sie fühlen sich auf die Füße getreten, wenn man ihnen unterstellt, dass sie etwas nicht wissen. Das erste Prinzip sokratischer Gesprächsführung, von der Sachkenntnis des anderen in Bezug auf sich selbst überzeugt zu sein, ist daher besonders wichtig. In ›Ich-Botschaften‹ zu sprechen (Gordon, 1989) ist sehr hilfreich, weil dies zeigt, dass das Wissen zum ›Ich‹ gehört und der andere darüber anders denken kann und darf.

Jugendliche zu Beginn der Pubertät brauchen allerdings durchaus noch Informationen über Gesprächsführung. Ein paar Beispiele metakommunikativer Information:

»Warte mal, ich möchte dich gut verstehen, und wenn du zum

nächsten Thema übergehst, verliere ich nun einmal den Faden.« (Bei einem Thema bleiben und dies abhandeln, bevor ein weiteres Thema angeschnitten wird.)

»Verstehe ich jetzt richtig, dass du meinst, es sei vorige Woche geschehen? Du hast noch nicht gesagt, wann. Diese Information brauche ich, um dir folgen zu können.« (Zeitangabe machen, damit der Zuhörer das Gehörte richtig einordnen kann.)

»Entschuldige, bringst du bitte deine Sätze zu Ende? Ich gehe voller Interesse mit einem Satz mit, und du beginnst wieder einen anderen, bevor der vorherige zu Ende ist. Dann hänge ich noch in der Luft!« (Nicht immer neue Sätze beginnen, erst den Satz beenden.)

»Du sagst, dass ich das schon weiß, aber nicht von dir, und nur du weißt wirklich, wie es ist.« (Kompetenz des anderen anbohren.)

Wegen des leichten Argwohns, der vorhanden sein kann, ist es sinnvoll, die Gesprächslinien zu verdeutlichen, damit der Jugendliche weiß, woran er ist.

»Ich bin nicht böse oder so, aber ich möchte gern wissen, was da genau passiert ist.« (Emotion deutlich machen.)

»Ich sage es am besten gleich – ich bin ziemlich sauer über das, was da geschehen ist, aber ich will versuchen, darüber zu reden.« (Emotion verdeutlichen und Bereitschaft zum Gespräch zeigen.)

»Es braucht nicht lang zu sein, aber wir müssen doch darüber reden, oder?« (Dauer des Gesprächs deutlich machen. Fragen nach Möglichkeit zur Wechselseitigkeit im Gespräch.)

B. Form

Die Form der Gesprächsführung nähert sich immer mehr der von Erwachsenen an. Die Gesprächsdauer hängt vor allem von der Stimmung ab. Jugendliche zu Beginn der Pubertät wollen jedoch oft nicht lange reden, zumindest, wenn die Initiative vom Erwachsenen ausgeht. Gespräche während einer Aktivität eignen sich immer noch, vor allem bei etwas aktiveren Kindern. Mit Jungen ein bisschen ›kicken‹ kann die Besprechung wichtiger Angelegenheiten ein wenig leichter machen. Für Erwachsene ist es oft schwer, zu verstehen, dass ein Gespräch bei einem Spaziergang genauso tief gründen kann wie beim Sitzen. Spielen wichtige Themen mit, ist es sinnvoll, sich behutsam zu nähern. Das schafft eine größere Chance für einen Austausch. Eine Fahrradtour oder ein Ausflug mit dem Auto bieten andere Möglichkeiten, als spannungsgeladen im Wohnzimmer zu sitzen und ›darüber zu sprechen‹. Manchmal ist es auch wichtig, eine Situation aufzubrechen:

»*Vielleicht willst du nicht darüber sprechen, doch ich denke, dass du es schon irgendwie willst, dem aber mit Schrecken entgegensiehst. Ich eigentlich auch, aber gemeinsam schaffen wir das schon.*«

C. Verbaler Aspekt

Wortschatz und grammatisches Wissen sind auf akzeptablem Niveau. Jetzt ist es die Erfahrung mit der Gesprächsführung, die dem jungen Jugendlichen weiterhelfen wird, seine kommunikativen Fertigkeiten zu verfeinern. Komplizierte Worte zu vermeiden ist sinnvoll oder man benutzt sie in einem Atemzug mit alternativen Begriffen, damit nicht betont wird, dass der Jugendliche das Wort nicht kennt. Ausführliches Reden mit jungen Jugendlichen über Themen, die sie interessieren, hilft ihnen sehr, ihre Gedanken in Worte zu kleiden, und fördert ihre kommunikativen Fähigkeiten. Erwachsene neigen allerdings dazu, vor allem den eigenen Interessen Vorrang zu geben, und das heißt dann sehr oft, Regeln, Konflikte und Differenzen zu besprechen. Der Jugendliche verliert dadurch sein Interesse am Kontakt mit Erwachsenen und wendet sich stärker ab als notwendig.

D. Nonverbaler Aspekt

Auf nonverbaler Ebene ist es in diesem Alter besonders wichtig, Unsicherheitssignale wahrzunehmen und die Unsicherheit weitestgehend aufzulösen. Die Grundregel sokratischer Gesprächsführung, von der Sachkenntnis des anderen in Bezug auf sich selbst überzeugt zu sein, hilft, die Unsicherheit des jungen Jugendlichen einzudämmen. Es kostet allerdings oft einige Mühe, seinen Argwohn zu durchbrechen und ihn spüren zu lassen, das man es ernst meint.

Körperlicher Kontakt ist beim jungen Jugendlichen ein heikles Thema. Für Eltern ist es manchmal schmerzlich, zu erfahren, dass er abgewehrt wird. Diese Grenze zu respektieren wirkt allerdings direkt als Modellverhalten. Für den Jugendlichen ist es wichtig, zu erfahren, dass er eine körperliche Grenze ziehen darf und kann. Hierdurch wird er auch besser darauf vorbereitet sein, selbst Grenzen zu setzen, z. B. in Situationen sexueller Intimität, die in der nächsten Phase auftritt.

E. Fragetechniken

Mit Hilfe von Fragetechniken kann die Sachkenntnis des Jugendlichen hervorgelockt werden. Offene Fragen sind in diesem Alter noch sehr mühsam. Für den Jugendlichen ist dann oft nicht klar, was man von ihm erwartet. Außerdem muss dazu erst eine gute Atmosphäre geschaffen werden. Neben Respekt, Wärme, Bescheidenheit ist diese am besten zu erreichen, wenn man mit geschlossenen Fragen beginnt, auf die der Jugendliche eine klare Antwort geben kann. Bei offenen Fragen geht man das Risiko ein, dass der Jugendliche Angst hat, im Kontakt zu versagen, und sich hinter Sturheit verbirgt. Weitere Fragen zu einem Thema stellen, das dem Jugendlichen selbst wichtig ist, zeigt, dass es der Erwachsene mit seinem Interesse an der Meinung des Jugendlichen ernst meint.

F. Motivation

Die Motivation zu einem Gespräch, zu dem ein Erwachsener die Initiative ergreift, ist beim jungen Jugendlichen oft niedrig. Von der Vorpubertät bringt das Kind noch stark das sozial Wünschenswerte mit. Es will in den Augen des Erwachsenen geschätzt werden, weiß aber nicht mehr richtig, wie es das erreichen kann. Kinder zwischen zwölf und dreizehn Jahren sind daher auch häufig störrisch in ihrem Reden, vor allem mit Erwachsenen. In ein Gespräch zu kommen, von dem beide Gesprächspartner etwas haben, erfordert Aufmerksamkeit.

PHASE II: 14 BIS 16 JAHRE

Die Phase zwischen vierzehn und sechzehn bezeichnete Josselson (1980) als Phase der Ausführung. Es ist die Phase, in der Eltern das Schlimmste befürchten und überzeugt sind, dass sie kaum mehr Zugriff auf ihr Kind haben. Der Jugendliche taucht in seine Innenwelt ab, um seine psychische Identität aufzubauen. Das Pubertätsthema der Loslösung von den Eltern ist während dieser Phase am sichtbarsten. Der Jugendliche zeigt oft mit seiner Kleidung, dass er ›anders‹ ist, und lässt über Musik im übertragenen Sinne seine Identität auf die Straße schallen. Mit Experimenten werden die Grenzen und eigenen Möglichkeiten ausgelotet.

Auch Sexualität wird von den Jugendlichen erforscht, bei Jugendlichen mit geringerer Bildung über praktisches Experimentieren und Geschlechtsverkehr mit anderen, bei Jugendlichen mit höherer Bildung häufig in Fantasien und beim Masturbieren (de Graaf u. a., 2005).

Mädchen laufen Gefahr, schwanger zu werden, weil sie oft ungeschützt ihre ersten Erfahrungen machen. Die Unsicherheit auf dem Gebiet von Sexualität und Beziehungen führt dazu, dass Jugendliche gegenseitig und durch die Medien sehr beeinflussbar sind. Die soziale Anpassung an die Gruppennorm Gleichaltriger ist während dieser Phase sehr stark. Sicherheit wird mehr bei Gleichaltrigen als bei Erwachsenen gesucht.

Die körperlichen Veränderungen erreichen einen Höhepunkt. Das biologische Erwachsenwerden wird abgerundet. Sexuell spielen die Menarche (erste Menstruation) und die Spermarche (erster Samenerguss) eine Rolle. Über ›feuchte Träume‹ werden Jungen mit einem Körper konfrontiert, der seine eigenen Forderungen aufstellt und einen eigenen Kurs fährt.

Bei Jugendlichen dieses Alters gilt es, Verantwortung zu teilen. In den ersten Jahren der Pubertät ist dies bedeutend schwieriger als ab 16, 17 Jahren. Zwischen zwölf und 16 muss der Erwachsene lernen, dem Jugendlichen immer mehr Raum zu geben und immer mehr Verantwortung für das Gespräch. Das bedeutet, dass er auch akzeptieren muss, dass das Gespräch nicht stattfindet, weil der Jugendliche es nicht will.

Für den Jugendlichen ist es wichtig, ein eigenes Territorium zu schaffen, auf dem er sich sicher fühlt. In dieser Phase verjagt er den Erwachsenen auch oft von diesem Territorium. Die Initiative zu einem echten Gespräch kommt selten vom Heranwachsenden selbst, es sei denn, etwas Praktisches muss geregelt werden. Vor allem Mütter erfahren in dieser Phase oft, dass sie kaum Kontakt zu ihrem Kind bekommen. Das starke Band, das früher existierte, scheint plötzlich verschwunden zu sein. Auf dieser Grundlage finden Gespräche statt.

A. Metakommunikation

Zwischen vierzehn und sechzehn kennen Jugendliche im Allgemeinen alle Gesprächsregeln. Sie wissen beispielsweise, dass ein Gespräch normalerweise über ein einziges Thema geführt wird und dass man sich abwechselnd Gelegenheit zum Sprechen gibt. Metakommunikation ist weniger wichtig im Sinne von Informationen über das Gespräch als vielmehr dazu, eine Verbindung zu dem Jugendlichen zu schaffen, indem man immer wieder mal kurz über das Gespräch kommuniziert. Metakommunikation ist also vor allem dafür wichtig, sich stets aufs Neue miteinander zu verbinden und eine Grundlage für wechselseitige Kommunikation zu schaffen. Es ist notwendig, das Bedürfnis des Jugendlichen nach Distanz zum Erwachsenen zu respektieren. Egal, wie groß sein Widerstand auch ist – darunter liegt das tief verwurzelte Bedürfnis, die Eltern mögen zu ihm halten. Eltern, die in die ›Falle‹ gehen und denken, der Jugendliche weise sie wirklich ab, lassen beide Seiten unnötig in der Kälte stehen. Die Jahre der ›Ablösung‹ müssen Erwachsene ›aussitzen‹. Respektvoll Abstand nehmen, sparsam sein in der Begleitung, Grenzen setzen, wechselseitige Vereinbarungen treffen, geduldig warten, bis sich der Jugendliche von selbst öffnet, dafür sorgen, dass Eltern und Kind untereinander verbunden bleiben – das alles ermöglicht es, diese Phase zu überstehen, ohne allzu viele Federn zu lassen.

»Vielleicht bin ich ja altmodisch und es ist vollkommen unberechtigt, aber ich mache mir nun einmal Sorgen.«

»Deine Eltern haben am Elternabend gesagt, dass sie dich nicht mehr gut verstehen. Sie machen sich Sorgen. Nicht so seltsam, wenn man sich deine Noten anschaut, aber ich habe sie beruhigt, dass du im Augenblick nur sehr damit beschäftigt bist, Freundschaften zu schließen, und dass bestimmt alles wieder gut wird. Jetzt hoffe ich, dass es nicht dumm von mir war, das zu sagen ...«

B. Form

In dieser Phase gibt es einen großen Unterschied zwischen dem Sprechen mit Gleichaltrigen und dem mit Erwachsenen: Mit Gleichaltrigen finden sehr ausführliche Gespräche statt, wie die hohen Telefonrechnungen zeigen oder die stark frequentierten Plätze, an denen sich Jugendliche gerne lang und ausgiebig treffen. Mit Erwachsenen fallen die Gespräche eher spärlich aus. Der Jugendliche will mit dem Erwachsenen oft ›auf den Punkt kommen‹: keine ellenlange Monologe, keine ›Predigt‹. Schnell regeln, um was es geht, und dann will er sich gern wieder den eigenen Aktivitäten widmen. Wenn Eltern mit Freunden und Freundinnen Gespräche initiieren, kann dies förderlich sein, aber Jugendliche reagieren auch sehr empfindsam auf Eltern, die versuchen, ›jung‹ zu wirken. Der Abstand muss deutlich bleiben und respektiert werden. Gespräche finden gern in einer Form statt, die Vorläufigkeit ausdrückt: an der Tür stehend, kurz während einer Pause, mit der Hand an der Türklinke oder während eines Telefongesprächs mit einem anderen.

C. Verbaler Aspekt

Weil Jugendliche meist weniger Bedürfnis haben, mit Erwachsenen zu reden, müssen diese dazu bereit sein, eine Weile im Hintergrund zu bleiben, und es dem Jugendlichen überlassen, die Initiative zu ergreifen. In Bezug auf Inhalt und kommunikative

Fähigkeiten kann sich der Jugendliche gleichwertig beteiligen, aber seine Methode ist eher die Debatte als der Austausch. Der Versuch, Recht zu bekommen, ist oft wichtiger als der Inhalt. Weil dies die Phase schlechthin ist, in der der Jugendliche der Wahrheit Gewalt antun kann, von Übertreibung bis Lügen, besteht von vorneweg ein Abstand zwischen dem Jugendlichen und dem Erwachsenen. Mit jemandem, der nicht vollkommen ehrlich ist, kommt man nicht wirklich in Kontakt.

D. Nonverbaler Aspekt

Während dieser Phase ist es wichtig, Widerstandssignale aufzufangen. Unruhige Augen, die immer wieder zum Himmel schweifen, zeigen, dass der Jugendliche seine Zeit mit dem Erwachsenen aussitzt. Für diesen ist das oft verletzend, und es passiert dann auch schnell, dass er in die Falle geht und wütend wird über die respektlose Art, mit der ihm der Jugendliche begegnet. Für Lehrer ist die Situation häufig etwas einfacher, weil Abstand und Hierarchie anerkannt werden. Ein Lehrer allerdings, der dazu neigt, auf die Hierarchie zu setzen, statt natürliche Autorität auszustrahlen, hat es in dieser Phase schwer. Der Jugendliche wird versuchen, ihn von seinem hierarchischen Sockel zu stoßen. Wegen des großen Zusammengehörigkeitsgefühls von Jugendlichen in dieser Phase ist es gut möglich, dass dieses Verhalten die anderen Schüler ansteckt. Ein Lehrer läuft dann Gefahr, die Klasse gegen sich aufzubringen. Verhält er sich in der Kommunikation sokratischer, kann er ein wichtiger Halt für Jugendliche sein, sogar eine Art Brücke zur Wirklichkeit, die der Jugendliche oft nicht mehr richtig im Blick hat.

E. Fragetechniken

Der Jugendliche kann in dieser Phase eigene Gefühle und Gedanken besser ausdrücken. Dadurch sind mehr offene Fragen möglich. Nachfragen kann Verärgerung auslösen, wenn es nicht einem deutlich sichtbaren Interesse entspringt. Weil der Jugendliche sehr auf Abstand geht, fühlt er sich oft ›herbeizitiert‹. Nachfragen können dann plötzlich als ›drittgradiges Verhör‹ interpretiert werden und Widerstand hervorrufen. Dennoch ist die Technik des Nachfragens die geeignetste, um Interesse auszudrücken. Das zweite und dritte sokratische Prinzip, ›die Sachkenntnis des anderen hervorlocken‹ und ›eher fragen als erzählen‹, müssen in dieser Phase im Mittelpunkt stehen. Das ›Entdeckenlassen‹ muss vorsichtig gehandhabt werden, auch weil das Tempo dabei träger ist, als der Jugendliche in dieser Phase angenehm findet.

F. Motivation

Die Respekthaltung wird in dieser Phase sehr auf die Probe gestellt. Der Jugendliche ist nicht selbstverständlich zu einem Gespräch motiviert. Um die Motivation des Jugendlichen zu stärken, ist es notwendig, aufrichtiges Interesse zu zeigen. Dabei kann es hilfreich sein, weitere Fragen zu stellen. Die Themen, mit denen sich der Jugendliche in dieser Phase beschäftigt, sind dem Erwachsenen häufig ein wenig fremd. Eine Verbindung auf Grundlage gleicher Interessen gelingt deshalb weniger leicht. Dagegen ist der Jugendliche mit Dingen beschäftigt, von denen Erwachsene oft so wenig wissen, dass er sich an der Tatsache aufrichten kann, dass Erwachsene informiert werden müssen und wollen. Gespräche über Musik zum Beispiel geben dem Jugendlichen und dem Erwachsenen einen Raum, in dem sie die veränderten Rollen – von hierarchisch zu gleichwertig – üben können.

PHASE III: 16 BIS 18 JAHRE

Der Jugendliche hat viele Einsichten darüber gewonnen, wer er ist und was die Umgebung über ihn denkt. Experimentieren hat in mehr oder weniger großem Ausmaß stattgefunden, und allmählich entwickelt er ein Bewusstsein darüber, was er wirklich will. Manche Experimente haben sich als nicht so angenehm erwiesen, und der Jugendliche sucht zögernd wieder einen Weg zurück. Er formt nun aktiv seine psychische Identität. Die schmerzlichen Ereignisse aus der Vergangenheit erfordern nun Aufmerksamkeit, und der Jugendliche versucht, sie zu verarbeiten. Abhängig davon, wie Eltern und Kind die vorige Phase überstanden haben, wird der Jugendliche Erwachsene nun wieder etwas mehr einschalten, um die eigenen Ansichten zu testen und Unterstützung zu erbitten. Der Jugendliche ist oft noch schüchtern, achtet darauf, vom Erwachsenen nicht eingeengt zu werden und die gerade eroberte Freiheit wieder preisgeben zu müssen. Dass der Jugendliche allein in Urlaub fahren möchte, drückt die neuen Errungenschaften aus; die Sorge der Eltern, ob er das denn auch wirklich alleine kann, steht für die Ambivalenz eines Jugendlichen, der sich in der Übergangsphase befindet. Dies ist die Grundlage, auf der Gespräche stattfinden.

A. Metakommunikation

Der Jugendliche ist mittlerweile recht erfahren in der Gesprächsführung und kennt die Regeln im Allgemeinen gut. Bei der Entwicklung seiner psychischen Identität erwirbt er viele Begriffe, um den eigenen Gedanken und Gefühlen Ausdruck zu verleihen. Erfahrung im gleichwertigen Austausch von Ideen und das Erreichen einer höheren Stufe durch das gemeinsame Gespräch standen in den beiden vorherigen Phasen weniger auf der Tagesordnung. Gespräche wurden vor allem mit Gleichaltrigen geführt. Das Testen eigener Ansichten findet nun hauptsächlich in der Schule mit dem Lehrer statt. Auf der metakommunikativen Ebene ist es daher vor allem wichtig, dass der Intention des Gesprächs und der Gleichwertigkeit viel Aufmerksamkeit gewidmet wird.

B. Form

Während dieser Phase können Adoleszenten manchmal sehr lange Gespräche führen. Sie diskutieren ein Thema gern lang und breit. Der Heranwachsende will in dieser Phase – freilich unter Vorbehalt – einer Sache auf den Grund gehen. Es ist die Phase der Geburt großer Ideen, häufig naiv formuliert.

C. Verbaler Aspekt

Häufig sind Heranwachsende in diesem Alter geradezu ›Verbalkanonen‹. Sie verbreiten wild ihre Ansichten, können aber aufgrund eines Mangels an Erfahrung die Dinge oft noch nicht in ein entsprechendes Verhältnis setzen. Der Erwachsene kann das, was der Jugendliche sagt, in ein größeres Ganzes einordnen. Gleichzeitig muss er sich davor hüten, den Heranwachsenden zu dominieren und ihm keinen Raum mehr zu geben. Es ist die Phase schlechthin, in der der Erwachsene vom Jugendlichen zu lernen beginnt.

Meinungen mit Gleichaltrigen durchzudiskutieren funktioniert in dieser Phase oft weniger gut, weil bei ihnen nun mehr der Drang zu Gleichförmigkeit bei Ideen herrscht. Erwachsene haben zum ersten Mal Mühe, den Argumenten des Jugendlichen die Stirn zu bieten. Grund dafür ist das vertiefte Denken, wodurch der Heranwachsende wesentlich logischer analysieren kann als zuvor und auch häufig besser als der Erwachsene. Dieser verfügt jedoch nach wie vor über mehr Erfahrung. Bringt er sie auf den Tisch, gerät der Jugendliche in eine schwierige Position, weil ihm diese Erfahrung fehlt und er nicht überschauen kann, was es bedeutet, diese Erfahrung zu haben. In die Ecke gedrängt, kann der Heranwachsende den Erwachsenen dann auch der ›Rechthaberei‹ bezichtigen oder ›hoffnungslos altmodisch zu sein‹, ›nicht mit der Zeit zu gehen‹, um den Deich der Erfahrung, den der Erwachsene errichtet, zu durchbrechen.

D. Nonverbaler Aspekt

In Bezug auf die Körpersprache ist es wichtig, Ungeduldssignale aufzufangen. Der Adoleszent ist in dieser Phase begierig nach Kommunikation, aber dann bitteschön zu seinen Bedingungen. Der Abstand ist kleiner geworden, sowohl psychisch als auch physisch, aber nicht bedingungslos. Die Verletzlichkeit des Jugendlichen, der seine eigene Identität formt, verursacht auch Kummer und Bedürfnis nach Trost. Körperlicher Kontakt im Sinne eines um die Schultern gelegten Arms ist nun leichter als in der vorigen Phase.

E. Fragetechniken

Diese Phase eignet sich am besten für offene Fragen. Der Heranwachsende möchte gern seine eigene Meinung verkünden und erklären. In Bezug auf die sokratische Gesprächsführung ist es die Phase, in der der Erwachsene den Denkprozess des Heranwachsenden begleiten kann, um ihn sich selbst entdecken zu lassen. Obwohl diese Art der Gesprächsführung immer förderlich ist, kommt sie jetzt vollkommen zu ihrem Recht. Die Gestaltung eines gleichwertigen Gesprächs, in der die Gesprächspartner gemeinsam entdecken, beginnt schwierig zu werden. Der Jugendliche ist auch nicht mehr so abhängig von individuellen Kontakten, Gruppengespräche können sehr anregend sein. Am Tisch sitzt nun selten der unruhige, manchmal etwas launische Jugendliche, sondern ein Adoleszent, der sich in Themen vertiefen möchte.

F. Motivation

Die Motivation für das Gespräch wird vor allem durch die Schaffung der gleichwertigen Situation erzeugt. Der Erwachsene, der Wertschätzung für den Denkprozess des Heranwachsenden äußert, kann auf eine erhöhte Motivation für ein Gespräch zählen. Die Wechselseitigkeit in Gesprächen nimmt in dieser Phase zu.

PHASE IV: 18 BIS 21 (→25) JAHRE

Diese Phase startet mit der Volljährigkeit. Die Volljährigkeitsgrenze ist nicht die scharfe Abgrenzung zum Erwachsensein. Dieses fällt psychisch mit der Übernahme erwachsener Aufgaben und physisch mit der Ausreifung des Gehirns zusammen, daher auch der Spielraum bis 25 Jahre. Ab dem achtzehnten Lebensjahr zeigt der Adoleszent deutliche Merkmale von Erwachsenensein. Er vertieft seine psychische Identität, die schon klare Formen angenommen hat. In dieser Phase wird deutlich, ob der Heranwachsende seinen Problemen die Stirn bieten kann oder doch noch zu verletzlich ist, um selbstständig agieren zu können.

Abhängig von der jeweiligen Erziehung und dem Zeitgeist werden Adoleszenten ihre Flügel spreizen und von zu Hause ausziehen, bis hin zur Aufnahme einer Erwerbstätigkeit, einer Partnerbeziehung und der Gründung einer Familie.

Adoleszenten beginnen in dieser Phase schon auf ihre ›wilden Jahre‹ zurückzuschauen. Dieses Zurückschauen bedeutet auch, dass sich der Heranwachsende und der Erwachsene im Grad des Erwachsenseins irren können. Der Heranwachsende kann überraschend jung sein in den Augen des Erwachsenen, der ihn manchmal überschätzt. Gleichzeitig ist der Aspekt Bescheidenheit sehr wichtig, weil der Erwachsene, noch im Prozess der Gewöhnung an seine neue Rolle, den Heranwachsenden auch unterschätzen kann.

Für Eltern beginnt nun die Phase, bei der sie definitiv auf dem zweiten Platz landen, weil sich der Jugendliche allmählich an einen Partner bindet. Auf dieser Grundlage finden Gespräche statt.

A. Metakommunikation

In metakommunikativem Sinn ist der Adoleszent mit der Art und Weise vertraut, wie Gespräche geführt werden. Der Heranwachsende initiiert Gespräche und greift Gespräche auf, die von anderen initiiert werden. Metakommunikation findet vor allem statt, um Kommunikation positiv zu gestalten und Problemquellen zu identifizieren. Die Gesprächspartner stehen sich in der Verantwortung für einen guten Gesprächsverlauf gleichwertig gegenüber.

B. Form

Adoleszenten können ab diesem Alter recht lange mit Erwachsenen reden und sehr ausführlich mit Gleichaltrigen. Die Interessengebiete stimmen etwas besser überein. Konflikte können aufgrund einer Überforderung des Adoleszenten entstehen sowie durch das Spannungsfeld, das zwischen Eltern und Heranwachsendem aufgrund verschobener Prioritäten erwächst. Neue Beziehungen rücken in den Vordergrund und Eltern werden stärker in den Hintergrund gedrängt. Der Adoleszent verbringt einen Großteil seiner Zeit mit anderen, hauptsächlich dem Partner.

C. Verbaler Aspekt

Weil der Adoleszent die Gesprächsregeln kennt und verbal stark ist, manchmal stärker als die Eltern scheint, besteht das Risiko, von Erwachsenen überschätzt zu werden.

D. Nonverbaler Aspekt

Der Adoleszent, der jetzt ein junger Erwachsener ist, fühlt sich gleichwertiger und wird auch mehr so behandelt. Nonverbal spielen die Regeln eine Rolle, die in Gesprächen Erwachsener gültig sind.

E. Fragetechniken

Während dieser Phase ist das wichtigste Mittel für eine gute Gesprächsführung, entdecken zu lassen. Damit begleitet der Erwachsene den Adoleszenten ins Erwachsensein.

F. Motivation

Für die Motivation des Adoleszenten sind eine gleichwertige Behandlung und Respekt vor dem Wissen des Adoleszenten von durchschlagender Bedeutung.

KERNAUSSAGEN

Die Adoleszenz ist in vier Phasen zu unterteilen: 12–14, 14–16, 16–18, und 18–21 (25) Jahre. Diese Phasen haben jeweils eigene Merkmale.

- Für die Gesprächsführung sind einige Aspekte zu unterscheiden: Metakommunikation, Form, verbaler Aspekt, nonverbaler Aspekt, Fragetechniken, Motivation.
- Die Aspekte sokratischer Gesprächsführung haben je nach Phase einen anderen Schwerpunkt.

8 EPILOG

Wir leben in einer Kommunikationsgesellschaft. Jugendliche darin sind Meister der Kommunikation, aber erbarmungslos, wenn man nicht in echten Kontakt mit ihnen tritt. Sie nutzen alle Mittel zur Kommunikation und entwickeln auf eine selbstverständliche Art und Weise neue Formen von Kontakt. Sie reden, telefonieren fest und mobil, verschicken Nachrichten per SMS, nutzen MSN, e-mailen und chatten. Sie besuchen sich gegenseitig und versuchen, Kontakt herzustellen. Sie sind den ganzen Tag buchstäblich und im übertragenen Sinne online, auf der anderen Seite wird es ihnen aber immer schwerer gemacht, sich strukturell, langfristig mit einem anderen zu verbinden.

Jugendliche sind Seismographen für gesellschaftliche Widersprüche, Entwicklungen und Tendenzen. Sie zeigen die Lücken des Gesetzes auf, denn sie suchen Grenzen. Sie zeigen die Normen und Werte, denn sie überschreiten Grenzen. Sie zeigen die Modernität, denn sie wollen all das Neue entdecken. Sie zeigen die Fallen der Gesellschaft, denn sie wollen entdecken und erforschen. Sie kündigen die neue Zeit an, denn ihre sprühende Intelligenz formt neue Ideen. Sie testen die Macht der Gesellschaft, denn sie stellen sie zur Diskussion. Sie zeigen die Verletzlichkeit der Gesellschaft, denn ihnen fehlt die Erfahrung, um alles nach Wert einschätzen zu können.

Fantastisch, dass jede Generation von selbst wieder Jugendliche erzeugt!

Anhang

ANLAGE 1
Übungen in Kommunikation

1 EINLEITUNG – »GEHIRN EINSCHALTEN!«

1.1 Untersuchen Sie bei sich selbst und den Menschen in Ihrem Umfeld Ihr bevorzugtes Verhalten im Umgang mit ungefähr gleichaltrigen Personen.

1.2 Beobachten Sie Gespräche mit Migranten, die der deutschen Sprache nicht gut mächtig sind. Was können Sie über die Art und Weise der Kommunikation mit ihnen sagen? Achten Sie auch auf den Migranten selbst und seinen Tonfall im Vergleich zu einem in Deutschland geborenen Menschen.

1.3 Beobachten Sie die Kommunikation zwischen einem Erwachsenen und einem Baby. Beobachten Sie sich selbst in der Kommunikation mit einem Baby. Gibt es einen Unterschied in Klang und Tonhöhe?

1.4 Versuchen Sie, im Kontakt zu einem anderen Menschen zu benennen, was Sie beobachten und wahrnehmen. Gibt es einen Unterschied zwischen nonverbalem und verbalem Verhalten? Gibt es einen Unterschied zwischen Denken und Fühlen?

1.5 Beobachten Sie ein Gespräch zwischen einem Erwachsenen und einem Jugendlichen (zwölf bis 16 Jahre) und zählen Sie die benutzten Wörter. Gibt es einen Unterschied in der Anzahl gesprochener Wörter?

1.6 Versuchen Sie zu untersuchen, ob Sie jemandem zuhören, wenn Sie selbst etwas erzählen möchten. Übung: Geben Sie einer Person den Auftrag, etwas zur Sprache zu bringen. Geben Sie einer anderen Person den Auftrag, Ersterer keine Chance zu lassen, etwas zu sagen. Untersuchen Sie, inwiefern die Person, die etwas erzählen soll, dem zuhört, was die andere Person zu erzählen hat. Fragen Sie auch nach dem Grad der Frustration.

2 VORPUBERTÄT UND PUBERTÄT – WACHSTUM UND ENTWICKLUNG

2.1 Führen Sie ein Gespräch, während der eine sitzt und der andere steht, und wechseln Sie nach einigen Minuten die Positionen. Das Gesprächsthema ist unwichtig. Was erfahren Sie in den unterschiedlichen Positionen? Sind Unterschiede in den Rollen und der Teilhabe am Gespräch festzustellen? Inwiefern fühlen Sie sich in der einen oder anderen Position wohl und warum? Übertragen Sie diese Erfahrungen auf die Konsequenzen von Größenunterschieden im Allgemeinen und auf Gespräche zwischen Jugendlichen und Erwachsenen im Besonderen. Übertragen Sie Ihre Erkenntnisse auf Gespräche mit schwierigen Themen.

2.2 Beobachten Sie die Stimmungswechsel eines Jugendlichen (zwischen 14 und 16 Jahren) während eines Tages. Machen Sie dies einige Male verteilt über einen Monat. Was nehmen Sie wahr?

2.3 Übung: Gehen und reden Sie wie ein Vertreter des anderen Geschlechts. Versuchen Sie, dies auch sprachlich auszudrücken. Evaluation: Wie viel Mühe kostet es, das Verhalten des jeweils anderen Geschlechts zu zeigen? Wie behaglich/unbehaglich fühlen Sie sich dabei? Ist ein Rollentausch ohne weiteres möglich oder muss man doch von einem Präferenzverhalten der Geschlechter sprechen?

2.4 Beobachtung: Gehen Sie zum Schulhof einer Grund- und Hauptschule und beobachten Sie das Verhalten der Jungen und Mädchen während der Pause. Beobachten Sie unterschiedliche Muster, die unterschiedlichem Alter und Geschlecht zuzuordnen sind? Welcher Art ist die Intimität: offen und direkt oder eher bedeckt und indirekt? Oder noch anders?

2.5 Schauen Sie eine Woche lang fern, so viele Sender, Programme und Reklame wie möglich. Rezipieren Sie unter dem Aspekt, es handele sich um Aufklärung. Was geschieht, wenn man Fernsehen als Aufklärung betrachtet und nicht als Vergnügen? Welche Informationen und Denkmuster erhalten Kinder und Jugendliche hierdurch in Bezug auf Sexualität? Versuchen Sie, diese zu benennen.

2.6 Beobachtung: Schauen Sie sich eine Diskussion unter dem Blickwinkel an, dass alle Gesprächspartner Recht haben. Versuchen Sie, den Kern der Aussagen jedes Gesprächspartners zu ermitteln, und überlegen Sie, ob die Zusammenfügung der unterschiedlichen Kerne eine größere Wahrheit bildet als jeder einzelne Kern für sich.

3 JUGENDLICHE ERZIEHEN – FALLEN UND AUFSTEHEN

3.1 Betrachten Sie einmal Ihr eigenes Wissen über Sexualität. Reicht Ihnen dieses Wissen, um Sexualität zu verstehen und damit umzugehen?

3.2 Um mit Jugendlichen über Drogen kommunizieren zu können, müssen Sie einige Grundbegriffe kennen. Notieren Sie, welche Drogen Sie kennen, wie sie verwendet werden und welchen Effekt sie haben. Überprüfen Sie dieses Wissen und ergänzen Sie es um verlässliche Informationen, zum Beispiel auch, indem Sie Adoleszenten befragen.

3.3 Beobachten Sie, wie ein Jugendlicher und ein Erwachsener eine Vereinbarung treffen. Ist die Vereinbarung gegenseitig? Achten Sie auch auf das nonverbale Verhalten.

3.4 Fragen Sie Jugendliche, ob sie ein System haben, nach dem sie ihre Hausaufgaben erledigen.

3.5 Beobachten Sie das Verhalten von Kindern und Jugendlichen nach einer Zurechtweisung. Beachten Sie auch den Prozessverlauf. Wie ist die Reaktion, die sich der Zurechtweisung anschließt, wie verläuft sie später, was machen das Kind und der Jugendliche mit dem erwünschten Verhalten?

3.6 Suchen Sie Beispiele für unerwünschtes Verhalten und die dazu passenden Korrekturen, das heißt solche, die in einem Zusammenhang mit dem unerwünschten Verhalten stehen.

3.7 Greifen Sie ein unerwünschtes Verhalten heraus und beschreiben Sie, welches alternative Verhalten an seiner Stelle stehen soll.

3.8 Wählen Sie ein erwünschtes Verhalten und überlegen Sie sich Belohnungen (verbale Verstärkungen und andere), die dazu passen.

3.9 Nehmen Sie ein Beispiel einer Serie unerwünschten Verhaltens und alternativ erwünschten Verhaltens, und beschreiben Sie dies in den Begriffen der Kette Reiz–Reaktion–Konditionieren.

3.10 Untersuchen Sie bei Jugendlichen mit gravierenden Problemen, ob dabei Scheidung oder drohende Scheidung eine Rolle spielt.

3.11 Überlegen Sie sich, welche Erfahrungen traumatisch sein können und warum.

3.12 Welche Folgen von Alkoholmissbrauch erfahren Sie an sich selbst und den Menschen in Ihrem Umfeld? Beschreiben Sie dies ausführlich und beziehen dabei auch spätere Auswirkungen ein.

3.13 Jeder hat irgendwelche Abhängigkeiten. Versuchen Sie herauszufinden, um welche es sich bei Ihnen selbst handelt. Versuchen Sie, die damit verbundenen Reize aufzuspüren, z. B. Kaffee beim Rauchen. Versuchen Sie, die antizipatorische Reaktion zu entdecken.

3.14 Denken Sie über den Unterschied zwischen Depression, Kummer und Trübseligkeit nach.

4 GESPRÄCHSTECHNIKEN – INTERESSE UND RESPEKT

4.1 Beobachten Sie sich in einem Gespräch mit mehreren Personen. Inwiefern stellen Sie sich selbst in den Mittelpunkt? Inwiefern interessieren Sie sich für die anderen Gesprächspartner?

4.2 Versuchen Sie, sich darauf einzustellen, beim nächsten Gespräch mehr Fragen stellen, als selbst etwas zu erzählen. Untersuchen Sie im Anschluss den Wert des Gesprächs für Sie persönlich und den anderen.

4.3 Beobachten Sie ein Gespräch zwischen einem Erwachsenen und einem Jugendlichen. Wer hat die Verantwortung für das Gespräch? Woran merken Sie das?

4.4 Führen Sie ein Gespräch und konzentrieren Sie sich auf die Geschichte des anderen. Beobachten Sie, wie sich der andere dabei fühlt.

4.5 Untersuchen Sie bei sich selbst, was Sie unter Respekt verstehen. Diskutieren Sie mit anderen darüber, was Respekt bedeutet.

4.6 Verfolgen Sie eine Gesprächsaufzeichnung. Drücken die Gesprächspartner gegenseitigen Respekt aus?

4.7 Besprechen Sie mit einer kleinen Gruppe, wie man dafür sorgt, dass sich jemand, mit dem man ein Gespräch führen wird, dabei wohl fühlt.

4.8 Welche Methode wenden Sie an, um nach einem anstrengenden Gespräch wieder zu sich zu kommen? Fragen Sie auch andere danach, um Ihr Repertoire an Möglichkeiten zu erweitern.

4.9 Aus jedem Gespräch können Sie etwas lernen. Führen Sie ein Gespräch und evaluieren Sie danach, was Sie daraus gelernt haben.

4.10 Eintretende Gesprächspausen sind eine Möglichkeit, dem Gehirn den Raum zu geben, seine Arbeit zu verrichten. Mit Gesprächspausen umgehen zu lernen und die unterschiedlichen Arten von Stille interpretieren zu lernen ist für eine gute Kommunikation sehr hilfreich. Experimentieren Sie damit, Gesprächspausen eintreten zu lassen, und beobachten Sie, was geschieht.

4.11 Erinnern Sie sich an ein Gespräch, das Sie erst kürzlich geführt haben. Welche Gefühle hatten Sie dabei? Haben Sie diese geäußert? Wie konnten Sie diese aussprechen, ohne den anderen zu verletzen?

4.12 Beobachten Sie ein Gespräch. Welche Loyalitäten glauben Sie wahrnehmen zu können?

4.13 Beobachten Sie ein Gespräch zwischen einem schweigsamen Jugendlichen und einem Erwachsenen. Achten Sie auf die nonverbalen Äußerungen. Geht es um Nichtwollen oder Nichtkönnen? Hat sich der Jugendliche auf das Gespräch eingelassen oder verschließt er sich? Ist es für Ihre Beobachtung wichtig, ob es sich um einen Jungen oder ein Mädchen handelt? Versuchen Sie, dabei aufrichtig zu sein, was nicht leicht ist.

4.14 Halten Sie einen Augenblick bei Ihrem eigenen Geschlecht inne. Dürfen Geschlechterunterschiede eine Rolle spielen? Nennen Sie mindestens fünf Momente an einem Tag, an dem Sie Geschlechterunterschiede berücksichtigen oder darüber nachdenken.

4.15 Konzentrieren Sie sich auf ein Gespräch, das Sie führen werden. Denken Sie über Ihr Gefühl bei diesem Gespräch nach. Was wollen Sie damit erreichen und warum? Denken Sie anschließend über den anderen nach, über die Bedeutung des Gesprächs für den anderen. Versetzen Sie sich in den anderen. Versuchen Sie zu registrieren, was bei Ihnen selbst geschieht. Erfahren Sie eine Verschiebung in Ihrem Gesprächsansatz?

4.16 Welches Gespräch werden Sie als Nächstes führen? Denken Sie über Ihr Ziel und Ihre Absichten nach. Welches sind die nicht personengebundenen Ziele? Was bedeutet das für Sie? Was bedeutet das für den anderen?

4.17 Versuchen Sie, sich fünf Themen für Gespräche vorzustellen. Wählen Sie eine Eingangsfrage, die nach der Einführung gestellt werden kann, um sich dem Thema zu nähern.

4.18 Versuchen Sie zu überlegen, wofür Sie bei einem Gespräch alles dankbar sein können.

5 DEN JUGENDLICHEN BEFRAGEN – DIE ANHÖRUNG BEIDER PARTEIEN

5.1 Nehmen Sie ein Interview auf (im Fernsehen oder in Wirklichkeit), und versuchen Sie, jede Frage in die genannten Kategorien einzuordnen.

5.2 Merel ist aus der Schule gekommen. Sie erzählt von ihrer Freundin Esther, mit der sie in eine Klasse geht. Ihre Mutter möchte gern wissen, wie sie sich in der Klasse fühlt. Überlegen Sie sich eine offene Frage.

5.3 Versuchen Sie, sich geschlossene Fragen auszudenken, die einem trotzigen Jugendlichen helfen können, über seine Freunde zu erzählen.

5.4 Wie eine Pseudofrage ankommt, ist vom Kontext abhängig. Versuchen Sie, sich eine Pseudofrage in verschiedenen Situationen auszudenken (zu Hause, Schule, Sozialarbeit, Verhör, Interview), bei der die gute Absicht erkennbar ist und die gut aufgenommen werden kann.

5.5 Eine rhetorische Frage kann ein Gespräch unterstützen und eine Verbindung zwischen den Gesprächspartnern ausdrücken. Versuchen Sie, sich eine solche Frage auszudenken für ein Gespräch zwischen einem Elternteil und einem Jugendlichen in Bezug auf die Unordnung im Zimmer des Jugendlichen.

5.6 Nehmen Sie sich vor, bei einem Gespräch Nachfragen in Bezug auf das dritte Wort zu stellen, in einem anderen Gespräch in Bezug auf das sechste.

5.7 Stellen Sie eine Gruppe aus mindestens sechs Personen zusammen und verteilen Sie einen Satz, der eine Antwort auf eine persönliche Erfahrung darstellt, zum Beispiel: *Für mich kam es sehr unerwartet, dass er nicht mitwollte.* Lassen Sie jeden ein Wort wählen, nach dem er oder sie weiterfragen möchte. Lassen Sie genug Zeit, damit sich jeder überlegen kann, warum er oder sie ausgerechnet dieses Wort ausgesucht hat. Führen Sie anschließend zu zweit ein Gespräch, bei dem nach dem ausgewählten Wort des Satzes weitergefragt wird. Lassen Sie die anderen Gruppenmitglieder das Gespräch beobachten. Wiederholen Sie dies mit anderen Zweiergrüppchen, die auf ein anderes Wort eingehen.

5.8 Nehmen Sie den Satz: *Aber ich muss es doch tun, sonst habe ich nichts zu essen.* Versuchen Sie, Fragen zu formulieren, und untersuchen Sie den Grad der Suggestion, der jeweils darin liegt.

5.9 Beobachten Sie ein Gespräch in einer Erziehungssituation. Untersuchen Sie, ob dabei komplexe Fragen verwendet werden. Beobachten Sie die nonverbale Reaktion des Befragten und die Antwort.

5.10 Beobachten Sie eine Erziehungssituation und achten Sie darauf, ob Fragen wiederholt werden. Welche Reaktion zeigt der Befragte? Inwiefern fördert dies die Gesprächsführung?

5.11 Formulieren Sie eine Frage. Verdeutlichen Sie diese Frage anschließend. Variieren Sie den Ton von begeistert bis verärgert. Versuchen Sie zu erfahren, wie unterschiedlich die Frage je nach Ton ankommt.

5.12 Jugendliche lieben es, zu argumentieren. Erwachsene neigen dazu, Gegenfragen zu stellen, um der Diskussion eine andere Richtung zu geben. Beobachten Sie eine Diskussion zwischen einer Gruppe Jugendlicher und einem Erwachsenen. Werden Gegenfragen gestellt? Welchen Effekt hat dies?

5.13 Warumfragen können den anderen zu Rechtfertigung und Motivation einladen. Wählen Sie ein Thema, beispielsweise Ausgehen. Versuchen Sie, Warumfragen zu formulieren, die offen sind und nicht be- oder verurteilend.

5.14 Mit der Wiederholung einer Antwort kann erreicht werden, dass der andere das Thema fortsetzt. Das geschieht auch, wenn man nur ein Wort aus der Antwort wiederholt. Experimentieren Sie damit, ein Wort aus einer Antwort zu wiederholen. Was geschieht dabei?

5.15 Üben Sie, eine Antwort zusammenzufassen. Um eine Zusammenfassung erstellen zu können, muss man die Hauptpunkte nennen. Das bedeutet, dass die Antwort verstanden sein muss.

5.16 Üben Sie die Zusammenfassung von Gesprächen. Überprüfen Sie, ob alle Meinungen vorkommen oder ob Ihre eigene dominiert. Versuchen Sie, Schlussfolgerungen zu formulieren.

5.17 Beobachten Sie verschiedene Gespräche und beurteilen Sie die nonverbalen Äußerungen wie Ton, Stimme, Augenkontakt, Körperhaltung. Achten Sie auf lauter und leiser werdende Stimmen. Wie ist die Aufmerksamkeit desjenigen, der lauter oder leiser angesprochen wird?

5.18 Es gibt viele Gründe, die dazu führen, dass ein Gespräch zäh verläuft. Im Nachhinein ist es oft leichter, sich zu überlegen, was man anderes hätte sagen können. Versuchen Sie, in einer Gruppe von maximal vier Personen den Umgang mit zäh verlaufenden Gesprächen zu üben. Zum Beispiel mit einem Gespräch, bei dem eine Person schweigt und aus dem Fenster schaut. Ein Gespräch, bei dem man im Nachhinein denkt, hätte ich bloß dies oder jenes nicht gesagt. Ein Gespräch, das so verlaufen ist, dass man vermutet, dass der andere beim nächsten Mal nicht mehr kommt. Versuchen Sie, auf metakommunikativer Ebene, also über die Gesprächsführung, sich Sätze auszudenken, die das Gespräch und den Kontakt wieder in Gang bringen können. Scheuen Sie sich dabei nicht, die eigenen Gefühle auszudrücken.

6 SOKRATISCHE METHODE – ENTDECKEN LASSEN

6.1 Übung in Bewusstwerdung: Warum steht hier ›auch aus diesem Grund‹? Welche Faktoren gibt es sonst noch, die Gesprächsführung zwischen Gleichaltrigen fördern und nicht nur von der gegenseitigen Sachkenntnis ausgehen?

6.2 Untersuchen Sie Ihr eigenes Verhalten bei den Dimensionen Respekt, Wärme, Bescheidenheit. Erleben Sie einen Unterschied, je nachdem, mit wem Sie sprechen? Unter welchen Umständen ist es schwieriger oder leichter für Sie, diese Dimensionen positiv zu handhaben?

6.3 Wählen Sie ein Thema und lassen Sie zwei Personen darüber sprechen. Geben Sie einer der beiden Personen die Information, dass sich der oder die andere bei diesem Thema sehr gut auskennt und dass es sehr spannend ist, dieses Wissen hervorzulocken. Geben Sie in einer anderen Zweiergruppe einem der beiden Gesprächspartner die Information, dass er oder sie mehr über das Thema weiß als der andere und dass es für den anderen interessant ist, etwas darüber zu lernen. Beobachten Sie den Gesprächsverlauf.

6.4 Stellen Sie sich bei Ihrem nächsten Gespräch vor, dass der andere in Bezug auf sich selbst Sachkenntnis hat, und nehmen Sie sich vor, diese hervorzulocken. Nehmen Sie dies als Ihren Auftrag an und beobachten Sie, was passiert.

6.5 Versuchen Sie, beim nächsten Gespräch nicht in die Falle des ›Ich weiß nicht‹ zu laufen. Trauen Sie sich, an dem ›Ich weiß nicht‹ vorbeizugehen. Verwenden Sie Metakommunikation, um in Ihrem Versuch weiterzukommen, die Sachkenntnis des anderen hervorzulocken. Beobachten Sie, was und wie viel der andere erzählt, im Zusammenhang mit seinen nonverbalen Äußerungen, wie z. B. offener oder sogar begeisterter Blick.

6.6 In Übung 1.5 sollte die Anzahl der gesprochenen Wörter gezählt werden. In dieser Übung nun geht es um den Inhalt. Beobachten Sie ein Gespräch zwischen einem Erwachsenen und einem Jugendlichen. Wie viel erfahren Sie darüber, was in dem Erwachsenen vorgeht und wie viel von dem Jugendlichen? Steht dies in Zusammenhang mit der Redezeit, die jedem zur Verfügung steht?

6.7 Beginnen Sie ein Gespräch mit einem Jugendlichen und nehmen Sie sich vor, weiterzufragen und immer weiter, solange Sie Interesse spüren und der Jugendliche gern möchte. Was entdecken Sie? Was entdeckt der Jugendliche selbst?

6.8 Versuchen Sie, eine Meinung, die Sie haben, in einen Vorschlag für ein Experiment umzusetzen. Damit ist Meinung etwas, was man untersuchen kann. Denken Sie an die ethische Seite, vergessen Sie die Verantwortung nicht, aber versuchen Sie, über ein Experiment eine Meinung durch einen Jugendlichen untersuchen zu lassen. Probieren Sie dies zunächst an sich selbst aus und dann an Ihren Mitstudenten.

7 GESPRÄCHSFÜHRUNG NACH ALTER – ADOLESZENZ IN PHASEN EINGETEILT

7.1 Versuchen Sie, auf Grundlage der genannten Merkmale das Alter eines Jugendlichen einzuschätzen.

7.2 Untersuchen Sie sich selbst. Hatten Sie Idole? Wofür standen sie?

8 EPILOG

8.1 Was halten Sie von Jugendlichen?

ANLAGE 2
Kernaussagen

1 EINLEITUNG – »GEHIRN EINSCHALTEN!«

- Jugendliche können ihre Eltern tief verletzen.
- Eltern büßen schon ab dem Kindergartenalter an Bedeutung ein.
- Gleichaltrige sind für Jugendliche am wichtigsten.
- Der rote Faden zwischen Eltern und Kind heißt Kontakt.
- Nach der Pubertät ist die Beziehung meist besser denn je.
- Kommunikation mit Jugendlichen ist oft deutlich und schnörkellos.
- Gute Kommunikation ist wesentlich.
- Erwachsene schalten das Gehirn von Jugendlichen oft auf ›aus‹, indem sie einfach ›weiterpredigen‹.
- Richtig kommunizieren bedeutet: Gehirn einschalten.
- Gute Kommunikation braucht eine Haltung des Respekts und der Bescheidenheit.
- Die eigene Sachkenntnis des Heranwachsenden muss respektiert werden.
- Jugendliche erleben einen großen Sprung im Denken, wodurch sie plötzlich ›alles‹ verstehen.
- Heranwachsende sind echte Denker.

2 VORPUBERTÄT UND PUBERTÄT – WACHSTUM UND ENTWICKLUNG

- Die Adoleszenz umfasst etwa den Zeitraum zwischen dem zwölften und vierundzwanzigsten Lebensjahr, wobei der Zeitraum zwischen zwölf und achtzehn oft Pubertät genannt wird.
- Die Reifung des zentralen Nervensystems braucht etwa fünfundzwanzig Jahre.
- Aufgrund von Hormonen setzen große körperliche Veränderungen ein, die bereits in der Vorpubertät beginnen.
- Die Pubertät ist durch einen relativ schnellen Übergang vom Kind zum Erwachsenen gekennzeichnet.
- Das Wachstum findet häufig sehr schnell statt (Wachstumsschub).
- Der Pubertät geht die Vorpubertät zu Beginn der weiterführenden Schule voraus.
- Der Vorpubertierende entwickelt eine soziale Identität: Wie sehen mich andere?
- Der Jugendliche entwickelt eine psychische Identität: Was halte ich von mir?
- Eine positive soziale Identität ist Grundlage für ein gutes Durchlaufen der Pubertät.
- Ausbildung verlängert die Pubertätsphase.
- Eltern müssen lernen zu akzeptieren, dass ihre Position weniger wichtig wird.

- Merkmale des Übergangs vom Kind zum Erwachsenen sind: Abschluss der Ausbildung, Arbeitseintritt und Aufnahme sexuellen Kontakts.
- Der Einfluss von Sexualität in den Medien ist groß, Kinder können sexualisiert werden und früh mit sexuellem Verhalten experimentieren.
- Die Geschlechtsreife tritt im Durchschnitt bei Mädchen mit fünfzehn, bei Jungen mit sechzehn ein.
- Jugendliche werden häufig größer als ihre Eltern.
- Frühreife Jungen und spätreife Mädchen genießen viel Anerkennung.
- Vorpubertät und Pubertät sind kritische Phasen, in denen sich Essstörungen entwickeln können.
- *Anorexia nervosa* ist ein ernsthaftes Leiden mit hoher Sterblichkeitsrate.
- Die Geschlechtsreifung beeinflusst über Hormone Stimmungen und Gefühle.
- Geschlechterunterschiede sind Veranlagung und werden durch Sozialisation beeinflusst.
- Die Pubertät stellt neue Ernährungsanforderungen.
- Pubertät hat leicht psychotische Merkmale.
- Jungen haben ein größeres Sterberisiko als Mädchen.
- Bei sexueller Aufklärung spielen Gleichaltrige zu Beginn der weiterführenden Schule eine wesentliche Rolle.
- Sexualität ist ein zentrales Thema während der Pubertät.
- Sexuelle Aufklärung ist sehr wichtig.
- Geschlechtersozialisation findet vor allem durch Präferenzverhalten statt.
- Der Jugendliche muss eine sexuelle Identität entwickeln.
- Der Loslösungsprozess, die Individuation, verläuft über verschiedene Phasen.
- Während der Pubertät scheinen Eltern ihre Kinder plötzlich zu ›verlieren‹.
- Jungen folgen beim Identitätsprozess mehr der Exploration, Mädchen bevorzugen die Bindung.
- Im Gehirn befindet sich ein Areal, das offensichtlich die sexuelle Identität mit bestimmt (heterosexuell, homosexuell, transsexuell).
- Das Form der Identitätsbildung bei Eltern hat Einfluss auf die Entwicklung bei Kindern.
- Während der Pubertät stehen Freunde im Mittelpunkt.
- Während der Pubertät entsteht mehr Wechselseitigkeit in Freundschaften.
- Der Jugendliche erfährt eine große Vertiefung des Denkens.
- Unabhängig von der Begabung erfahren Jugendliche mit Eintritt der Pubertät, dass sie ›plötzlich alles verstehen können‹.
- Jeder Mensch hat seine eigene Form der Archivierung im Gehirn.
- Die moralische Entwicklung vertieft sich während der Pubertät.
- Die Spitzenrate bei Verhaftungen liegt bei sechzehn, siebzehn Jahren.
- Die moralische Entwicklung von Jungen ist auf Konkurrenz gerichtet, die von Mädchen auf Kooperation.
- Schule ist vor allem ein Ort, an dem man Gleichaltrige trifft.

- Lernen in der Schule ist wenig auf die Fähigkeiten des Jugendlichen ausgerichtet.
- Japan als Leistungsgesellschaft ist ein Indikator für die zukünftige internationale Entwicklung.
- Ein gutes Gleichgewicht zwischen Leistung und Motivation ist notwendig.
- Die Befriedigung eines Bedürfnisses aufschieben zu lernen ist für den gesellschaftlichen, emotionalen und kognitiven Erfolg elementar.
- Wichtige Faktoren beim Lernen sind: Intelligenz, Aufschub von Bedürfnisbefriedigung, Konzentration und die Motivation, etwas gut zu machen.
- Kinder lernen nach Basisstrategien: Lernen durch Handeln, Lernen durch Wiederholung, Lernen, indem man Prinzipien anwendet, Lernen, indem man Prinzipien versteht.
- Jugendliche lernen nicht nur, weil ihnen etwas Spaß macht, sondern weil sie an den Grenzen ihres Könnens herausgefordert werden.
- Leistungen von Mädchen sind im Allgemeinen besser, weil sie sich ernsthafter auf das Lernen konzentrieren; Jungen sind weniger gewissenhaft und schneiden unter anderem deswegen häufig schlechter ab als Mädchen.

3 JUGENDLICHE ERZIEHEN – FALLEN UND AUFSTEHEN

Während der Pubertät treten die Schwachstellen der Entwicklung der davor liegenden Jahre zu Tage.

- Schwerpunkte während der Pubertät sind: die große Bedeutung des Austauschs von Meinungen und die Wichtigkeit, gehört zu werden; Anschluss an Gleichaltrige; Risikogruppen; Drogen und Alkohol; Depressionen; Selbstmord.
- Die Kriminalitätsrate ist im Alter von sechzehn, siebzehn Jahre am höchsten.
- Jugendliche, die vor der Pubertät kein kriminelles Verhalten zeigten, werden das aller Wahrscheinlichkeit nach auch während der Pubertät nicht tun.
- Die demokratische Erziehung passt am besten zur Pubertät.
- Keine Erziehungsmethode schützt vor Konflikten während der Pubertät.
- Die Kluft zwischen den Generationen ist nicht so groß, wie man oft denkt.
- Vereinbarungen müssen gegenseitig sein und nicht einseitig auferlegt.
- Verhaltensänderungen sind nur über die drei goldenen Regeln möglich: stoppen, belohnen, ignorieren.
- Jugendliche protestieren gegen Regeln, was aber nicht heißt, dass sie diese nicht befolgen werden.
- Die meisten Probleme während der Pubertät drehen sich um den Konflikt und nicht um den Inhalt an sich.
- Jugendliche um das vierzehnte Lebensjahr scheinen den Verstand zu verlieren und psychisch ›wegzugehen‹, kommen jedoch nach der Pubertät gereift und stark ›zurück‹.
- Das Risiko von Kindesmisshandlung während der Pubertät ist hoch.
- Jugendliche leiden unter der Scheidung ihrer Eltern.
- Die Schullaufbahn zeigt Einbrüche infolge einer Scheidung der Eltern.

- Kinder müssen bei Scheidung einige Aufgaben bewältigen, unter anderem müssen sie ihr Existenzrecht wiederfinden.
- Stiefelternschaft ist für alle Betroffenen risikoreich.
- Während der Pubertät erhalten alte Traumata die (erneute) Chance, verarbeitet zu werden.
- Während der Pubertät wird nach den eigenen Eltern gesucht, wenn diese dem Jugendlichen nicht bekannt sind.
- Vor allem Mädchen erleiden während ihrer Pubertät oft erzwungenen Sex.
- Der Tod eines Familienmitglieds hinterlässt tiefe Spuren.
- Missbrauch, sowohl von Alkohol als auch von anderen Drogen, ist ein hohes Risiko während der Pubertät. Vorbildverhalten von Gleichaltrigen und Eltern spielt hierbei eine Rolle.
- Viele Jugendliche wachsen bei süchtigen oder psychisch kranken Eltern auf.
- Jugendliche mit ADHD laufen große Gefahr, während der Pubertät süchtig zu werden.
- Aufklärung über Alkohol- und Drogenkonsum ist notwendig.
- Schlechte Leistungen in der Schule bergen das Risiko des Alkohol- und Drogenmissbrauchs.
- Depression kann ausgelöst werden durch die Unfähigkeit, Kontakt zu Gleichaltrigen herzustellen, durch einschneidende Ereignisse, durch schlechte Ergebnisse in der Schule, durch Familienfaktoren, Veranlagung und Drogenkonsum.
- Depression ist nicht dasselbe wie Kummer haben oder trübselig sein.
- Das Selbstmordrisiko unter Jugendlichen ist durch ihre Konfrontation mit sich selbst vorhanden.
- Niemand will tot sein, man will nur, dass ›es‹ aufhört.
- Selbstmord ist häufig die Konsequenz aus einer Depression.
- Bis zum zehnten Lebensjahr sind etwa gleich viele Mädchen und Jungen depressiv, danach bis zum vierundzwanzigsten Lebensjahr mehr Frauen als Männer (2/3 gegenüber 1/3) und nach dem vierundzwanzigsten Lebensjahr mehr Männer als Frauen (2/3 gegenüber 1/3).
- Für Selbstmord sind einige Warnsignale zu nennen, die wichtigsten sind der Verlust von Interessen und konkrete Vorstellungen zur Selbsttötung.

4 GESPRÄCHSTECHNIKEN – INTERESSE UND RESPEKT

- Ab der Pubertät muss der Erwachsene Verantwortung und Macht mit dem Jugendlichen teilen.
- Der Jugendliche ergreift die Macht, indem er das Gespräch initiiert, es zulässt oder nicht oder mittels aktiven oder passiven Widerstands sabotiert.
- Der Jugendliche empfindet die Notwendigkeit der Gleichwertigkeit.
- Aufrichtiges Interesse bedeutet, mehr Fragen zu stellen als selbst zu erzählen.
- Es ist wichtig, mit Vorwegnahmen von Inhalten sparsam umzugehen.
- Erwachsene und Jugendliche scheinen entgegengesetzte Interessen zu haben.

- Der Jugendliche kann die Gleichwertigkeit, die er anstrebt, erst gegen Ende der Adoleszenz vollkommen richtig umsetzen.
- Die Wissensvermittlung des Erwachsenen nimmt ab, die des Jugendlichen zu.
- ›Gute‹ Gesprächsführung bedeutet: sich wohl fühlen, in den Zielen übereinstimmen, eigene Meinungen und Gefühle äußern können, Informationen geben und nicht jemandem entlocken, sich gehört fühlen und die passende Hilfe bekommen.
- Ein gutes Gespräch bedeutet auch: Lass den anderen reden.
- Nirgends wird noch in so großem Maß mit Zwang gearbeitet wie bei Magersucht.
- Allgemeine Kommunikationsbedingungen: respektvoll mit dem anderen umgehen; den anderen ernst nehmen; dafür sorgen, dass sich der Gesprächspartner wohl fühlt; dem Gesprächspartner zuhören; dem anderen die Chance geben, sich nach einem anstrengenden Gespräch zu erholen.
- Allgemeine Kommunikationsbedingungen für den Umgang mit Jugendlichen: Gehirn ›einschalten‹; zum Erzählen stimulieren; zielgerichtet weiterfragen; Wertschätzung für den Denkprozess äußern; Bereitschaft zeigen, zu lernen; sokratische Methode.
- Schwerpunkte, die in der Gesprächsführung mit Jugendlichen zu beachten sind: Jugendlichen die jeweiligen Intentionen mitteilen; sie wissen lassen, dass sie schweigen dürfen; versuchen, zu benennen und zu befolgen, was man fühlt; Jugendliche dazu einladen, ihre Meinung über das Gespräch zu sagen; Metakommunikation zu einem festen Bestandteil der Kommunikation machen.
- Loyalitäten beeinflussen Gespräche.
- Sozial erwünschtes Verhalten in Bezug auf Erwachsene nimmt während der Pubertät ab; sozial erwünschtes Verhalten gegenüber Gleichaltrigen nimmt zu.
- Der Jugendliche kann sich sehr negativ über seine Eltern äußern, verträgt allerdings nicht, wenn dies ein anderer tut.
- Moderne Kommunikationsmittel: Handy, SMS, E-Mail; Chatbox, ICQ/MSN.
- Die Sprachfertigkeit von Adoleszenten ist gegen Ende der Pubertät vollkommen ausgebildet.
- Die Pubertät sorgt für horrende Telefonrechnungen. Jugendliche rufen sich oft an und chatten viel im Internet.
- Es gibt einen Unterschied zwischen Verschlossensein (bewusst zu schweigen) und Nicht-leicht-reden-Können. Beides verlangt einen eigenen Umgang.
- Mädchen (und Frauen) sind mehr auf sprachliche Kommunikation ausgerichtet als Jungen (und Männer).
- Ein Ansatz, der Geschlechterunterschiede respektiert, berücksichtigt beide Geschlechter, ohne das Individuum dabei aus den Augen zu verlieren.

- Externalisierendes und internalisierendes Verhalten gehen über Geschlechterspezifisches hinaus.
- Jungen suchen nach Anerkennung, indem sie sich öffentlich darstellen. Mädchen suchen nach Anerkennung, bei der sie als Person nett gefunden werden.
- Es gibt drei grundlegende Gesprächsarten: offenes Fragegespräch, Interview, Fürsorgegespräch.
- Jedes Gespräch hat seinen eigenen Aufbau mit eigenen Merkmalen: Vorbereitung, Einführung, Eingangsfrage, Gesprächsinhalt, Abrundung.

5 DEN JUGENDLICHEN BEFRAGEN – DIE ANHÖRUNG BEIDER PARTEIEN

- Gespräche zu führen ist die Kunst, Fragen zu stellen.
- Manche Fragearten eignen sich besser für die Kommunikation mit Jugendlichen als andere.
- Durch Metakommunikation lassen sich Probleme lösen.
- Es gibt unterschiedliche Arten von Fragen: offene Fragen; geschlossene Fragen; Zeigefragen; rhetorische Fragen; Nachfragen; suggestive Fragen; komplexe Fragen; Fragen wiederholen; Fragen verdeutlichen; Gegenfragen; Warumfragen; Antwort wiederholen; Antwort zusammenfassen; zusammenfassend fragen.
- Verbale Techniken können ihre Funktion nur gemeinsam mit Nonverbalität erfüllen, einer Körpersprache, die nicht dazu im Gegensatz steht.
- Es ist wichtig, zu beobachten, was der Gesprächspartner tut, wie sein Gesichtsausdruck ist, der Ton des Gesagten, die Betonung, der Geruch des Gegenübers, seine Bewegung, die Körperhaltung, der Augenkontakt.
- Für den kommunikativen Gehalt eines Satzes sind wichtig: Nachdruck, Volumen, Artikulation, Sprechtempo und Sprechrhythmus, Melodie, Füllwörter und Atmung.
- Volumen und Artikulation (die Aussprache der Wörter) sorgen für die Verstehbarkeit eines Satzes.
- Eine leiser werdende Stimme (geringeres Volumen) am Ende einer Frage kann dem Befragten das Signal geben, jetzt an der Reihe zu sein.
- Das *ideale Fragetempo* ist eher langsam als schnell: Es gibt dem Befragten ausreichend Zeit, die Frage zu verarbeiten; es wirkt beruhigend; wer schnell spricht, gibt dem anderen das Gefühl, dass er nicht unterbrochen werden will; wer langsam spricht, gibt dem anderen das Gefühl, reagieren zu dürfen; indem das Ende einer Frage verlangsamt wird, zeigt der Fragende, dass er zu Ende geredet hat.

6 SOKRATISCHE METHODE – ENTDECKEN LASSEN

- Grundhaltung für Gesprächsführung: Respekt, Wärme und Bescheidenheit.
- Sokratische Basisregeln bei Gesprächsführung:
  1. Von der Sachkenntnis des anderen in Bezug auf sich selbst überzeugt sein
  2. Die Sachkenntnis des anderen hervorlocken

3. Eher fragen als erzählen
4. Entdecken lassen

7 GESPRÄCHSFÜHRUNG NACH ALTER

- Die Adoleszenz ist in vier Phasen zu unterteilen: 12–14, 14–16, 16–18, und 18–21 (25) Jahre. Diese Phasen haben jeweils eigene Merkmale.
- Für die Gesprächsführung sind einige Aspekte zu unterscheiden: Metakommunikation, Form, verbaler Aspekt, nonverbaler Aspekt, Fragetechniken, Motivation.
- Die Aspekte sokratischer Gesprächsführung haben je nach Phase einen anderen Schwerpunkt.

8 EPILOG

- Fantastisch, dass jede Generation von selbst wieder Jugendliche erzeugt!

ANLAGE 3 Gesprächsführung mit Adoleszenten nach Alter

Übersicht 27: *Merkmale altersgemäßer Gesprächsführung*

Merkmale altersgemäßer Gesprächsführung				
Thema				
12–14 Jahre	**14–16 Jahre**	**16–18 Jahre**	**18–21 Jahre**	(→**25) Jahre**
Metakommunikation	Regeln der Gesprächsführung nennen; Kompetenz betonen	um Verbindung herzustellen	Absicht und Gleichwertigkeit	Gespräch gut verlaufen lassen
Form	reden; kurz	reden; auf den Punkt bringen	reden; lang, aber unter Bedingungen	reden; ziemlich lang
Verbaler Aspekt	Erfahrung mit Reden, um Kommunikation zu verfeinern	eher Debatte als Austausch	›Verbalkanonen‹? was der Adoleszent sagt, in größeres Ganzes einordnen	Risiko der Überschätzung
Nonverbaler Aspekt	Unsicherheitssignale; Abstand respektieren	Widerstandssignale	Ungeduldssignale; körperliche Unterstützung möglich	erwachsene Regeln
Fragetechniken	offene Fragen stellen, nach vorangegangenen geschlossenen	mehr offene Fragen; eher fragen als erzählen; Sachkenntnis hervorlocken	offene Fragen; entdecken lassen	entdecken lassen
Motivation	sozial Wünschenswertes	Interesse	Gegenseitigkeit; Gleichwertigkeit	gleichwertige Behandlung; Respekt vor Sachkenntnis

LITERATURVERZEICHNIS

Abbassi, V. (1998). Growth and Normal Puberty. *Pediatrics, 102*, 507–511.

Akkerman, M., Blokland, G., Hagens, H., & Kleverlaan, N. (2004). *Wat nou … pubers? Voor ouders die willen opvoeden én loslaten.* Utrecht: NIZW.

Alsaker, F. D. (1992). Pubertal timing, overweight, and psychological adjustment. *Journal of Early Adolescence, 12*, 396–419.

Alsaker, F. D. (1996). Annotation: The Impact of Puberty. *Journal of child psychology and psychiatry and allied disciplines, 37*, 249–258.

American Psychological Association, APA. (2005). *Resolution on Violence in Video Games and Interactive Media.* Retrieved August 28, 2005, from http://www.apa.org/releases/resolutiononvideoviolence.pdf.

Asia News Agencies (2005). *An army of apathetic youth.* Retreived April 4, 2005, www.asianews.it/view.php?l=en&art=2849.

Baldwin, J. D., & Baldwin, J. I. (1997). Gender differences in sexual interest. *Archives of Sexual Behavior, 26*, 181–210.

Bandura, A. (1974). *Priciples of behavior modification.* New York: Holt, Rinehart and Winston.

Baumeister, R. F., Catanese, K. R., & Vohs, K. D. (2001). Is there a gender difference in strength of sex drive? Theoretical views, conceptual distinctions, and a review of relevant evidence. *Personality and Social Psychology Review, 5*, 242–273.

Bebbington, P. E., Dunn, G., Jenkins, R., Lewis, G., Brugha, T., Farrell, M., & Metzer, H. (1998). The influence of age and sex on the prevalence of depression conditions: Report from the National Survey of Psychiatric Morbidity. *Psychological Medicine, 28*, 9–19.

Beek, F. van (1997). *De kunst is om vragen te stellen zonder vraagtekens te zetten.* Syllabus Training Vraaggesprekken. Voorhout: WESP.

Bell, R. (1980). *Changing bodies, changing lives: A book for teens on sex and relationships.* New York: Random House.

Berbers, T. (1998, 6. Juni). Zelfmoord onder Chinese vrouwen lijkt op een epidemie. *De Volkskrant, S.35.*

Bernards, J. A., & Bouman, L. N. (1993). *Fysiologie van de mens.* 4. bearbeitete Auflage. Utrecht/Antwerpen: Bohn, Scheltema & Holkema.

Beyn, A. de (2003). *In gesprek met kinderen. De methodiek van de Kindertelefoon.* Utrecht: NIZW Jeugd.

Blanc, A. K., Way, A. A. (1998). Sexual behavior and contraceptive knowledge and use among adolescents in developing countries. *Studies in Family Planning, 29*, 106–116.

Blos, P. (1973). The function of the ego-ideal in adolescence. In *The psychoanalytic study of the child, 27*, 93–97. London: Hogarth Press.

Boltjes, E. G. (2004). *Voorbeeldig onderwijs; voorbeeldgestuurd onderwijs een opstap naar abstract denken, vooral voor meisjes.* Maastricht: Dissertation, Universität von Maastricht.

Boszormenyi-Nagy, I., & Spark, G. (1973). *Invisible Loyalities.* New York: Hoeber & Harper.

Both, S., Spiering, M., Everaerd, W., & Laan, E. (2004). Sexual behaviour and responsiveness to sexual stimuli following laboratory-induced sexual arousal. *The journal of Sex Research, 41*, 242–258.

Bowerman, C. E., & Kinch, J. W. (1969). Changes in family and peer orientation of children between the fourth and tenth grades. In M. Gold & E. Douvan (Hg.), *Adolescent development*. Boston: Allyn & Bacon.

Bowlby, J. (1984). *Attachment and loss, Volume I, Revised edition*. London: Pelican.

Boxer, A. M., Cohler, B. J., Herdt, G., & Irvin, F. (1993). Gay and lesbian youth. In P. H. Tolan & B. J. Cohler (Hg.), *Handbook of clinical research and practice with adolescents* (S. 249–280). New York: Wiley.

Brigman, B., & Knox, D. (1992). University students' motivation to have intercourse. *College Student Journal, 26*, 406–408.

Brown, J., Cohen, P., Chen, H., Smailes, E., Johnson, J. G. (2004). Sexual trajectories of abused and neglected youths. *Journal of Developmental and Behavioral Pediatrics, 25*, 77–82.

Browne, K., & Hamilton-Giachritsis, C. (2005). The influence of violent media on children and adolescents: A Public-Health Approach. *The Lancet, 365*, 702–710.

Brugman, E., Goedhart, H., Vogels, T., & Zessen, G. van (1995). *Jeugd en Seks 1995: resultaten van het nationale scholieren onderzoek*. Rutgers Nisso Groep: Utrecht.

Bruner, J. (1980). Der Prozess der Erziehung. Berlin: Berlin-Verlag.

Buchanan, C., Miller, J. S., Eccles, J. S., & Becker, J. B. (1992). Are adolescents the victims of raging hormones: Evidence for activational effects of hormones on moods and behaviour at adolescence. *Psychological Bulletin, 111*, 62–107.

Carey, B. (2005, 5. Juli). Straight, Gay or Lying? Bisexuality revisited. *The New York Times*, S. F1.

Carskadon, M. A. (2002) *Adolescent sleep patterns: biological, social, and psychological influences*. Cambridge: Cambridge University Press.

CBS (1983, 1989, 1991, 1993, 1996a). *Vademecum gezondheidsstatistiek Nederland*. Den Haag: CBS.

CBS (1996b) Zakboek onderwijsstatistieken. Den Haag: SDU Uitgevers/CBS-publicaties.

CBS (1997a). *Vademecum gezondheidsstatistiek Nederland*. Den Haag: CBS.

CBS, Centraal Bureau voor de Statistiek (2005a). *Echtscheidingen en van echt scheidende personen over de periode 1996–2003; diverse kenmerken* (Data file). Retrieved April, 26, 2005, www.cbs.nl.

CBS, Centraal Bureau voor de Statistiek (2005b). Tabel met huwelijkscijfers 1992–2003. (Data file). Retreived March 30, 2005, www.cbs.nl.

CBS, Centraal Bureau voor de Statistiek (2005c). Tabel sterftecijfers per jaar en geslacht – tot en met 14 jarige leeftijd. (Data file). Retrieved April 22, 2005, http://www.cbs.nl.

Chandler, C. R., & Yung-Mei, T. (1993). Suicide in Japan and in the West. Evidence for Durkheims theory. *IFCS, ¾*, 244–259.

Chandler, M., & Boyes, M. (1988). Social-cognitive development. In B. Wolman (Hg), *Handbook of developmental psychology.* Englewood Cliffs: Prentice Hall.

Cillessen, A. H. N. (1991). Interacties en relaties tussen kinderen. *De Psycholoog, 26(9)*, 391–395.

Cleveland, H. H. (2003). The influence of female and male risk on the occurence of sexual intercourse within adolescent relationships. *Journal of Research on Adolescence, 13*, 81–112.

Clifford, E. (1971). Body Satisfaction in adolescence. *Perceptual and Motor Skills, 33*, 119–125.

Coe, C. L., Hayashi, K. T., & Levine, S. (1988). Hormones and Behavior at puberty: Activation or concatenation? Development during the transition to adolescence. In M. R. Gunnar & W. A. Collins, (Hg.), *Minnesota Symposia on Child Psychology, 21*, 17–41. Hillsdale: Lawrence Erlbaum Associates.

Collins, R. L., Elliott, M. N., Berry, S. H., Kanouse, D. E., Kunkel, D., Hunter, S. B., & Miu, A. (2004). Watching Sex on Television Predicts Adolescent Initiation of Sexual Behavior. *Pediatrics, 114*, 280–289.

Colt, G. H. (1983, September-October). The enigma of suicide. *Harvard Magazine*, S. 46–66.

Compas, E., Ey, S., & Grant, K. E. (1993). Taxonomy, Assessment, and Diagnosis of Depression During Adolescence. *Psychological Bulletin, 114*, 323–344.

Conger, J. J. (1991). *Adolescence and youth. Psychological development in a changing world.* New York: Harper Collins.

Conger, J. J., & Petersen, A. C. (1984). *Adolescence and youth. Psychological development in a changing world.* New York: John Wiley & Sons.

Connellan, J., Baron-Cohen, S., Wheewright, S., Ba'tki, A., & Ahluwia, J. (2001). Sex differences in human neonatal social perception. *Infant Behavior and Development, 23*, 113–118.

Costello, E. J., & Angold, A. (1995). Developmental epidemiology. In D. Cicchetti & D. Cohen (Hg.), *Developmental psychopathology: Vol. 1. Theory and method* (S. 23–56). New York: Wiley.

Dabbs, J. M., & Hargrove, M. F. (1997). Age, testosterone, and behavior among female prison inmates. *Psychosomatic Medicine, 59*, 477–480.

Dale, J. H. van (1999). *Groot woordenboek der Nederlandse taal.* (13. Auflage). Utrecht: Van Dale Lexicografie.

Damon, W. (1988). *The moral child. Nurturing children's natural moral growth.* New York/London: The Free Press.

Darwin, C. (2006). Die Fahrt der Beagle. Hamburg: Marebuchverlag.

Darwin, C. (1986). Die Entstehung der Arten. Leipzig: Reclam-Verlag.

Deater-Deckard, K., & Dodge, K. A. (1997). Externalizing Behavior Problems ans Discipline Revisited: Nonlinear Effects and Variation by Culture, Context, and Gender. *Psychological Inquiry, 8*, 161–175.

Delfos, M. F. (1993, November). Postpartum mood disturbances and the menstrual and emotional cycle. *Paper presented at the Seventh International Conference of the Marcé Society*, Eindhoven, Niederlande.

Delfos, M. F. (1994a). De ontwikkeling van intimiteit. Een ontwikkelingspsychologisch model gekoppeld aan een model van de gevolgen van seksueel misbruik. (The developement of Intimacy. A developmental model together with a model of the consequences of sexual abuse.) *Tijdschrift voor Seksuologie, 18*, 282–292.

Delfos, M. F. (1994b). Jij bent dood, daar krijg ik mooi 150 punten voor. *Tijdschrift voor Jeugdhulpverlening en Jeugdwerk, 6 (9)*, 9–13.

Delfos, M. F. (1996). Jongens, de zorgenkindjes van de toekomst. *Psychologie, 15*, Juni, 16–17.

Delfos, M. F. (1996–2006) *Kinderen in ontwikkeling. Stoornissen en belemmeringen*. Amsterdam: Harcourt Book Publishers.

Delfos, M. F. (1997). *Kinderen en gedragsproblemen. Angst, agressie en ADHD. Een biopsychologisch model met richtlijnen voor diagnostiek en behandeling. Aangevuld met psychosomatiekmodel.* Amsterdam: Harcourt Book Publishers. Engl.: *Children and Behavioural Problems.* London: Jessica Kingsley Publishers. 2004.

Delfos, M. F. (1998–2003). Serie sexuele voorlichting: *Een vrolijke drukte, over menstruatie; Kop en staart, over zaadlozing; Alles erop en eraan, over zwangerschap en bevalling; Verliefd is verliefd, over homoseksualiteit; Zoek de verschillen, over de verschillen tussen jongens en meisjes; Dat heb je van mij, over erfelijkheid en evolutie; Overal te koop, over voorbehoedmiddelen; De dichtbij-je-bed show, over geslachtsziekten; Zin in jezelf, over masturbatie; Dat nare gevoel, over seksueel misbruik.* Bussum: Uitgeverij Pereboom.

Delfos, M. F. (1999). *Le parent insaissisable et l'urgence d'écrire*. Amsterdam: Rodopi.

Delfos, M. F. (1999–2006). *Ontwikkeling in vogelvlucht. Ontwikkeling van kinderen en adolescenten*. Amsterdam: Harcourt Book Publishers.

Delfos, M. F. (2000). *Overal te koop. Seksuele voorlichting over voorbehoedsmiddelen*. Bussum: Uitgeverij Pereboom.

Delfos, M. F. (2001). Van meezorgen tot zorg. Het kind centraal. In W. Bakker, M. L. W., Damen, J. A. M. Merkx, & B. Prinsen (Hg.). *Alle kinderen in beeld. Ouder- en Kindzorg tussen Wetenschap en Praktijk*. Assen: Van Gorcum.

Delfos, M. F. (2002a). *De lijn kwijt. Behandeling van anorexia, boulimia en obesitas*. Amsterdam: Harcourt Book Publishers.

Delfos, M. F. (2002b). *Verliefd is verliefd. Over homosexualiteit*. Bussum: Uitgeverij Pereboom.

Delfos, M. F. (2002c). Afscheid van het normale kind. *Pedagogiek in Praktijk Magazine, 5*, 28–31.

Delfos, M. F. (2002d). Presentation: *Gender expertise in sexual education and AIDS prevention*, Commission of the European Committies.

Delfos, M. F. (2003). Seksuele oplichting. Je weg vinden in het seksuele oer-

woud. In: M. Schaap & E. Skubisz (Red.). *Kinderen en seksualiteit. Een positieve bijdrage.* Januscz Korczak Stichting. Jaarboek 2003. Amsterdam: Naratio.
Delfos, M. F. (2004a). *»Sag mir mal ...« Gesprächsführung mit Kindern (4–12 Jahre).* Weinheim/Basel: Beltz Taschenbuch 128. Niederländisch: (2000–2007). *Luister je wel naar mij? Gespreksvoering met kinderen tussen vier en twaalf jaar.* Amsterdam: SWP.
Delfos, M. F. (2004–2007). *De schoonheid van het verschil. Waarom mannen en vrouwen verschillend zijn én hetzelfde.* Amsterdam: Harcourt Book Publishers. (The beauty of the difference. Why men and woman are different and the same)
Delfos, M. F. (2005). *A Strange World. Autism, Asperger's Syndrome and PDD-NOS. A Guide for Parents, Partners, Professional Carers, and People with ASD.* London/Philadelphia: Jessica Kingsley Publishers. Niederländisch: (2001–2007). *Een vreemde wereld. Over autisme, het syndroom van Asperger en PDD-NOS. Voor ouders, partners, hulpverleners en de mensen zelf.* Amsterdam: SWP.
Delfos, M. F. (2006). *Het maakbare kind. Opvoeden als (ver)gissing. Comeniuslezing 2006.* Amsterdam: SWP (Das machbare Kind. Erziehung als Täuschung/Schätzung.).
Demerath, E. W., Towne, B., Chumlea, W. C, Sun, S. S., Czerwinski, S. A., Remsberg, K. E., & Siervogel, R. M. (2004). Recent decline in age and menarche: The Fels longitudinal study. *American Journal of Human Biology, 16*, 453–457.
Dennen, J. M. G. van der (Hg.) (1992). *The nature of the sexes. The sociobiology of sex differences and the battle of the sexes.* Groningen: Origin Press.
Diekstra, R. (1992). *Jeugd in ontwikkeling; wetenschappelijke inzichten en overheidsbeleid.* 's Gravenhage: SDU/WRR.
Dijk, W. K. van (1997) De miskende alcoholost. *Nederlands Tijdschrift voor Geneskunde, 123*, 1228–1236.
Dijke, A., & Terpstra, L. (2005). *Loverboys: feiten en cijfers. Een quickscan.* Amsterdam: SWP.
Dolto, F. (1985). *La cause des enfants.* Paris: Laffont.
Dornbusch, S. M., Carlsmith, J. M., Bushwall, S. J., Ritter, P. L., Leiderman, H., Hastorf, A. H., & Gross, R. T. (1985). Single parents, extended housholds, and the control of adolescents. *Child Development, 56*, 326–341.
Dorval, B., & Eckerman, C. (1984). Developmental trends in the quality of conversation achieved by small groups of acquainted peers. *Monographs of the Society for Research in Child Development, 49*, 206.
Duimelaar, P., & Slingerland, J. (1994). Aantal scheidingen neemt weer toe. *Index: Feiten en cijfers over onze samenleving, 2*, 8.
Eggen, H. (1996). Aantal zelfdodingen stabiliseert, aantal pogingen stijgt. *Index: Feiten en cijfers over onze samenleving, 1*, Jan-Feb.
Elbers, E., & Laak, J. J. F. ter (1989). Kinderen als getuigen. *Justitiële Verkenningen, 15*, (6), 91–110.

Elkind, D., & Weiner, I. (1978). *Development of the child.* New York: Wiley.

Emans, B. (1990). *Interviewen. Theorie, techniek en training.* Groningen: Wolters-Noordhoff.

Erikson, E. H. (1982). *The lifestyle completed: a review.* New York: Norton.

Feiring, C., & Lewis, M. (1991). The transition from middle to early adolescence: Sex differences in the social network and perceived self-competence. *Sex Roles, 24*, 489–509.

Fenzel, L. M. (2000). Prospective study of changes in global self-worth and strain during the transition to middle school. *Journal of Early Adolescence, 20*, 93–116.

Frederick, C. J. (1985). An introduction and overview of youth suicide. In: M. L. Peck, N. L. Farberow & R. E. Litman (Hg). *Youth suicide.* New York: Springer.

Frederiks, A. M., Buuren, S. van, Burgmeijer, R. J. F., Meulmeester, J. F., Beuker, R. J., Brugman, E., Roede, M. J., Verloove-Vanhorick, S. P., & Wit, J. M. (2000). Continuing Positive Secular Growth Change in the Netherlands 1955–1997. *Pediatric Research, 47*, 316–323.

Friedman, M. J., Charney, D. S., & Deutsch, A. Y. (Hg.). (1995). *Neurobiological and Clinical Consequences of Stress. From Normal Adaptation to Post-Traumatic Stress Disorder.* Philadelphia/New York: Lippincott-Raven.

Furbay, L., & Wilke, M. (1982). Some characteristics of infants' preferred toys. *Journal of Genetic Psychology, 140*, 207–219.

Galanaki, E. (2001). The ›imaginary audience‹ and the ›personal fable‹ in relation to risk behavior and risk perception during adoescence. *Psychology: the Journal of the Hellenic Psychological Society, 8*, 411–430.

Garssen, J. (2004). Tienermoeders: recente trends en mogelijke verklaringen. *Bevolkingstrends, 1e kwartaal 2004.* Voorburg/Heerlen: CBS.

Ge, X., Conger, R. D., & Elder, G. H., Jr. (2001). The relation between puberty and psychological distress in adolescent boys. *Journal of Research on Adolescence, 11*, 49–70.

Ge, X., Kim, I. J., Brody, G. H., Conger, R. D., Simons, R. L., Gibbons, F. X., & Cutrona, C. E. (2003). It's about timing and change: Pubertal transition effects on symptoms of major depression among African American youths. *Developmental Psychology, 39*, 430–439.

Giedd, J. N., Blumenthal, J., Jeffries, N. O., Castellanos, F. X., Liu, H., Zijdenbos, A., Paus, T., Evans, A. C., & Rapoport, J. L. (1999). Brain development during childhood and adolescence: a longitudinal MRI study. *Nature Neuroscience, 2*, 861–863.

Ginneken, P. P. J. N., & Schoemaker, C. H. (2005). *GGZ in tabellen.* Utrecht: Trimbos.

Goleman, D. (1996). *Emotionele intelligentie.* Amsterdam/Antwerpen: Contact.

Gooch, L. (2005, 6. April). Parting is such costly sorrow. *The Age.*

Goorhuis-Brouwer, S. M. (2005). Een Babylonische spraakverwarring. Over taalachterstanden en effecten van therapie. *Tijdschrift voor orthopedagogiek, 44*, 243–251.

Goossens, L., Beyers, W., Emmen, M., & Aken, M. A. G. van (2002). The imaginary audience and personal fable: Factor analyses and concurrent validity of the ›New Look‹ measures. *Journal of Research on Adolescence, 12*, 193–215.

Gordon, T. (1989). *Luisteren naar kinderen*. Baarn: Trion.

Graaf, A. de (1997). Scheiding met gevolgen. *Index: Feiten en cijfers over onze samenleving, 3*, 11. Ergänzt um Daten aus dem Jahr 2005.

Graaf, H. de, Meijer, S., Poelan, J., & Vanwesenbeeck, I. (2005). ›*Seks onder je 25*[e]‹. Rutgers Nisso Groep: Utrecht.

Graber, J. A., Seeley, J. R., Brooks-Gunn, J., & Lewinsohn, P. M. (2004). Is pubertal timing associated with psychopathology in young adulthood? *Journal of the American Academy of Child & Adolescent Psychiatry, 43*, 718–726.

Graham, M. J., Larsen, U., & Xu, X. P. (1999). Secular trend in age and menarche in China: A case study of two rural countries in Anhui Province. *Journal of Biosocial Science, 31*, 257–267.

Gray, P. (1999). *Psychology*. New York: Worth.

Gray, P. (Hg.). (1964) *John Locke on education*. New York: Bureau of Publications, Teacher's College, Columbia University.

Gunning, B. (1998). ›Kind verslaafde vaak hyperactief‹. *De Volkskrant*, 6.3.1998.

Hamm, J. V. (2000). Do birds of a feather flock together? The variable bases for African American, Asian American, and European American adolescents' selection of similar friends. *Developmental Psychology, 36*, 209–219.

Hanas, R. (2001). *Type 1 Diabetes bij kinderen, adolescenten en jong volwassenen*. Brugge: BD.

Harris, J. R. (1998). *The Nurture Assumption – Why children turn out the way they do*. New York: The Free Press.

Harris, J. R., & Liebert, R. M. (1987). *The child*. Englewood Cliffs: Prentice Hall.

Hass, J. (1979). *Teenager sexuality: A survey of teenage and sexual behavior*. New York: Macmillan.

Henley, N. (1977). *Body politics: Power, sex and nonverbal communication*. Englewod Cliffs: Prentice Hall.

Hepworth, J., Ryder, R., & Dryer, A. (1984). The effect of parental loss on the formation of intimate relationships. *Journal of Marital and Family Therapy, 10*, 73–82.

Heuvel, E. van den (1998). *Anorexia nervosa: een samenspel tussen leken en deskundigen: de sociale representatie van het lichaam en de sociale constructie van de epidemie van eetstoornissen*. Tilburg: Tilburg University Press.

Heymans, G. (1932). *Psychologie der vrouwen*. Amsterdam: Wereldbibliotheek.

Higham, E. (1980). Variations in adolescent psycho-hormonal development. In J. Adelson (Hg.), *Handbook of adolescent psychology*. New York: Wiley & Sons.

Highfield, R., & Carter, P. (1993). *Het verborgen leven van Albert Einstein*. Bloemendaal: Aramith Uitgevers.

Hill, A. (1997). *The testosterone solution.* Rocklin, California: Prima Publishing.

Hirasing, R. A., Frederiks, A. M., Buuren, S. van, Verloove-van Horick, S. P., & Wit, J. M. (2001) Toegenomen prevalentie van overgewicht en obesitas bij Nederlandse kinderen en signalering daarvan aan de hand van internationale normen en nieuwe referentiediagrammen. *Nederlands Tijdschrift voor Geneeskunde, 145*, 1303–1308.

Hoffmann, M. L., Powlishta, K. K., & White, K. J. (2004). An examination of gender differences in adolescent adjustment: The effect of competence on gender role differences in symptoms of psychopathology. *Sex Roles, 50*, 795–810.

Howard, J. S. (1992). Severe psychosis and the adrenal androgens. *Integrated Physiological and Behavioral Science, 27*, 209–215.

Huitt, W. (2001). Motivation to learn: An overview. *Educational Psychology Interactive.* Valdosta, GA: Valdosta State University. Retrieved August 25, 2005, from http://chiron.valdosta.edu/whuitt/col/motivation/motivate.html.

Huizinga, L. (2004). Interview mit Martine Delfos in ›Kinderen gaan niet naar school om te leren‹. *KPC info*, 72, 28–29.

Hyde, J. S. (1994). *Understanding Human Sexuality.* New York: McGraw-Hill.

Janssen, S. M., Chessa, A. G., & Murre, J. M. (2005). The reminiscence bump in autobiographical memory: Effects of age, gender, education, and culture. *Memory, 13*, 658–668.

Jarvis, M. J. (2004). ABC of smoking cessation: Why people smoke. *British Medical Journal, 328*, 277–279.

Jensen, J. B., Pease, J. J., Bensel, R. ten, & Garfinkel, B. D. (1991). Growth hormone response in sexually or physically abused boys. *Journal of the American Academy of Child and Adolescent Psychiatry, 30*, 784–790.

Jory, B., Rainbolt, E., Karns, J. T., Freeborn, A., & Greer, C. V. (1996). Communication patterns and alliances between parents and adolescents during a structured problem-solving task. *Journal of Adolescence, 19*, 339–346.

Josselson, R. (1980). Ego development in adolescence. In J. Adelson (Hg.), *Handbook of adolescent psychology.* New York: Wiley.

Junger-Tas, J. (1994). *Delinquent Behaviour among young people in the Western World.* Amsterdam/New York: Kugler Publications.

Kalmijn, M., & Dykstra, P. (2004). Onder vier ogen: Contacten tussen ouders en volwassen kinderen. *Demos, 20* (10), 80–83.

Kamerman, S. (2005, 26.7.). Een meisje ›ballen‹ is doodnormaal. *NRC Handelsblad, 2.*

Kaplowitz, P. B., Slora, E. J., Wasserman, R. C., Pedlow, S. E., & Herman-Giddens, M. E. (2001). Earlier onset of puberty in girls: relation to increased body mass index and race. *Pediatrics, 108*, 347–353.

Kapteyn, P. (1985). *In de speeltuin Nederland.* Amsterdam: Synopsis.

Katiala-Heino, R., Marttunen, M., Rantanen, P., & Rimpelä, M. (2003). Early puberty is associated with mental health problems in middle adolescence. *Social Science and Medicine, 57*, 1055–1064.

Kawanishi, Y. (2004). Japanese youth: the other half of the crisis? *Asian Affairs: Journal of the Royal Central Asian Society, 35*, 22–33.

Kienhorst, C. W. M., Wolters, W. H. G., Diekstra, R. F. W., & Otte, E. (1994). Suïcidaal gedrag bij kinderen. Een incidentstudie. In W. H. G. Wolters, R. F. W. Diekstra & C. W. M. Kienhorst (Red.), *Suïcidaal gedrag bij kinderen en adolescenten*, S. 17–31, Baarn: Ambo.

Klooster, E. van 't (2004). Interview mit Martine Delfos: ›Verwachten we te veel van ons kind?‹ *Ouders van nu, 11*, 70–72.

Kohlberg, L. (1969). Stage and sequence: The cognitive-developmental approach to socialization. In D. Goslin (Hg.), *Handbook of socialization theory and research*, (347–480). Chicago: Rand McNally.

Kohnstamm, G. A. (1997). Dertig jaar onderzoek naar effecten van pogingen de cognitieve ontwikkeling van jonge kinderen te stimuleren. *Pedagogische studiën: tijdschrift voor onderwijskunde en opvoedkunde, 74* (6), 145–163.

Kohnstamm, R. (1980). *Kleine ontwikkelingspsychologie*. Houten/Diegem: Bohn Stafleu Van Loghum.

Koster, S. (2000). *Macho's en mietjes*. Amsterdam: Sjalom.

Lahey, B. B., Piacentini, J. C., & McBurnett, K., Stone, P., Hartdagen, S., & Hynd, G. (1988). Psychopathology in the parents of children with conduct disorder and hyperactivity. *Journal of the American Acadamy of Child and Adolescent Psychiatry, 27*, 163–170.

Lam, C.-M., (1997). A cultural perspective on the study of Chinese adolescent development. *Child and Adolescent Social Work Journal, 14*, 95–113.

Larsson, I., & Svedin, C. (2002). Experiences in childhood: Young adults' recollections. *Archives of Sexual Behavior, 31*, 263–273.

Lashlie, C. (2005). *Paper presented at The Boys Conference*, Melbourne, 2005.

Laumann, E. O., Gagnon, J. H., Michael, R. T., & Michaels, S. (1994). *The social organization of sexuality*. Chicago: University of Chicago Press.

Lee, K. S. (1996). Culture and the Korean kindergarten curriculum. *Early Child Development and Care, 12*, 167–182.

Leitenberg, H., Detzer, M. J., & Srebnik, D. (1993). Gender differences in masturbation and the relation of masturbation experience in preadolescence and/or early adolescence to sexual behaviour and sexual adjustment in young adulthood. *Archives of Sexual Behavior, 22*, 87–98.

Licht, B. G., & Dweck, C. S. (1984). Determinants of academic achievement: The interaction of children's achievement orientations with skill area. *Developmental Psychology, 20*, 628–636.

Linden, F. J. van der, & Roeders, P. J. B. (1983). *Schoolgaande jongeren, hun leefwereld en zelfbeleving*. Nijmegen: Hoogveld instituut.

Malik, S. L., & Hauspie, R. C. (1986). Age at the Menarche among High Altitude Bods of Ladakh (India). *Human Biology, 58*, 541–548.

Marcia, J. E. (1966). Development and validation of ego identity status. *Journal of Personality and Social Psychology, 3*, 551–558.

Marcia, J. E. (1976). Identity six years after: A follow-up study. *Journal of Youth and Adolescence, 15*, 150–153.

Marcia, J. (1980). Identity in adolescence. In J. Adelson (Hg.). *Handbook of adolescence.* New York: Wiley.
Marshall, D., & Tanner, J. (1974). Puberty. In J. Davis, & J. Dobbing (Hg.). *Scientific foundations of pediatrics.* London: Heinemann.
Martens, R. (2004). Wat maakt leren leuk? *OnderwijsInnovatie, 6 (3),* 8–11.
Mason, J. W., Giller, E. L., & Kosten, T. R. (1988) Serum testosterone differences between patients with schizophrenia and those with affective disorder. *Biological Psychiatry, 23,* 357–366.
Mastenbroek, L. (2005). Ze zijn gewoon anders. De verschillen tussen jongens en meisjes in het gebruik van moderne communicatiemiddelen. *Pedagogiek in Praktijk Magazine, 25 (11),* 28–31.
Mastenbroek, L., Nohlmans, L., & van der Velden, M. (2002). *Ze zijn gewoon anders.* Utrecht: Universiteit Utrecht.
Meerdink, J. (1999). Driving a car for the first time: teachers, cargivers and childdriven approach. *Early Childhood Matters, no. 9,* 1999, 24–29.
Meerum Terwogt, M. (2001) De macht van de genen. In M. Delfos & N. Visscher (Hg.), *(Pleeg-)kinderen en vreemd gedrag?! In 13 thema's,* S. 43–48. Amsterdam: SWP.
Meerum Terwogt, M., & Reijnders, C. (1993). Afstammingsonrust. Psychische gevolgen van onbekendheid met één of beide genetische ouders. *Jeugd en samenleving 10,* 499–508.
Meesters, G., & Singendonk, K. (2002). *Kind en echtscheiding. Een ontwikkelingspsychologisch perspectief.* Lisse: Swets & Zeitlinger.
Meeus, W. (1993). Psychosociale welbevinden, identiteitsontwikkeling en seperatie-individuatie. In W. Meeus, & H. 't Hart. (Red.), *Jongeren in Nederland,* S. 31–55. Amersfoort: Academische Uitgeverij.
Mierlo, F. van, & Stam, H. (1999). *Vroege voortekenen van een psychose in de praktijk: methodiek voor herkenning en monitoring.* Utrecht: Trimbos-instituut.
Milgram, S. (1974). *Obedience to authority.* New York: Harper & Row.
Mischel, W. (1958). Preference for delayed reinforcement: An experimental study of a cultural observation. *Journal of Abnormal and Social Psychology, 56,* 57–61.
Moffaert, M. van, & Finoulst, M. (2001). *Vrouwen, humeuren en hormonen.* Antwerpen/Baarn: Houtekiet.
Molnár, D., & Schutz, Y. (1997). The effect of obesity, age, puberty and gender on resting metabolic rate in children and adolescents. *European Journal of Pediatrics, 156,* 376–381.
Montessori, M. (1950). *De methode: de ontdekking van het kind.* Amsterdam: Van Holkema & Warendorf.
Mrazek, D. A., & Mrazek, P. B. (1981). Psychosexual Development Within the Family. In P. B. Mrazek, & C. H. Kempe (Hg.), *Sexually abused children and their families,* S. 17–32. Oxford: Pergamon Press.
Mul, D. (2004) Puberteitsontwikkeling van Nederlandse kinderen. *Tijdschrift voor Seksuologie, 28,* 82–86.

Mul, D., Frederiks, A. M., Buuren, S. van, Oostdijk, W., Verloove-Vanhorick, S. P., & Wit, J. M. (2001). Pubertal Development in The Netherlands 1965–1997. *Pediatric Research, 50*, 479–486.

National Center for Injury Prevention and Control (2004). *Ten leading causes of death, United States: All races, both sexes.* Atlanta, GA: National Center for Health Statistics (NCHSVE;) Vital Statistics System, Office of Statistics and Programming, Centers for Disease Control and Prevention. Available at http://webapp.cdc.gov./cgi-bin/broker.exe.

Noorlander, E., Delfos, M. F. (in VB). *Verslaafd. Schaamtevol moedeloos.*

Noorlander, E., Rijnders, W., & Wijdeven, R. (1993). *De cirkels van Van Dijk* (volgens Detox Utrecht). Utrecht: Detox.

NRC Handelsblad (2004, 5. August). Patiënt met eetstoornis steeds jonger. *NRC Handelsblad.*

Oman, R. F., McLeroy, K. R., Vesely, S., Aspy, C. B., Smith, D. W., & Penn, D. A. (2002). An adolescent age group approach to examining youth risk behaviours. *American Journal of Health Promotion, 16*, 167–176.

Onishi, K. H., & Baillargeon, R. (2005). Do 15-month-old-infants understand false beliefs? *Science, 308*, 255–258.

Oostdijk, W. (2000). Groei en puberteit bij adoptiekinderen. In R. A. C. Hoksbergen & H. Walenkamp (Red.), *Adoptie: een levenslang dilemma.* S. 83–95. Houten/Diegem: Bohn Stafleu Van Loghum.

O'Sullivan, L. F., Meyer-Bahlburg, H. F. L., & Watkins, B. X. (2000). Social cognitions associated with pubertal development in a sample of uran, low-income, African-American and Latina girls and mothers. *Journal of Adolescent Health, 27*, 227–235.

Otis, J., Levy, J., Samson, J. M., Pilote, F., & Fugere, A. (1997). Gender differences in sexuality and interpersonal power relations among French-speaking young adults from Quebec: A province-wide study. *Canadian Journal of Human Sexuality, 6*, 17–28.

Otten, F., & Frenken, F. (2003, 23. Dezember). Nederland wordt steeds gewichtiger. Voorburg/Heerlen: *Centraal Bureau voor de Statistiek.* Retrieved August, 16, 2005, from http://www.cbs.nl/nl/publicaties/artikelen/algemeen/webmagazine/artikelen/2003/1334k.htm.

Paikoff, R. L., Brooks-Gunn, J., & Warren, M. P. (1991). Effects of girl's hormonal status on depressive and aggressive symptoms over the course of one year. Special Issue: the emergence of depressive symptoms during adolescence. *Journal of Youth and Adolescence, 20 (2)*, 191–215.

Papernow, P. L. (1993). *Becoming a stepfamiliy.* San Francisco: Jossey-Bass.

Pardoen, J., & Pijpers, R. (2005). *Mijn kind on-line. Hoe begeleid je je kind op Internet?* Amsterdam: SWP.

Patty, W. L., & Johnson, L. S. (1953). *Personality and adjustment.* New York: McGraw-Hill.

Pease, A., & Pease, B. (1999). *Waarom mannen niet luisteren en vrouwen niet kunnen kaart lezen.* Utrecht: Het Spectrum.

Pennington, B. F., & Ozonoff, S. (1996). Executive Functions and Developmental Psychopathology. *Journal of Child Psychology and Psychiatry, 37*, 51–87.

Peterson, C. (1999). Children's memory for medical emergencies 2 years later. *Developmental Psychology, 35*, 1493–1506.

Peterson, C., & Rideout, R. (1998). Memory for medical emergencies experienced by 1-and 2-year olds. *Developmental Psychology, 34*, 1059–1072.

Piaget, J. (1932). *The Language and Thought of the Child*. London: Routledge.

Piaget, J., & Inhelder, B. (1978). *De psychologie van het kind*. Deventer: Van Loghum Slaterus.

Platon (1991). *The Republic of Plato*. (A. Bloom, Trans.). New York: Basic Books. (Original work published 370 v. Chr.). (zitiert dt. nach http://www.lehrerverband.de/kas1htm)

Portegijs, W., Boelens, A., & Keuzenkamp, S. (2002). *Emancipatiemonitor 2002*. Voorburg/Heerlen: CBS.

Pynoos, R. S. (1991). Acute posttraumatische stress-stoornissen, levensbedreigende gebeurtenissen en kinderen – de behandeling. In W. H. G. Wolters (Red.), *Psychotrauma's bij jongeren*, S. 104–120. Baarn: Ambo.

Raine, A. (1997). *The Psychopathology of Crime*. Sidcup, Kent: Hartcourt Brace.

Ramaekers, G., & Njiokiktjien, C. (1991). *Pediatric Behavioral Neurology. Vol. 3. The Child's Corpus Callosum*. Amsterdam: Suyi Publications.

Rapport, M. D., Tucker, S. B., DuPaul, G. J., Merlo, M., & Stoner, G. (1986). Hyperactivity and Frustration: The influence of control over and size of rewards in delaying gratification. *Journal of abnormal child psychology, 14*, 191–204.

Ravesloot, J. (1997). *Seksualiteit in de jeugdfase, vroeger en nu*. Leiden: Het Spinhuis.

Rees, J. M., & Trahms, C. M. (1989). Nutritional influences on physical growth and behavior in adolescence. In R. Adams, R. Montemayor & T. P. Gullotta (Hg.), *Biology of adolescent behavior and development*. Newbury Park: Sage.

Rees, M. (1993). Menarche when and why? *Lancet, 342*, 1375–1376.

Regt, W. de (1982). *Meisjes en jongens en hun seksualiteit*. Deventer: Van Loghum Slaterus.

Renninger, K. A., Hidi, S., & Krapp, A. (Hg.). (1992). *The role of interest in learning and development*. Hillsdale New Jersey: Lawrence Erlbaum associates.

Rie, S. de la, & Libbers, L. (2004). *Zie mij voor vol aan. Wegwijzer voor behandeling van eetstoornissen*. Amsterdam: SWP.

Rich, J. (1968). *Interviewing children and adolescents*. London and Basingstoke: The Macmillan Press.

Robins, L. N., West, P. A., & Herjanic, B. L. (1975). Arrests and delinquency in two generations: A study of black urban families and their children. *Journal of Child Psychology and Psychiatry, 16*, 125–140.

Rodriguez-Tomé, H., Bariaud, F., Cohen Zardi, M. F., Delmas, C., Jeanvoine, B., & Szylagyi, P. (1993). The effects of pubertal changes on body image and relations with peers of the opposite sex in adolescence. *Journal of Adolescence, 16*, 421–438.

Rotter, J. B. (1966). Generalized expectancies for internal versus external control of reïnforcement. In *Psychological Monographs, 80* (whole no. 609), 1–28.

Rutter, M., & Rutter, M. (1993). *Developing Minds. Challenge and Continuity across the Life Span*. London: Penguin Books.

Sachs, J., Lieberman, P., & Erickson, D. (1973). Anatomical and cultural determinants of male and female speech. In R. Shay & R. Fasold (Hg.). *Language attitudes*. Washington: Georgetown University Press.

Sakai, M., Ishikawa, S. I., Takizawa, M., Sato, H., & Sakano, Y. (2004). The state of Hikikomori from a Family's Point of View: Statistical Survey and the Role of Psychological Intervention. *Japanese Journal of Counseling Science, 37*, 168–179.

Salokangas, R. K. R. (2004). Gender and the use of neuroleptics in schizophrenia. *Schizophrenia research, 66*, 41–49.

Santelli, J. S., Lindberg, J. D., Abma, J., McNeely, C. S., & Resnick, M. (2000). Adolescent sexual behavior: Estimates and trends from four nationally representative surveys. *Family Planning Perspectives, 32*, 156–165+194.

Santoro, N., Crawford, S. L., Allsworth, J. E., Gold, E. B., Greendale, G. A., Korenman, S., Lasley, B. L., McConnell, D., McGaffigan, P., Midgely, R., Schocken, M., Sowers, M., & Weiss, G. (2003). Assessing menstrual cycles with urinary hormone assays. *American Journal of Physiology – Endocrinology and Metabolism, 284*, 521–530.

Schachtel, E. (1959/1973). *Metamorfose: ontwikkeling van affect, waarneming, aandacht en geheugen*. Rotterdam: Lemniscaat.

Schultz, N., & Kalma, A. (2003). Televisie kijken en de bereidheid onveilig te vrijen: een seksverschil onder middelbare scholieren. *Nederlands Tijdschrift voor Psychologie, 58 (1)*, 1–8.

Schwartz, I. M. (1999). Sexual activity prior to coital interaction: A comparison between males and females. *Archives of Sexual Behavior, 28*, 63–69.

Scott, P. D. (1973). Fatal battered baby cases. *Medicine, Science and the Law, 13*, 197–206.

Seifert, K. L., & Hoffnung, R. J. (1987). *Child and Adolescent Development*. Boston: Houghton Mifflin Company.

Sell, R. L., Wells, J. A., & Wypij, D. (1995). The prevalence of homosexual behaviour and attraction in the United States, the United Kingdom and France: results of national population-based samples. *Archives of Sexual Behavior, 24*, 235–248.

Selman, R. (1981). The child as friendship philosopher. In S. A. Asher & M. Gottman (Hg.), *The development of children's friendships*. Cambridge: Cambridge University Press.

Shoda, Y., Mischel, W., & Peake, P. K. (1990). Predicting Adolescent Cognitive and Self-Regulatory Competencies from Preschool Dealy of Gratification: Identifying Diagnostic Conditions. *Developmental Psychology, 26*, 978–986.

Siegel, L. J. (2004). *Criminology: Theories, patterns and typologies.* (8. Aufl.). Belmont, CA: Wadsworth.
Singh, S., Wulf, D., Samara, R., & Cuca, Y. P. (2000). Gender differences in the timing of first intercourse: Data from 14 countries. *International family planning perspectives, 26*, 21–28+43.
Skaldeman, P., & Montgomery, H. (1999). Importance and attainment of values among married and divorced couples. *Journal of Divorce and Remarriage, 30*, 143–160.
Slap, G. B. (1986). Normal physiological and psychological growth in the adolescent. *Journal of Adolescent Health Care, 7* (Suppl.), 13–23.
Slothard, S. E., Snowling, M. J., Bishop, D. V. M., Chipchase, B. B., & Kaplan, C. A. (1998). Language-impaired preschoolers: a follow-up into adolescence. *Journal of Speech, Language, and Hearing Research, 41*, 407–418.
Smulders-Groenhuijsen, L. (2002). *En ze leefden nog lang en gelukkig. Kinderen en scheiding*. Amsterdam: SWP.
Soppe, H. J. G., & Hees-Stauthamer, J. C. (1993). De geloofwaardigheid van getuigenissen van jeugdige slachtoffers van zedenmisdrijven. *Tijdschrift voor ontwikkelingspsychologie, 20, (2)*, 125–149.
Spruijt, E. (1993). Relaties: feiten, opvattingen en problemen. In W. Meeus & H. 't Hart (Red.). *Jongeren in Nederland*, S. 56–78. Amersfoort: Academische Uitgeverij.
Statistical Abstract of the United States (1991, 2004). Washington: Bureau of Census.
Statistical Abstract of the United States (2004). Washington: Bureau of Census.
Stattin, H., & Magnusson, D. (1990). *Pubertal masturbation in female development.* Hillsdale, NJ: Erlbaum.
Steege, M. van der (2003). *Gewoon goed hulp verlenen. Over de cliënt central, vraaggericht werken en cliëntenparticipatie in de jeugdzorg*. Utrecht: NIZW.
Steptoe, A., Wardle, J., Bages, N., Sallis, J. F., Sanabria-Ferrand, P-A., & Sanchez, M. (2004). Drinking and driving in university students: An international study of 23 countries. *Psychology and Health, 19*, 527–540.
Strauch, B. (2003). *Waarom doet mijn puber zo vreemd? Het brein van de tiener.* Amsterdam: De Boekerij.
Sullivan, H. S. (1953). *The Interpersonal Theory of Psychiatry.* New York: W. W. Norton & Co.
Swaab, D. F. (1996). Neuropornografie. *CNS Review, 1*, 11
Swaab, D. F. (2003). The Human Hypothalamus. Basic and Clinical Aspects, Part I: Nuclei of the Human Hypothalamus. *Handbook of Clinical Neurology, 79*, 3rd series vol. 1.
Tanner, J. (1990). *Foetus into man.* (2. Aufl.). Cambridge, MA: Harvard University Press.
Taylor, S. E., Klein, L. C., Lewis, B. P., Gruenewald, T. L., Gurung, R. A., & Updegraff, J. A. (2000) Biobehavioral Responses to Stress in Females: Tend-and-Befriend, Not Fight-or-Flight. *Psychological Review, 107*, 411–429.

Trafton, A. (2003, January 10). Debate over sexed flares; Parents key to preventing risky behaviour, experts says. *The Patriot Ledger*, 1.

Trickett, P. K., & Putnam, F. W. (1993). Impact of child sexual abuse on females; Toward a developmental psychobiological integration. *Psychological Science, 4*, 81–87.

Trimbos Instituut. (2004). *Nationale Drug Monitor: Jaarbericht 2004*. Utrecht: Trimbos-instituut.

Trimbos Instituut (2005a). www.trimbos.nl/default13549.html.

Trimbos Instituut (2005b). www.trimbos.nl/default13434.html.

Tripp, G., & Alsop, B. (2001). Sensitivity to reward delay in children with Attention Deficit Hyperactivity Disorder (ADHD). *Journal of Child Psychology and Psychiatry and Allied Disciplined, 42*, 691–698.

Unfpa (2003). State of the World Population. http://www.unfpa.org/swp/swpmain.html.

United Nations Special Session on AIDS (2001, June 25–27). *Preventing HIV/AIDS among young people*. New York: United Nations.

Valk, I. van der (2004). Family Matters. *Longitudinal Studies on the Associations between Family Structure, Family Process, and the Adjustment of Adolescents and Young Adults*. Utrecht: ISED, Dissertation.

Vanwesenbeeck, I. (2004). Persönliches Gespräch.

Vanwesenbeeck, I., Bekker, M., & Lenning, A. van (1998). Gender attitudes, sexual meanings, and interactional patterns in heterosexual encounters among college students in the Netherlands. *The Journal of Sex Research, 35*, 317–327.

Vener, A., & Stewart, C. (1974). Adolescent sexual behavior in middle America revisited: 1970–1973. *Journal of Marriage and the Family, 36*, 728–735.

Verhulst, F. C. (1985). Mental health in Dutch children (I): a cross-cultural comparison. *Acta Psychiatrica Scandinavia, 323* (Suppl.), 72.

Visscher, T. L. S., & Seidell, J. C. (2005). Neemt het aantal mensen met overgewicht toe of af? Retrieved August, 8, 2005, from *Rijksinstituut voor Volksgezondheid en Milieu, Nationaal Kompas Volksgezondheid*: www.rivm.nl/vtv/object_document/01254n18950.html.

Wallerstein, J. S., & Blakeslee, S. (1989). *Nieuwe kansen: Mannen, vrouwen en kinderen tien jaar na de echtscheiding*. Utrecht: Het Spectrum.

Wang, J., & Mao, S. (1996). Culture and the kindergarten curriculum in the People's Republic of China. *Early Child Development and Care, 123*, 143–156.

Ward, T., & Laws, D. R. (2003a). *Sexual deviance: issues and controversies*. Thousand Oaks, C. A.: Sage Publications.

Ward, T., & Stewardt, C. A. (2003b). The treatment of sex offenders. Risk management and good lives. *Professional Psychology, 34*, 353–360.

Wattigney, W. A., Srinivasan, S. R., Chen, W., Greenlund, K. J., & Berenson, G. S. (1999). Secular trend of earlier onset of menarche with increasing obesity in black and white girl: the Bogalusa Heart Study. *Etnicity and Disease, 9*, 181–189.

Weichold, K., Silbereisen, R. K., & Schmitt-Rodermund, E. (2003). Short-term and long-term consequences of early versus late physical maturation in adolescents. In C. Hayward (Hg.), *Gender differences at puberty*, S. 241–276. New York: Cambridge University Press.

Weissman, M. M., Greenwald, S., Wickramaratne, P., & Bland, R. C., Newman, S. C., Canino, G. J., Rubio-Stipec, M., Lepine, J. P., Lellouch, J., Hwu, H. G., Yeh, E. K., Lee, C. K., Joyce, P. R., & Wells, J. E. (1997). What happens to depressed men? Application of the Stirling Country criteria. *Harvard Review of Psychiatry, 5 (1)*, 1–6.

Welling, M. (2003). *Vraaggericht werken in de jeugdhulpverlening*. Utrecht: Lemma.

Wiesner, M., & Ittel, A. (2002). Relations of pubertal timing and depressive symptoms to substance use in early adolescence. *Journal of Early Adolescence, 22*, 5–23.

Wijsen, C. (2004). *Jaarverslag Landelijke Abortus Registratie 2003. RNG-rapport*, Juni 2004, Delft: Eburon.

Wilcox, A. J., Baird, D. D., Dunson, D. B., McConnaughey, D. R., Kesner, J. S., & Weinberg, C. R. (2004). On the frequency of intercourse around ovulation: evidence for biological influences. *Human Reproduction, 19*, 1539–1543.

Wilkins, L.; Fleischmann, W., & Howard, J. E. (1940). Macrogenitosomia precox associated with hyperplasia of the androgenic tissue of the adrenal and death from corticoadrenal insufficiency. *Endocrinology, 26*, 3, 385–395.

Williams, J. M., & Currie, C. (2000). Self-esteem and physical development in early adolescence. Pubertal timing and body image. *Journal of Early Adolescence, 20*, 129–149.

Wit, C. A. M. de (2000). *Depressie bij kinderen en adolescenten. Theorie en onderzoek, diagnostiek en behandeling*. Houten/Diegem: Bohn Stafleu Van Loghum.

Wit, J. de, Veer, M. A. A. van der, & Slot, N. W. (1995). *Psychologie van de adolescentie: ontwikkeling en hulpverlening*. (20. Aufl.). Baarn: Intro.

Worden, J. W. (1996). *Children and Grief. When a Parent Dies*. New York/London: The Guilford Press.

Yarrow, L. J. (1960). Interviewing children. In P. H. Mussen (Hg.), *Handbook of research-methods in child development*, 561–602. New York: John Wiley & Sons.

Yerkes, R., & Dodson, J. (1908). The relation of strength of stimulus to rapidity of habit-formation. *Journal of Comparative Neurology and Psychology, 18*, 459–482.

Zeng, K., & Le Tendre, G. (1998). Adolescent Suicide and Academic Competition in East Asia. *Comparative Education Review, 42 (4)*, 513–528.

Zhou, J. N., Hofman, M. A., Gooren, L. J., & Swaab, D. F. (1995). A Sex Difference in the Human Brain and its Relation to Transsexuality. *Nature, 378*, 68–70.

Personenregister

Sachregister